Von der Faser zum Stoff

Textile Werkstoff- und Warenkunde

von
Ursula Völker
Katrin Brückner

35., aktualisierte Auflage

Dr. Felix Büchner • Handwerk und Technik • Hamburg

Vorwort zur 32. Auflage

Seit 1939 begleitet das Schulbuch „Von der Faser zum Stoff" die Auszubildenden, Schüler und Studierenden der berufsbildenden Schulen. Das Buch hat in dieser Zeit mehrmals sein Gesicht und seine Autoren gewechselt. Seinem Anliegen, die Leserinnen und Leser zu motivieren, sich mit den Inhalten und Problemen der aktuellen Textilien zu beschäftigen, ist es immer treu geblieben.

Mit dieser Neubearbeitung verabschiedet sich Frau Adebahr-Dörel, die das Buch über 45 Jahre sehr erfolgreich geprägt hat. Frau Katrin Brückner, eine junge Fachkollegin aus den neuen Bundesländern, hat den vorliegenden Band wesentlich mitbearbeitet und tritt damit an ihre Stelle.

Die Gestaltung und der Inhalt des neu bearbeiteten Lehrbuches orientieren sich an den aktuellen Entwicklungen.

Den Problemen der Umweltbelastung und der Textilverwertung werden nicht nur eigene Kapitel gewidmet, sie fließen auch durchgängig in den gesamten Text ein.

Die Neuentwicklung der Chemiefasern im Freizeit-, Sport- und Heimsektor haben weltweit zu einer höheren Akzeptanz und zu einem höheren Verbrauch dieser Fasern geführt. Auch das Kapitel „Chemiefasern" wurde wesentlich erweitert und aktualisiert.

Wir wünschen allen, die mit diesem Lehrbuch arbeiten, dass sie mit Freude darin lesen, alle wichtigen fachlichen Informationen finden und auch lernen, verantwortungsbewusst mit Textilien umzugehen. Für die vielen Anregungen und konstruktiven Beiträge, die zur Gestaltung dieser Auflage beigetragen haben, danken wir.

Ursula Völker
Katrin Brückner

Textilien und Nachhaltigkeit stehen in einem sehr engen Zusammenhang, der für Auszubildende, Schüler und Studierende immer wichtiger wird.
So widmet sich diese 35. Auflage besonders diesem Themenbereich, der auch gleichzeitig für gesellschaftliche Verantwortung steht und ein Schlüsselthema im textilen Bereich darstellt. Gleichzeitig wird der Blick auf die Verwertung von Alttextilien gerichtet.

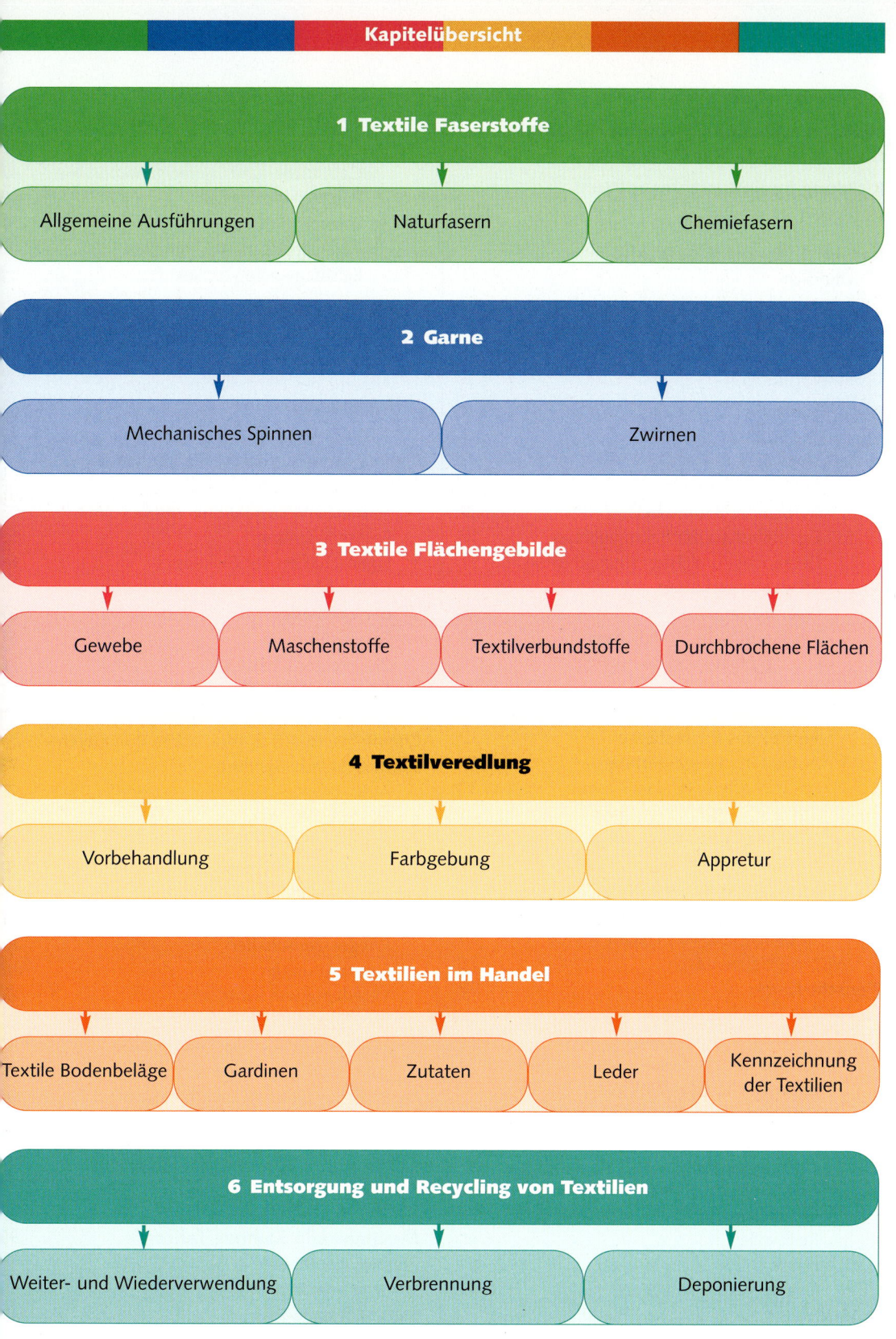

Inhaltsverzeichnis

Die textile Kette	VI
Textilien zwischen Ökonomie, Ökologie, Gesundheit und Nachhaltigkeit	VII
Kleidung beeinflusst unser Wohlbefinden	XIII

Kapitel 1 Textile Faserstoffe

Übersicht	1
Allgemeiner Aufbau von Faserstoffen	2
Fasermodell	4
Eigenschaften textiler Faserstoffe	4
Faserprüfungen	6
Naturfasern	**7**
Pflanzliche Fasern	**7**
Baumwolle	
Anbau und Gewinnung	7
Aufbau der Baumwollfaser	9
Eigenschaften der Baumwollfaser	10
Gebrauchs- und Trageeigenschaften	11
Pflegeeigenschaften	13
Faserprüfungen	14
Faserspezifische Veredlungen	14
Einsatzgebiete von Baumwolle	16
Flachs	
Anbau und Gewinnung	17
Aufbau des Flachsstängels	19
Aufbau der Elementarfaser	19
Eigenschaften der Flachsfaser	20
Gebrauchs- und Trageeigenschaften	21
Pflegeeigenschaften	23
Faserprüfungen	23
Faserspezifische Veredlungen	24
Bezeichnung von Leinen	24
Einsatzgebiete von Leinen	25
Weitere Pflanzenfasern	26
Tierische Fasern	**28**
Wolle	
Zucht und Gewinnung	29
Aufbau der Wollfaser	31
Eigenschaften der Wollfaser	32
Gebrauchs- und Trageeigenschaften	34
Pflegeeigenschaften	36
Faserprüfungen	37
Faserspezifische Veredlungen	37
Qualitätsgarantien für Schurwolle	39
Reißwolle	40
Haare	41
Einsatzgebiete von Wolle	42
Seide	
Zucht und Gewinnung	43
Aufbau des Rohseidenfadens	45
Eigenschaften der Seide	46
Gebrauchs- und Trageeigenschaften	47
Pflegeeigenschaften	49
Faserprüfungen	50
Faserspezifische Veredlungen	50
Einsatzgebiete von Seide	51
Chemiefaserstoffe	**52**
Der Entwicklungsweg der Chemiefasern von den Grundtypen zu Fasern nach Maß	53
Allgemeines Herstellungsprinzip von Chemiefasern	53
Allgemeiner Aufbau von Chemiefasern	57
Chemiefasern aus natürlichen Polymeren – Cellulosefasern (Cellulosics)	**58**
Aufbau und Gewinnung von Cellulose	58
Fasergewinnung	59
Eigenschaften der Cellulosics	64
Gebrauchs- und Trageeigenschaften der Cellulosics	67
Faserprüfungen	69
Pflegeeigenschaften	70
Faserspezifische Veredlung	71
Einsatzgebiete der Cellulosics	71
Chemiefasern aus synthetischen Polymeren – Synthesefasern (Synthetics)	**73**
Aufbau und Fasergewinnung der Synthetics	73
Modifikation der Synthetics	76
Mikrofasern	80
Gemeinsame Eigenschaften der Synthetics	81
Spezielle Gebrauchs- und Trageeigenschaften einzelner Synthetics	83
Pflegeeigenschaften	84
Faserprüfungen	86
Veredlung von Synthetics	86
Mechanische Verfahren	87
Mechanisch-thermische Verfahren	87
Chemisch-thermische Verfahren	89
Einsatzgebiete von Synthetics	90
Anorganische Fasern	**93**
Mischungen von textilen Faserstoffen	**94**

Kapitel 2 Garne

Mechanische Spinnverfahren	**97**
Baumwollspinnerei	**98**
Streichgarnspinnerei	**99**
Kammgarnspinnerei	**100**

Inhaltsverzeichnis

Konverterspinnerei	101
Maschinen zur Herstellung von Garnen	101
Zwirnen	**106**
Glattzwirnerei	**107**
Maschinen zur Herstellung von Glattzwirnen	107
Aufbau der Glattzwirne	108
Zwirnkonstruktionen	112
Effektspinnerei und Effektzwirnerei	**112**
Farbliche Effekte	113
Plastische Effekte	114
Feinheitskennzeichnung der Garne	**117**

Kapitel 3 Textile Flächengebilde

Gewebe	**120**
Weben	121
Maschinen zur Herstellung von Geweben	123
Gewebegrundbindungen	128
Kurzzeichen der Gewebegrundbindungen	130
Grundbindungen und deren Ableitungen	131
Spezialgewebe mit mehreren Fadensystemen	139
Geflechte	**147**
Maschenstoffe	**148**
Maschenbildung bei Maschenstoffen	149
Bindungselement Masche	150
Weitere Bindungselemente	151
Grundbindungen der Einfaden-Querfadenware	152
Legungen der Kettfadenware	154
Herstellung der Maschenstoffe	156
Maschenstoffe mit zusätzlichen Bindungselementen und Fadensystemen	160
Mustermöglichkeiten der Maschenstoffe	164
Formgebung und Formfestigkeit von Maschenstoffen	165
Textilverbundstoffe	**167**
Filze und Vliesstoffe	168
Nähwirkstoffe	172
Mehrschichtige Textilien	176
Tufting	**182**
Durchbrochene textile Flächen – Spitzen	**184**
Handarbeitsspitzen	185
Maschinenspitzen	188
Einsatz und Verarbeitung von Spitzen	188

Kapitel 4 Textilveredlung

Vorbereitende Maßnahmen	**190**
Vorbehandlung	**191**
Bleichen und optisch Aufhellen	**192**
Farbgebung	**193**
Färben	193
Färbequalität	193
Färbemöglichkeiten innerhalb des Produktionsweges	193
Färbeverfahren	194
Färbemöglichkeiten von textilen Faserstoffen	195
Farbstoffklassen	196
Drucken	**197**
Druckprinzipien	198
Drucktechniken	198
Appretur	**202**
Trockenappretur	202
Nassappretur	205

Kapitel 5 Textilien im Handel

Textile Fußbodenbeläge	**208**
Webteppiche	209
Wirkteppiche und Strickteppiche	210
Textilverbundteppiche	210
Gardinen	**211**
Zutaten	**213**
Futterstoffe	213
Einlagestoffe	214
Verschlussmittel	215
Bänder	217
Posamenten	218
Leder	**218**
Leder als Rohstoff	218
Leder als Werkstoff	219
Kennzeichnung der Textilien	**222**
Textilkennzeichnungsgesetz – TKG	222
Qualitätshinweise	223
Internationale Pflegesymbole	225

Kapitel 6
Entsorgung und Recycling von Textilien

Welche Wege können Alttextilien gehen?	228
Stoffregister	230
Verwendete Normblätter und weitere Informationen	248
Weiterführende und verwendete Fachliteratur	249
Sachwortverzeichnis	250

Die textile Kette

Die textile Kette beschreibt den Lebensweg einer Textilie von der Faserflocke bis zur Alttextilie	Beispiele für ökologische und gesundheitliche Belastungen entlang der textilen Kette
Faserproduktion (Naturfaserstoffe, Chemiefaserstoffe, Fasermischungen)	Die steigende Produktion von Naturfasern kann zu Monokulturen und damit zu Bodenerosionen und einer vermehrten Ausbreitung von Schädlingen führen. Als Folge ist ein extrem hohe Einsatz an Düngemitteln, Schädlingsbekämpfungs- und Entlaubungsmitteln unvermeidlich. Dies führte wiederum zur Entwicklung von genmanipuliertem Saatgut. Für den Faseranbau wird nicht nur landwirtschaftliche Nutzfläche, sondern auch Wasser benötigt. Dieses Wasser gehört zu den Ressourcen, die weltweit begrenzt sind. Die **Transporte** zwischen den Anbaugebieten und den Industrieländern belasten die Umwelt durch den Verbrauch von nicht erneuerbaren Energien und durch verkehrsbedingte Abgase. Die Produktion von Chemiefaserstoffen erfordert den Einsatz von Erdöl und belastet die Umwelt durch **Produktionsrückstände** in Abwässern und in der Luft.
Textilerzeugung (Garne, Zwirne, Gewebe, Maschenstoffe, Textilverbundstoffe)	Textilverarbeitungs- und Veredelungsbetriebe belasten die Umwelt durch Rückstände aus der Produktion. Arbeiter, die ständig den Chemikalien in der Verarbeitung, Veredelung und auch der Reinigung ausgesetzt sind, leiden häufig unter Haut- und Atemwegserkrankungen.
Textilveredlung (Vorbehandlung, Farbgebung, Appretur)	Noch immer wird mit **umstrittenen Farbstoffen** gefärbt bzw. werden Textilchemikalien eingesetzt, deren Unbedenklichkeit für Mensch und Natur nicht vollständig bewiesen ist. Der Verbrauch an Wasser und Energie ist hoch. Die Schutzmaßnahmen für die Arbeitnehmer sind unzureichend.
Bekleidungsherstellung (Trennen, Fügen, Formen)	**Lange Arbeitszeiten, geringe Entlohnung,** Kinder- und Zwangsarbeit sowie Diskriminierung insbesondere von Frauen in den Herstellerländern werden immer häufiger öffentlich gemacht.
Handel und Vertrieb (Marketing, Lagerung, Versand)	Kleidung wird bei uns oft billig und in großer Auswahl angeboten. Können über diese Preise alle Herstellungskosten gedeckt werden? Kleiderbügel und Verpackungsmaterialien sollten aus recyclefähigem Material sein.

Textilien zwischen Ökonomie, Ökologie, Gesundheit und Nachhaltigkeit

Die textile Kette (Fortsetzung)

Die textile Kette beschreibt den Lebensweg einer Textilien von der Faserflocke bis zur Alttextilie	Beispiele für ökologische und gesundheitliche Belastungen entlang der textilen Kette
Verbrauch (Tragen, Pflegen)	Eine besondere Belastung der Umwelt verursacht der Verbraucher bei der Pflege durch den Verbrauch von **Wasser, Energie** und den Umgang **mit Wasch- und Waschhilfsmitteln**. Chemische Reinigungen sind noch belastender für die Umwelt als der Einsatz der Waschmaschinen. Verbraucher kaufen oft billige modische Textilien mit geringer Lebensdauer und Qualität.
Entsorgung und Recycling (Verbrennung, Deponierung, Weiter- und Wiederverwertung)	Der Handel mit Alttextilien und Altschuhen hat sich in den letzten Jahren zu einem lukrativen Geschäft entwickelt. Zusätzlich lassen sich viele noch tragbare Bekleidungsstücke durch „uncycling" oder „redesign" weiterverwenden.

Textilien zwischen Ökonomie, Ökologie, Gesundheit und Nachhaltigkeit

Funktionen von Kleidung

Wir kleiden uns nicht mehr nur, um uns vor Witterungseinflüssen zu schützen, die Scham zu bedecken oder um uns zu schmücken. Sich kleiden, d. h. mit textilen Hüllen umgeben, bedeutet viel mehr. Durch Kleidung stellen wir uns selbst dar, drücken die Zugehörigkeit zu einer Gruppe aus oder grenzen uns bewusst ab. Kleidung ist Statussymbol oder Ausdruck bestimmter Werte oder Normen und ein Mittel zur Beeinflussung des Verhaltens von Menschen.

Wirtschaftlichkeit der Bekleidungsherstellung

In der Vergangenheit verschaffte die Herstellung von Textilien vielen Menschen Arbeit. Die Industrialisierung führte zunächst zu einer Vermehrung der textilen Produktion, später aber zu einer Verringerung der Anzahl der Arbeitsplätze, da durch Mechanisierung (Einführung des mechanischen Webstuhls) weniger Arbeitskräfte benötigt wurden. Heute sind es automatische Herstellungsverfahren und der Einsatz mikroelektronischer Geräte, die den Menschen aus den Fabrikhallen verbannen und nur noch wenig z. B. kontrollierendes Personal nötig machen. Aber nicht nur die Automatisierung, die einen Abbau von Arbeitsplätzen zur Folge hatte, ist Ursache für die Krise der deutschen Textilindustrie. Gerade die Bekleidungsindustrie kommt, trotz moderner Fertigung, nicht ohne Handarbeit aus. Und immer wieder werden die hohen Löhne und Sozialabgaben in Deutschland genannt, die dafür sorgen, dass deutsche Waren teuer werden – zu teuer, um gegen Billiganbieter aus Entwicklungsländern auf dem Welttextilmarkt konkurrieren zu können. Da sich Kleidung und Textilien zu kurzfristigen Konsumgütern entwickelt haben, unterliegen sie aber ganz besonders der Mode, d. h. dem ständigen Wandel und der Veränderung, und dabei spielt der Preis der Ware eine wichtige Rolle. Die Folge ist, dass sich deutsche Unternehmen gezwungen sehen, arbeits- und kostenintensive Teile der Produktion in Niedriglohnländer auszulagern. Jedes Zwischenprodukt wird dort gefertigt, wo die Kosten gering sind und natürlich der erzielte Gewinn optimal ist. Neben den Löhnen werden auch Steuer-, Zoll- und Investitionspolitik, gewerkschaftlicher Organisationsgrad, Infrastruktur, Umweltschutzauflagen und Transportmöglichkeiten geprüft. Die Kleidungsstücke, die wir in Deutschland kaufen, haben deshalb oft eine Weltreise hinter sich gebracht, wobei der Herstellungsweg entlang der textilen Kette kaum noch nachvollzogen werden kann.

Hier kommt der Industrie eine große Verantwortung zu. Sie muss bereit sein, trotz Preis- und Konkurrenzdruck, die Herstellungsbedingungen und den Herstellungsweg transparent zu machen, um für Nachhaltigkeit entlang der textilen Kette und angemessene Sozialstandards in den Niedriglohnländern zu sorgen.

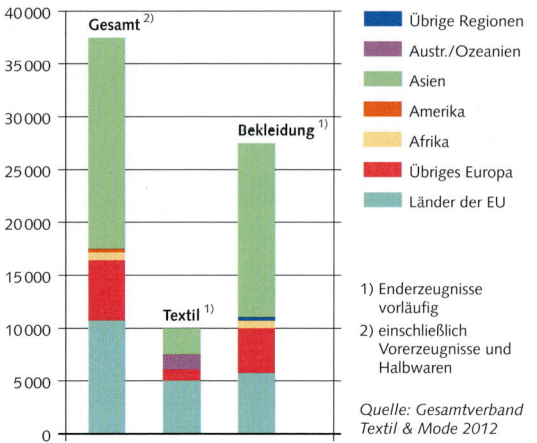

Deutsche Textilimporte 2011 in Mio. €

Wohlstand und Konsumverhalten

Im Laufe der Entwicklung der Gesellschaft zur modernen Industriegesellschaft mit hohem Lebensstandard und gestiegener Lebensqualität wird neben dem Bedarf an vielfältigen textilen Gütern mit entsprechenden Eigenschaften auch eine große Menge an Textilien verbraucht. Darunter fallen nicht nur Bekleidung, sondern auch Heimtextilien und Teppiche.

Der jährliche Textilverbrauch in Deutschland ist hoch. Er liegt seit einigen Jahren bei ca. 24 kg pro Kopf, vor etwa 30 Jahren lag er noch bei ca. 20 kg. Etwa die Hälfte des Verbrauchs jedes Deutschen entfällt auf Bekleidung. Nach Angaben des statistischen Bundesamtes gibt damit durchschnittlich jeder ca. 5% seines Monatseinkommens, das sind etwa 110 €, für Bekleidung und Schuhe aus.

Weltweit liegt der Textilverbrauch bei ca. 8 kg pro Kopf.[1] Doch durch die fortschreitende Industrialisierung in aufstrebenden Ländern wie China oder Indien und dem damit zunehmenden Wohlstand wird sich der Verbrauch an Textilien und textilen Rohstoffen auch dort erhöhen. Ähnlich wie bei uns wird auch die Nachfrage an technischen Textilien einschließlich Medizin- und Hygieneprodukten steigen. Untersuchungen der Bekleidungsindustrie haben ergeben, dass der bundesdeutsche Normalbürger ohne weiteres einige Jahre ohne Neuzukauf von Textilien auskommen könnte, wobei seine Kleidung voll funktionsfähig wäre! Zudem werden 10 bis 15% der gekauften Kleidungsstücke nie oder nur einmal getragen, sind demnach reine Fehlinvestitionen. Diese Fakten sprechen eindeutig für den gestiegenen Wohlstand, zeigen allerdings ein nicht sinnvolles ökonomisches wie ökologisches Verhalten. Welche Gründe gibt es dafür? Frustkäufe, Gruppenzwang, Langeweile, Belohnung, Modewechsel, Werbung – wer oder was bestimmt unser Konsumverhalten?

Soziale Aspekte der Bekleidungsherstellung

Fragen müssen wir uns auch, wo, unter welchen Bedingungen und zu welchen Preisen diese schnelllebige, hochmodische Kleidung, in einigen Fällen von geringer Qualität entsteht.

„Bangladesch ist mit einem Anteil von knapp 10 Prozent nach China und der Türkei der drittgrößte Exporteur von Textilien nach Europa. Auf die Textilproduktion entfallen 80 Prozent des bangladeschischen Exports. Die etwa 4.500 Fabriken der Branche beschäftigen etwa 3,6 Millionen überwiegend weibliche Personen. Die Arbeitsbedingungen in den Fabriken der Branche, die etwa vier Millionen Personen beschäftigen, gelten als besonders schlecht. Die Grundarbeitszeit von 8 bis 17 Uhr ist akzeptabel, aber häufig werden die Arbeiter gezwungen, bis zu 16 Stunden an sieben Tagen in der Woche zu arbeiten. Dafür bekommen sie nach Auskunft von ortsansässigen Fachleuten nur ein sehr geringes Entgelt und keine Urlaubstage.

Ein Grund für solche Missstände in den Textilfabriken Bangladeschs ist das fehlende Mitspracherecht der Mitarbeiter. Nur 2 Prozent aller Textilbetriebe vor Ort haben einen eigenen Betriebsrat. Mangelnde Arbeitnehmerrechte schlagen sich auch in unzureichenden Sicherheitsstandards nieder. Es fehlt manchen Fabriken nicht nur an Sprinkleranlagen, Feuerlöschern, Notbeleuchtung oder funktionierenden Feuertüren; auch die normalen Ausgänge sind

---

1 vgl. Schmidt Eva: Fachvortrag: Nachhaltigkeit und Globalisierung am Beispiel Textilien, erstellt im Auftrag der Verbraucherzentrale Bundesverband e.V., 2010, S.5

zu eng, um als Fluchtweg genutzt werden zu können. Aus Kostengründen sind die Räume oft viel zu klein für die vielen Näherinnen.
Die Bedingungen in den Produktionsfirmen müssen effektiver kontrolliert und die Transparenz in den Lieferketten erhöht werden.
Wo europäische Unternehmen in Südostasien eigene Fabriken haben, finden sich in aller Regel sehr gute Arbeitsbedingungen. Heimische Fabriken in Südostasien müssten hinsichtlich ihrer Produktionsbedingungen effektiv kontrolliert werden. Hilfreich sind ferner Qualitätssiegel, die dem Käufer möglichst detailliert die Eigenschaften über das Produkt und über die Arbeitsbedingungen geben.

Arbeitskosten in der Textilindustrie
je Stunde in Euro

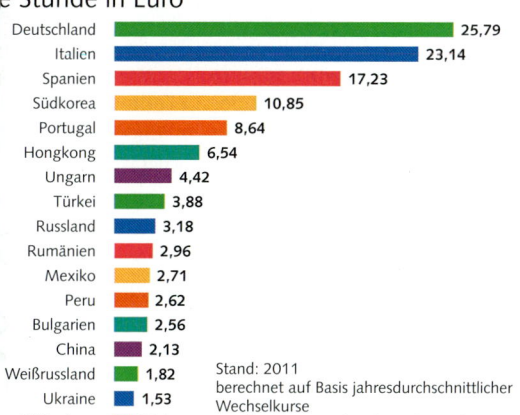

Arbeitskosten in der Textilindustrie je Stunde in €

Das Institut der deutschen Wirtschaft Köln (IW) erstellt jährlich für den Gesamtverband Textil+Mode einen internationalen Arbeitskostenvergleich für die Textil- und Bekleidungsindustrie. Der Vergleich berücksichtigt neben den europäischen Ländern auch große Textilimportländer wie die Türkei oder China. Für die Textilindustrie zeigt der internationale Arbeitskostenvergleich eine gewaltige Spanne (siehe Grafik). Während eine Arbeitsstunde in Deutschland im Jahr 2011 fast 26 Euro und in Italien gut 23 Euro kostete, lagen die Kosten in den mittel- und osteuropäischen EU-Ländern zwischen 2,56 (Bulgarien) und 4,42 Euro (Ungarn). In den beiden größten Textilimporteuren nach Europa, in China und in der Türkei, beliefen sich die Arbeitskosten auf umgerechnet 2,13 und 3,88 Euro. Inzwischen ist ein Teil der Textilproduktion von China in noch billigere asiatische Länder abgewandert.

Produktionskosten einer Jeans in % (Gesamtkosten: 80 Euro)

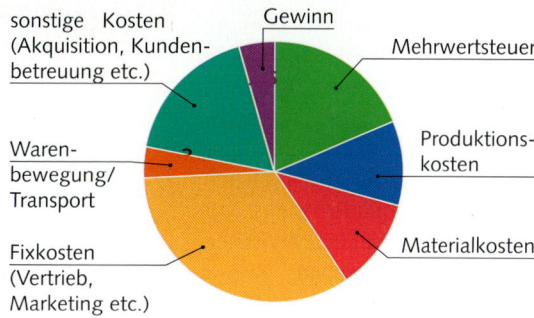

Produktionskosten einer Jeans

Eine deutliche Verbesserung der Arbeitsbedingungen und höhere Löhne für die Näherinnen würden nur zu einem geringen Aufschlag bei den Preisen für Textilien führen. Der Lohnkostenanteil an einem in Osteuropa gefertigten Anzug liegt bei 8 Prozent (siehe Grafik), bei einem Hemd sind es lediglich 5 Prozent. Die Materialkosten belaufen sich bei einem Qualitätsanzug auf rund 15 Prozent. Die größten Kostenblöcke sind neben der Mehrwertsteuer die Deckungsbeiträge[2] der Händler. Das dieser beim Endhändler dreimal so groß ausfällt wie beim Konfektionisten, hängt damit zusammen, dass dieser davon das Marketing finanzieren muss. Außerdem handelt es sich um eine kalkulatorische Marge[3], die nur realisierbar ist, wenn der Anzug ohne Preisnachlass verkauft werden kann. Bei Billigtextilien aus Bangladesch dürfte der Lohnkostenanteil niedriger sein. Nach Berechnungen des Worker Rights Consortium[4] würden Investitionen von 3 Milliarden US-Dollar, die nach Schätzungen des Instituts die Sicherheitsstandards in den Nähfabriken Bangladeschs auf den Standard im Westen bringen würden, den Preis je Kleidungsstück aus Bangladesch um lediglich 10 US-Cents verteuern. Bei einem Billig-T-Shirt würde das den Preis um nicht einmal 2 Prozent verteuern. Das sollte für die Konsumenten kein Problem sein. Bei höherwertigen Produkten können die notwendigen Preisaufschläge allerdings

---

2 Der Deckungsbeitrag ist der Überschuss des Erlöses aus dem Verkauf eines Gutes.
3 Gewinnspanne
4 Das Worker Rights Consortium (WRC) ist eine unabhängige Organisation zur Überwachung der Rechte von Arbeitnehmern in der Textilindustrie.

größer ausfallen. Somit hängt eine substanzielle Verbesserung der Arbeitsbedingungen auch davon ab, in welchem Umfang die Kunden bereit sind, mehr Geld für ihre Kleidung zu zahlen. Um die Konsumenten zu sensibilisieren, muss ihnen veranschaulicht werden, was in manchen Textilfabriken Südostasiens vor sich geht und wie die Menschen dort arbeiten und leben."[5]

Gesundheitsbeeinträchtigungen durch Textilien

Die meisten Verbraucher möchten auf schnell trocknende und formstabile (durch Pflegeleichtausrüstung) bunte (durch Färben oder Bedrucken), schneeweiße (durch Bleichen) Textilien oder waschbare Wolltextilien (durch Filzfreiausrüstung) nicht mehr verzichten. Auch sollten z. B. Gardinen lange lichtecht, Jacken wasserabweisend imprägniert oder Möbelbezugsstoffe flammenhemmend ausgerüstet sein.

Viele Veredelungen sind praktisch nur durch den Einsatz von chemischen Substanzen möglich. Der Katalog der Textilhilfsmittel und Färbemittel ist lang. Anders als in der Lebensmittelindustrie ist für Textilien nicht vorgeschrieben, dass chemische Substanzen auf dem Etikett deklariert werden müssen. Daher wissen weder wir Verbraucher noch der Handel, welche Substanzen genau bei der Herstellung von Textilien eingesetzt wurden und noch in dem Kleidungsstück enthalten sind.

Die Bedarfsgegenständeverordnung (BedGgstV) regelt in Deutschland, „welche Stoffe als gesundheitsschädlich einzustufen sind und nicht in den Handel gebracht werden dürfen."[6] Europaweit gilt die Europäische Chemikalienverordnung REACh. Durch die Registrierung, Bewertung und Zulassung

von chemischen Substanzen bei einer zentralen Chemikalienagentur (ECHA) soll der Schutz von Umwelt und Gesundheit verbessert werden.[7]

Unsere einheimischen Standards sind hoch und viele Unternehmen garantieren ihren Kunden schadstoffgeprüfte und gesundheitlich unbedenkliche Textilprodukte, wie z. B. die bekannten Prüfungen nach OEKO-TEX® Standard.[8]

Durch die Globalisierung der Märkte stammen allerdings ca. 90 Prozent der in Deutschland gekauften Bekleidung aus dem Import. Öffentlichkeitswirksame Berichte über Untersuchungen von Textilwaren großer Markenhersteller, Luxusmarken oder beliebter Discounter erreichen uns in schöner Regelmäßigkeit. Hier tritt zu Tage, dass auf Importwaren Substanzen nachgewiesen worden sind, die hiesige Grenzwerte überschreiten oder die als gesundheitsschädlich eingestuft wurden. Abgesehen von den bereits mehrfach angesprochenen negativen Auswirkungen auf die Arbeitnehmer und die Umwelt im Produktionsland können diese Substanzen und Metalle diverser Zutaten zum Problem für Allergiker werden. Anfällig für Hautirritationen und Hautunverträglichkeiten sind auch Personen mit empfindlicher und geschädigter Haut. Sie sollten keine Kleidungsstücke tragen, die beispielsweise nicht ausreichend luftdurchlässig sind, die einen Hitzestau und vermehrt Schweißbildung hervorrufen, Waschmittel benutzen, die dermatologisch getestet wurden und keine Parfüme enthalten. Die Grundregel, neue Kleidungsstücke vor dem ersten Tragen mindestens einmal zu waschen, um lösliche Farbstoffe und Schadstoffe auszuwaschen, sollte jeder beherzigen.[9]

---

5 Vgl. Institut der deutschen Wirtschaft Köln: Gewerkschaftsspiegel: Arbeitsbedingungen in Textilfabriken Südostasiens: Alle stehen in der Pflicht, vom 27.02.2013 http://www.iwkoeln.de/de/infodienste/gewerkschaftsspiegel/beitrag/arbeitsbedingungen-in-textilfabriken-suedostasiens-alle-stehen-in-der-pflicht-106454 (gef. 8.4.14)

6 Vgl. Schmidt Eva: Fachvortrag: Nachhaltigkeit und Globalisierung am Beispiel Textilien, erstellt im Auftrag der Verbraucherzentrale Bundesverband e.V., 2010, S.33

7 Siehe: Bundesumweltamt: http://www.reach-info.de/ (gef. 10.4.14)

8 Siehe: www.hohenstein.de oder www.oeko-tex.com (gef. 4.4.14)

9 Siehe: http://www.allergie-elternmagazin.de/textilallergie.html oder http://www.alles-zur-allergologie.de/Allergologie/Artikel/3922/Allergen,Allergie/Kleidung/ (gef. 10.4.14)

Textilien zwischen Ökonomie, Ökologie, Gesundheit und Nachhaltigkeit

Für betroffene Verbraucher gilt einmal mehr der Blick auf Prüfzeichen und Label. Sie sind eine gute Orientierung auf der Suche nach schadstoffarmer Bekleidung. Neben der bereits erwähnten OEKO-TEX® Gemeinschaft sichert uns z. B. auch die „Fördergemeinschaft körperverträgliche Textilien" medizinisch getestete und schadstoffgeprüfte körperverträgliche Textilien zu. Die Anzahl der Label und Initiativen, die nicht nur saubere, sondern auch faire produzierte Bekleidung garantiert und sozialverträgliche und nachhaltige Gesichtspunkte entlang der textilen Kette bewertet, ist gestiegen und steht für ein Umdenken in der Branche.[10]

Die Lebensgrundlagen der gesamten Menschheit dauerhaft erhalten

Ökonomische Nachhaltigkeit	Ökologische Nachhaltigkeit	Soziale Nachhaltigkeit
Befriedigung der materiellen Bedürfnisse der Menschen	Bewahrung unserer Umwelt als Basis jeglicher menschlicher Existenz	Vertiefung von Gerechtigkeit und sozialem Zusammenhalt im Sinne von Chancengleichheit

Textilien und Nachhaltigkeit

Nachhaltigkeit entlang der Textilen Kette

Den Nachhaltigkeitsbegriff, wie er heute verstanden wird, prägte der 1987 den Vereinte Nationen vorgelegte Abschlussbericht der Kommission ‚Our common future' (Brundtland-Bericht): Die Kommission versteht demnach unter einer nachhaltigen Entwicklung, ‚eine Entwicklung, die den Bedürfnissen der heutigen Generation entspricht, ohne die Möglichkeiten künftiger Generationen zu gefährden, ihre eigenen Bedürfnisse zu befriedigen und ihren Lebensstil zu wählen.'"[11]

Damit wird deutlich, die Herstellung, der Transport, der Gebrauch von Textilien und die Beseitigung verbrauchter Textilien[12] ist ein globales Thema.

Für die Unternehmen bedeutet dies, sich mit den textilökologischen Erfordernisse auf jeder Stufe der textilen Kette auseinander zu setzten und verantwortlich zu fühlen. Die Kriterien für nachhaltiges Wirtschaften müssen demnach auch für die Beschaffungs- und Zuliefererketten sowie die Produktpalette und das Produktdesign selbst gelten.[13]

In diesem Zusammenhang könnte von Seiten der Politik der Druck auf die deutsche Textilwirtschaft erhöht werden. Die Einführung eines Siegels für nachhaltig produzierte Kleidung ist geplant.

Die Branche wird sich zudem selbst verpflichten, soziale Standards bei Löhnen und im Arbeits- und Umweltschutz einzuhalten.

Auch wir Verbraucher müssen umdenken. Vor allem die schnelllebige Mode ist für die Massen- und Billigproduktionen verantwortlich. Solche Mode, die kurz nach den Modeschauen in Paris, New York, etc. in den Modehäusern erscheint, um nur kurze Zeit später aus den Schaufenstern zu verschwinden und zu Schrankhütern zu werden, wird als Fast-Fashion bezeichnet. Wir sollten öfter zu Slow-Fashion greifen. Unter dem Begriff sammelt sich die nachhaltige, entschleunigte, bewusste Mode, die im Gegensatz zur schnelllebigen Massenware steht. Dazu zählt beispielsweise Kleidung, die aus Biostoffen oder recycelten Materialien zu kaufen ist, gebrauchte Sachen, Produkte von kleineren Labels, die lokal produzieren oder einfach zeitlose strapazierfähige Kleidungsstücke. Das Prinzip, das hier vertreten wird, nämlich seltener und bewusster Shoppen zu gehen, steht im Gegensatz zum Prinzip des Wegwerfens und Neukaufens und wäre ein wichtiger Beitrag zur Nachhaltigkeit.[14]

Schlussfolgerungen und Kriterien für umweltfreundliche, gesundheitlich unbedenkliche und nachhaltige Produkte

- Textilien müssen entlang der textilen Kette sozialverträglich hergestellt, weiterverarbeitet und transportiert werden. Die Einhaltung sozialer

---

10 Vgl. Qualitätshinweise S. 223

11 Stiftung OEKO-TEX® GmbH: Textilien und Nachhaltigkeit: Zahlen und Fakten – Journalisten-Kompendium S. 10

12 Vgl. Kapitel 6 „Entsorgung und Recycling von Textilien", Seite ??

13 Vgl. http://www.nachhaltigkeit.info/artikel/produktion_1654.htm (gef. 8.4.14)

14 Vgl. http://www.nachhaltigkeit.info/artikel/nachhaltigkeit_in_der_modebranche_1764.htm (gef. 10.4.14)

Textilien zwischen Ökonomie, Ökologie, Gesundheit und Nachhaltigkeit

Unter Textilökologie wird verstanden:

Produktionsökologie	Humanökologie	Gebrauchsökologie	Entsorgungsökologie
Sie beschäftigt sich mit den Belastungen von Mensch und Umwelt bei der Herstellung und Gewinnung der textilen Rohstoffe einschließlich Leder und deren Weiterverarbeitung, Veredelung und Konfektionierung.	Sie betrachtet den Einfluss der Textilien während des Gebrauchs auf die Gesundheit und das Wohlbefinden des Menschen.	Sie beschäftigt sich mit den Auswirkungen, des Waschens, Reinigen und Pflegens von Textilien auf die Umwelt.	Sie bezieht sich auf die Entsorgung von Textilien (von Wiederverwendung bis Weiterverwertung) nach der Nutzung und den Einfluss auf die Umwelt und die Gesundheit des Menschen.

Mindeststandards, wie Einhaltung der Menschenrechte, angemessene Entlohnung, keine Diskriminierung, keine Kinderarbeit, keine gesundheitlichen Beeinträchtigungen oder keine unangemessenen Arbeitszeiten, müssen garantiert werden.

- Die Arbeitssicherheit für die Beschäftigten während der Produktion muss gewährleistet sein. Den Arbeitnehmern muss es erlaubt sein, sich zu organisieren.
- Die Produktion muss umweltverträglich ablaufen. Das heißt, die endlichen Ressourcen wie Rohstoffe, Erde, Luft und Wasser müssen geschont werden.
- Textilien müssen eine hohe Gebrauchstauglichkeit und eine lange Lebensdauer besitzen und verschleißarm sein.
- Die Gebrauchswerterhaltung und die Textilpflege dürfen die Umwelt möglichst wenig belasten.
- Die Recycelfähigkeit bzw. Wiederverwertbarkeit der verarbeiteten Rohstoffe muss bereits bei der Entwicklung berücksichtigt werden bzw. die Hersteller müssen Rücknahmesysteme entwickeln, um die Rohstoffe erneut dem Kreislauf zuführen zu können.

Aufgaben

1. Was kann der Verbraucher tun, um Umweltbelastungen durch die richtige Auswahl und Pflege der Textilien zu verringern?
2. Wie kann sich der Verbraucher vor gesundheitlichen Belastungen, die von Textilien ausgehen können, schützen?
3. Wie oft und warum kaufen Sie Kleidung?
4. Welche Anforderungen stellen Sie an die Qualität und die Verarbeitung der Ware? Begründen Sie Ihre Aussage.
5. Nennen Sie einfache Maßnahmen zur Gebrauchswerterhaltung. Welche führen Sie selbst durch?
6. Welche Eigenschaften schätzen Sie an Ihrem Lieblingskleidungsstück?
7. Vor welchen Problemen steht die deutsche Textilindustrie?
8. Was versteht man unter Nachhaltigkeit entlang der textilen Kette?
9. Welchen Beitrag können Verbraucher im Zusammenhang mit Nachhaltigkeit leisten?
10. Womit beschäftigt sich die Produktionsökologie?

Kleidung beeinflusst unser Wohlbefinden

Mit dem Einfluss der Kleidung auf das Wohlbefinden des Menschen bei unterschiedlichen Tätigkeiten und Umgebungseinflüssen beschäftigt sich die **Bekleidungsphysiologie**.
Zwischen der Bekleidung und der Hautoberfläche entwickelt sich bei jedem Menschen ein Kleinklima (Mikroklima), das bei einer bestimmten Temperatur, Luftfeuchtigkeit und Hautkontakt zu Behaglichkeit führt, d. h., man fühlt sich wohl in seiner „zweiten Haut", oder das als unangenehm empfunden wird, d. h., man schwitzt oder friert. Die wichtigste Aufgabe der Kleidung besteht darin, dieses Mikroklima auch bei veränderten äußeren Bedingungen (Wärme, Kälte, feuchte Luft, Wind) angenehm konstant zu halten. Unsere Kleidung muss deshalb bestimmte Funktionen erfüllen, die mit entscheidend für das Wohlbefinden sind: Sie soll Temperaturen ausgleichen, Wärme isolieren und Feuchtigkeit transportieren. So bevorzugen wir je nach Jahreszeit und Trageanlass bestimmte Kleidungsstücke, in denen wir uns richtig angezogen fühlen.

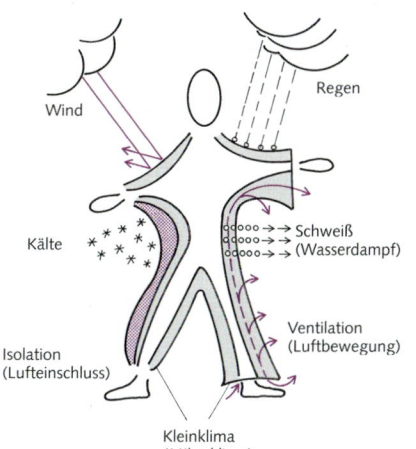

Kleidung soll Feuchtigkeit von der Haut wegtransportieren: Schwitzen ist eine lebenswichtige Funktion zur Wärmeregulierung der Körpers. Schon bei geringer Überwärmung des Körpers verstärken die Schweißdrüsen ihre Arbeit und geben Schweiß ab. Dieser verdunstet auf der Haut und kühlt. Damit wird die optimale Körpertemperatur von ca. 37 °C reguliert. Beim Schlafen sondert der Körper kleine Mengen von 0 bis 17 ml/h Schweiß ab, sodass wir gar nicht merken, dass wir schwitzen, beim Hochleistungssport sind es bis zu 3 l/h. Die Bekleidung ist nun dafür zuständig, den Schweiß in Dampfform durch die Textilien abzutransportieren. Erfüllt sie diese Funktion nur mangelhaft, wird es unter der Kleidung feucht. Der nicht abgeführte Schweiß führt bei körperlicher Anstrengung zu Überwärmung und damit zur Einschränkung der Leistungsfähigkeit. Schweißnasse Kleidung kann auf der Haut kleben.

Kleidung soll Wärme isolieren: Eine weitere Grundfunktion der Kleidung muss sein, den Körper warm zu halten. Das hängt nicht von der Dichte des Stoffes und auch weniger vom verarbeiteten Rohstoff ab, sondern von der Möglichkeit, Luft einschließen und festhalten zu können. Die Luft in den Textilien und innerhalb der Kleidung ist der eigentliche Wärmeisolator. In der kalten Jahreszeit ist es deshalb sinnvoll, mehrere dünne Kleidungsschichten übereinander zu tragen, zwischen denen sich wärmende Luftschichten bilden können (Zwiebelschalenprinzip). Des Weiteren eignen sich textile Flächen, die aufgrund ihrer Flächenkonstruktion in den Räumen zwischen den Fasern viel isolierende Luft einschließen können.

Kleidung soll durch Ventilation (Luftaustausch) für den notwendigen Temperaturausgleich sorgen:
Die durch Kleidung eingeschlossene Luft soll den Körper wärmen, sie muss aber auch ausgetauscht werden, sodass die Haut „atmen" kann. Der Körper bildet beispielsweise ca. 85 Watt/h Wärme beim Schlafen, ca. 115 Watt/h beim ruhigem Sitzen oder bis zu 1000 Watt/h beim Hochleistungssport. Bei der Verdampfung des dadurch entstehenden Schweißes kühlt die Luft den Körper. Durch einen Luftaustausch werden die Feuchte und auch überschüssige Wärme vom Kleidungsinneren mit nach außen genommen und durch trockene Außenluft ersetzt. Ist uns zu warm, dann öffnen wir automatisch Knöpfe oder Reißverschlüsse an unserer Kleidung, krempeln die Ärmel hoch oder ziehen ganze Bekleidungsstücke aus. Durch diese Kühlung verschaffen wir uns körperliches Wohlgefühl.
Auch der **Schnitt der Kleidung** spielt eine wesentliche Rolle. Eine ausreichende Luftzirkulation ist beispielsweise nur dann möglich, wenn Kleidung nicht zu eng anliegt. Auch die Wärmehaltung wird bei zu enger Kleidung eingeschränkt. Wie sich ein Kleidungsstück auf der Haut anfühlt, hat zudem einen großen Einfluss auf unsere Wohlbefinden. Ob Kleidung als warm, weich, kühl, glatt, klebend oder

Kleidung beeinflusst unser Wohlbefinden

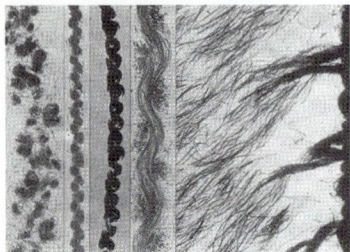 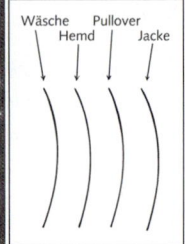

Doppelflächige Maschenstoffe: Die Feuchtigkeit wird von der Haut abtransportiert.

Doppelflächige Maschenstoffe: Die Feuchtigkeit verdunstet an der Außenfläche.

Anwendung des sog. „Zwiebelschalenprinzips": Mehrere Bekleidungsschichten werden übereinander getragen, wobei sich dazwischen isolierende Luft befindet. Je nach Temperatur werden einzelne Bekleidungsschichten an- oder ausgezogen.

kratzig empfunden wird, ist oftmals vom individuellen **Hautempfinden** anhängig. Der Griff einer Fläche kann hierfür entscheidend sein. Einfluss auf den Griff einer Ware haben neben Faserquerschnitt und Faserfeinheit die **Garnstruktur** und die **Konstruktion der textilen Fläche.** So setzt man im Winter bevorzugt weich gedrehte, lockere und voluminöse Garne ein, die viel isolierende Luft einschließen können, im Sommer dagegen feine, glatte und hoch gedrehte Garne, aus denen ebenso glatte, leichte und luftdurchlässige Stoffe entstehen. Einen hohen Lufteinschluss gewährleisten weitmaschige Maschenstoffe aus gekräuselten Garnen, aufgerauten Flächen oder Filze.

Doppelflächige Maschenstoffe sind entwickelt worden, um den Feuchtetransport von Kleidung ideal zu gestalten. Besonders dann, wenn z. B. durch sportliche Betätigung viel Schweiß entsteht, muss dieser schnell von der Haut wegtransportiert werden. Diese Aufgabe übernimmt die dem Körper zugewandte Maschenstoffseite aus Chemiefasern. Hierbei nutzt man ihre Eigenschaft, Feuchtigkeit nicht zu speichern, sondern schnell aufzusaugen und an die außen liegende saugfähige (Baumwoll-) Schicht weiterzuleiten. Dort sorgt die Außenluft für eine schnelle Verdunstung, die Innenseite der Kleidung bleibt trocken.

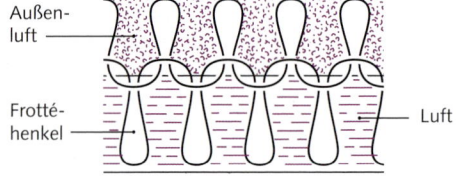

Frottéhenkel als Abstandshalter

Die Entstehung eines angenehmen Mikroklimas zwischen Haut und Maschenware wird durch die sog. **Abstandshalter** möglich. Herausstehende (dochtartig wirkende) Faserenden bei Spinnfasern oder Frotteeschlingen in der Maschenkonstruktion schaffen einen Abstand vom Textil zur Haut, sodass der notwendige Luftaustausch möglich wird.

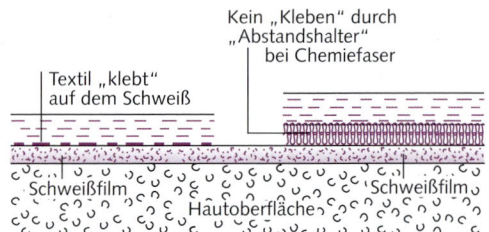

„Abstandshalter" halten das Textil von der Haut entfernt und verhindern den Klebeeffekt.

Insbesondere als Wetterschutz- bzw. Freizeit- und Sportbekleidung werden die hauchdünnen und unsichtbar verarbeiteten **Membranen** oder mikroporös oder porenlos beschichtete Flächen eingesetzt, die gleichzeitig wasserdicht, atmungsaktiv und winddicht sind. **Mikrofasern** besitzen ähnliche Eigenschaften, sie weisen Wasser und Wind ab und sind für Wasserdampf durchlässig. Membranen und Mikrofasern funktionieren folgendermaßen: Wasserdampfmoleküle können aufgrund ihrer Größe von innen nach außen transportiert werden, Regentropfen dagegen sind zu groß, um von außen nach innen gelangen zu können. Das so entstehende angenehme Körperklima fördert unser Wohlbefinden

Aufgaben

1. Was sind die Inhalte der Bekleidungsphysiologie?
2. Warum wärmt ein Wollpullover stärker als einer aus Baumwolle oder Leinen?
3. Welche Aufgabe haben „Abstandshalter"?
4. Erläutern Sie doppelflächige Maschenwaren.

Kapitel 1
Textile Faserstoffe

Die Faserstoffe für die Herstellung textiler Erzeugnisse werden entweder von der Natur geliefert oder von Menschenhand auf chemischem Wege hergestellt. Man unterscheidet deshalb zwei Gruppen von Textilfasern:

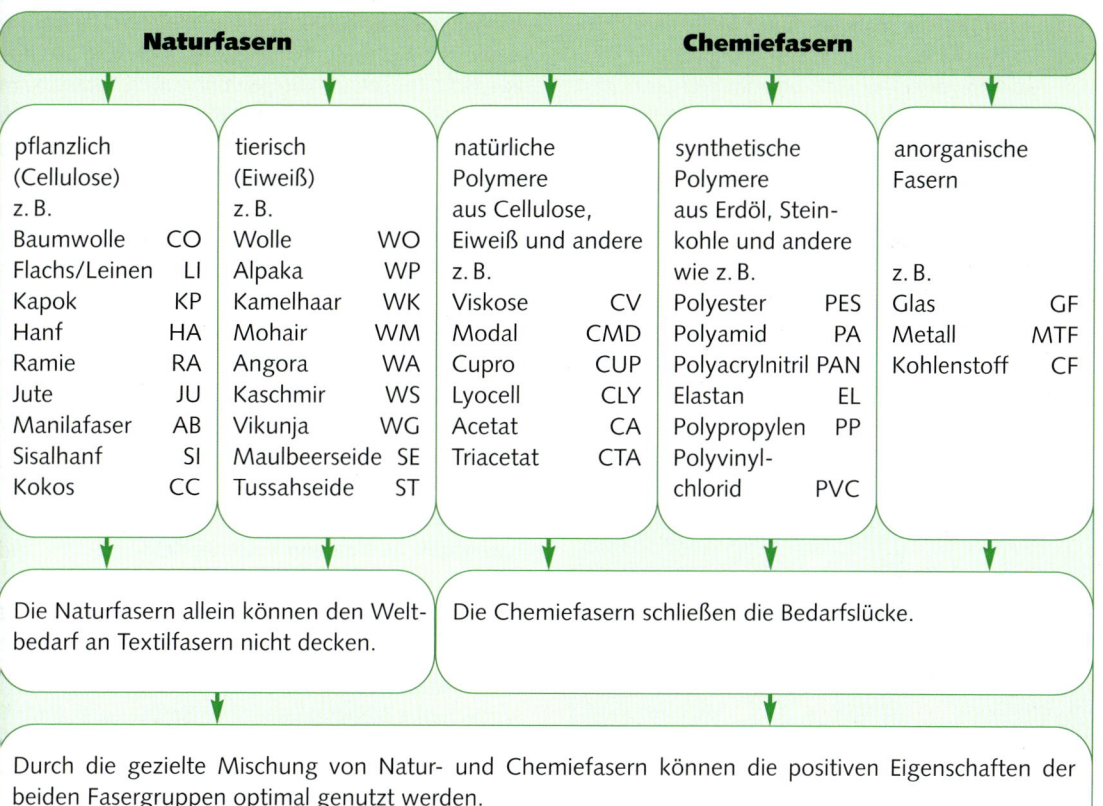

Naturfasern			Chemiefasern		
pflanzlich (Cellulose) z. B.	tierisch (Eiweiß) z. B.	natürliche Polymere aus Cellulose, Eiweiß und andere z. B.	synthetische Polymere aus Erdöl, Steinkohle und andere wie z. B.	anorganische Fasern z. B.	
Baumwolle CO	Wolle WO	Viskose CV	Polyester PES	Glas GF	
Flachs/Leinen LI	Alpaka WP	Modal CMD	Polyamid PA	Metall MTF	
Kapok KP	Kamelhaar WK	Cupro CUP	Polyacrylnitril PAN	Kohlenstoff CF	
Hanf HA	Mohair WM	Lyocell CLY	Elastan EL		
Ramie RA	Angora WA	Acetat CA	Polypropylen PP		
Jute JU	Kaschmir WS	Triacetat CTA	Polyvinylchlorid PVC		
Manilafaser AB	Vikunja WG				
Sisalhanf SI	Maulbeerseide SE				
Kokos CC	Tussahseide ST				

Die Naturfasern allein können den Weltbedarf an Textilfasern nicht decken.

Die Chemiefasern schließen die Bedarfslücke.

Durch die gezielte Mischung von Natur- und Chemiefasern können die positiven Eigenschaften der beiden Fasergruppen optimal genutzt werden.

Einsatzbereiche

Bekleidung
z. B. Oberbekleidung, Wäsche, Sportbekleidung, Freizeitbekleidung

Heimtextilien
z. B. Dekorationsstoffe, textile Fußbodenbeläge, Bett-, Tisch- und Küchenwäsche

Technische Textilien
z. B. Industrietextilien (Filter, Verpackungen u. a.), Geotextilien (Erosionsschutz u. a.), Mobiltextilien (Flugzeugteile u. a.)

1 Allgemeines zur Faser

Allgemeiner Aufbau von Faserstoffen

Die Faserstoffe, ob aus tierischen, pflanzlichen oder synthetisch gewonnenen Substanzen aufgebaut, besitzen grundlegende Gemeinsamkeiten, aufgrund derer sie für textile Zwecke nutzbar sind.

Grundbausteine

Alle Faserstoffe sind aus aneinander liegenden und miteinander verknäulten Ketten- oder Makromolekülen[1] (Polymer[2]) aufgebaut, die wiederum aus vielen kleinen reaktionsfähigen Einzelmolekülen (Monomer[3]) bestehen. Durch den Zusammenschluss von Atomen, den kleinsten chemischen Einheiten, entstehen die Einzelmoleküle. Beim Aufbau der Faserstoffe beteiligen sich Atome der Elemente Kohlenstoff, Sauerstoff, Stickstoff, Wasserstoff, Schwefel sowie Chlor und Fluor.

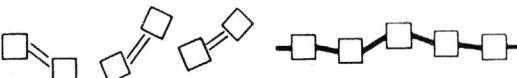

Zusammenschluss von Atomen zu Molekülen.

Moleküle schließen sich zu Kettenmolekülen zusammen.

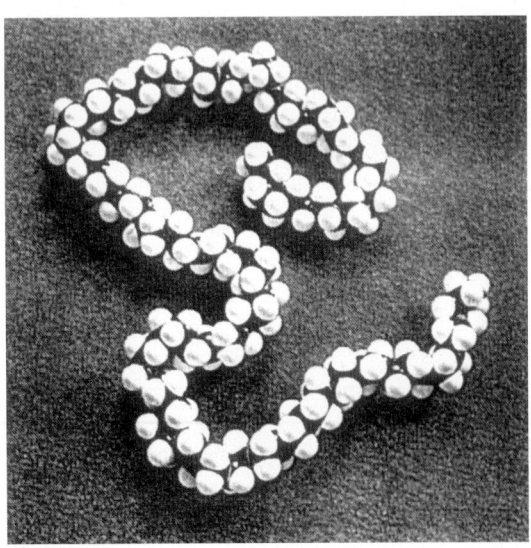

Modell eines Kettenmoleküls

---

[1] makros (griech.) = groß
[2] Polymer (griech.) = von poly - viel, meros - Teil
[3] Monomer (griech.) = von monos - eins, meros - Teil

Möglichkeiten der Bildung von Kettenmolekülen

Werden die Kettenmoleküle in der Natur ohne menschliches Zutun aufgebaut, so spricht man von natürlichen Polymeren. Baumwolle und Flachs, als pflanzliche Fasern, setzen sich aus Cellulosemolekülketten zusammen, die sich durch Photosynthese bilden. Wolle und Seide, als tierische Fasern dagegen, bestehen aus Eiweißmolekülketten, die in den tierischen Zellen aufgrund der aufgenommenen Nahrung aufgebaut werden.

Für die Cellulosics nutzt man ebenfalls die in Pflanzen vorkommenden natürlich gebildeten Kettenmoleküle der Cellulose. Diese Kettenmoleküle werden aus Holz freigelegt, die gewonnene Substanz wird in eine Lösung gebracht und durch Düsen gepresst, wodurch ein Faden entsteht. Deshalb spricht man hier von umgewandelten natürlichen Polymeren und bezeichnet diese Faserstoffe als Chemiefasern aus natürlichen Polymeren, die Cellulosics.

Die letzte Möglichkeit besteht darin, die Kettenmoleküle künstlich von Menschenhand zu erzeugen. Diese chemischen Verbindungen setzt man aus Erdöl, Erdgas und Kohle frei. Man spricht deshalb von Chemiefasern aus synthetischen Polymeren, der Synthetics.

Grundsätzlich unterscheidet man drei Reaktionstypen zum Aufbau von Kettenmolekülen:

Polymerisation
Gleichartige Monomere bilden ein Kettenmolekül, wobei keine Nebenprodukte entstehen, z.B. Polyacrylfasern, Polyamid 6.

Polykondensation
Verschiedene Monomere bilden ein Kettenmolekü unter Abspaltung von Teilen der Ausgangsstoffe (z.B. Wasser), z.B. Polyester, Polyamid 6.6.

Polyaddition
Verschiedenartige Monomere bilden durch Umgruppierung einzelner Molekülbestandteile ohne Abspaltung von Nebenprodukten ein Kettenmolekül. Monomer und Polymer verfügen über die gleiche chemische Zusammensetzung, z.B. Polyurethan.

Polymerisationsgrad

Die Anzahl der Monomere in einem Kettenmolekül wird Polymerisationsgrad genannt. Da die Kettenmoleküle innerhalb eines Faserstoffes unterschiedlich lang sind, wird die durchschnittliche Zahl der Monomere angegeben, der sogenannte Durchschnittspolymerisationsgrad **(DP-Grad)**. Der DP-Grad von Baumwolle beträgt 2500, d.h., das Kettenmolekül besteht aus durchschnittlich 2500 Monomeren. Von der Länge der Ketten sind wichtige Eigenschaften abhängig. Die Reißfestigkeit eines Faserstoffes ist z.B. umso höher, je länger die Kettenmoleküle sind.

Bindungskräfte im Faserstoff

Einfluss auf die Eigenschaften der Faserstoffe haben auch die Kräfte (Valenzen[4]), die zwischen und in den beteiligten Monomeren und Polymeren wirken. Zwei Arten von Bindungskräften werden unterschieden:

Hauptvalenzen

Sie wirken im Polymer von Atom zu Atom, d. h. insbesondere in Längsrichtung des Kettenmoleküls. Je stärker sie ausgebildet sind, umso größer ist der Widerstand gegen Zugbeanspruchung.

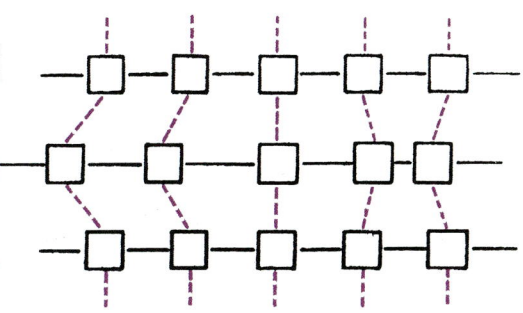

Nebenvalenzen

Sie sind räumlich angeordnet und wirken zwischen den Monomeren in Längsrichtung und zwischen den benachbarten Molekülketten in Querrichtung. Sie sind nicht so fest wie die Hauptvalenzen und haben Einfluss auf die Querfestigkeit, Dehnbarkeit und Quellbarkeit eines Faserstoffes.

Ordnungszustände im Faserstoff

Zwischen den Kettenmolekülen bilden sich Querkräfte – die Nebenvalenzen – aus, die je nach Stärke der Ausprägung uneinheitliche Ordnungszustände zur Folge haben. Dieser Orientierungsgrad beeinflusst die Fasereigenschaften.

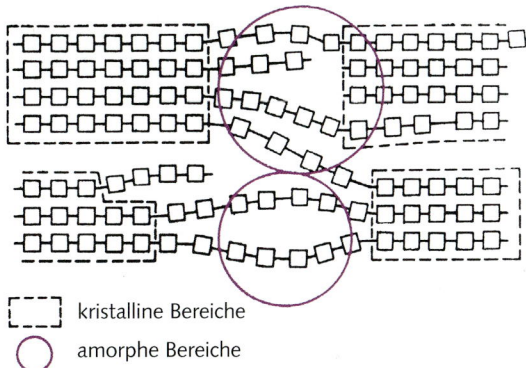

☐ ☐ kristalline Bereiche
◯ amorphe Bereiche

Sind die Ketten zur Faserachse wenig geordnet und unregelmäßig gelagert, so können sich die Nebenvalenzen nur schwach ausbilden. Diese sogenannte amorphen Bereiche mit einem geringen Orientierungsgrad lassen sich relativ leicht lockern, bilden Hohlräume und ermöglichen gut das Eindringen und die Anlagerung bestimmter Stoffe (z. B. Wasser, Farbstoffe). Faserstoffe mit einem hohen Anteil amorpher Bereiche besitzen deshalb eine geringe Reißfestigkeit und Temperaturbeständigkeit, besonders im nassen Zustand, sie verfügen über eine höhere Feuchtigkeitsaufnahmefähigkeit und Dehnbarkeit und sie lassen sich besser anfärben.

Sind die Ketten annähernd parallel zur Faserachse und überwiegend regelmäßig gelagert, so ergibt sich ein hoher Orientierungsgrad, wodurch sich die Neben- und Hauptvalenzkräfte sehr gleichmäßig ausprägen können. Diese geordneten dicht gepackten, kristallinen Bereiche sind schwer veränderbar und haben eine hohe Reißfestigkeit, geringe Feuchtigkeitsaufnahme, hohe Trocknungsgeschwindigkeit und geringe Dehnbarkeit der Faserstoffe zur Folge.

Bei Naturfaserstoffen hat der Mensch wenig Einfluss auf die Anordnung der Molekülketten. Im Gegensatz dazu kann bei Chemiefasern der Orientierungsgrad durch Verstreckung[5] nach dem Erspinnen verbessert werden.

---

[4] Valenzen (lat.) von valere - wert sein

[5] vgl. Seite 56

1 Allgemeines zur Faser

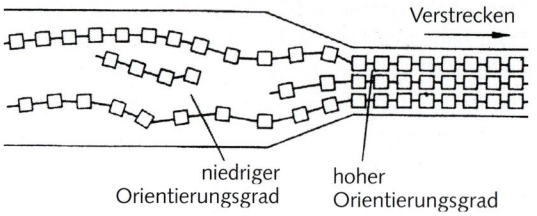

Verstrecken von Molekülketten

Fasermodell

Die Einzelfibrille[6] besteht aus parallel gelagerten Ketten.
Mehrere Einzelfibrillen bilden die Mikrofibrille.
Viele Mikrofibrillen bauen die Makrofibrille auf.
Ein Fibrillenstrang setzt sich aus Makrofibrillen zusammen.
Gleichartig ausgerichtete Fibrillenstränge ergeben die Faserschicht.

---

[6] Fibrille - feinstes Fäserchen

Eigenschaften textiler Faserstoffe

Eigenschaften sind charakteristische Merkmale von Gegenständen. Die Eigenschaften von Faserstoffen haben u. a. Einfluss auf die Verarbeitung, die Konstruktion der textilen Fläche, die Veredlung und den Gebrauchswert der Textilien. Über die Analyse der Eigenschaften wird es möglich, die verschiedenen Faserstoffe zu erkennen, zu vergleichen und zu bewerten. Damit kann einerseits ein zweckgemäßer Einsatz erfolgen, andererseits lassen sich insbesondere die Chemiefaserstoffe gezielt für ein Einsatzgebiet konstruieren oder aber verschiedene Faserstoffe durch Mischung optimal für einen Verwendungszweck kombinieren. Im Folgenden werden die im Buch beschriebenen Eigenschaften allgemein erläutert:

Faserlänge

Das ist die größte Ausdehnung textiler Faserstoffe in Faserlängsrichtung. Man unterscheidet grundsätzlich längenbegrenzte bzw. sehr große, praktisch „endlos" lange Fasern. Längenbegrenzte Fasern verfügen wachstumsbedingt (Naturfasern) oder herstellungsbedingt (Chemiefaserspinnfasern) über eine bestimmte Länge (Stapellänge). Zu den Endlosfasern zählen die Filamente der Seidenraupe (Haspelseide) und die aus Spinnmassen ersponnenen Chemiefaserfilamente. Die Faserlänge wirkt sich z. B. auf die Feinheit, Reißfestigkeit und Gleichmäßigkeit des Garnes aus bzw. bestimmt das anzuwendende Spinnverfahren.

Faserfeinheit

Darunter versteht man das Verhältnis zwischen Masse und Länge des Faserstoffs. Während die Naturfaserstoffe über wachstumsbedingte Feinheiten verfügen und Feinheitsunterschiede innerhalb der Faser aufweisen, kann die Feinheit der Chemiefasern je nach Verwendungszweck über die Herstellungsbedingungen bestimmt werden. Man unterscheidet Grob-, Fein-, Feinst- und Mikrofasern.

Kräuselung

Damit beschreibt man den wellenförmigen Verlauf der Fasern bzw. Garne zur Faserlängsachse. Die Kräuselung verbessert die Haftfähigkeit der Fasern im Garn, die Elastizität und Dehnung, den Griff und das Wärmerückhaltevermögen der textilen Fläche. Garne aus gekräuselten Fasern sind voluminöser und bauschiger als glatte und besitzen ein geringeres Gewicht. Chemiefaserfilamente, die herstellungsbedingt glatt sind, lassen sich im Nachhinein künstlich kräuseln, d. h. texturieren[7].

Farbe
Naturfaserstoffe verfügen über eine wachstumsbedingte Eigenfarbe, von Weiß über Gelb, Braun, Grau bis Schwarz. Chemiefaserstoffe sehen ursprünglich unterschiedlich weiß aus. Sie sind bereits während der Herstellung färbbar (Spinnfärbung).

Glanz
Der Glanz der Faserstoffe ist insbesondere von der Oberflächenbeschaffenheit abhängig. Der Faserstoffglanz kann hochglänzend bis tiefmatt sein.

Feuchtigkeitsaufnahme und Saugfähigkeit
Feuchtigkeitsaufnahme ist die Fähigkeit der Faser bei Normalklima (20 °C und 65 % relative Luftfeuchte) dampfförmige Feuchtigkeit aus der Umgebung aufzunehmen ohne sich feucht anzufühlen. Diese Fähigkeit bezeichnet man als Hygroskopizität. Alle Naturfasern und die cellulosischen Chemiefasern besitzen zudem die Eigenschaft, Feuchtigkeit in sich aufzusaugen, sie quellen dabei und geben die Feuchtigkeit langsam wieder ab (relativ lange Trocknungszeiten).
Synthesefasern nehmen kaum Feuchtigkeit auf, quellen kaum, transportieren die Feuchtigkeit aufgrund ihrer guten Oberflächenbenetzbarkeit aber schnell.
Ist die Oberfläche einer Faser leicht benetzbar, d. h., Feuchtigkeit lagert sich gut an und verteilt sich schnell, dann spricht man von hydrophilen (wasserfreundlichen) Fasern. Dagegen sind hydrophobe (Wasser abweisende) Fasern schwer benetzbar, d. h., Feuchtigkeit wird von der Faseroberfläche abgestoßen.

Dehnung und Elastizität
Die Dehnung ist eine Längenänderung des Faserstoffes durch Zugbelastung. In diesem Zusammenhang gilt: Je geringer der Orientierungsgrad und der Ordnungsgrad der Molekülketten und je kleiner der Polymerisationsgrad ist, desto größer ist die Dehnbarkeit eines Faserstoffs. Dabei ist die Dehnbarkeit der Faser im nassen Zustand oft größer als im trockenen. Ist die Dehnung nach einer Zugbeanspruchung teilweise oder ganz rückläufig, dann spricht man von elastischer Dehnung.
Formbeständigkeit und Knitterverhalten von Textilien werden entscheidend von der Elastizität der Fasern beeinflusst.

Reißfestigkeit
Als Reißfestigkeit bezeichnet man die Widerstandskraft, die eine Faser oder ein Faden der Zugbeanspruchung bis zum Reißen entgegensetzt. Die Reißfestigkeit kann im trockenen und nassen Zustand gemessen werden. Die Anordnung der Molekülketten, der Polymerisationsgrad, der Orientierungsgrad und die Bindungskräfte beeinflussen sie entscheidend. Die Reißfestigkeit ist für die Verarbeitung und den Gebrauchswert (Verschleiß) bedeutsam.

Scheuerfestigkeit
Das ist die Widerstandsfähigkeit von Textilien gegenüber Beanspruchung durch Scheuern. Der Verschleiß (Verbrauch) von Textilien hängt neben der Reißfestigkeit insbesondere von der Scheuerbeständigkeit ab und ist somit ebenfalls für den Gebrauchswert mit entscheidend.

Wärmerückhaltevermögen und Luftdurchlässigkeit
Unter Wärmerückhaltevermögen versteht man die Fähigkeit einer Textilie, die Temperatur des bekleideten Körpers relativ konstant zu halten. Neben der Wärmeleitfähigkeit, der Feinheit oder der Kräuselung der Faser ist das Ausmaß der Hohlraumbildung in der textilen Fläche für das Wärmerückhaltevermögen von besonderer Bedeutung. Die darin eingeschlossene ruhende Luft leitet die Wärme schlecht und wirkt isolierend, besser als die Faserstoffe selbst.
Im engen Zusammenhang hiermit steht die Luftdurchlässigkeit. Darunter versteht man das Vermögen von Textilien, Luft zu transportieren. Sie ermöglicht die mehr oder weniger schnelle Ableitung von Wärme oder Feuchtigkeit vom Körper weg nach außen. Je poröser und dünner Textilien sind, desto höher ist die Luftdurchlässigkeit.
Das Wärmerückhaltevermögen ist in diesem Fall gering. Beide Eigenschaften sind von der Flächenkonstruktion und Veredlung abhängig und haben Einfluss darauf, wie wohl man sich in seiner „zweiten Haut" fühlt.

---
[7] vgl. Seite 86 ff.

1 Allgemeines zur Faser

Schädlingsanfälligkeit
Darunter versteht man die Widerstandsfähigkeit von Textilien gegen Mikroorganismen wie Schimmelpilze oder die Schädigung durch Insektenfraß.

Elektrostatische Aufladung
Das ist die Fähigkeit von textilen Faserstoffen, elektrische Ladung zu speichern. Diese ungefährliche, aber unangenehme Aufladung äußert sich durch Knistern, Kleben und Haften von Kleidungsstücken und entsteht während des Gebrauchs. Starke Reibung und geringe Luftfeuchtigkeit fördern die Aufladung, die Anschmutzbarkeit nimmt zu. Je nach Faserstoff ist die Aufladung unterschiedlich hoch.

Verhalten gegenüber Säuren und Laugen
Es wird abgeleitet von der Chemikalienbeständigkeit und sagt aus, wie beständig (Veränderung, Schädigung, Zerstörung) der Faserstoff gegen Einwirkung von Chemikalien ist. Dies wird insbesondere durch den chemischen Bau der Kettenmoleküle und die übermolekulare Struktur bestimmt. Die Kenntnis des Verhaltens ist bedeutsam für Verarbeitungs- und Veredlungsprozesse, aber auch für die Pflege der Textilien.

Faserprüfungen

Mikroskopisches Verfahren
Die Mikroskopie eignet sich zur Identifikation von Fasern. Schüler und Schülerinnen können auch mit einfachen Schülermikroskopen anhand der fasertypischen Längsansichten die Faserart bestimmen. Dazu legt man auf einen Objektträger Fasern eines aufgedrehten Fadenstücks, gibt darauf einen Tropfen Einbettungsmittel (Glyzerin oder Wasser) und deckt das Präparat mit einem kleinen dünnen Deckglas ab. Unter dem vorbereiteten Mikroskop wird die Faserlängsansicht sichtbar. Besonders gut sind die Naturfaserstoffe zu unterscheiden.

Brennprobe
Bei der Brennprobe wird das zu untersuchende Material verbrannt, um am Verbrennungsgeruch, dem Verlauf der Verbrennung und an der Beschaffenheit des Rückstands zu erkennen, um welches Fasermaterial es sich handelt. Hierzu zieht man Kett- und Schussfäden aus dem Gewebe, um sie getrennt voneinander zu untersuchen. Mithilfe einer Pinzette werden die Fäden vorsichtig in eine Flamme (Kerze) gehalten, die Verbrennung wird beobachtet, der Rauch wird in Richtung Nase gefächelt und der Geruch bestimmt. Abschließend ist der Rückstand zu untersuchen.

Färbeprobe
Mithilfe eines Textil-Prüffarbstoffs (z. B. Neocarmin) lassen sich Faserstoffe aufgrund ihrer unterschiedlichen chemischen Zusammensetzung verschiedenartig anfärben und dadurch unterscheiden. Vor der Färbeprobe müssen aber die vorhandene Färbung des Materials oder anhaftende Ausrüstungs- oder Fremdsubstanzen entfernt werden.

Reißprobe
Durch die Reißprobe erhält man Hinweise auf die Reißfestigkeit von Garnen. Von diesen können begrenzt Rückschlüsse auf das Verhalten textiler Flächen gezogen werden. Dazu werden aus Kette und Schuss Garne gezogen, die in einem Abstand von ca. 5 cm mit Daumen und Zeigefinger gehalten werden. An dem so eingespannten Garn wird langsam, aber immer stärker gezogen. Geachtet werden kann außerdem auf den Klang beim Reißen und das Aussehen der Reißenden.

Chemische Probe (Löslichkeitsprobe)
In der chemischen Probe wird das unterschiedliche Verhalten der Faserstoffe gegenüber Chemikalien bestimmt. Dabei wird eine Probe in einem Reagenzglas mit einer kleinen Menge Säure, Lauge oder anderen Lösungsmitteln in heißer, kalter, konzentrierter, verdünnter Form übergossen. Entsprechend dem Faserstoff werden die Fasern quellen, schrumpfen, sich vollständig oder nicht auflösen.

Naturfasern

Pflanzliche Fasern – Überblick

Die Übersicht der pflanzlichen Fasern ist geordnet nach DIN 60001 (Faserarten):

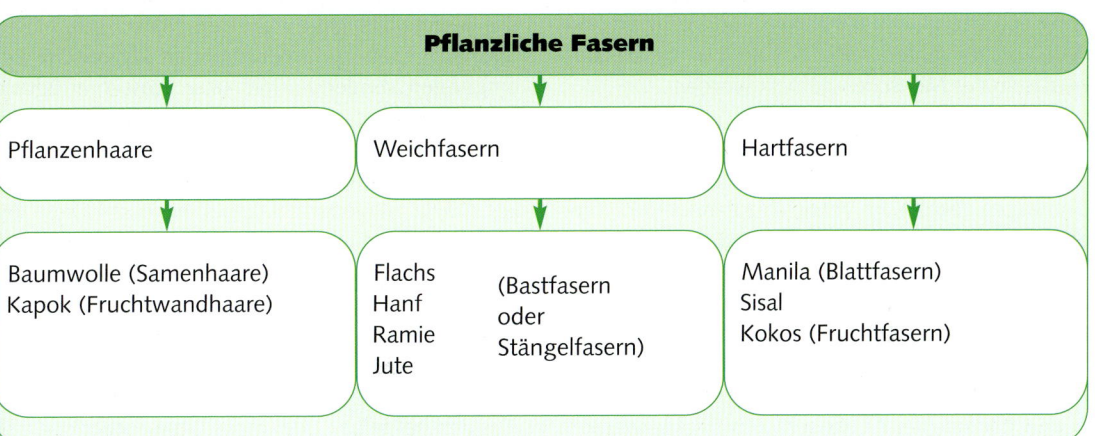

Baumwolle
(engl.: cotton, franz.: coton)

Anbau und Gewinnung

Baumwolle ist nach wie vor der mengenmäßig bedeutendste Naturfaserstoff. In den letzten dreißig Jahren hat sich die Weltproduktion an Rohbaumwolle fast verdoppelt, obwohl die Anbauflächen nur geringfügig zugenommen haben.

Trotz dieser Entwicklung ist der Anteil der Baumwolle an der Weltfaserproduktion (31 % im Jahr 2012) zugunsten des Anteils an Chemiefasern (68 % im Jahr 2012) weiter zurückgegangen. Ein wichtiger Grund hierfür ist der steigende Einsatz von Chemie-

Blüte und geschlossene Fruchtkapsel

Aus der reifen aufgesprungenen Kapsel quellen fünf Faserkissen

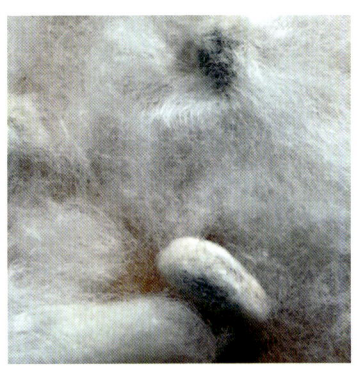

Samenkorn mit Samenfasern

faserneuentwicklungen im technischen Sektor mit bisher ungeahnten Möglichkeiten. Die Steigerung der Baumwollproduktion ist zurückzuführen auf die Züchtung ertragreicher Sorten, bessere Bewässerungsmethoden und intensivere Düngung, aber auch auf einen hohen Einsatz an Pflanzenbehandlungs- und Unkrautvernichtungsmitteln. Die Folgen des Chemikalieneinsatzes bei Anbau und Gewinnung von Baumwolle auf Mensch und Umwelt sind in den letzten Jahren heftig diskutiert und in das Bewusstsein der Menschen gerückt worden.

Vor Ausbringung des Saatgutes wird die Saat gegen Pilze und Bakterien mit organischen Quecksilberverbindungen gebeizt. Im Vergleich zu anderen Kulturpflanzen wird Baumwolle besonders stark von Schädlingen befallen und zudem in Monokulturen angebaut. Deshalb werden die Sträucher bis zur Ernte bis zu 25-mal gespritzt. Viele dieser Pflanzenbehandlungsmittel sind so giftig, dass sie in der Bundesrepublik bereits vor Jahren verboten wurden. In den bäuerlichen Anbaugebieten Afrikas werden diese zum Teil noch mit Rückenspritze ausgebracht. Beim Versprühen von Flugzeugen aus sind Mensch und Tier auf den Feldern und in deren Nähe ebenso betroffen. Zur maschinellen Ernte werden die Baumwollkulturen durch Herbizide entlaubt. Die Entlaubungsmittel verursachen ein Welken der Blätter, sodass diese frühzeitig abfallen und das Ausreifen noch unreifer Kapseln beschleunigen. Danach können alle Kapseln auf einmal mit Pflückmaschinen geerntet werden. Bei der Ernte von Hand werden keine Entlaubungsmittel benötigt. In zwei bis drei Erntegängen wird hierbei qualitativ bessere Baumwolle mit weniger Verunreinigungen gepflückt. Die Ernte von Hand erscheint auf den ersten Blick als die bessere Alternative. Zu bedenken ist aber, dass Baumwollpflücker als Saisonarbeiter am untersten Ende der Lohnskala stehen, sie erhalten Hungerlöhne. Oft sind es Frauen und Kinder, die auf den Feldern arbeiten.

Nach Schätzungen der Weltgesundheitsorganisation (WHO) wird davon ausgegangen, dass jährlich 1,5 Millionen Menschen gesundheitliche Schädigungen infolge des Pestizideinsatzes bei Baumwolle davontragen, 28 000 mit tödlichen Folgen.

Neben den gesundheitlichen Folgen für die Menschen, wie Vergiftungen, chronische Beschwerden, sinkende Lebenserwartung oder hohe Säuglings- und Kindersterblichkeit, belasten die Chemikalien die Böden und das Grundwasser. Die intensive Bewässerung über viele Jahre führt durch die Versalzung der Böden zur Versteppung weiter Gebiete. Eines der größten Probleme Zentralasiens, die Austrocknung des Aralsees, wird beispielsweise auf die Bewässerung der Baumwollplantagen zurückgeführt.

Die Baumwolle gehört zu den Malvengewächsen und stellt hohe Anforderungen an klimatische Bedingungen, Bodenqualität und Wasserverfügbarkeit. Sie wächst zumeist als einjährige Staude von 1 bis 2 m Höhe und liebt einen feuchten Boden in heißem Klima, das besonders zur Reife- und Erntezeit möglichst niederschlagsfrei sein muss. Diese Bedingungen sind nur in tropischen und subtropischen Gebieten, d. h. zwischen 43° nördlicher und 36° südlicher Breite (Baumwollgürtel) gegeben. Die wichtigsten Erzeugerländer sind Ägypten, USA, Indien, China, Turkmenistan, Tadschikistan, Usbekistan, Australien, Israel und Peru.

Aus den hellgelben oder rosa Blüten entwickeln sich walnussgroße Kapseln, die zur Reifezeit aufspringen. Die 3- bis 5-fächerige Kapsel enthält in jedem Fach bis zu 10 Samenkörner von der Größe einer Kaffeebohne, an denen 1000 bis 7000 Samenhaare, die Baumwollfasern, sitzen.

Beim Ernten werden die Samenkörner zusammen mit den Fasern durch eine Pflückmaschine oder von Hand aus den aufgeplatzten Kapseln herausgezupft oder abgesaugt. Anschließend trennt man in Entkörnungsfabriken mithilfe von Egreniermaschinen (Entkörnungsmaschinen) die Fasern von den Samen und Kapselresten. Als gepresste, mit Polypropylengewebe oder Polyethylenfolie verpackte und mit Bandeisen oder Drähten umspannte Ballen geht die Baumwolle in die Spinnereien. Juteverpackungen werden aus Kostengründen nur noch in geringem Umfang genutzt.

In der Baumwollproduktion fallen Nebenprodukte an. Die Samen liefern Speiseöl (Cottonöl). In den Ölmühlen werden die Samen zuvor von den kurzen, nicht mehr verspinnbaren Fasern, den Linters, befreit. Sie werden als Ausgangsstoff für die Celluloseerzeugung verwendet und dienen damit der Chemiefaser- und Papierherstellung. Die Samenschalen verarbeitet man außerdem zu Viehfutter oder nutzt sie als Geflügeleinstreu.

1 Pflanzliche Fasern

Gewinnung der Baumwolle

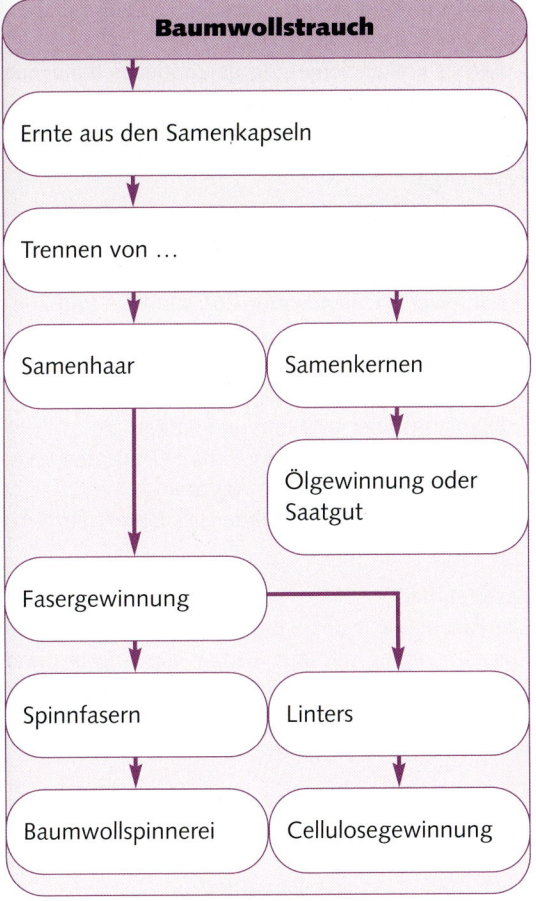

Baumwollstrauch → Ernte aus den Samenkapseln → Trennen von … → Samenhaar / Samenkernen → Ölgewinnung oder Saatgut; Fasergewinnung → Spinnfasern / Linters → Baumwollspinnerei / Cellulosegewinnung

Baumwolle mit Samen

Linters

Pflückmaschine: Die reifen Baumwollfaserbüschel werden von den künstlich entblätterten Sträuchern mit mechanischen Spindelfingern abgezogen. Ein geübter Arbeiter erntet mit der Hand je Tag etwa 75 bis 100 kg, eine Pflückmaschine in nur einer Stunde bis zu 1500 kg. Der Pflücker erntet jedoch nur reife Kapseln.

Aufbau der Baumwollfaser

Baumwolle besteht überwiegend aus Cellulose, dem Grundbaustein aller Pflanzen. Der DP-Grad[1] beträgt ca. 2500.

Die Faser ist aus folgenden Schichten aufgebaut:

- **Cuticula:**
ist ein wachshaltiges, Wasser abstoßendes, feines Häutchen, das den äußeren Faserabschluss bildet.

- **Primärwand:**
ist eine Schicht, die durch ein längs gestrecktes äußeres Fibrillennetz und ein quer orientiertes inne-

---
[1] vgl. Seite 3

res Fibrillennetz netzartig gestaltet ist. Dadurch ist sie sehr fest und quellunfähig, aber feuchtigkeitsdurchlässig.

• **Sekundärwand:**
setzt sich aus einer äußeren und inneren Schicht zusammen, die vorwiegend aus Cellulose mit hohem DP-Grad bestehen. Beide Schichten sind aus dicht gepackten, parallel liegenden Fibrillen aufgebaut, die sich schraubenförmig um die Faserlängsachse winden. Dabei verläuft die innere entgegengesetzt zur äußeren. Dadurch wird die Faser feuchtaufnahme- und saugfähig. Zudem ist die Sekundärwand sehr quellfähig.

• **Tertiärwand:**
ist die innere Schicht der Faserwand, bestehend aus wenig Cellulose.

• **Lumen:**
ist der hohle Faserkern.

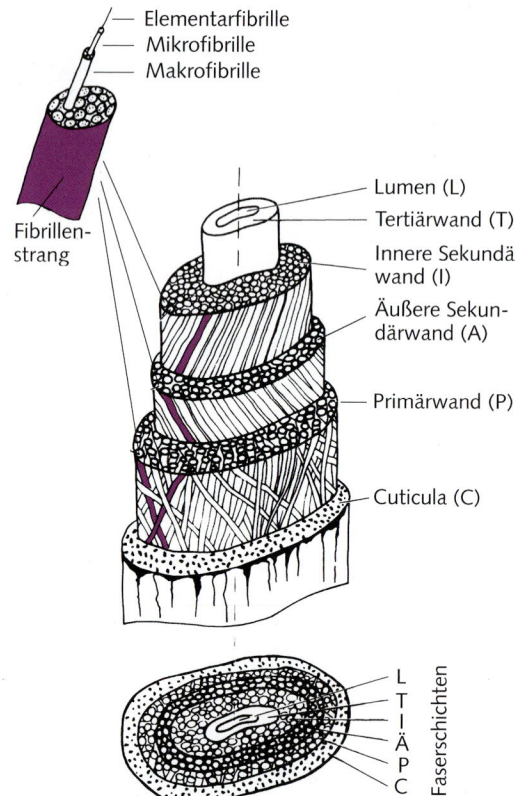

Baumwollfasermodell – Elementarfaser

Eigenschaften der Baumwollfaser

Querschnitt und Längsansicht
– nierenförmiger Querschnitt
– flaches korkenzieherartig gewundenes Bändchen
– wulstartig erhöhte Ränder
– Lumen (innerer Hohlraum)

Faserlänge
– Kurzstapel – kürzer als 26 mm
  z. B. Sorte Desi aus Indien und Pakistan
– Mittelstapel – 26 bis 29 mm
  z. B. diverse Uplandsorten aus den USA und Zentralasien
– Langstapel – 30 bis 38 mm
  z. B. Sorte Giza 83 aus Ägypten
– Extralangstapel – 39 mm und länger
  z. B. Sorte Pima aus Peru, Pima S-7 aus den USA, Giza 45 und Giza 70 aus Ägypten
– Fasern unter 10 mm werden als Linters bezeichnet (nicht verspinnbar)

Faserfeinheit
Die Faserfeinheit der Baumwolle steht in engstem Zusammenhang mit ihrer Länge; die längsten sind zugleich auch die feinsten Fasern. Der Durchmesser der Einzelfaser beträgt 0,012 bis 0,045 mm, das entspricht 1,2 bis 4,5 dtex (siehe S. 116).

Farbe
Sie schwankt je nach Herkunftsgebieten:
– blendend weiß
  z. B. Sea Island aus der Karibik
– weiß
  z. B. Upland aus USA, Pima (Peru) aus Südamerika
– cremefarbig, gelblich
  z. B. Giza 77/83 aus Ägypten
– grau, gelblich bis bräunlich
  z. B. Desi aus Indien und Pakistan

Sorten, die unter der Bezeichnung „Mako" an den Verbraucher gebracht wurden, werden nicht mehr kultiviert.
Heute ist es möglich, durch entsprechende Züchtungen farbige Baumwolle in den Tönen Braun, Grün, Rot anzubauen. Die wohl bekannteste Forscherin auf diesem Gebiet ist Sally Fox, Arizona/USA.

Glanz
– er ist gering, kann durch Mercerisieren erhöht werden
– lange Fasern sind etwas glänzender als kurze Fasern

1 Pflanzliche Fasern

Mercerisierte Baumwolle

Durch Behandlung mit 20- bis 30-prozentiger Natronlauge unter Spannung erhalten Gewebe und Garne einen waschechten Glanz; das Farbstoffaufnahmevermögen, die Festigkeit, die Dehnung, die Elastizität und die Waschbarkeit werden erhöht. Während dieser Veredlung quillt die Faser gleichmäßig auf, erhält eine glatte Oberfläche und einen nahezu runden Querschnitt und verliert ganz oder teilweise ihre Windungen.

Klassierung der Baumwolle

Die qualitative Einstufung der Baumwolle wird „Klassierung" genannt. Dazu ziehen Baumwollklassierer Proben aus den Ballen und bewerten die Reinheit, die Farbe, die Faserlänge (Stapel) und den Charakter (Feinheit, Reißfestigkeit und Reifegrad) der Baumwolle. Die Klassierung hat den Zweck, die finanzielle Bewertung (Baumwollpreisermittlung) zu erleichtern und Partien für bestimmte Verwendungszwecke zusammen zu stellen.

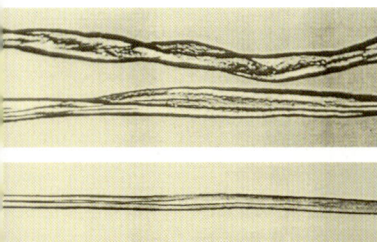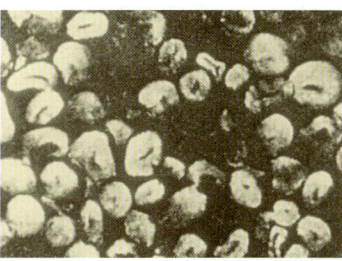

Rohe und mercerisierte Baumwolle.
Oben: Rohbaumwolle mit Windungen, darunter die (glattere und kaum gewundene) mercerisierte Baumwolle im Längsbild. Mitte: Rohbaumwolle im Querschnitt; rechts mercerisierte Baumwolle.

Gebrauchs- und Trageeigenschaften von Baumwolle

Eigenschaften	Veränderungen durch Ausrüstungen oder Verarbeitung	Verwendung
Feuchtigkeitaufnahme und Saugfähigkeit Die Feuchtigkeitsaufnahme bei Normalklima[1] beträgt 7 bis 11 %, bei hoher Luftfeuchtigkeit[2] sogar bis zu 21 %. Sie besitzt eine hohe Quell- und Saugfähigkeit. Baumwolle nimmt Feuchtigkeit leicht auf, aber gibt sie relativ langsam wieder ab. Dadurch kleben durchgeschwitzte Textilien am Körper bzw. benötigen gewaschene Textilien relativ lange zum Trocknen.	Die mercerisierte Faser nimmt bis zu 10,5 % an Feuchtigkeit auf.	Leibwäsche, Babywäsche, Küchenwäsche, Bettwäsche, Handtücher, Hygieneartikel
Elastizität und Dehnung Die geringe Elastizität und Dehnung führt zu einer sehr hohen Knitterbildung sowie sehr geringer Formbarkeit und Formbeständigkeit.	Durch Kunstharzausrüstung, Quervernetzung der Cellulosemoleküle oder Mischung mit Polyester kann die Knitterneigung herabgesetzt werden.	Oberhemden, Blusen, Arbeitskleidung

[1] 20 °C und 65 % relative Luftfeuchtigkeit
[2] 24 °C und 90 % relative Luftfeuchtigkeit

1 Pflanzliche Fasern

Gebrauchs- und Trageeigenschaften von Baumwolle (Fortsetzung)

Eigenschaften	Veränderungen durch Ausrüstungen oder Verarbeitung	Verwendung
Reißfestigkeit Die landstapeligen Baumwollfasern sind besonders reißfest (25 cN/tex). Die Nassreißfestigkeit ist noch höher.		Haushaltswäsche, die besonders häufig in der Waschmaschine gewaschen wird
Scheuerfestigkeit Baumwolle besitzt von den Naturfasern die höchste Scheuerfestigkeit und damit ein sehr gutes Verschleißverhalten.		Arbeitskleidung, Betttücher, Geschirrtücher
Wärmerückhaltevermögen Es ist gering, weil die Fasern und daraus hergestellte Garne wenig Luft einschließen können. Die Luftdurchlässigkeit ist im Allgemeinen hoch (Gewebekonstruktion beachten!)	Durch Rauen, Maschenbildung, Polware oder Flor kann das geringe Warmhaltevermögen erhöht werden.	Luftige Sommerkleidung, wärmende angeraute Winterwäsche
Schädlingsanfälligkeit Baumwolle wird leicht von Schimmelpilzen (Stockflecken) befallen.	Durch Bleichen kann die Widerstandsfähigkeit gegenüber Mikroorganismen erhöht werden	
Elektrostatische Aufladung Sie ist gering, da Baumwolle im trockenen und besonders im nassen Zustand eine gute Leitfähigkeit aufweist.		
Verhalten gegenüber Säuren und Laugen Die Beständigkeit gegenüber Säuren ist sehr schlecht, gegenüber Laugen gut. Die gute Laugenbeständigkeit ermöglicht oftmaliges Waschen.		

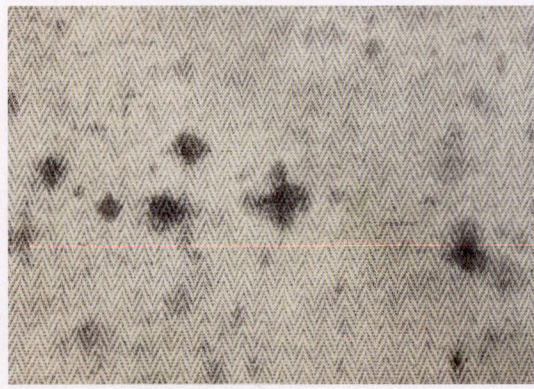

Beispiel Stockflecken

1 Pflanzliche Fasern

Pflegeeigenschaften

Behandlung	Vorteile
⌷95⌷ Waschen bis 95 °C möglich; für gefärbte, bedruckte oder ausgerüstete Ware niedrigere Waschtemperatur wählen. Vollwaschmittel, auch alkalihaltige Waschmittel verwendbar. Unempfindlichkeit gegen Mechanik, aber bei pflegeleicht ausgerüsteter Ware geringere Beladung nötig	optimale Hygiene wirtschaftliches Waschen durch volle Ausnutzung der Waschmaschine
△ Chloren durch Oxidations- und Reduktionsmittel möglich	problemlose Fleckenentfernung
⊡ Trocknen ist im Wäschetrockner möglich, erhöhte Einlaufgefahr	in hauswirtschaftlichen Großbetrieben (z. B. Krankenhäusern, Kinderheimen u. a.) rationelles Trocknen möglich
⌁ Bügeln bis 220 °C möglich (in angefeuchtetem Zustand), Bügeln durch starke Faserquellung notwendig, bei Syntheticbeimischung und pflegeleicht ausgerüsteter Ware geringere Bügeltemperaturen wählen	erhöhte Keimtötung möglich → Hygiene, Bügeln bei Baumwolle zur Glättung notwendig
Ⓕ Professionelle Trockenreinigung bei besonderen Ausrüstungen (z. B. Chintzen) und Einfärbungen möglich, sollte aber aus Umweltgründen eingeschränkt werden	

Faserprüfungen

Die Brennprobe bei Baumwolle weist eine schnell verglühende, große, helle Flamme auf mit einem Geruch, der an verbrennendes Papier erinnert. Zurück bleibt feine, leichte, graue Asche, sogenannte Flugasche.
Die Reißprobe zeigt als Ergebnis kurze, splissige Faserenden.
Die chemische Probe kann auf zweierlei Weise durchgeführt werden:
Bei konzentrierten Säuren (z. B. 80 %ige Salpetersäure) wird die Faser zerstört, d. h. die Cellulosebestandteile werden aufgelöst. Verwendet man mittelstarke Laugen (Basen), wird die Faser nicht angegriffen (z. B. beim Mercerisieren).

Faserspezifische Veredlungen

Das Hauptziel einer optimalen faserspezifischen Veredlung von Cellulosematerial besteht darin, die Oberfläche aufzuwerten und das Gewebe so auszurüsten, dass es knitterarm ist, wenig Feuchtigkeit und Schmutz aufnimmt und nicht einläuft.

Mercerieren (siehe S. 11)
Beim Mercerisieren werden große Mengen an Wasser benötigt und durch die Ausrüstung der Natronlauge belastet; ca. 60 % der Mercerisierlaugen werden recycelt.

Laugieren
Wird die Behandlung mit konzentrierter Natronlauge im spannungslosen Zustand durchgeführt, bewirkt man eine Schrumpfung. Die Fläche wird dadurch dichter und die Farbstoffaufnahmefähigkeit erhöht. Bei mustermäßigem Bedrucken werden Kräuseleffekte erzielt.

Kräuselkrepp

Transparentieren

Durch Behandlung mit Natronlauge ohne Spannung und Schwefelsäure im Wechsel wird Baumwollbatist ganz oder teilweise durchscheinend gemacht.

Knitterarmausrüstung

Knitterarmut bei Baumwolle, Viskose und Cupro wird erreicht, indem man überdrehte Zwirne (Kreppgarne), unregelmäßige und flottierende Bindungen und Beimischungen von (fast knitterfreien) Acetat-, Triacetat- und Syntheticfasern verwendet oder entsprechende Ausrüstungsverfahren einsetzt. Ein Verfahren, die Knitterneigung zu vermindern, ist die Einlagerung von Kunstharzen unter Einwirkung von Hitze (im ersten Arbeitsgang 60 °C bis 70 °C, im zweiten 130 °C bis 160 °C).

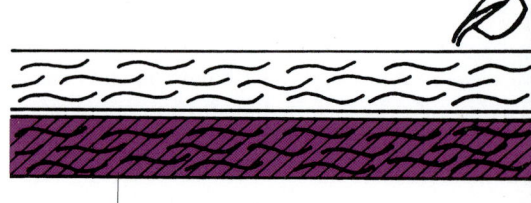

Einlagern und Erstarren von Kunstharzen

Die Kunstharzteilchen erzeugen im erstarrten Zustand im Gewebe eine feste Verbindung: dabei nimmt die Reißfestigkeit ab.

Beim „Quernetzverfahren" verändert sich die Struktur der Cellulosefasern dadurch, dass bestimmte Gruppen der Fasermoleküle untereinander Querbrücken, d. h. eine „Quervernetzung" bilden. Auch bei diesem Verfahren nimmt die Reißfestigkeit des Gewebes ab.

Quervernetzung

Knitterarm ausgerüstete Waren sind pflegeleicht, doch sie sollten weder gekocht, geschleudert noch gewrungen, sondern tropfnass aufgehängt werden, da sie sehr schnell trocknen und kaum bzw. gar nicht gebügelt werden müssen.

1 Pflanzliche Fasern

Hochveredlung

Die Hochveredlung ist eine Pflegeleichtausrüstung, die Cellulosefasern nicht nur knitterarm, form- und dimensionsstabil macht, sondern auch die Schrumpfwerte verbessert. Hochveredelte Textilien sind weicher, glatter und lassen sich leichter bügeln. Damit kommt man dem Verbraucherwunsch nach Pflegeleichtigkeit entgegen. Nachteilig dagegen sind die reduzierte Reiß- und Scheuerfestigkeit und die verminderte Wasseraufnahmefähigkeit. Möglich werden diese Eigenschaften durch die oben beschriebene Quervernetzung oder Einlagerung von Kunstharzen in die Hohlräume der Faserfeinstruktur, wodurch die Naturfasern den Synthetics ähnlicher werden. Problematisch ist nach wie vor der Einsatz formaldehydhaltiger Vernetzer, die üblicherweise zum Einsatz kommen. Formaldehyd gehört zu den Substanzen, die am häufigsten Allergien auslösen und die im Tierversuch Krebs erregend ist! Formaldehydfreie Vernetzer haben sich bisher auf dem Markt nicht durchsetzen können.

Krumpfechtheit entsteht durch kontrolliertes kompressives Krumpfen. Es verhindert das Einlaufen von Baumwoll- und Baumwollmischgeweben und bringt dabei den Grad der Krumpfung (Schrumpfung) mithilfe von Walzen und Gummibändern (wissenschaftlich genau in Quer- und Längsrichtung) auf das Maß, auf das die Ware bei mehrmaligem Waschen und Tragen einlaufen würde. Durch Trocknung ist der Krumpfungsprozess fixiert, wobei ein Spielraum von nur einem Prozent Restkrumpfung in Länge und Breite vorhanden ist. Krumpfen nimmt also den unumgänglichen Einlaufprozess eines Gewebes vorweg, der ohne diese Ausrüstungsbehandlung folgendermaßen abläuft:

Die Garne und Gewebe, die durch die notwendigen Produktionsphasen bei Herstellung und Ausrüstung (Spinnen, Weben, Bleichen, Färben etc.) und zur Erlangung der geforderten Eigenschaften wie Festigkeit, Gleichmäßigkeit und Erscheinungsbild über ihre ursprüngliche Länge hinaus gestreckt werden, entspannen sich wieder nach Fertigstellung aller Arbeitsgänge, wenn sie während der Benutzung mit Wasser und Wärme (Regen bzw. Wäsche) zusammentreffen, d. h., die Fasern erhalten wieder ihre ursprüngliche Größe, sie laufen ein.

Das Sanfor[1] Warenzeichen wurde erstmals 1930 in den Vereinigten Staaten von Amerika registriert. Heute wird es in über 100 Ländern weltweit genutzt. Alle Sanfor Lizenznehmer sind vertraglich verpflichtet, die vorgeschriebenen Testmethoden und Krumpf-Standards der Sanforized Company einzuhalten. Mit „SANFORIZED", „SANFOR" oder „SANFORIZADO" ausgezeichnete Baumwollstoffe oder Baumwollmischungen garantieren dem Händler und Endverbraucher, dass diese nicht einlaufen oder die Passform verändern. Das heißt, eine Webware darf nicht mehr als 1 % einlaufen oder sich ausdehnen, sowohl in Kett- als auch in Schussrichtung und eine Maschenware darf nicht mehr als 5 % einlaufen oder sich ausdehnen sowohl in Längs- als auch in Querrichtung. Erzielt wird diese kontrollierte kompressive Krumpfung durch eine rein mechanische Behandlung ohne Zugabe von chemischen Hilfsmitteln. Die Behandlung von Baumwollgeweben mit Kunstharzausrüstung (SANFOR PLUS) bzw. die Behandlung von Mischgeweben mit Kunstharzausrüstung (SANFOR PLUS 2) oder die Behandlung mit flüssigem Ammoniak (SANFOR SET) werden heute nur noch selten durchgeführt.

Bei Sanfor handelt es sich um eine reg. TM (registered trademark) bzw. um ein eingetragenes Warenzeichen®.

---

[1] Nach dem amerikanischen Erfinder Sanford L. Cluett benannt.

1 Pflanzliche Fasern

Einsatzgebiete von Baumwolle

Bereich	Warenbezeichnung	Kommentar
Wäsche	Bett- und Tischwäsche Küchenwäsche Taschentücher Frottierwäsche Leibwäsche Babywäsche	Baumwolle ist eine besonders hygienische Faser
Oberbekleidung	Oberhemden Blusen Kleider Röcke Anoraks Arbeitskleidung Jogginganzüge	häufig mit Beimischung von Polyester zur Verbesserung der Pflegeeigenschaften
Einlagen	in zu verstärkenden Kleidungsteilen (z. B. Mantelkragen)	Bougram, vgl. Seite 215
Heimtextilien	Gardinen, Möbelstoffe Teppiche	
Accessoires	Handschuhe Tücher	
Bein-/Fußbekleidung	Socken Kniestrümpfe	
Näh- und Handarbeitsfäden	Nähzwirne Stickgarne Stopfgarne	
Weitere Verwendung	Verbandsmull, medizinische Watte Industriewatte, Polstervlies, Staub-, Filter-, sonstige Tücher	

Beispiele für Baumwolltextilien

1 Pflanzliche Fasern

Aufgaben

1. Beschreiben Sie die Klimabedingungen für die Baumwollproduktion und nennen Sie drei Länder, die Baumwolle anbauen.
2. Beschreiben Sie Ernte und Gewinnung der Baumwollfasern.
3. Nach welchen Qualitätsmerkmalen kann man die Baumwollfasern einteilen?
4. Nennen Sie drei positive und drei negative Eigenschaften der Baumwolle.
5. Beschreiben Sie zwei Ausrüstungsverfahren, um die Baumwolle knitterarm zu machen.
6. Warum ist die Hochveredlung umstritten?
7. Lesen Sie die Beschreibungen der verschiedenen Stoffe, die im Stoffregister (Seite 230) alphabetisch aufgeführt sind.
8. Suchen Sie die Beschreibungen von fünf Baumwollstoffen aus Ihrem Haushalt im Stoffregister.
9. Nennen Sie drei Gründe, warum etwa die Hälfte aller Textilien aus Baumwolle besteht.
10. Beurteilen Sie die Umweltverträglichkeit von Baumwolle

Flachs/Lein
(engl.: flax, franz.: lin)

Anbau und Gewinnung

Noch älter als der Baumwollanbau ist der Lein- bzw. Flachsanbau. Schon die Ägypter stellten feinste Leinenstoffe her, die als Symbol göttlicher Reinheit galten. Neben der Wolle blieb Leinen bis zum Beginn des Industriezeitalters die wichtigste Textilfaser in Mitteleuropa. Dann begann der Siegeszug der relativ einfach zu verarbeitenden und preiswerten Baumwolle. Später kamen die synthetischen Fasern hinzu, sodass die wirtschaftliche Bedeutung von Flachs heute relativ gering ist. Der Anteil am weltweiten Faserverbrauch liegt bei ca. 2 %.
Angebaut wird Flachs zu 70 % in den Ländern der ehemaligen UdSSR, zu 10 % in China, außerdem in Irland und in der tschechischen und slowakischen Republik. Die feinsten Garne kommen aus Frankreich, Belgien und den Niederlanden.
Die Faser wird aus dem Stängel der Pflanze gewonnen und ist somit eine Bastfaser. Die für die Fasergewinnung gezüchteten Leinensorten sind deshalb langstängelig (80 bis 120 cm hoch), wenig verzweigt und haben einen hohen Faseranteil. Sorten mit kürzeren Stängeln und größeren Samen dienen auch der Ölgewinnung (Leinöl). Flachs ist eine einährige Kulturpflanze und reift in etwa 100 bis 120 Tagen. Die Fasergewinnung ist aufwendig und erfolgt in mehreren Schritten. Bei einem bestimmten Reifegrad werden die Flachspflanzen mit der Wurzel – heute ausschließlich maschinell – aus dem Boden

Flachsstroh mit Samenkapseln *Flachsstroh, entsamt*

gerauft und im selben Arbeitsgang entsamt (Riffeln).
Die im Inneren des Stängels befindlichen 20 bis 50 Bastfaserbündel (technische Flachsfasern), bestehend aus je 10 bis 30 Elementarfasern, werden im nächsten Schritt vom Holz des Stängels und den Rindenbestandteilen getrennt und somit freigelegt. Dies erzielt man durch natürliches, künstliches oder chemisches „Rösten" (Verrotten, Verfaulen), wobei ein Teil des Pflanzenleims, der die Elementarfasern verbindet, entfernt und die Rindenschicht so weit gelockert wird, dass anschließend durch mechanische Verfahren der Bast aus dem Stängel gelöst werden kann. Hierbei wird der Holzkern in den

1 Pflanzliche Fasern

Pflanzenstängeln durch gezahnte Walzen einer als „Knicke" bezeichneten Maschine zur leichteren Trennung von den Fasern „gebrochen". Die Holzteile, „Schäben" genannt, entfernt man anschließend auf der „Schwingturbine" durch umlaufende Schlagleisten. Bei diesem Arbeitsgang werden kürzere Faserstränge (Schwingwerg) aus den langen, zusammenhängenden Faserbündeln (Schwingflachs) herausgelöst.

Die freigelegten Bastfaserbündel des Schwingflachses werden durch das Hecheln geteilt, um zu einer gewünschten Faserlänge und Faserfeinheit zu gelangen. Auf der Hechelmaschine werden dazu geklemmte Schwingfaserbärte durch umlaufende Reihen spitzer Nadeln von kurzen Fasern (Hechelwerg) ausgekämmt und die Bastfaserbündel zerteilt. Der langfaserige Hechelflachs ist Ausgangsmaterial für die Flachspinnerei, aus Hechelwerg werden Flachswerggarne hergestellt.

Leinen benötigt wenig Dünge- und Pflanzenschutzmittel, zusätzliche Bewässerung ist nicht notwendig, sodass der Anbau umweltschonend erfolgen kann. Ökologisch problematisch sind die Abwässer, die bei der Wasserröste entstehen. Die pflanzlichen Rückstände, die während der Fasergewinnung abfallen, sind kompostierbar.

Gewinnung von Flachsfasern

Flachspflanze

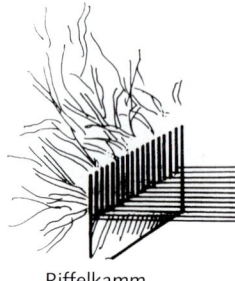
Riffelkamm

Faserbündel
Holzteile

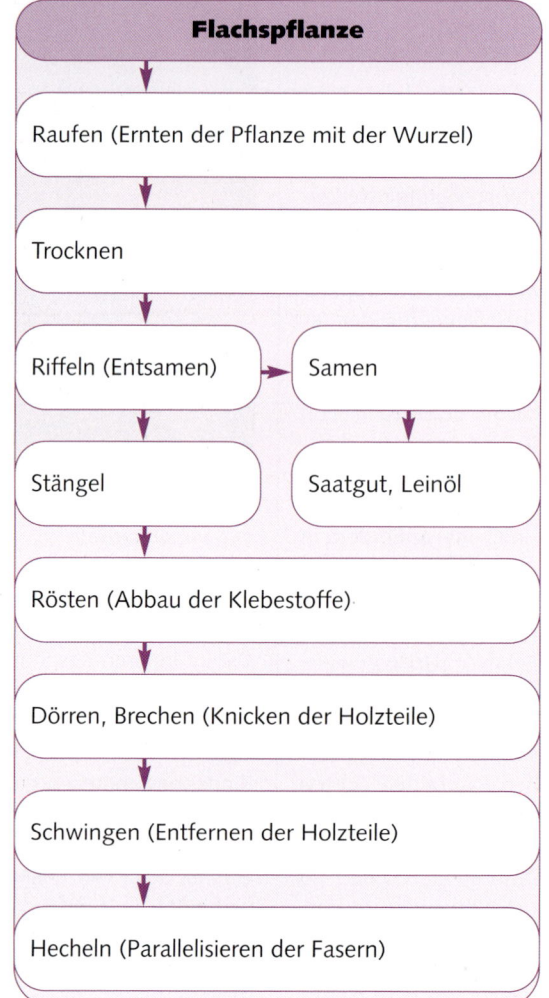

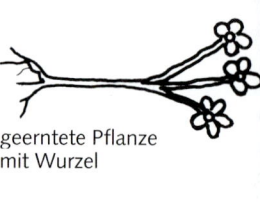
geerntete Pflanze mit Wurzel

Saatgut
Leinöl

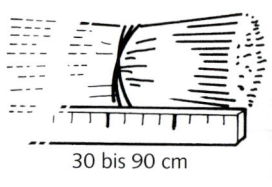
30 bis 90 cm

Die aus dem Flachsstängel gewonnene Faser wird mit „Flachsfaser" (oder auch „Leinfaser") bezeichnet, während der Begriff „Leinen" erst für das gesponnene Garn bzw. das daraus hergestellte Gewebe verwendet wird.

1 Pflanzliche Fasern

Flachsknicke – Nach dem Abbau der Klebestoffe werden die Flachsstängel gebrochen.

Schwingturbine – Umlaufende Schlagleisten entfernen die Holzteile (Schäben) aus den Flachsstängeln.

Aufbau des Flachsstängels

Als textiler Faserstoff sind nur die in der Rindenschicht ringförmig eingelagerten Bastfaserbündel von Bedeutung (technische Faser).

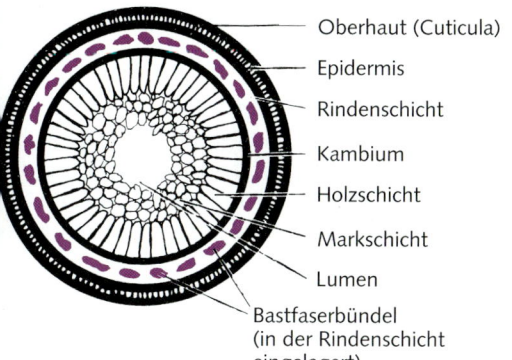

Querschnitt eines Flachsstängels

Schnitt durch Flachsstängel

Aufbau der Elementarfaser

Flachs besteht zu einem hohen Anteil aus Cellulose. Der DP-Grad beträgt ca. 3000.
Jedes Bastfaserbündel besteht aus Elementarfasern. Die Elementarfasern bestehen aus einzelnen Schichten, die im Aufbau der Baumwolle ähnlich sind. Sie weisen keine Cuticula auf, da die in der Rindenschicht des Stängels eingelagerten Faserbündel keine Berührung zur Außenwelt haben und somit keinen Schutz benötigen.

• **Mittellamelle:**
Die Mittellamelle als äußerste Faserschicht besteht aus einer gummiartigen Kittsubstanz (Pflanzenleim), wodurch die Elementarfasern innerhalb eines Faserbündels miteinander verklebt werden.

• **Primärwand:**
Die Primärwand ist sehr dünn und besteht aus ei-

nem Netzwerk von Cellulosefibrillen, die nur gering quellfähig sind.

• **Sekundärwand:**
Die Sekundärwand wird aus zwei Schichten gebildet. Die äußere ist dünn und wird aus dicht gepackten Cellulosefibrillen aufgebaut, die innere ist wesentlich stärker, aber weniger dicht gepackt. Ihre Neigung ist zur äußeren Schicht gegenläufig. Diese Schichten sind stärker quellbar, wodurch die Faser feuchteaufnahme- und saugfähig wird. An die Sekundärwand schließen sich die noch wenig erforschte **Tertiärwand** und das **Lumen** (Hohlraum) an.

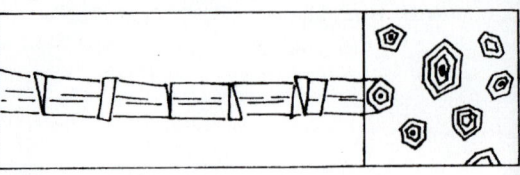

Elementarfaser und Faserbündel

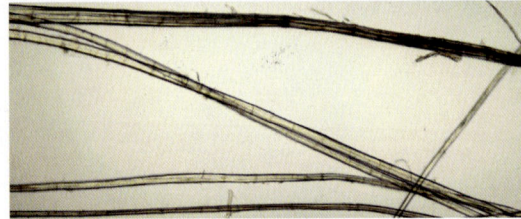

Längsansicht

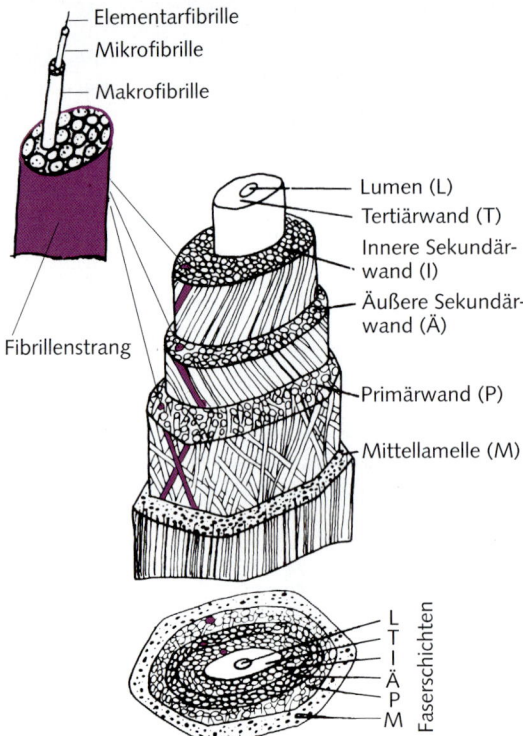

Flachsfaser-Modell – Elementarfaser

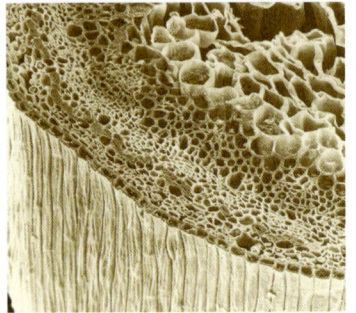

Querschnitt

Faserlänge und Klassierung
Die Länge der Faserbündel beträgt 30 bis 90 cm, die der Einzelfaser 2 bis 4 cm. Der Hechelflachs kann je nach Art der Röste immer noch aus Faserbündeln bestehen. Deren Leim wird während der Ausrüstung des Leinens je nach dem Grad des Bleichens mehr oder weniger abgebaut und auch allmählich durch die unzähligen Waschprozesse zerstört, sodass dann kaum noch Faserbündel, sondern vorwiegend Einzelfasern im Leinen vorhanden sind. Die Länge der Fasern und ihre Bearbeitung bestimmen die Qualitäten des Flachses:
Das Schwing-Verfahren erzeugt gute (Schwingflachs) und mittlere (Schwingwerg) Qualität.
Die Hechel-Methode schafft beste (Hechelflachs) und mittlere (Hechelwerg) Qualität.
Beim Cottonisieren (baumwollähnlich machen) werden die Bastfaserbündel mit Chemikalien (Soda, Ätznatron, Seife) behandelt, sodass sich der Pflanzenleim in den Faserbündeln löst und die Elemen-

Eigenschaften der Flachsfaser

Querschnitt und Längsansicht
– Der Querschnitt der Elementarfaser weist glatte, scharfkantige Ränder auf, vieleckig oder abgerundet: Lumen sichtbar.
– Die Längsansicht der Elementarfaser wird durch Querverschiebungen (Knickstellen) unterbrochen.

1 Pflanzliche Fasern

tarfasern (Einzelfasern) herausgelöst werden. Dadurch wird das Material feiner, weicher und baumwollähnlicher. Die gewonnenen Fasern nennt man Flachsbast, sie stellen die einfachste Qualität dar und werden mit Baumwolle gemischt und zu Handarbeitsstoffen verarbeitet.

Faserfeinheit

Die Elementarfaser besitzt eine ähnliche Feinheit wie die Baumwollfaser. Ihre Stärke beträgt 0,12 bis 0,24 mm oder 2 dtex. Die Anzahl der enthaltenen Elementarfasern (10 bis 30) bestimmt die Feinheit des Faserbündels (technische Faser). Durch diese schwankende Anzahl, die Form und die Lage der Elementarfasern ergeben sich Feinheitsschwankungen, die im Faden Verdickungen bilden und typisch für Leinenstoffe sind.

Farbe

Die Farbe richtet sich nach dem Röstverfahren:
– Wasserröste → gelblich („flachsblond")
– Tauröste → silbergrau bis grünlich
– chemische Röste → gelblich-weißlich

Durch Bleichen und optische Aufheller wird die Faser weiß.

Glanz

Je nach Sorte und Röstverfahren ergibt sich ein verschieden hoher natürlicher Glanz, der durch Veredlung erhöht werden kann.

Gebrauchs- und Trageeigenschaften von Leinen

Eigenschaften	Verwendung
Feuchtigkeitsaufnahme und Saugfähigkeit Die Feuchtigkeitsaufnahme beträgt bei Normalklima 8 bis 10 %, bei hoher Luftfeuchtigkeit bis zu 17 %, dabei fühlt sich Leinen noch nicht feucht an. Die Quell- und Saugfähigkeit ist hoch, Leinenstoffe trocknen relativ langsam, aber schneller als andere Naturfasern, da durch die glatte Oberfläche ein schneller Feuchtigkeitstransport möglich wird.	Sommer- und Tropenkleidung
Elastizität und Dehnung Flachs besitzt die geringste Dehnung aller wichtigen Faserstoffe und eine sehr geringe Elastizität, weshalb Leinenstoffe sehr stark knittern. Die Knitterneigung wird durch Beimischungen von anderen Faserarten (z. B. Wolle, Polyester) oder Hochveredlung reduziert. Leinen ist wenig formbar.	modische Kleidung mit „edlem Knittereffekt"
Reißfestigkeit Sie ist sehr hoch (55 cN/tex). Bei guter Qualität ist sie höher als bei Baumwolle. Die Reißfestigkeit im nassen Zustand ist um 10 % höher als bei der trockenen Faser, d. h., das Material ist unempfindlich in der Waschmaschine.	stark strapazierte Haushaltswäsche, „Leintuch", Buchrücken Leinenschuhe Leinenzwirn Malleinwand

1 Pflanzliche Fasern

Gebrauchs- und Trageeigenschaften von Leinen (Fortsetzung)

Eigenschaften	Verwendung
Scheuerfestigkeit Leinen hat ein gutes bis mittleres Verschleißverhalten. Flachsfasern scheuern sich rascher ab als Baumwollfasern, da sie steifer sind. Aufgrund der glatten Faseroberfläche fusseln (flusen) Leinenstoffe nicht und sind wenig anfällig für Schmutz.	Geschirr- und Gläsertücher
Wärmerückhaltevermögen und Luftdurchlässigkeit Garne und Stoffe aus Flachs können wenig Luft einschließen, da der Pflanzenleim für eine glatte Faseroberfläche und einen starken Zusammenhalt der Elementarfasern im Faserbündel sorgt. Somit ist die Wärmeleitfähigkeit hoch und das Wärmerückhaltevermögen gering. Leinenstoffe besitzen einen „kühlen Griff". Die Luftdurchlässigkeit ist im Allgemeinen hoch. Da Leinen nicht aufgeraut werden kann, gibt es keine wärmenden Leinentextilien.	Sommer- und Tropenkleidung
Schädlingsanfälligkeit Leinen ist anfällig für Mikroorganismen, besonders im ungebleichten Zustand. Feucht gelagertes Leinen bekommt deshalb leicht Stockflecken. Gegenüber Motten ist es sehr gut beständig.	
Elektrostatische Auflade Leinen lädt sich nicht elektrostatisch auf.	
Verhalten gegenüber Säuren und Laugen Die Beständigkeit gegenüber Säuren ist schlecht, gegenüber Laugen ausreichend. Insbesondere stark konzentrierte heiße Laugen lösen den Pflanzenleim und legen die Elementarfasern frei.	

Beispiel für Leinentextil

1 Pflanzliche Fasern

Pflegeeigenschaften

Die Pflegeeigenschaften von Leinen sind ähnlich wie bei der Baumwolle.

Behandlung	Kommentar
95	Bunte Leinentextilien sollten nur bei 60 °C mit Buntwaschmittel gewaschen werden. Bei ungebleichtem Leinen oder bei Leinen mit geringer Bleiche ist Buntwaschmittel zu empfehlen. Pflegeleicht ausgerüstetes Leinen ist nicht immer waschbar.
△	Chlorbleiche lässt sich bei weißem Leinen gut durchführen.
🗲 (Bügeleisen)	Leinen muss zum Bügeln immer sehr gut angefeuchtet werden.
⊙	Trocknen im Tumbler ist zwar theoretisch möglich, aber weniger zu empfehlen, da die glatte Oberfläche der Leinenfaser angegriffen werden kann.

Faserprüfungen

Die Brennprobe, mit Flachs durchgeführt, zeigt genau wie Baumwolle eine schnell verglühte, helle, große Flamme; der Geruch erinnert an verbrennendes Papier; zurück bleibt Flugasche.
Durch die Brennprobe lassen sich die Cellulosefasern (Baumwolle, Leinen, Viskose) nicht voneinander unterscheiden. Dies ist nur mithilfe des Mikroskops oder der Reißprobe möglich.
Die Reißprobe weist als Ergebnis glatte, steife, besenartig abstehende Faserenden auf.
Flachs reißt wesentlich schwerer als Baumwolle. Wenn Leinen- und Baumwollgarne gleicher Feinheit mit gleich starker Reißkraft zerrissen werden, zerreißt zuerst das Baumwollgarn.
Die chemische Probe bei Flachs hat dieselben Resultate wie die entsprechenden Tests bei Baumwolle.

1 Pflanzliche Fasern

Faserspezifische Veredlungen

Leinen kann veredelt werden, um die Pflegeleichtigkeit zu verbessern. Knitterarmveredelungen reduzieren die Knitterbildung, sodass es auch nach dem Waschen und Schleudern weitgehend glatt bleibt. Durch Weichmacher wird es geschmeidig gemacht, gewaschenes Leinen muss dann nur wenig gebügelt werden. Auch eine mechanische Krumpfung, kombiniert mit der Kunstharzausrüstung (Sanfor-Set) ist möglich. Um beispielsweise Feingewebe herstellen zu können, muss Leinen gebleicht werden. Durch die Bleiche verliert das Gewebe an Gewicht und Festigkeit, die Saugfähigkeit wird dagegen erhöht. Leinen hat eine gute Farbaffinität und kann auf viele Arten gefärbt werden.

Bezeichnung von Leinen

Leinenerzeugnisse aus Deutschland erkennt der Verbraucher seit Jahren an dem Schwurhandzeichen. Mittlerweile präsentiert sich der Gesamtverband Leinen zeitgemäß mit neuem Logo und Internetauftritt. Dort kann der Besucher rund um das Thema Flachs und Leinen recherchieren und sich von A–Z informieren. Neben der Verbreitung von Informationen will der Gesamtverband die Vorzüglichkeit inländischen Leinens darstellen und er sieht sich als Interessenvertretung der Leinenindustrie im europäischen Dachverband CELC mit Sitz in Paris. Dessen Label für besondere Herkunft und Auszeichnung CLUB MASTERS OF LINEN® ist eine Kollektivmarke und garantiert den Kunden die Verarbeitung von 100-prozentig europäischem Leinen. Die Produkte reichen von modischer Bekleidung bis zu Heimtextilien und bestehen entweder aus reinem Leinen, aus einer Halb-Leinen-Mischung (Baumwollkette, Leinenschuss) oder einer hochwertigen Leinenmischung. Außerdem hat „The European Confederation of Flax and Hemp" (CELC) eine Schutzmarke für europäischen Flachs eingeführt. EUROPEAN FLAX® steht für regionale Herkunft und hohe Qualität, die umweltfreundliche Herstellung der Fasern, die für alle möglichen Einsatzgebiete angeboten werden. Zudem soll sie Leinen über die europäischen Grenzen hinaus bekannt machen und für den Endverbraucher als Orientierung dienen.

Das deutsche Schwurhandsiegel wird nach strengen Kriterien von dem Schwurhand-Zeichenverband e.V. vergeben. Dabei wird unterschieden zwischen:

ReinLeinen	HalbLeinen	LeinenPlus
In Produkten mit diesem Siegel findet sich reines Leinen, d. h. bei Strickwaren besteht der Stoff aus 100 % Leinen, bei Webwaren sind Kett- und Schussfäden aus 100 % Leinen.	Unter diesem Siegel verbindet sich Leinen höchster Qualität mit den Vorteilen der Baumwolle. Die Kettfäden bestehen aus reiner Baumwolle, die Schussfäden aus 100 % Leinen. Der Leinenanteil beträgt mind. 40 %.	Ist das Siegel für hochwertige Leinen-Mischungen mit Seide, Wolle oder Cashmere. Hier vereinigen sich die spezifischen Eigenschaften anderer edler Naturfasern mit denen des Leinens zu neuer Güte. Der Leinenanteil beträgt mind. 30 %.

1 Pflanzliche Fasern

Einsatzgebiete von Leinen

Einsatzgebiet	Warenbezeichnung	Kommentar
Wäsche	Bett-/Tischwäsche, Gläser-/Geschirrtücher, Taschentücher	Halbleinen
Wäsche	Gläsertücher, edle Tischwäsche, (Bett-)Leintücher	Reinleinen
Oberbekleidung	Kleider, Röcke, Blusen, Hemden, Hosen, Sakkos, Anzüge	teilweise mit Polyesterbeimischungen
Einlagen	in zu verstärkenden Kleidungsteilen	Steifleinen Klötzelleinen
Haustextilien	Bügeltücher, Vorhänge, Matratzendrell	
Folkloretextilien	Kunstgewerbewaren, Trachtenstoffe	
Bücher	Bucheinbände, Buchrücken	Reinleinen

Aufgaben

1. Leinen wird nur in sehr geringen Mengen produziert. Nennen Sie die Gründe dafür.
2. Warum findet man Leinen oder Halbleinen fast in jedem Haushalt als Geschirr- oder Gläsertuch?
3. Vergleichen Sie die Feuchtigkeitsaufnahme von Baumwolle und Leinen im trockenen Zustand. Wie müsste sich ein Tintenfleck in einem Halbleinengewebe ausbreiten?
4. Warum ist Leinen für Oberbekleidung im Winter ungeeignet?
5. Welche Qualitätszeichen werden für Leinen vergeben?
6. Wodurch unterscheidet sich die „technische Faser" von der „Elementarfaser"?
7. Wodurch entstehen die charakteristischen Verdickungen in Leinengarnen?
8. Warum trägt man Kleidung aus Leinen nur im Sommer?

1 Pflanzliche Fasern

Weitere Pflanzenfasern

Faserart/Pflanze mit Kurzschreibweise	Gewinnung und Anbau	Herkunft
Kapok KP 	Fruchtfaser, hängt an der inneren Fruchtwand der schotenartigen Fruchtkapsel eines tropischen Baumes	aus Java, Sumatra, Sri Lanka, Indien, Afrika, Mexiko, Brasilien
Hanf HA 	Stängelfaser, 1,8 m bis 2,4 m hoch, dem Flachs ähnlich, Gewinnung der Faserbündel durch Hecheln	aus der GUS, Frankreich, China, Ungarn, Polen, Rumänien; Faserhanf darf seit 1996 auch wieder in Deutschland angebaut werden
Ramie RA 	Stängelfaser, 2 m hoch, Gewinnung der Faser durch Abziehen der Fasern (äußere Schicht) in breiten Streifen und chemisch-maschinelle Behandlung	aus Ostasien – besonders China (Chinagras oder Flechte des Ostens), Philippinen, Brasilien, GUS
Jute JU 	Stängelfaser, 3 m bis 5 m hohe Pflanze, nach dem Rösten ist die Faser abziehbar	aus Indien, Pakistan, Bengalen
Manilafaser AB (Abacà) 	Blattfaser (Bananenart)	von den Philippinen, aus Indonesien
Sisalhanf SI 	Blattfaser (Agavenart) – Beide werden gewonnen durch das Entfleischen und Freilegen der Fasern, die anschließend in der Sonne trocknen	aus Mittelamerika und Ostafrika
Kokos CC 	Fruchtfaser aus der Umhüllung der Kokosnuss. Nach der Schlammröste Zerlegung in Einzelfasern	aus Indien, Sri Lanka, Indonesien, China, Mexiko, von Südseeinseln und den Philippinen

1 Pflanzliche Fasern

Aussehen	Eigenschaften	Verwendung
weiß bis gelblichbraun, stark glänzend Stapel: 10 bis 30 cm	sehr weich, sehr fein, geringe Festigkeit, **nicht verspinnbar**, klumpt, nicht zu reinigen, Wasser abstoßend	„Pflanzendaune" Füllmaterial (Kissen, Matratzen, Schlafsäcke)
gelbgrau, glatt, kaum Glanz, Faserbündel länger und gröber als Flachs Stapel: bis 2 m Einzelfaser: 1,5 bis 4,5 cm	**höchste Festigkeit** unter pflanzlichen Fasern, verrottungsfest, sehr geringe Elastizität, hohe Feuchtigkeitsaufnahme, geringes Wärmerückhaltevermögen	Teppichgrundgewebe, Planen, Gurte, Feuerwehrschläuche, Seile, Baumaterialien, Papiere, starke Zwirne, Bekleidungstextilien, Hautöl, Pflegemittel
Einzelfaser schneeweiß und 2 bis 26 cm lang, natürlicher Glanz	sehr fein, weich, überaus haltbar – **teuer,** glatt, gleichmäßig, lichtbeständig, saugfähig, gut anfärbbar, Griff etwas härter als Baumwolle	spezielle Garne, Riemen, Bänder, Tennisschuhe, Feuerwehrsprungtücher, Hand- und Geschirrtücher, Oberbekleidung, Pullover, Klöppelspitzen, Handarbeitsgarne
Faser stark holzhaltig und ungleichmäßig, rötlich bis hellbraun, bei guten Qualitäten milder Glanz	haltbar, spröde, feuchtigkeitsempfindlich	fast ausschließlich Verpackungs- und Bespannungsstoffe („Rupfen"), Säcke, Seilerwaren, Teppichgrundgewebe
Einzelfaser hellgelb bis weiß, 3 bis 12 mm lang, seidig glänzend	elastisch, geringe Dichte, seewasserbeständig	Seile (Seefahrt), Netze, Matten
Elementarfaser glänzend, elfenbeinfarbig, ca. 1 bis 5 mm lang	sehr scheuerfest, gut färbbar, wasser- und lichtbeständig, widerstandsfähig gegen Verrottung	Seilerwaren, Taue „Sisal"-Teppiche, Matten, Verpackungsmaterial
rötlich bis braun 15 bis 30 cm lang	elastisch, sehr scheuerfest, feuchtigkeitsunempfindlich, verrottungsfest	Seile, Matten, Läufer, Teppiche

Tierische Fasern – Überblick

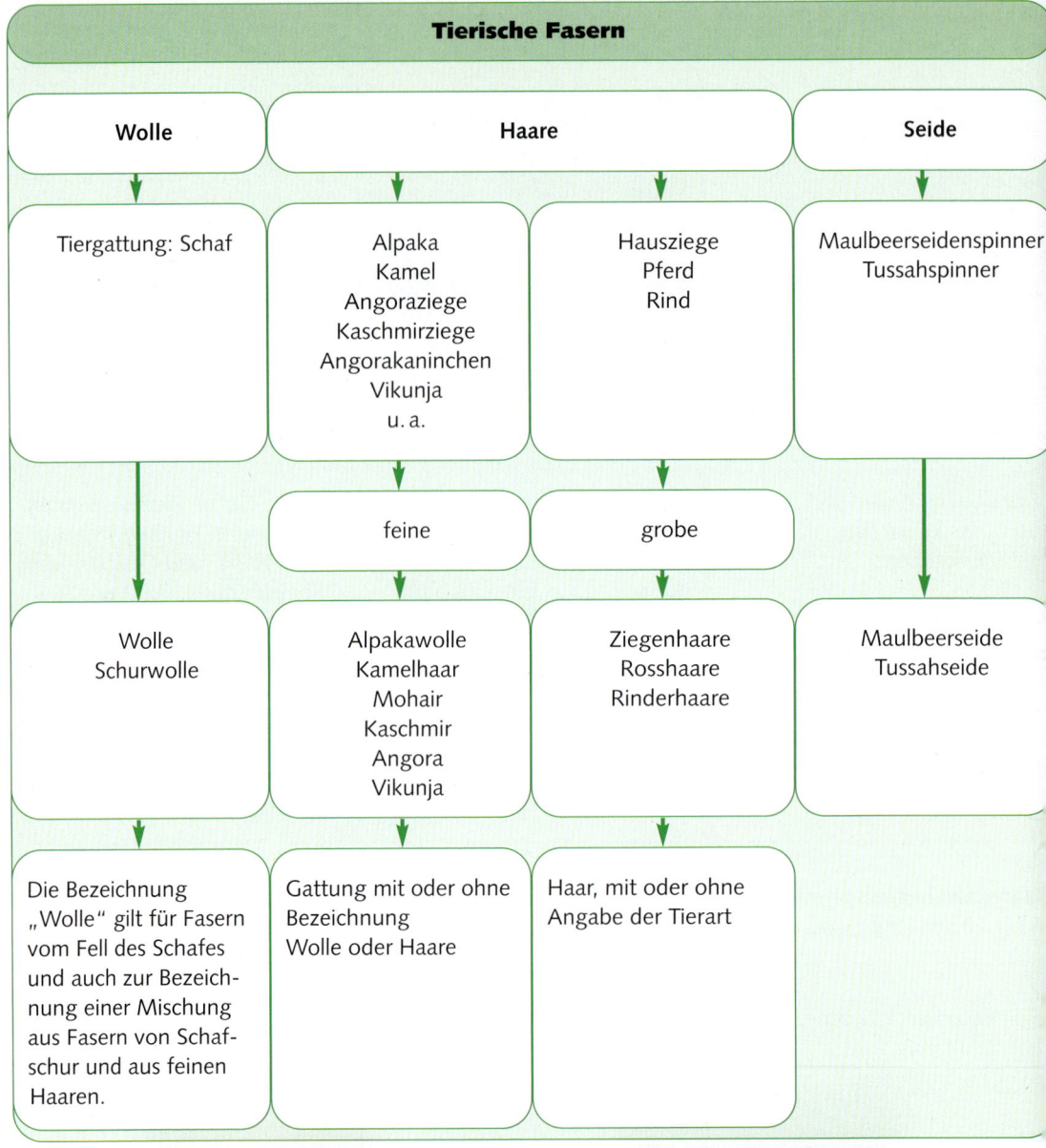

Tierische Fasern

Wolle	Haare		Seide
Tiergattung: Schaf	Alpaka Kamel Angoraziege Kaschmirziege Angorakaninchen Vikunja u. a.	Hausziege Pferd Rind	Maulbeerseidenspinner Tussahspinner
	feine	grobe	
Wolle Schurwolle	Alpakawolle Kamelhaar Mohair Kaschmir Angora Vikunja	Ziegenhaare Rosshaare Rinderhaare	Maulbeerseide Tussahseide
Die Bezeichnung „Wolle" gilt für Fasern vom Fell des Schafes und auch zur Bezeichnung einer Mischung aus Fasern von Schafschur und aus feinen Haaren.	Gattung mit oder ohne Bezeichnung Wolle oder Haare	Haar, mit oder ohne Angabe der Tierart	

Kamel, Angorakaninchen, Vikunja

1 Tierische Fasern

Wolle
(engl.: wool, franz.: laine)

Gewinnung der Wolle

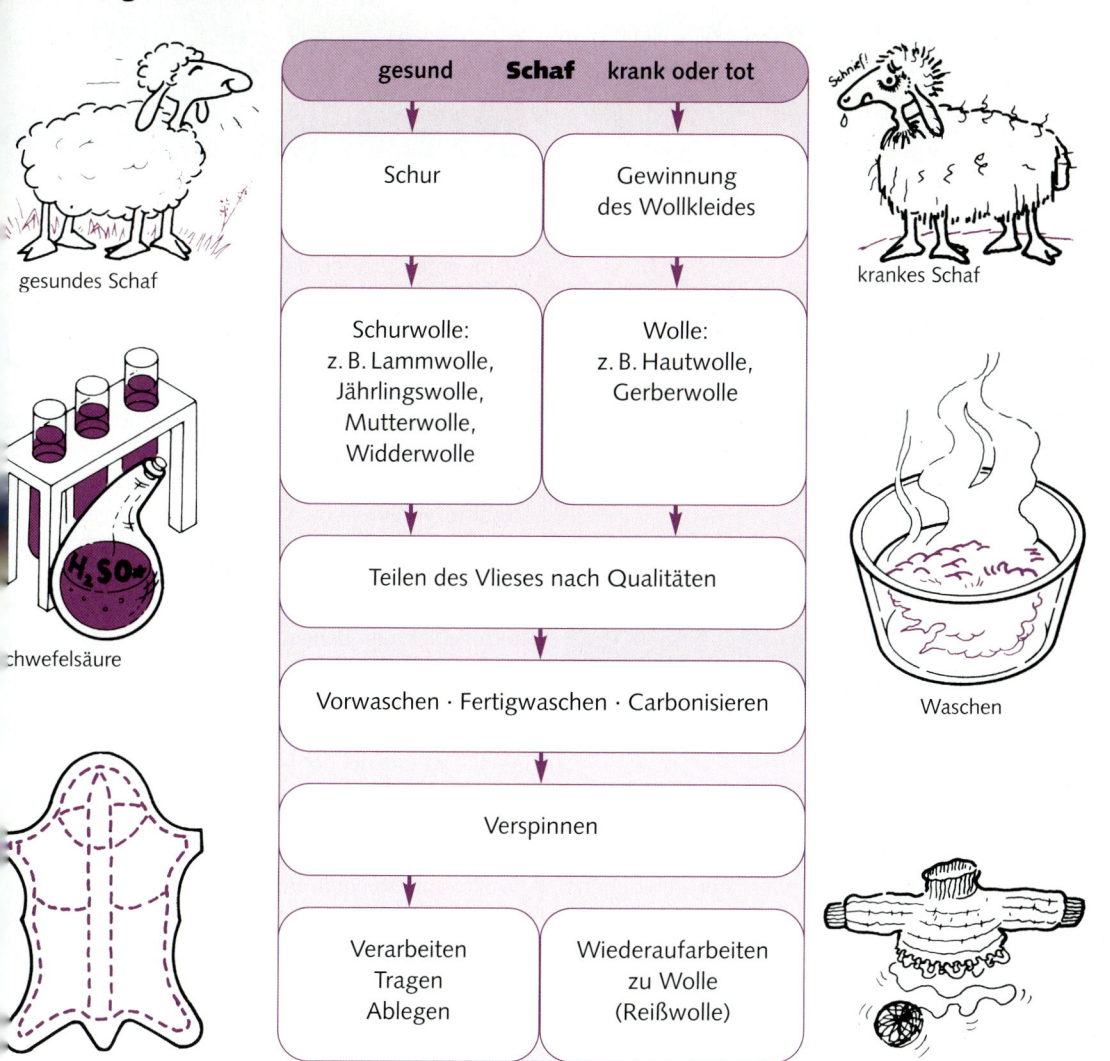

```
                    gesund    Schaf    krank oder tot
                      │                    │
                      ▼                    ▼
                    Schur              Gewinnung
                                       des Wollkleides
                      │                    │
                      ▼                    ▼
              Schurwolle:              Wolle:
              z. B. Lammwolle,         z. B. Hautwolle,
              Jährlingswolle,          Gerberwolle
              Mutterwolle,
              Widderwolle
                      │                    │
                      └─────────┬──────────┘
                                ▼
                  Teilen des Vlieses nach Qualitäten
                                │
                                ▼
                  Vorwaschen · Fertigwaschen · Carbonisieren
                                │
                                ▼
                            Verspinnen
                                │
                      ┌─────────┴──────────┐
                      ▼                    ▼
                  Verarbeiten          Wiederaufarbeiten
                  Tragen               zu Wolle
                  Ablegen              (Reißwolle)
```

gesundes Schaf

Schwefelsäure

krankes Schaf

Waschen

Zucht und Gewinnung

Der Anteil der Wolle am Weltfaseraufkommen betrug im Jahr 2012 ca. 1 %. Sie wird vor allem in Australien, Neuseeland, Argentinien, Südafrika, Uruguay, GUS, Indien, China und der Türkei produziert.

Es gibt viele Schafrassen. Die ältesten und bevorzugtesten Feinwollschafe sind die spanischen Merinos. Es sind keine Fleischschafe, sondern Tiere mit einem sehr umfangreichen Vlies. Im 18. Jahrhundert gelangten Merinos nach Deutschland, England, Österreich und Russland und wurden dort mit den einheimischen Rassen gekreuzt. Man spricht von Kreuzzuchten oder Crossbreds.

1 Tierische Fasern

Merinowolle ist kurz, stark gekräuselt und fein. Für sehr feine Gewebe kann sie durch Plätten geglättet werden.

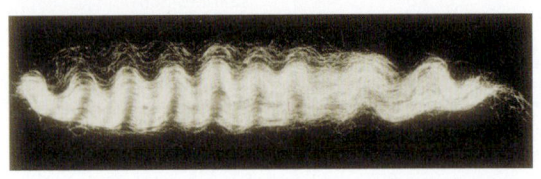

Crossbredwolle ist länger, weniger gekräuselt und dicker als Merinowolle.

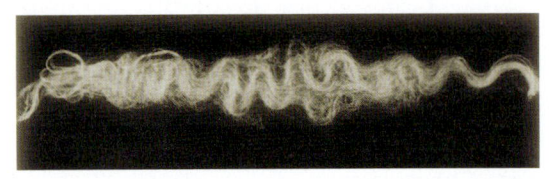

Cheviot- oder Teppichwolle ist die längste Wolle, sie ist nur wenig gekräuselt und dick.

Nach der Art der Gewinnung unterscheidet man verschiedene Wollsorten.
Schurwolle ist die vom lebenden Tier gewonnene wertvollste Wolle. Die von den Häuten gesunder geschlachteter Schafe erhaltene Hautwolle (Schwitz- oder Schwödewolle) ist besser als die Kalk- oder Gerberwolle, die in Gerbereien nach dem Kalkäscherverfahren ausgerauft wird. Die von kranken verendeten Tieren stammende Sterblingswolle hat den geringsten Wert. Die Wolle des zum ersten Male geschorenen, noch nicht ein Jahr alten Tieres ist die weiche, zarte Lammwolle. Die Wolle der älteren Schafe heißt Jährlings-, Mutter- oder Widderwolle.

Schulter-, Hals- und Seitenwolle ist wertvoller als die Rückenwolle, Wolle von Kopf, Bauch und Füßen am wenigsten wertvoll. Um einheitliche Wollpartien für die Verarbeitung zu erhalten, müssen die Vliese zerlegt und sortiert werden. Das Haarkleid des Tieres

Crossbredschafe

wird beim Scheren von seinem Körper getrennt. Man unterscheidet die überwiegend im Frühjahr durchgeführte Vollschur und die wesentlich seltenere Halbschur im Frühjahr und Herbst. Bei der Vollschur erhält man längere und kräftigere Wollen als bei der Halbschur.
Die bei der Schur gewonnene Wolle ist mehr oder minder stark durch Schmutz, Wollschweiß, Kot, Pflanzenteile (insbesondere Kletten u. Ä.) und Futterreste verunreinigt. Die Verschmutzungen liegen im Allgemeinen bei etwa 40 bis 50 % des Rohgewichts, können bei schlechten Qualitäten aber auch erheblich mehr ausmachen. Nach der Reinheit unterscheidet man daher:

Roh-, Schweiß- oder Schmutzwolle:
Dies ist die rohe, unbehandelte und ungewaschene Wolle, wie sie bei der Schur anfällt.

Vorgewaschene Wolle:
Um Schiffsladeraum und Schiffsfracht für die der Wolle anhaftenden Verunreinigungen zu sparen, wird die Wolle in Übersee z. T. mehr oder weniger gut vorgewaschen und gelangt so zum Versand.

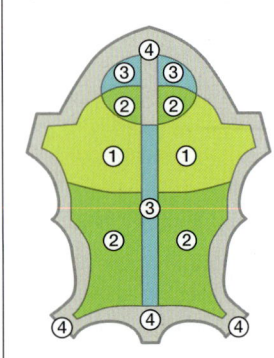

Das Wollvlies wird in 4 unterschiedliche Qualitäten aufgeteilt:

1 Wolle von den Schultern des Schafes
2 Wolle von den seitlichen Partien des Schafes
3 Wolle vom Rücken und dem Hals des Schafes
4 Wolle der Füße, des Kopfes, der Stirn, des Scheitels und vom Bauch

1 Tierische Fasern

Fertig- oder fabrikgewaschene Wolle:
Dies ist sauber gewaschene Wolle, wie sie die Wollwäscherei liefert. Sie enthält noch pflanzliche Bestandteile (z. B. Klettenreste), die später durch Carbonisieren entfernt werden (siehe Seite 37).

Während dieser gründlichen Wäsche fallen große Mengen belasteter Abwässer an. So enthalten diese nicht nur Schweiß, Fett und Sand, sondern auch Pestizide, die sich über Tauchbäder oder Duschen gegen Schädlingsbefall (Räubermilben, Schaflausfliege) im Wollfett angesammelt haben. Da die Schafe während des Badens von diesem Wasser auch trinken, bleiben Pestizidrückstände nicht nur in der Wolle, sondern auch im tierischen Gewebe zurück. Die Entsorgung dieser belasteten Abwässer bereitet der wollverarbeitenden Industrie große Schwierigkeiten.

Aufbau der Wollfaser

Die spezielle Zusammensetzung einer Wollfaser ist beispielsweise von der Sorte oder dem Herkunftsland abhängig. Hauptbestandteil aller tierischen Faserstoffe ist aber immer **Eiweiß** (Protein). Der besondere Eiweißstoff der Wollen und Haare ist das **Keratin,** das durch die spiralförmige Anordnung der Moleküle innerhalb der Molekülkette (Peptidkette) für eine Reihe von Eigenschaften der Wolle verantwortlich ist. Der DP-Grad beträgt bei Wolle ca. 100. Der Aufbau der Wolle ist der komplizierteste aller Faserstoffe. Sie besteht aus verschiedenen Zellschichten:

Schuppenschicht/Cuticula:
Die Cuticula der Wolle ist dreigeteilt:
- **Die Epicuticula (Außenmembran)** ist ein dünnes Häutchen mit Spaltöffnungen. Sie ist für das unterschiedliche Verhalten der Wolle gegenüber Wasser und Wasserdampf verantwortlich. Wasser in Tropfenform weist sie ab (bis zu einer bestimmten Menge), in Dampfform lässt sie es in das Faserinnere eindringen.
- **Die Exocuticula (eigentliche Schuppenschicht):** Sie besteht aus verhornten, plattenartigen Eiweißzellen (Schuppenzellen), die sich gegenseitig überlappen und das Wollhaar vor äußeren Einwirkungen schützen. Zudem fördert diese schuppenartige Oberflächenstruktur die Fähigkeit der Wollfasern, sich unter bestimmten Bedingungen zu verfilzen. Die Anzahl der Schuppen und ihre

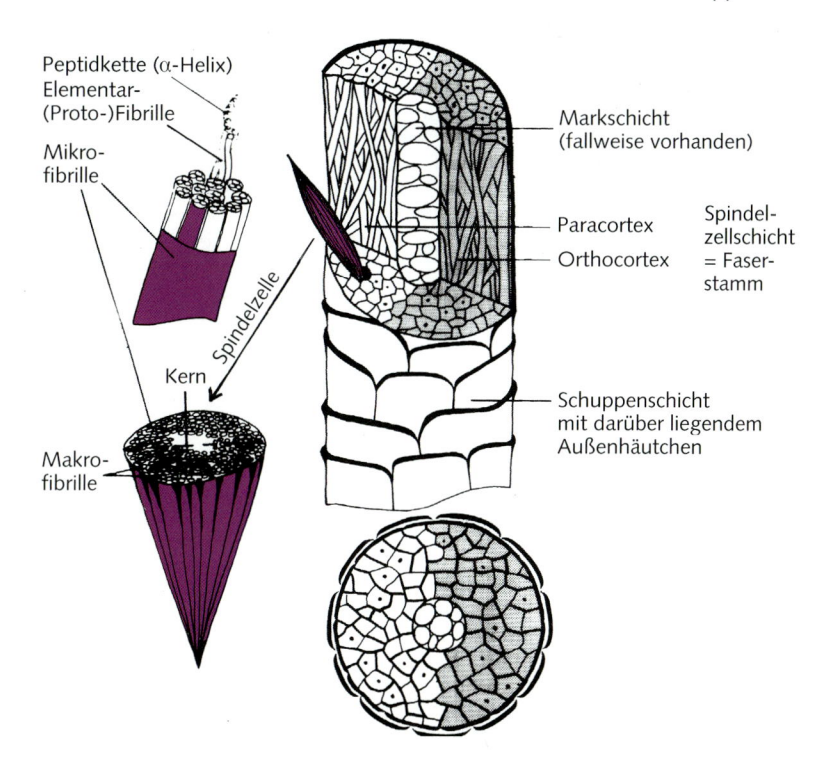

Aufbau der Wollfaser

Form ist abhängig von der Herkunft und den Wachstumsbedingungen. Die Schuppenzellen sind fest ineinander und mit der Außenmembran verankert und bleiben bei starker Dehnung aneinander haften.
- **Die Endocuticula (Innen- oder Zwischenmembran)** bildet die Abgrenzung zur Spindelzellenschicht einerseits, andererseits dient sie als Stütze für die Schuppenschicht.

Spindelzellschicht (Cortex):

Sie besteht aus Millionen von feinen Spindelzellen. Sie bilden deshalb den eigentlichen Faserstamm und setzen sich aus Fibrillen (Makro-, Mikro- sowie Elementarfibrillen) und diese wiederum aus spiralförmigen Molekülketten (Peptidketten) zusammen.

Die spindelförmigen Zellen sind nicht gleichartig gebaut, sondern unterscheiden sich. Es sind zwei Halbzylinder, die gemeinsam den Faserstamm bilden und sich miteinander verdrehen. Diese Bauweise von Orthocortex[1] und Paracortex[2] wird als bilaterale (d. h. zweilagige) Struktur bezeichnet.

Paraspindelzellenschicht

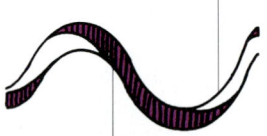

Orthospindelzellenschicht
bilaterale Struktur

Gefärbte Merinowollhaare im mikroskopischen Querschnitt.
Die Orthospindelzellenschicht ist dunkler gefärbt als die Paraspindelzellenschicht.

Der Orthocortex besteht aus chemisch labilen, saugfähigen und dehnbaren Spindelspitzen, der Paracortex dagegen aus chemisch stabilen und weniger saug- und dehnfähigen Spindelzellen. Dadurch werden z. B. Festigkeit, Dehnung, Elastizität und Kräuselung beeinflusst.

Die Spindelzellen werden durch eine Kittsubstanz, das Lanain zusammengehalten. Lanain wird leicht durch Chemikalien zerstört. Außerdem entzieht zu rasches (heißes) Trocknen die in Lanain natürlich gebundene Feuchtigkeit, wodurch die Wolle spröde und im Griff hart wird!

Markschicht (Medulla):

Sie besteht aus einzelnen Markzellen. Bei groben Wollen bilden die Markzellen einen stärkeren Markkanal im Inneren der Faser, feinere Wollen besitzen nur noch Reste dieser Zellanhäufung als sogenannte Markinseln und feinste Fasern sind völlig markfrei. Die Markschicht kann die Geschmeidigkeit der Fasern vermindern.

Eigenschaften der Wollfaser

Querschnitt und Längsansicht

- runder bis ovaler Querschnitt, bei groben Wollen ist der Markkanal sichtbar
- die Längsansicht zeigt dachziegelartig übereinanderliegende Schuppen

Querschnitt der Wollfaser

Längsansicht der Wollfaser (elektronenmikroskopische Aufnahme)

---
[1] Ortho: richtig, aufrecht, senkrecht (aus dem Griechischen)
[2] Para: bei, neben, entlang, gegen, abweichend

1 Tierische Fasern

Faserlänge
Die Faserlänge ist abhängig von der Schafrasse und dem Zeitpunkt der letzten Schur. Die vielen verschiedenen Schafrassen mit ihren Wollarten teilt man in drei Gruppen:

1. Merinowollen (Feinwollen)
   - kurzstapelige Wollen, 25 bis 150 mm lang
   - stark gekräuselt und fein
   - weich und relativ glanzarm

2. Cheviotwollen (Grobwollen)
   - langstapelige Wollen, 170 bis 400 mm lang
   - wenig gekräuselt und grob
   - hart und sehr glänzend (Glanzwollen)

3. Crossbredwollen (Mittelwollen)
   - liegen in ihren Eigenschaften zwischen denen der Fein- und Grobwollen
   - werden am häufigsten verarbeitet

Die Länge der Faser ist mit entscheidend für deren Verarbeitung zu Streichgarnen (meist unter 100 mm Länge) oder Kammgarnen (über 100 mm Länge).

Faserfeinheit
Auch die Feinheitswerte der Wollen innerhalb der oben genannten Gruppen schwanken.
Die feinsten Merinowollen haben einen Faserdurchmesser von etwa 16 μm, die gröbsten von etwa 23 μm. Der Faserdurchmesser grober Cheviotwollen liegt über 36 μm.
Die feinsten Crossbredwollen besitzen einen Faserdurchmesser von 25 bis 30 μm, mittlere von 31 bis 36 μm und grobe über 36 μm.
Oft gilt: Je kürzer eine Wollfaser ist, desto feiner und stärker gekräuselt ist sie.
Ein μm = ein Mikrometer = 10^{-6} m.

Kräuselung
Die dauerhafte Kräuselung ist ein charakteristisches Merkmal der Wolle. Je nach Wollsorte ist die Kräuselung aber verschieden. Feine Wollen haben oft starke Kräuselungen, meist hoch- oder überbogig; grobe Wollen haben flachbogige oder schlichte Kräuselungen.
Diese Ausprägung ist auf die Anteile und die Lage von Ortho- und Paracortex in Faserstamm zurück-

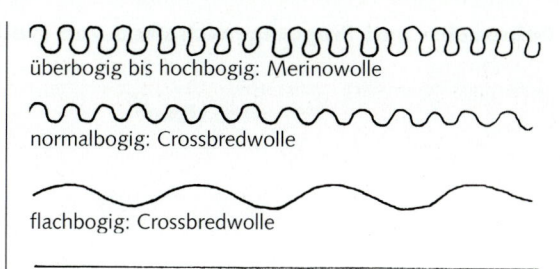

überbogig bis hochbogig: Merinowolle

normalbogig: Crossbredwolle

flachbogig: Crossbredwolle

schlicht: Cheviotwolle

zuführen. Außerdem gilt: Je mehr Kräuselungen eine Wollfaser hat, umso besser sind ihre Spinneigenschaften.
Da die Kräuselung meist dreidimensional ist, sind Garne und Gewebe aus Wolle stets sehr locker (bauschfähig) und ermöglichen einen hohen Lufteinschluss, der das hohe Wärmerückhaltevermögen von Wolltextilien begründet. Zudem wirkt sich die Kräuselung positiv auf die Elastizität der Wollfaser aus.

Farbe
Die Farbe ist rassebedingt weiß bis gelblich oder naturfarbig (von dunkelgrau über braun bis schwarz).

Glanz
Feine, dünne Wollen sind matt;
dicke, lange Wollen glänzend, da die Schuppenschicht hier großflächiger ist.

Filzbarkeit
Fast alle Wollen und wenige tierische Haare besitzen die Fähigkeit, sich bei Einwirkung von Feuchtigkeit, Bewegung und Wärme zu verfilzen. Voraussetzung für die Filzfähigkeit der Wolle ist ihre schuppenartige Oberfläche, ihre Elastizität und Verformbarkeit.
Zum Filzen kommt es, wenn die Wollfasern quellen. Dadurch werden sie leichter formbar und die Schuppen spreizen sich stärker von der Faser ab. Durch Bewegung (z. B. während des Waschens) und Druck werden viele einzelne Wollfasern zu Schlingen gebogen und gegeneinander bewegt. Dabei schieben sich die Schuppen ineinander und die Schuppenspitzen wirken wie Widerhaken und verhindern eine Rückbewegung der Fasern. Dadurch werden sie fest miteinander verbunden und die Wolle ist verfilzt. Den gewollten Filzvorgang nennt man **Walken**. Unerwünschtes Filzen tritt bei unsachgemäßer Wäsche ein.

1 Tierische Fasern

Gebrauchs- und Trageeigenschaften von Wolle

Eigenschaften	Veränderungen durch Ausrüstung und Verarbeitung	Verwendung
Feuchtigkeitsaufnahme/Saugfähigkeit Die Feuchtigkeitsaufnahme bei Normalklima ist sehr hoch und beträgt ca. 15 bis 17 %, bei hoher Luftfeuchtigkeit sogar bis zu 30 %, ohne dass sich die Faser feucht anfühlt. Trotz der hohen Saugfähigkeit dringt tropfenförmige Nässe nur schwer in das Faserinnere (Abperleffekt), da die Spaltöffnungen der Außenmembran nur Wasserdampf eindringen lässt. Ist die Umgebung der Faser trocken, verdunstet der festgehaltene Wasserdampf langsam. Wolltextilien verursachen keine Verdunstungskälte, da die große Kräuselung der Wolle dafür sorgt, dass die menschliche Haut mit nur wenigen Härchen in Berührung kommt, also nicht mit der Masse der Fasern.	u. U. Imprägnieren gegen Wasseraufnahme, da Abperleffekt nur bis zu einem bestimmten Punkt funktioniert	Mäntel, Jacken, Sportbekleidung, Pullover, Strümpfe
Elastizität und Dehnung Wolle besitzt im Vergleich zu den anderen Naturfasern die höchste Dehnung im trockenen Zustand. Diese Fähigkeit beruht auf der Faltenstruktur der Molekülketten und der Querverbindungen dieser Ketten. Im nassen Zustand steigt die Dehnbarkeit nochmals an, weil die eindringende Feuchtigkeit die Querverbindungen löst und damit stärkere Dehnung zulässt. Nasse Wolltextilien sollen deshalb nie hängend getrocknet werden, da unerwünschte Verformungen (Verlängerungen) zurückbleiben können. Wollfasern sind des Weiteren sehr elastisch, das heißt, dass sie nach der Dehnung immer wieder in ihre Ausgangslage zurückkehren. Daraus folgt eine geringe Knitterneigung und ein sehr gutes Knittererholungsvermögen.		Straßenbekleidung, Oberbekleidung, Anzüge, Kleider, Kostüme, Reisekleidung
Formbarkeit Wolle ist im nassen oder feuchten Zustand formbar. Bei gleichzeitiger Einwirkung von Feuchtigkeit, Hitze und Druck lässt sich eine gegebene Form (z. B. Bügelfalte) fixieren, da sich die Molekülketten mit ihren Querverbindungen durch die Feuchtigkeit (Dampf) lösen und anschließend während des Trocknens in veränderter Ordnung wieder neu ausbilden können.	Durch Einsatz von Chemikalien können Formveränderungen dauerhaft fixiert werden.	Bekleidung mit Bügelfalten, Plissees; beim Dressieren und Dekatieren angewendet.

1 Tierische Fasern

Eigenschaften	Veränderungen durch Ausrüstung und Verarbeitung	Verwendung
Reißfestigkeit Wolle besitzt die geringste Reißfestigkeit aller Naturfaserstoffe, die im nassen Zustand noch geringer ist. Sie kann zum Teil durch die hohe Elastizität ausgeglichen werden. Eine schonende Behandlung während und nach der Wäsche ist deshalb erforderlich.	Beimischungen vom Synthesegarnen wie z. B. Polyamid und Polyacryl	Robuste Wollartikel aus Cheviotwolle, z. B. bei Sportpullover, Möbelstoffe und Teppiche
Scheuerfestigkeit Sie ist im Allgemeinen weniger gut. Wolltextilien weisen je nach Dehnung der verarbeiteten Fäden, Konstruktion, Veredlung und der Art der Scheuerung verschieden hohe Widerstandsfähigkeit gegenüber Scheuerung auf.		
Wärmerückhaltevermögen Wolle isoliert und wärmt. Die starke Kräuselung der Faser ermöglicht die Aufnahme viel ruhender Luft in Garn und Stoff, was ein hohes Wärmerückhaltevermögen zur Folge hat.	Durch Walken, Aufrauen und Maschenverarbeitung noch zu erhöhen	Loden, warme Winterbekleidung, Handschuhe, Pullover und Mäntel
Schädlingsanfälligkeit Wolle ist anfällig gegenüber Motten.	Behandlung mit Mitteln, die als Wirkstoff Permethrin bzw. Sulcofuron enthalten.	Wollteppiche ab einem Wollanteil von 50 %
Elektrostatische Aufladung Wolle neigt nur im trockenen Zustand zu elektrostatischer Aufladung. Durch einen ausreichenden Feuchtigkeitsgehalt wird die Leitfähigkeit erhöht.		
Verhalten gegenüber Säuren und Laugen Die Beständigkeit gegenüber Säuren ist gut. Dies wird genutzt, um pflanzliche Verunreinigungen aus der Wolle zu entfernen (Carbonisieren). Heiße, konzentrierte Säuren aber greifen Wolle an und zerstören sie. Die Beständigkeit gegenüber Laugen ist sehr schlecht. Bereits bei verdünnten Laugen quillt die Faser, konzentrierte oder heiße Laugen lösen die Faser sogar auf.		

1 Tierische Fasern

Pflegeeigenschaften

Behandlung		Bemerkung
[30 Waschbottich]	Waschtemperatur maximal 30 °C Schonwaschgang	Da Wolle Schmutz abweisend ist, wird sie auch im Schonwaschgang sauber. Sie ist jedoch nicht als Leib- und Bettwäsche geeignet, da sie sich nicht bei hohen Temperaturen waschen (sterilisieren) lässt.
[40 Waschbottich]	Oft ist Handwäsche notwendig, da Wolle leicht verfilzt. Waschmaschinenfeste Wolle ist filzfrei ausgerüstet	
[Handwäsche-Symbol]	Neutral- oder Wollwaschmittel sind notwendig, da Wolle von starken Alkalien[1] angegriffen wird. Ohne starke Bewegung waschen.	
[Dreieck durchgestrichen]	Chloren nicht möglich	
[Trockner durchgestrichen]	Trocknen nicht im Tumbler, sondern liegend in Form gezogen.	Wolle trocknet langsam
[Bügeleisen]	Bügeln bei 160 °C nur mit feuchtem Tuch oder Dampfbügeleisen. Kurz bügeln, da Wolle leicht die Elastizität verlieren kann („totbügeln").	Formbügeln (Dressieren): Wolle kann durch Feuchtigkeit, Hitze und Druck geformt werden (z. B. Hosenbeine)
[F im Kreis]	Professionelle Trockenreinigung im normalen Prozess für Wolle möglich.	

[1] Alkalien: wasserlösliche Basen

Faserprüfungen

Die Brennprobe bei Wollfasern zeigt eine ziemlich kleine, brodelnde, zum Verlöschen neigende Flamme, die einen Geruch nach versengtem Haar oder Horn verbreitet. Dunkle, zerreibbare Schlacken bleiben zurück.

Die Reißprobe demonstriert, dass Wolle sehr leicht und mit dumpfen Klang zerreißt.

Die chemische Probe wird, wie bei Flachs und Baumwolle, mit konzentrierten Säuren und konzentrierten Basen durchgeführt, jedoch mit entgegengesetzten Ergebnissen:
Während die Basen eine Wollfaser vollständig auflösen, wird sie von der konzentrierten Säure nicht angegriffen.

Faserspezifische Veredlungen

Carbonisieren

Carbonisieren ist ein reinigender Ausrüstungsvorgang. Das Wollvlies enthält pflanzliche Bestandteile (Kletten), die vor dem Spinnen durch das Carbonisieren entfernt werden. Hierzu tränkt man die Wolle mit verdünnter Schwefelsäure oder Salzsäure. Die Wolle wird dann im Carbonisierofen getrocknet, wobei die cellulosehaltigen Bestandteile verkohlen und durch Klopfmaschinen entfernt werden können.

Brennen

Brennen oder Krabben ist in der Wollindustrie eine Vorsorgemethode gegen Krumpfen (Einlaufen), Verziehen, Filz- und Faltenbildung. Dabei werden die Fäden des Wollgewebes mit kochendem Wasser fixiert, das heißer ist als die evtl. noch folgenden Ausrüstungsvorgänge.

Walken

Das Walken ist eine bedeutsame Ausrüstungsarbeit für Wollstoffe. Es ist die Ausrüstungsarbeit, die den Charakter des Stoffes am stärksten verändert. Aus leichter, offener, fadenscheinig aussehender Ware entsteht durch Walken eine schwere, geschlossene, dichte Ware. Durch die Einwirkung von Feuchtigkeit, Druck und Wärme geht die Ware ein und erhält ein verschleiertes, filziges Aussehen, sodass die Bindung nicht mehr oder kaum zu erkennen ist. Nur Gewebe aus Wolle werden gewalkt, wollhaltige Mischgewebe können dieser Ausrüstungsarbeit unterworfen werden, wenn der Wollanteil mindestens 20 bis 25 % beträgt.

Das Walken wird auf Hammer- oder Zylinderwalken in schwach alkalischen oder in sauren Bädern durchgeführt. Durch Drücken, Schieben, Stauchen, Pressen und Kneten verfilzen sich die geschuppten Oberflächen der Wollfasern fest ineinander. Die Warenstücke verlieren durch das Walken 20 bis 50 % ihrer Breite und bis zu 30 % ihrer Länge. Man kann die Gewebe in Länge und Breite mehr oder weniger stark einwalken. Je länger die Dauer des Walkens ist (2 bis 8 Stunden), um so stärker wird die Verdichtung und Verfilzung der Ware.

Rauen

Dies ist ein mechanischer Vorgang, bei dem Faserenden aus dem Textilgut herausgerissen werden. Dadurch erreicht man eine voluminöse Oberfläche, erhöhtes Wärmerückhaltevermögen, einen weichen Griff oder auch modische Effekte. Wollstoffe werden vor dem Walken oft geraut.

Antifilzausrüstung

Sie ist heute die am häufigsten durchgeführte Ausrüstung für Wolltextilien. Insbesondere Maschinenwäsche mit starker mechanischer Beanspruchung und großem Temperaturwechsel zwischen Wasch- und Spülvorgang ist mit naturbelassener Wolle nicht möglich.

Die Filzfrei-Ausrüstung macht Wolle waschmaschinenfest, d. h., sie schützt gegen Einlaufen und Verfilzen. Damit sich die Schuppen der Wollfasern – als Ursache für das Filzen – nicht mehr ineinander verhaken können, muss die Oberflächenstruktur der Fasern verändert werden:

Es gibt unterschiedliche **Filzfrei-Ausrüstungsverfahren:**

- **Oxidative Verfahren**
  Die Wirkungsweise beruht im Wesentlichen auf einem Erweichen und Abflachen der Schuppenkanten der Wollfaser.
- **Additive Verfahren**
  Die Wirkungsweise beruht in einer Maskierung der Schuppenschicht. Dazu werden Kunstharzlösungen auf die Faser aufgebracht, die einen hauchdünnen Film bilden.
- **Kombinierte Verfahren**
  Hier handelt es sich um eine Kombination aus Vorchlorierung und Polymer-Behandlung.

Alle genannten Verfahren eignen sich für die Ausrüstung von Flocke, Kammzug, Garn, Meterware und Fertigware. Die meisten Maschenhersteller ziehen den unproblematischeren Weg vor und verwenden filzfrei ausgerüstetes Garn.

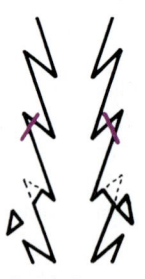

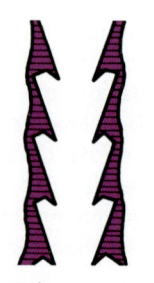

Oxidatives Verfahren

Maskierung der Schuppenschicht

Arbeitsweise einer kombinierten Filzfrei-Ausrüstung:
- Im 1. Bad wird die Wolle vorchloriert. Die Chlorierung bleibt beschränkt auf die äußerste Schicht der Faser, die Wolle wird dadurch in keiner Weise chemisch geschädigt.
- Im 2. Bad erfolgt eine Neutralisation. Chlorrückstände werden beseitigt
- Im 3. Bad wird gründlich mit 20 °C bis 30 °C warmem Wasser gespült, um zu verhindern, dass Rückstände in das nächste Bad gelangen.
- Im 4. Bad erfolgt die Aufbringung des Harzes. Das positiv geladene Harz wird von der negativ geladenen Faseroberfläche gehalten, bis später beim Trocknen die Polymerisation auf der Faser einsetzt.
- Im 5. Bad wird die Wolle bei 35 °C bis 45 °C gespült und dabei ein Weichmacher (Avivage) aufgetragen. Spülen und Avivieren sollen ein Verkleben der Bänder beim Trocknen verhindern.
- Trocknen bei ca. 80 °C beendet die Ausrüstung.

Garne aus kombiniert filzfrei ausgerüsteten Kammzügen zeigen im Vergleich zu unbehandelten im Allgemeinen höhere Werte für Reißfestigkeit, Dehnung und Scheuerfestigkeit. Filzfrei ausgerüstete Maschenware kann in jeder Waschmaschine bei 30 °C oder 40 °C im Schonwaschgang gewaschen werden, ohne dabei zu filzen oder ihre Form zu verändern.

Aus ökologischer Sicht muss im Zusammenhang mit dieser Veredlungsmaßnahme auf die in den Polyamidkunstharzen enthaltenem Dichlorpropanole hingewiesen werden, die Krebs erregend sein können. Hinzu kommt die Abwasserbelastung durch Chlor und die Tatsache, dass bei empfindlichen Menschen Hautreizungen durch Chlor auftreten können.

Enzymbehandlung
Seit 1992 ist es möglich, Wolle durch Enzymbehandlung filzfrei auszurüsten. Dieses Verfahren stellt eine Alternative zur umweltbelastenden Chlorierung der Wolle dar. Die über Walzen aufgebrachte enzymhaltige Flüssigkeit macht die Schuppen Wasser durchlässig. Dadurch können sich Wollfasern zwar voll saugen, quellen aber nicht.

Enzyme werden immer vielseitiger in der Veredlung eingesetzt, z. B. zur Entfernung von Schlichten, für Auswascheffekte auf Jeansgeweben, zum Bleichen oder Entbasten. Dazu versuchen die Hersteller Enzyme weiter zu optimieren und dies ist nur mithilfe von gentechnisch veränderten Organismen möglich. Die Gefahren, die von dieser Herstellung ausgehen, können aber selbst Experten bisher nicht einschätzen, was als problematisch gilt!

Flammenhemmungs-Ausrüstung
Wolle kann flammhemmend ausgerüstet werden, obwohl sie schon von Natur aus schwer entflammbar bzw. brennbar ist. Bei strengeren Brennprüfungen ist eine flammhemmende Ausrüstung nötig. Die Zirpo-Ausrüstung der Wolle gibt die Möglichkeit, strengste Anforderungen bezüglich der Brennbarkeit zu erfüllen.

Die Ausrüstung beruht auf dem Aufziehen von negativ geladenen Komplexen (chemische Gruppen) von Titan (Metall) oder Zirkon (Mineral) auf die positiv geladenen Wollfasern unter sauren Bedingungen bei einer bestimmten Temperatur.

In jedem Verarbeitungsstadium der Wolle kann die Zirpo-Ausrüstung appliziert werden: als Flocke, Kammzug, Garn (Strang- oder Wickelkörper), bei Stückware (Gewebe oder Maschenwaren), Teppichen sowie auch Schaffellen. Schwer entflammbare Wolle wird eingesetzt für Vorhangstoffe, Feuerwehranzüge, Teppiche oder Polstersitzbezüge für Flugzeuge.

Permanentfixierung
Dies ist eine Formfestbehandlung von Wollstoffen mithilfe von Chemikalien (z.B. Monoäthanolamin-

sulfit), um z. B. Bügelfalten auch gegen Nasswäsche beständig und damit dauerhaft zu machen. Die verwendeten Chemikalien lösen dabei die vorhandenen Molekülbrücken und bauen nach der Behandlung wieder neue stabilisierende Brücken zwischen den Molekülketten auf. Diese Umbildung ist dauerhaft (permanent).

Bei der **Flächenfixierung** wird das ganze, glatte Gewebe mit der Chemikalie imprägniert und in feuchtem Zustand gedämpft. Damit ist die Fixierung abgeschlossen und der Stoff erhält bereits bei der Ausrüstung seine endgültige Form. Es werden beispielsweise die Dimensionsstabilität des Stoffes, die Nassknitterechtheit, das Knittererholungsvermögen und der Warengriff verbessert, die Warenoberfläche bleibt dauerhaft glatt und die Verarbeitung in der Schneiderei (Dressieren) wird erleichtert.

Bei der **partienweise Formfestbehandlung,** wie die Fixierung von Bügelfalten oder Plissees genannt wird, wird das bereits konfektionierte Teil nur an den gewünschten Stellen mit der Chemikalie eingesprüht und anschließend das Bekleidungsstück in Form gepresst.

Bei der **Vorsensibilisierung** wird ebenfalls der Stoff mit der Chemiekalie getränkt und danach nur getrocknet. Erst nach der Konfektionierung wird das Gewebe an den zu fixierenden Stellen befeuchtet und durch Hitze unter Pressdruck in die gewünschte Form gebracht (z.B. Einbügeln einer Falte). Gleichzeitig bleibt die gesamte Form des Modells bei Nässeeinwirkung dauerhaft erhalten.

Dekatieren

Dekatieren ist ein besonders nachhaltiges Bügeln mit viel Dampf. Dadurch erhält die Ware die natürliche Feuchtigkeit zurück, entstandener Glanz wird beseitigt und der Griff verbessert. Durch die Behandlung mit Wärme und Feuchtigkeit werden die inneren Spannungen des Faserstoffs gelöst, die durch die vorangegangenen Bearbeitungsprozesse durch Zugbeanspruchung entstanden sind, und damit späteres Einlaufen (Krumpfen) vermieden. Gleichzeitig erhält das Gewebe eine einheitliche Oberflächenstruktur. Dekatierte Stoffe sind nadelfertig.

Qualitätsgarantien für Schurwolle

The Woolmark Company hat u. a. drei wichtige Warenzeichen für Wolle entwickelt. Mit dem Woolmark-Logo will sie einen weltweit einheitlichen Standard schaffen. Die Woolmark-Logos garantieren eine hohe Qualität. The Woolmark Company, mit Sitz in Australien, arbeitet mit den Produktionsstätten, Exporteuren, Importeuren und dem Handel in den Vertriebsländern zusammen und übernimmt heute die Aufgaben des ehemaligen IWS (Internationales Wollsekretariat). Für folgende Logos können Lizenzen erworben werden: „Woolmark", „Woolmark Blend"und „Wool Blend":

„**Woolmark**" garantiert, dass eine Ware aus reiner Schurwolle ist, d. h., dass Wolle vom lebend geschorenen Schaf erstmals verwendet wird. Erlaubte Toleranzen sind 0,3 % unvermeidbarer Faseranflug und bei Bedarf 7 % sichtbare Ziereffekte. Das Woolmark-Logo garantiert zusätzlich eine Mindestwasser- und -Lichtechtheit, eine Mindestreißfestigkeit, Filzfreiheit bei Woolmark-Strickwaren und bei Teppichen ein Mindestpolgewicht. Selbstverständlich sind neben den guten Eigenschaften der Wolle auch die Mottenschutzausrüstung und ein Restfettgehalt zu erwarten.

„**Woolmark Blend**" ist ein Qualitätszeichen für schurwollreiche Mischungen. Der Schurwollgehalt muss mindestens 50 % betragen. Die Beimischung soll zur Verbesserung der Gesamteigenschaften des Gemisches beitragen, wie z. B. Erhöhung der Scheuerfestigkeit und der Formstabilität oder der Verbesserung der Pflegeeigenschaften.

„**Wool Blend**" Produkte mit dem 1999 eingeführten „Wool Blend"-Logo bestehen zu 30 % bis 49 % aus Schurwolle mit einer Toleranz von +/−3 %. Homogen gemischte Einfachgarne dürfen nur eine Nichtwollkomponente enthalten.

1 Tierische Fasern

Stoffe und Gewirke sollen möglichst in glatten Bindungen, wie z. B. Gabardine, Popeline, Mousseline, R/L oder R/R, hergestellt werden.

Reißwolle

Reißwolle ist wieder aufbereitete (= regenerierte) Wolle. Diese Wollen sind schon einmal verarbeitet worden und werden aus neuen oder bereits getragenen Textilabfällen gewonnen. Für ein Erzeugnis, das ganz aus Reißwolle besteht, darf nach dem Textilkennzeichnungsgesetz die Bezeichnung „reine Wolle" verwendet werden.

Ist der Wollanteil in halbwollenen Abfällen sehr hoch, zerstört man durch Carbonisieren mit Schwefelsäure das nicht wollhaltige Material, wobei beachtet werden muss, dass die Wolle dabei nicht zu stark angegriffen wird.

Zu Kammgarnartikeln ist Reißwolle der kürzeren Faserlängen wegen nicht verwendbar, sie kann daher ausschließlich in Streichgarnartikeln enthalten sein. Durch den Wiederaufbereitungsprozess wird das Wollhaar geschädigt und verliert einen Teil seiner guten Eigenschaften: Es nimmt Schmutz und Wassertropfen leichter ins Faserinnere auf, ist weniger elastisch, die kurzen Faserbestandteile reiben sich leichter ab.

Die Intensität der Schädigung hängt stark vom Ausgangsmaterial und der Wiederaufbereitung der Reißwolle ab.

Reißwollen werden folgendermaßen klassifiziert:

Alpakka, eine wenig gute Qualität, erhält man aus Halbwollgeweben.

Golfers, eine gute Reißwollsorte aus Pullovern, Strickwesten und Kleidern.

Mungo entsteht aus gewalkten Wollgeweben. Beim Zerreißen solcher Stoffe werden die einzelnen Fasern stark angegriffen, sodass diese minderwertige Reißwolle kurzfaserig ist, ihre Schuppenschicht kann beschädigt sein.

Pratowolle, eine italienische Reißwolle, wird aus gut sortierten Lumpen gewonnen.

Shoddy ist auch eine gute Qualität. Man erhält sie aus reinwollenen Abfällen der Spinnerei (Garne), der Strickerei und Wirkerei (Maschenware).

Thybet oder Thibet wird aus ungewalkten Webwaren-Abfällen hergestellt.

Zephir ist die beste Reißwolle, sie wird aus reinwollenen, besonders weichen, getragenen Gestricken und Gewirken gewonnen.

Durch diesen Wiederaufbereitungsprozess wird der wertvolle Rohstoff Wolle sinnvoll und nachhaltig wieder verwendet. Typische Einsatzbereiche für Reißwolle als Beimischungen zu Streichgarnen sind Hosen, Mäntel, Decken für Reisen und den Katastrophenschutz etc.

Die Reißanlage zerreißt wollhaltige Abfälle der Spinnerei, Weberei, Strickerei, Wirkerei und auch wollhaltige Lumpen (getragene Gewebe und Maschenware) zu Fasern.

1 Tierische Fasern

Haare

Die feinen Tierhaare können nach dem Textilkennzeichnungsgesetz mit oder ohne zusätzliche Bezeichnung „Wolle" oder „Haar" gebraucht werden, die groben Tierhaare mit oder ohne Angabe der Tierart. Feine Tierhaare – ausgenommen die Grannenhaare des Kamels – können auch als „Schurwolle" bezeichnet werden ohne einen zusätzlichen Hinweis auf die Tierart.

Feine Tierhaare

Alpakawolle[1] (weiß, sandfarbig, braun, grau) vom südamerikanischen Kleinkamel (nach der Norm: Schafkamele). Das Alpaka wurde aus dem wild lebenden Vikunja[2] gezüchtet.

Lamawolle (weiß, rotbraun, schwarzbraun) gibt das Lama. Dieses südamerikanische Kleinkamel wurde aus dem wild lebenden Guanako gezüchtet.

Vikunjawolle (besonders feine und weiche Wolle; weiß, zimtfarben oder rötlich) vom kleinsten und schlanksten südamerikanischen Kleinkamel. Das Vikunja lebt wild in der peruanischen Hochsteppe, und ist bereits 1968 zur „gefährdeten Tierart" erklärt worden. Deshalb ist Vikunjawolle praktisch nicht mehr auf dem Markt. Die Tierart wird nachgezüchtet.

Guanakowolle (sehr feine, lange Haare; weiß, braun, grau, schwarz) vom wild lebenden südamerikanischen Kleinkamel. Das Guanako hat ein langes, dichtes Haarkleid. Es lebt im südamerikanischen Westen von Nordperu bis Feuerland.

Kamelhaar (feines, weiches, gekräuseltes Unter- oder Flaumhaar) vom zweihöckerigen Großkamel oder Trampeltier, seltener vom einhöckerigen Großkamel oder Dromedar. Das Trampeltier ist die Haustierform des asiatischen Kamels, von dem es noch eine wild lebende Art gibt. Das Wildkamel ist schlanker, leichter, hat längere Gliedmaßen und kleinere Höcker; es lebt in der Wüste Gobi.
Das Dromedar lebt in Arabien und Nordafrika, von ihm besteht nur noch die Haustierform.
Kamelhaar wird gern ungefärbt verarbeitet, der Verbilligung wegen oft mit Schafwolle gemischt und für Schlafdecken und hochwertige Stoffe verwendet.

Mohair (seidig glänzendes, 120 bis 300 mm langes, schwach gekräuseltes Flaumhaar (weiß, gelblich, hell- bis dunkelgrau) von der gezüchteten Angoraziege. Hauptlieferanten sind die Türkei, USA und Südafrika.

Kaschmirhaar (feines, seidig glänzendes, 40 bis 90 mm langes, schwach gekräuseltes Flaumhaar; selten weiß, meist grau, hell- bis dunkelbraun) von der gezüchteten asiatischen Kaschmirziege.

Angora(kanin)wolle (reinweiß, sehr fein, weich, leicht) vom gezüchtetem weißen langhaarigen Angorakaninchen.

Das Haarinnere besteht aus lufthaltigen Zellräumen. Dadurch hat das Haar ein sehr geringes Gewicht und ein hohes Wärmerückhaltevermögen. Im Gebrauch entsteht eine hohe elektrostatische Aufladung, die die Haare aufrichtet. Angorawolle lässt sich schwer verspinnen. Deshalb wird sie selten rein, sondern in Mischung mit feiner Schaf-, Ziegen-, Kleinkamelwolle oder mit synthetischen Fasern zu Strickwaren, Unterwäsche gegen Rheuma, Ischias und andere Erkrankungen verarbeitet.

Yakwolle (grau, rötlich, braun, meliert) vom langhaarigen Hausrind der zentralasiatischen Hochländer.

Biberwolle (seidenartig feine Unterwolle; blaugrau bis braun) vom Biber, der in Nordamerika lebt, in geringer Anzahl noch in Europa.

Fischotterwolle (feine Unterwolle; gelblichgraubraun bis dunkelgraubraun) vom Fischotter, der in allen Erdteilen lebt (nicht in Australien und den Polargebieten).

Grobe Tierhaare

Hausziegenhaare sind lang, glatt und hart. Sie werden mit Schafwolle zusammen zu groben Garnen versponnen, die bei der Herstellung derber Tuche, Lodenstoffe und Teppiche (sog. Haargarnwaren) Verwendung finden.

Rinderhaar ist kurz, steif, verschiedenfarbig: rotbraun, braun, schwarzbraun, schwarzweiß, braunweiß.

Rosshaar wird für die Herstellung von elastischen Einlagestoffen, die zum formgebenden Versteifen von Mänteln und Kostümen dienen, verwendet, und zwar in der Schussrichtung. Die Schweif- und Mähnenhaare des Pferdes sind steif, aber elastisch und sehr haltbar.

Weiteres: Haare von Rentieren, Hasen, Dachsen, Seehunden werden als Stichelhaare verwendet. Sie ragen als Effekt aus dem Gewebe heraus.

---

[1] Alpaka nicht verwechseln mit „Alpakka" (s. S. 40)
[2] Sprich: wikunja

1 Tierische Fasern

Einsatzgebiete von Wolle

Alpaka *Vikunja* *Ziege*

Einsatzgebiet	Warenbezeichnung	Kommentar
Oberbekleidung	Anzüge, Kostüme, Kleider, Röcke, Blusen, Pullover, Jogginganzüge, Socken	oft Beimischung von Polyacryl bei Streichgarneffekten (z. B. Wolle mit *Dralon*); oft Beimischung von Polyester bei Kammgarneffekten (z. B. Wolle mit *Trevira*)
wärmende Unterwäsche	Skiunterwäsche, Strumpfhosen	
Accessoires	Handschuhe, Mützen, Schals, Krawatten	
Heimtextilien	Einziehdecken für Betten, Kopfkissen, Wolldecken, Tischdecken, Teppiche, Möbelstoffe	Wollvlies
Filze, Einlagestoffe	Hut- und Kragenfilze, technische Filze	

Aufgaben

1. Beschreiben Sie die unterschiedlichen Wollarten nach der Faserlänge, der Kräuselung und der Faserdicke. Vergleichen Sie diese Werte mit den Werten der Baumwollfasern.
2. Warum ist Wolle filzfähig?
3. Nennen Sie die positiven Eigenschaften der Wolle und erläutern Sie diese anhand des Faseraufbaus.
4. Worauf ist beim Bügeln von Wollgeweben zu achten?
5. Beschreiben Sie zwei Ausrüstungsverfahren, um die Wolle filzarm zu machen.
6. Warum kann man Wollgewebe dressieren?
7. Erklären Sie die bilaterale Struktur der Wolle.
8. Welche Qualitätsgarantien für Schurwolle gibt es?
9. Unter welchen Bedingungen ist Wolle dauerhaft formbar?
10. Wie verhält sich Wolle bei der Brennprobe?

1 Tierische Fasern

Seide
(engl.: silk, franz.: soie)

Die Bezeichnung „Seide" erhalten nach dem TKG die Fasern, die aus Kokons (Gespinnst der Raupen) Seiden spinnender Insekten gewonnen werden.

Internationales Seidenzeichen

Seidenkokon

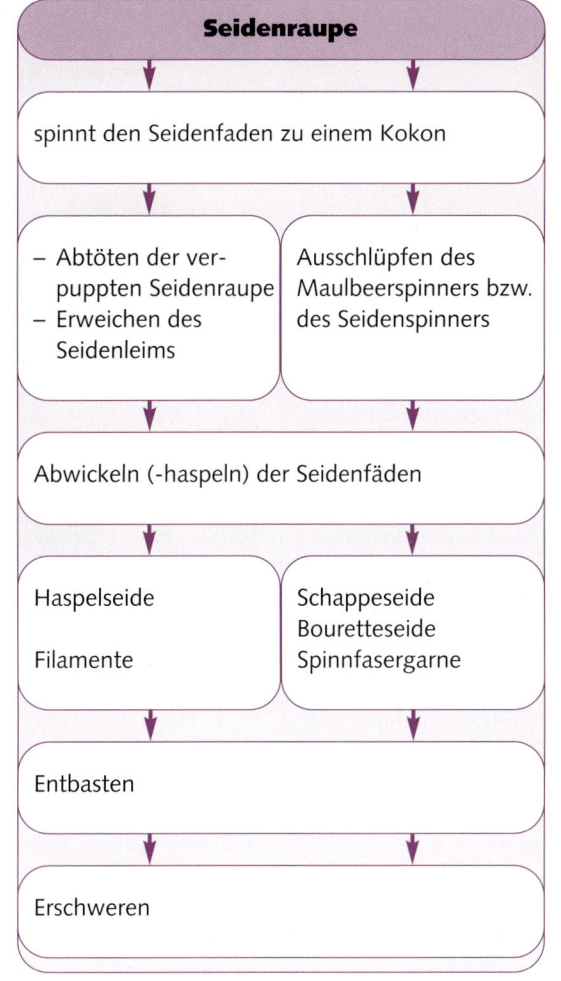

```
                    Seidenraupe
                         │
        ┌────────────────┴────────────────┐
        ▼                                 ▼
spinnt den Seidenfaden zu einem Kokon
        │
   ┌────┴─────────────────────┐
   ▼                          ▼
– Abtöten der ver-      Ausschlüpfen des
  puppten Seidenraupe   Maulbeerspinners bzw.
– Erweichen des         des Seidenspinners
  Seidenleims
   │
   ▼
Abwickeln (-haspeln) der Seidenfäden
   │
   ├────────────────┐
   ▼                ▼
Haspelseide      Schappeseide
                 Bouretteseide
Filamente        Spinnfasergarne
   │
   ▼
Entbasten
   │
   ▼
Erschweren
```

Abhaspeln

Zucht und Gewinnung

Der bedeutendste Seidenspinner ist der Maulbeerspinner, ein Nachtfalter, der nicht frei lebt, sondern seit Jahrhunderten in China und Japan gezüchtet wird. Mit einem Anteil von 90 % am Weltexport hält China noch heute das Rohseidenmonopol.

60 % der weltweiten Produktion kommt aus China, 14 % aus Indien und 9 % aus Japan. Die edle Textilfaser Seide besitzt – trotz momentaner Aktualität – mit einem Anteil von weniger als 2 % der Weltfaserproduktion nur noch eine geringe Bedeutung.

1 Tierische Fasern

Raupe beim Fressen

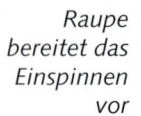

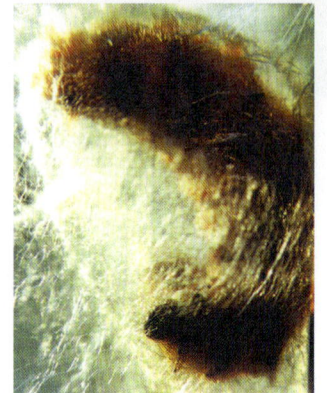

Raupe bereitet das Einspinnen vor

Raupe bei der Kokonbildung

Der Maulbeerspinner lebt nur zwei bis drei Tage, da er keine Nahrung aufnehmen kann. Er hat in dieser Zeit die Aufgabe, 300 bis 500 Eier zu legen.

Aus diesen mohnkorngroßen Eiern schlüpfen etwa 3 mm lange Räupchen aus, die man mit frischen Maulbeerbaumblättern füttert. Nach vier Häutungen haben die gefräßigen Raupen in 33 bis 36 Tagen die Größe eines Zeigefingers. An von Züchtern vorbereiteten Plätzen (Gitter, Stäbchen, Reisig etc.) sucht sich die Raupe eine Möglichkeit zum Einspinnen. Sie presst aus zwei Drüsen zwei Saftstrahlen (Einzelfäden) aus, die an der Luft sofort erstarren. Diese beiden Einzelfäden aus Fibroin werden, noch bevor sie die Spinnöffnung verlassen, durch Seidenleim (= Serizin oder Seidenbast) verklebt. Dadurch entsteht der Kokonfaden.

Beim Spinnen vollführt die Raupe achtförmige Bewegungen, sodass der ca. dreieinhalb Kilometer lange, in Schlingen gelegte Faden in ca. zwei Tagen zu einer Hülle (Kokon) wird.

In ihm entwickelt sich die Raupe nach 3 bis 4 Tagen zur Puppe und weiter zum Falter.

Etwa 20 Tage nach dem Einspinnen schlüpft der Falter aus dem Kokon: Er schiebt sich zuerst aus der geplatzten Puppenhülle und stößt gegen die innere Kokonwand. Dabei scheidet er wiederholt eine klare Flüssigkeit aus, die den Seidenleim auflöst, sodass die Seidenschlingen dort zur Seite geschoben werden, wo der Falter sich in ein bis zwei Stunden ins Freie zwängt. Die ausgeschlüpften Schmetterlinge paaren sich; das Weibchen legt Eier.

Alle nicht für die Zucht benötigten Kokons liefert man jedoch bereits nach beendetem Einspinnen an die Spinnereien. In Behältern mit heißem Wasser tötet man die Puppen ab. Dabei erweicht gleichzeitig der Leim, der die einzelnen Fadenlagen im Kokon verklebt. Rotierende Bürsten fangen den Anfangsfaden, sodass man den Kokonfaden abwickeln kann. Nach dem Entfernen der vielen wirren äußeren Haltefäden (Flockseide) gewinnt man aus dem mittleren Teil des Kokons die wertvolle **Haspelseide,** deren Faden bis 1000 m lang sein kann. Man haspelt stets mehrere Kokons gleichzeitig ab. Der noch anhaftende erweichte Seidenleim klebt die einzelnen Kokonfäden zusammen.

Entbasten und Erschweren

Der Seidenleim wird durch Abkochen in Seifenwasser entfernt. Dieses **Entbasten** wird meistens nach dem Weben, in der Ausrüstung, vorgenommen. Die Seide verliert dadurch an Gewicht und wird für manche Verwendungszwecke zu leicht. Man „**erschwert**" sie deshalb. Zu starke Erschwerung mit Metallsalzen macht die Seide brüchig, deshalb verwendet man heute Kunstharze.

Die äußeren Haltefäden und die stark verklebte innere Kokonschicht werden in der Abfallseidenspinnerei zu **Schappeseide** (z. B. Nähseide) und die hierbei wieder entstehenden Abfälle zu der weniger wertvollen **Bouretteseide** versponnen.

Man gewinnt auch Seide von wild lebenden Seidenspinnern. Der bekannteste ist der Tussah- oder Eichenlaubspinner; er lebt in China und Japan. Der Tussahspinner spinnt nicht wie der Maulbeerspinner zwei mit Leim verklebte Fäden, sondern er scheidet zwei Strahlen einer Mischung aus Seide und Leim aus, die an der Luft erstarren. Der Leim kann aus diesem Gemisch nicht restlos entfernt werden, sodass die daraus hergestellten Waren stets etwas steif bleiben und sich nicht gleichmäßig färben lassen; diese Seide ist deshalb weniger wertvoll. **Honan-** und **Shantungseide** sind Gespinste des Tussahspinners. Honanseide ist gleichmäßiger im Faden als die Shantungseide.

In der Rohstoffgehaltsangabe ist auch für Fasern aus Kokons von wild lebenden Seiden spinnenden Insekten nur die Bezeichnung „Seide" zu verwenden.

Aufbau des Rohseidenfadens

Die Zusammensetzung der Rohseide ist von verschiedenen Faktoren abhängig, z. B. der Schmetterlingsart, der Nahrung oder dem Klima. Die Eigenschaften der Naturseide leiten sich aus ihrem nach dem Entbasten einzigen Baustoff, der Eiweißsubstanz Fibroin, ab. Die Molekülketten von Fibroin sind zickzackförmig gefaltet, der DP-Grad beträgt 1300. Auch der Seidenbast, das Serizin, ist ein Eiweiß.

Serizinaufbau

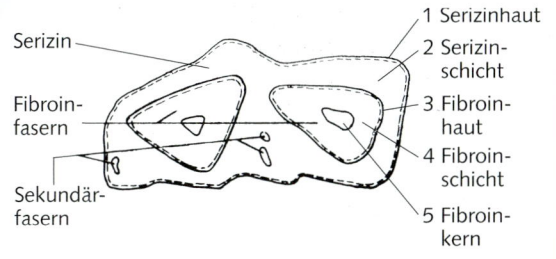

Querschnitt eines Rohseiden-(Kokon-)Fadens

- **Serizinhaut:**
  Sie ist die glatte äußerste Schicht des Kokonfadens.

- **Serizinschicht:**
  Sie umhüllt die beiden Fibroinfäden (Einzelfäden) und schwankt in ihrer Stärke. In dieser Schicht befinden sich Farbstoffe, die aus der Nahrung stammen und je nach Raupenart in Weiß-, Gelb- oder Grüntönen vorkommen. Zudem können sich in dieser Schicht mehrere kleine, nicht voll ausgebildete Fibroinfasern (Sekundärfasern) befinden.

Aufbau der Fibroinfaser

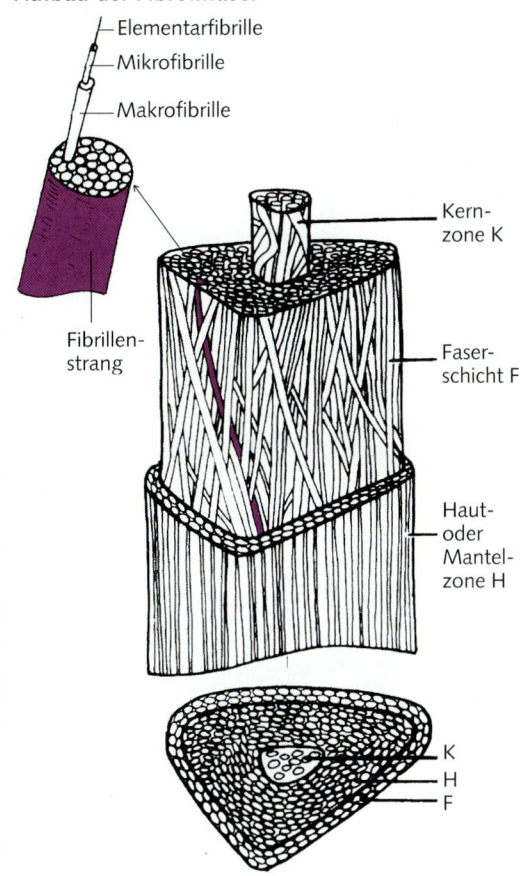

Fibroinfaser, Querschnitt und Längsansicht

- **Haut oder Mantelzone:**
  Sie ist dünn und weist eine hohe Orientierung zur Faserachse hin auf.

- **Faserschicht (Cortex):**
  Sie weist eine dichte, netzartige Struktur mit relativ hoher Orientierung auf.

- **Kernzone:**
  Sie ist die zentrale Zone und besteht aus wirr angeordneten (amorphen) Bereichen.

1 Tierische Fasern

Eigenschaften der Seide

Der Querschnitt und die Längsansicht der Maulbeerseide zeigen die Unterschiede in der Faser bei Rohseide und entbasteter Seide:

Rohseide
- Der Querschnitt ist gedrungen, hantelförmig und zeigt die im Seidenleim eingebetteten Doppelfäden (unregelmäßig, abgerundete Dreiecke).
- Die Längsansicht zeigt einen hellen Doppelfaden, der durch Seidenleim zusammengehalten wird, welcher trüb, dunkel und zum Teil rissig erscheint.

Entbastete Seide
- Der Querschnitt zeigt unregelmäßige abgerundete, helle Dreiecke.
- Die Längsansicht zeigt eine glatte, relativ gleichmäßige, helle stabförmige Einzelfaser.

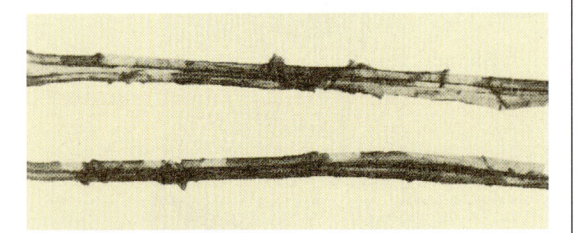

Längsansicht Rohseide

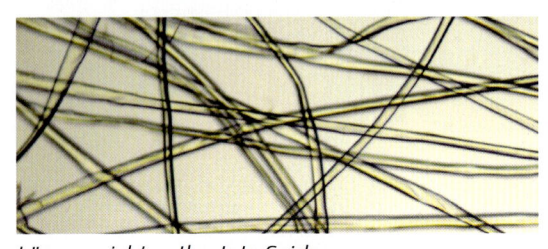

Längsansicht entbastete Seide

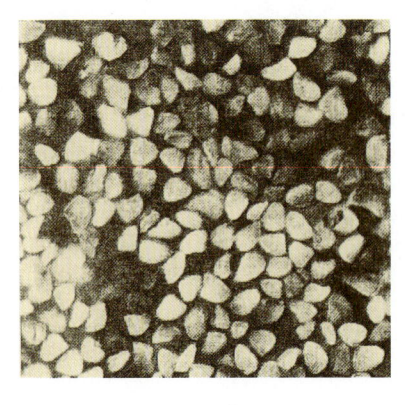

Querschnitt entbastete Seide

Faserlänge
Die Haspelseide ist 300 bis 1000 m lang und wird als Endlosfaser bezeichnet. Die nicht abhaspelbaren Kokons und Seidenabfälle liefern Spinnfasern von 50 bis 250 mm Länge, die in der Schappespinnerei verarbeitet werden. Die ausgekämmten Kurzfasern und anderen Reste der Schappespinnerei mit einer Spinnfaserlänge von 10 bis 50 mm werden in der Bourrettespinnerei zu Fäden versponnen.

Faserfeinheit
Seide ist mit 1,0 bis 1,4 dtex Feinheit des einzelnen Fibroinfadens die feinste Naturfaser. Ebenso ist sie mit einer Dichte von 1,25 g/cm^3 (entbastet) die leichteste aller Naturfasern.

Farbe
Rohseide (nicht entbastet) ist meistens gelb, entbastete Seide ist reinweiß. Wildseiden können verschiedene Farben von Beige, Rostrot, Grün bis Braun aufweisen.

Glanz
Rohseide und auch Wildseide sind durch den anhaftenden Seidenleim stumpf und glanzlos. Entbastete Haspelseide hat einen besonders schönen Glanz. Bourretteseide ist bedingt durch die kurzen Fasern matt.

1 Tierische Fasern

Gebrauchs- und Trageeigenschaften von Seide

Eigenschaften	Verwendung
Feuchtigkeitsaufnahme und Saugfähigkeit Seide besitzt eine hohe Quell- und Saugfähigkeit. Die Feuchtigkeitsaufnahme der entbasteten Seide bei Normalklima beträgt 9 bis 11 %, bei hoher Luftfeuchtigkeit sogar 20 bis 40 %, ohne dass sie sich feucht anfühlt. Textilien aus Seide nehmen deshalb gut und schnell Schweiß auf. Es besteht jedoch die Gefahr der Bildung von „Schweißrändern". Die aufgenommene Feuchtigkeit wird besonders bei entbasteter Seide relativ rasch wieder abgegeben. Damit ergeben sich kurze Trocknungszeiten.	Nachtwäsche, Unterwäsche, Blusen, Sportunterwäsche
Elastizität und Dehnung Seide hat im trockenen Zustand eine geringe und im nassen Zustand eine mittlere Dehnung. Im Vergleich zu den anderen wichtigen Naturfasern besitzt sie die höchste Elastizität, wodurch sie wenig knittert. Seide fällt weich und fließend. Im Gegensatz dazu ist erschwerte Seide wenig dehnbar und elastisch, was eine nachträgliche Ausrüstung zur Folge hat. Außerdem sollte diese Seide stets gerollt und niemals gelegt oder gefaltet aufbewahrt werden, da sie an den Knickstellen brechen kann. Formbarkeit und Formbeständigkeit der Seide im trockenen Zustand ist sehr gering. Entbastete Seide kann im feuchten Zustand geformt werden und behält diese nach Abkühlen für längere Zeit. Erschwerte Seide ist nicht formbar.	Elegante Kleidung, Reisekleidung, Krawatten, Halstücher
Reißfestigkeit Seide hat die höchste Reißfestigkeit aller Naturfasern (hohe Kristallinität der Molekülketten). Im nassen Zustand ist sie etwas geringer.	Schirmseide, Nähseide, Zahnseide, Krawattenseide, Schreibmaschinenband, Fallschirmseide
Scheuerfestigkeit Aufgrund der glatten Faseroberfläche (wenn entbastet) besitzt Seide eine sehr hohe Scheuerfestigkeit, welche sinkt, je mehr Seidenleim auf den Fasern vorhanden ist. Auch Erschwerung bewirkt Scheuerfestigkeits- und Reißfestigkeitsverlust.	

1 Tierische Fasern

Gebrauchs- und Trageeigenschaften von Seide (Fortsetzung)

Behandlung	Verwendung
Wärmerückhaltevermögen Im Gegensatz zur Wolle ist die gute Isolationsfähigkeit (= hohes Wärmerückhaltevermögen) der Naturseide eine Substanzeigenschaft: sie wärmt in der Kälte und kühlt in der Hitze. Die Luftdurchlässigkeit ist bei entbasteten oder erschwerten glatten Seidenfäden hoch.	Gesichtsmasken für Motorradfahrer und Wintersportler, Skiunterwäsche, Futter in Handschuhen
Schädlingsanfälligkeit Im Seideneiweiß Fibroin sind keine Schwefelverbindungen enthalten, deshalb ist Seide beständig gegen Mottenfraß. Bei Feuchtigkeit kann es zur Bildung von Stockflecken kommen.	
Elektrostatische Aufladung Nur Seide im trockenen und entbasteten Zustand neigt zu elektrostatischer Aufladung.	
Verhalten gegenüber Säuren und Laugen Die Beständigkeit gegenüber schwachen Säuren ist gut, die Beständigkeit gegenüber Laugen dagegen sehr schlecht. Seide soll aus diesem Grund nur in handwarmen Wasser mit Feinwaschmitteln und ohne starke mechanische Beanspruchung (Reiben, Bürsten, Wringen) gewaschen werden. Bei unsachgemäßer Behandlung kann sich noch vorhandener Seidenleim lösen, sodass sich feinste Fibrillen von der Faser abspalten, die kleine Knötchen bilden („Seidenläuse"). Erschwerte Seide knittert dann sehr stark.	
Verhalten gegenüber Licht Seide ist sehr empfindlich gegenüber Licht. Längere Belichtung durch Sonne oder Leuchtstoffröhren kann partiell fleckige Farbveränderungen („Schießen") hervorrufen. Trockene Hitze macht Seide brüchig. Stark erschwerte Seide ist besonders anfällig.	Gardinen müssen zur Lichtseite mit Baumstoffen o. a. gefüttert werden, daher nicht als Schaufensterware geeignet.

1 Tierische Fasern

Pflegeeigenschaften

	Behandlung	Vorteile/Nachteile
⟦30⟧	Waschtemperatur bis maximal 30 °C	Seide ist hinsichtlich der Pflege eine sehr empfindliche Faser.
⟦Handwäsche⟧	Handwäsche wird empfohlen. Neutral- oder Feinwaschmittel verwenden.	
⟦△⟧	Chlorbleiche nicht möglich.	
⟦⊠⟧	Trocknen ist nicht im Tumbler zu empfehlen, sondern auf Tüchern liegend bis zur „Bügelfeuchte" durchzuführen, da nachträgliches Einsprengen Wasserflecken hinterlässt.	
⟦Bügeleisen⟧	Gebügelt wird Seide noch feucht, auf der Rückseite, mäßig warm, d. h. entbastete Seide bis 160 °C, Rohseide bis 130 °C.	
⟦○⟧	Bedruckte, dunkle und besonders empfindliche Seidenstoffe sollen nur mit professioneller Textilpflege behandelt werden!	

Faserprüfungen

Die Brennprobe bei Seide weist ähnliche Merkmale auf wie die der Schafwolle. Seide verbrennt brodelnd und bildet einen zerreibbaren, schlackenartigen Rückstand. Bei der Seide fehlt jedoch der für die Wolle typische Geruch nach verbrennenden Haaren, weil die Eiweißzusammensetzung der Seide eine andere ist als die der Wolle.

Mit Metallsalzen erschwerte Seide brennt nicht, sie glüht nur und die Struktur (Faden, Gewebe) bleibt erhalten. Nicht mit Metallsalzen erschwerte Seide verbrennt wie Wolle, doch im schlackenartigen Rückstand ist außerdem wenig helle Flugasche (Erschwerungsmittel!).

Die Reißprobe zeigt, dass Seide sich äußerst schwer zerreißen lässt.

Die chemische Probe stellt die Empfindlichkeit der Seide gegenüber Alkalien (Laugen) ebenso wie gegenüber starken Säuren fest. Die Faserstruktur wird in beiden Tests aufgelöst.

Der „Seidenschrei"
Seide besitzt einen typisch knirschenden Griff, der an das Betreten von frisch gefallenen Schnee erinnert.

Faserspezifische Veredlungen

Seidenentbastung
Rohseide ist aufgrund des anhaftenden Seidenleims (Serizin) glanzlos und hart. Um die typischen Seideneigenschaften (Glanz, Geschmeidigkeit, Glätte) zu erhalten, muss deshalb entbastet, das heißt der Seidenleim entfernt werden. Dazu kocht man die Seide beispielsweise in einem Seifenbad ab. Dabei verliert sie bis zu 23 % ihres Gewichtes und auch an Festigkeit.

Seidenerschwerung
Seide wird nach Gewicht gehandelt, sodass der Gewichtsverlust beim Entbasten bei dem hohen Marktpreis der Seide einen erheblichen Wertverlust darstellt. Deshalb wird durch Zugabe von Erschwerungsmittel (Metallsalzlösungen, Silikate, Kunstharze) dieser Verlust wieder ausgeglichen. Man unterscheidet drei Erschwerungsgarde:

– bei der Pari-Erschwerung wird der gesamte Gewichtsverlust ausgeglichen;
– die Unterpari-Erschwerung füllt den Gewichtsunterschied nicht vollständig aus; die Seide bleibt besonders leicht, weich, knitterarm und anschmiegsam;
– bei einer Überpari-Erschwerung erhält die Seide mehr „Stand", d. h. mehr Glanz und Gewicht. Höhere Erschwerungen, bis zum Doppelten oder Dreifachen des Ursprungsgewichtes, beeinflussen die Qualität negativ. Die Seide wird spröde, weniger haltbar, bei starker Lichteinstrahlung brüchig und knittert stark.

Pflegeleichtausrüstung
Mithilfe von Kunstharzausrüstungen werden Seidenstoffe inzwischen knitterarm und auch waschmaschinenfest (Aquaseta, Rosorius-Verfahren) gemacht. Weitere Effekte wie Wassertropfenechtheit, Antistatikeffekt, Dimensionsstabilität oder waschbeständiger Knirschgriff werden mit anderen Ausrüstungschemikalien (Polyoxanen, Polyurethanen, Fluorkohlenwasserstoffen) erzielt.

Gewaschene Seide
- *Mill-washed:* Durch Vorwaschen in der Fabrik erhält die Seide ein getragenes Aussehen mit einem feinen unregelmäßigen Knittereffekt.
- *Sand-washed:* Hierbei wird die Seide mit feinstem Sand vorgewaschen, dadurch werden oberflächlich feinste Fäserchen verletzt und die Stoffe erhalten einen leicht flusigen Oberflächencharakter und einen besonders milden Griff („Peach finish").
- *Garment-washed:* Hierbei wird nicht der Stoff, sondern das ganze Bekleidungsstück sand-washed vorgewaschen, wobei teilweise beschädigte Nähte oder Ärmel- und Hosenkanten beabsichtigt sind.

Gewaschene Seiden sind oft waschmaschinenfest, ihre Haltbarkeit ist aber stark vermindert und die Faser kann durch die Ausrüstung geschädigt sein.

1 Tierische Fasern

Einsatzgebiete von Seide

Einsatzgebiete	Warenbezeichnung	Kommentar
Oberbekleidung	Kleider, Blusen, Oberhemden, Kostüme, Pullover	oft Beimischungen von Polyester oder Wolle zur Substitution[1] oder zur Erhöhung des Warmhaltevermögens
Wäsche	Unterwäsche, Unterröcke, Nachtwäsche, wärmende Ski-unterwäsche	
Accessoires	Krawatten, Schals, Tücher, Schirme	
Heimtextilien	Vorhänge, Lampenschirme, Kissenhüllen, Teppiche	
sonstige Textilien	Nähseide, Zahnseide, Stoffe für Seidenmalerei	Seide ist besonders reißfest

Aufgaben

1. Welche Vor- und Nachteile hat das Erschweren?
2. Erläutern Sie das Entstehen der Maulbeerseide.
3. Gute Wollstoffe werden bevorzugt mit Nähseide genäht. Vergleichen Sie die Pflegeeigenschaften der beiden Materialien.
4. Seidengardinen müssen zur Fensterseite hin gefüttert werden. Begründen Sie diese Notwendigkeit.
5. Beschreiben Sie die folgenden Seidenarten: Flockseide, Haspelseide, Rohseide, Wildseide, Schappeseide und Bourretteseide.
6. Seidenkleidung und -wäsche wird häufig auf Reisen mitgenommen. Nennen Sie drei wichtige Gründe dafür.
7. Vergleichen Sie die Pflege eines groben Seidenpullis und eines leichten Wollpullovers.
8. Bettwäsche aus Seide wird als besonderer Luxus angesehen. Vergleichen Sie Bettwäsche aus Seide und aus Baumwolle bezüglich der Eleganz und der Hygieneeigenschaften.
9. Informieren Sie sich über typische Seidenstoffe im Stoffregister.
10. Wie wirkt sich das Entbasten auf die Eigenschaften der Seide aus?
11. Erklären Sie, was mit „Seidenschrei" gemeint ist.

---

[1] Substitution: Ersatz, hier billigerer Rohstoff

1 Chemiefaserstoffe

Chemiefaserstoffe

Chemiefaserstoffe

- Natürliche Polymere[1]
- Synthetische Polymere[2]
- Anorganische Fasern[3]

Rohstoffe
- Cellulosemoleküle aus Baumwolllinters und Holz mit chemischen Zusätzen
- Erdöl, Steinkohle und chemische Zusätze
- Gold, Eisen, Silber, Glas, Aluminium, Kohlenstoff

- Cellulosics (Regenerat)
- Cellulosics (Derivat)
- Synthetics
- Textilglasfasern, Metallfasern, Kohlenstofffasern

Endprodukte
- Viskose, Modal, Cupro, Lyocell
- Acetat, Triacetat
- Polyester, Polyamid, Polyacryl, Elastan, Polypropylen, Polyvinylchlorid, Polytetrafluor-ethylen
- Glas, Metall, Kohlenstoff

„Fasern nach Maß"
- Filamente[5]: Endlosfasern
- Spinnfasern[4]: Stapelfasern
- mono[6]- oder multifil[7]
- glatt[8] oder gekräuselt[9]

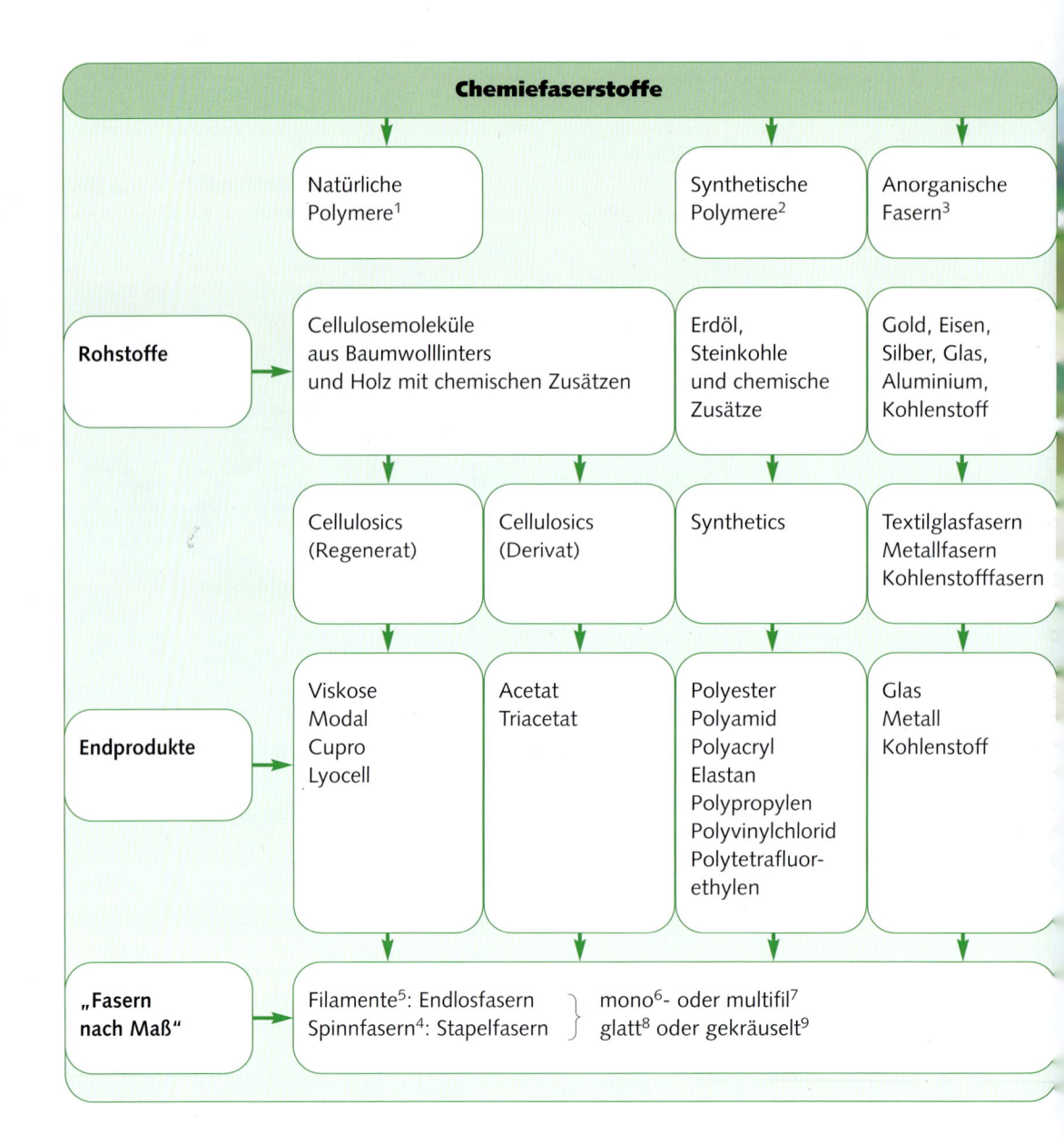

[1] siehe Seite 58
[2] siehe Seite 73
[3] siehe Seite 93
[4] und [5] siehe Seite 56
[6] und [7] siehe Seite 55
[8] und [9] siehe Seite 56

1 Chemiefaserstoffe

Der Entwicklungsweg der Chemiefasern von den Grundtypen zu Fasern nach Maß

Mit den vorhandenen Naturfasern konnte ab einem bestimmten Zeitpunkt der steigende Bedarf an Textilien nicht mehr gedeckt werden. Deshalb entwickelten Forscher den Wunsch, es der Seidenraupe gleichzutun und eine Methode zu finden, Fäden auf künstlichem Wege herzustellen. 1665 beschreibt der Engländer *Robert Hooke* als erster den Gedanken, aus einer gelatineartigen Masse künstliche Seide zu erzeugen. 1855 wird das erste Kunstseide-Patent angemeldet und 1890 die erste Kunstseidenfabrik gebaut. Damit war die Chemiefaserindustrie begründet. Ab 1920 verzeichnete man einen ersten Aufschwung. Die Weltproduktion stieg von 15.000 t (1920) auf 200.000 t (1930) an. Das entsprach aber nur einem Anteil von 3 % am Weltfaserverbrauch. Der Verbrauch an Baumwolle dagegen lag bei 83 %, der von Wolle bei 14 %. Bis zu diesem Zeitpunkt nutzte man die natürlich entstandenen Kettenmoleküle unverändert und wandelte sie zur Spinnbarmachung nur entsprechend um. Erst die Erkenntnisse des deutschen Chemikers *Hermann Staudinger* auf dem Gebiet der Chemie der Makromoleküle im Jahre 1927 ebneten den Weg für die synthetische Herstellung von Fasern und die Möglichkeit, völlig neuartige Kettenmoleküle aufzubauen. Er erkannte, dass sich in der Natur viele kleine Moleküle zu einem Großmolekül zusammensetzten. Dieser Auf- und Zusammenbau wird als Polymerisation[1] bezeichnet. Damit wurde es möglich, Kleinmoleküle auf gesteuertem Weg zu Großmolekülen aneinander zu ketten und zu binden. 1931 wird die erste synthetische Chemiefaser aus Polyvinylchlorid ersponnen, es folgt 1934 Polyacrylnitril, 1935 Polyamid 66, 1937 Polyurethan, 1939 Polyamid 6 und 1959 Elastan. Die Weltproduktion von Synthesefasern stieg aber erst nach dem Zweiten Weltkrieg stetig an und lag 1960 bei 70.000 t gegenüber 2,65 Mill. t Cellulosefasern. Schon 1970 wurden weltweit mit 4,8 Mill. t zu 3,6 Mill. t mehr synthetische als cellulosische Chemiefasern produziert.

Zu Beginn der Chemiefaserentwicklung sollten die Chemiefasern den Naturfasern so ähnlich wie möglich sein. So entstanden die **Chemiefasergrundtypen** aus natürlichen bzw. synthetischen Polymeren. Diese Fasern besaßen dann aber mitunter erheblich andere Eigenschaften, die sowohl positiv (hohe Saugfähigkeit der CV, kurze Trockenzeiten von PA), aber auch negativ (geringe Festigkeit des CV im nassen Zustand, hohe elektrostatische Aufladung von PA) bewertet wurden. Begründet werden können diese Unterschiede mit dem andersartigen chemischen und physikalischen Aufbau der Chemiefasern.

Daraufhin entwickelte man eine Reihe von Ausrüstungsmaßnahmen, die die negativen Eigenschaften der Chemiefasern ausgleichen sollten. In diesem Zusammenhang begann man auch verstärkt, die Naturfasern auszurüsten. Zum Beispiel forderten die Verbraucher nun auch pflegeleichte Naturfasern. Zudem versuchte man die Chemiefasergrundtypen durch Weiterentwicklung zu verbessern. Es entstanden die **Chemiefasern der zweiten Generation.** Diese qualitative und technologische Weiterentwicklung der Grundtypen machte es möglich, Textilien mit neuartigen Trage- und Pflegeeigenschaften zu produzieren, eine Entwicklung, die vor allem durch die Synthetics eingeleitet wurde. Zu Chemiefasern der zweiten Generation gehören Faserarten, die physikalisch *oder* chemisch modifiziert werden, z. B. die Modalfasern, hochnassfeste oder flammhemmende Viskosefasern, antistatische und pillarme Typen oder Bikomponentenfasern aus Polyamid, Hochbauschgarne aus Polyacryl oder Hohlfasern aus Polyester. Inzwischen spricht man bereits von Fasern der dritten und vierten Generation, wobei noch keine eindeutigen Abgrenzungen vorliegen. Zu den **Chemiefasern der dritten Generation** zählt man meist solche Fasern, bei denen gleichzeitig chemische *und* physikalische Modifikationen vorgenommen wurden, oder aber solche, bei denen die Fasersubstanz (Polymer) eine wesentliche Veränderung erfahren hat. In die Gruppe der **Chemiefasern der vierten Generation** ordnet man die Mikrofasern und die sogenannten Sauberfasern (pflegeleichte Teppichfasern) im Teppichbereich ein.

Allgemeines Herstellungsprinzip von Chemiefasern

Ausgangsstoffe

Die Ausgangsstoffe zur Herstellung der Chemiefasern unterscheiden sich: Entweder werden sie aus natürlichen oder aus synthetischen Polymeren erzeugt.

---

[1] poly - viel, meros - Teil

1 Chemiefaserstoffe

Die Cellulose, als häufigste organische Verbindung in der Natur, ist der Ausgangsstoff aller **cellulosischen Chemiefasern**. Cellulose entsteht unter dem Einfluss des Sonnenlichts durch die Umwandlung von Kohlenstoffdioxid und Wasser in Pflanzen (Photosynthese). Der gewonnene[2] Zellstoff besteht aus langen, unverzweigten Glukosemolekülketten und liegt in Flockenform oder zu Platten gepresst für die Weiterverarbeitung vor.

Zellstoff in Blattform

Die **synthetischen Chemiefasern** werden ebenfalls aus organischen Substanzen hergestellt, insbesondere aus Erdöl. Erdöl ist ein aus etwa 500 verschiedenen Kohlenwasserstoffen bestehendes kompliziertes Gemisch, das sich aus zersetzten Resten versunkener Tier- und Pflanzenwelten über viele Millionen Jahre gebildet hat. Bestimmte Bestandteile des Erdöls lassen sich nun zu Substanzen (Ethen, Propen, Benzol) umwandeln, aus denen Kettenmoleküle aufgebaut werden können. Diese werden

Granulat

durch Polymerisation, Polykondensation oder Polyaddition[3] geschaffen. Die entstandene Substanz verfügt je nach Faserstoff über einen unterschiedlichen chemischen Aufbau und liegt nach der Gewinnung als Schnitzel oder Granulat vor.

Fasergewinnung

Die festen Ausgangsstoffe müssen nun so aufbereitet werden, dass sie zu Fasern geformt werden können. Dazu überführt man sie durch Lösen mithilfe eines Lösungsmittels in eine Spinnflüssigkeit oder man schmelzt sie durch Erhitzen, wodurch eine sirupähnliche, zähflüssige Spinnmasse entsteht. Um Filamente (Endlosgarne) zu gewinnen, werden unterschiedliche Spinnverfahren angewendet:

Nassspinnverfahren	Trockenspinnverfahren	Schmelzspinnverfahren
vgl. Viskose, Cupro, Lyocell, Triacetat, z.T. Polyacryl, Modacryl	vgl. Acetat, z.T. Polyacryl, Elastan, Polyvinylchlorid	Polyamid 6.6, Polyamid 6, Polyester, Polypropylen, Polyethylen

Die Spinnverfahren unterscheiden sich durch die Ar der Verfestigung der aus den Düsen gepressten Fila mente, besitzen aber grundlegend einen ähnlicher Aufbau.

---

[2] vgl. Seite 58
[3] vgl. Seite 2

1 Chemiefaserstoffe

Der allgemeine Aufbau soll im Folgenden am Schmelzspinnverfahren, dem wichtigsten und einfachsten Spinnverfahren für die Herstellung von Synthesefasern, dargestellt werden:

- **Behälter mit der Spinnmasse**
  Darin befindet sich die zum Erspinnen vorbereitete spinnfähige Masse. Sie ist je nach Spinnverfahren z. B. auf eine bestimmte Temperatur aufgeheizt, entlüftet, vergleichmäßigt und ihr können z. B. Mattierungs-, oder Lichtschutzmittel oder Farbstoffe (Spinnfärbung) zugegeben werden. Beim Schmelzspinnverfahren befindet sich die aufbereitete Schmelze im sogenannten Extruder.

- **Spinnpumpe zur Dosierung der Spinnmasse**
  Sie sorgt mit ihren Zahnrädern dafür, dass in der gleichen Zeit immer die gleiche Menge Spinnmasse gefördert und zur Spinndüse gepumpt wird. Dadurch erhalten die Filamente eine gleich bleibende Feinheit.

- **Spinndüse**
  Sie ist ein Metallplättchen mit Bohrungen (Löcher), durch die die Spinnmasse gepresst wird. Die Düse hat sehr hohe Temperaturen und sehr hohen Druck auszuhalten und ist daher aus hitzebeständigem Edelstahl. Der Durchmesser der Düsen liegt zwischen 1 und 10 cm, der Durchmesser der Löcher zwischen 0,05 und 1 mm. Sie bestimmen die Feinheit und den Querschnitt des entstehenden Filaments. Verfügt die Düse lediglich über eine Bohrung, so entsteht ein Monofilament, bei vielen Bohrungen dagegen ein Multifilamentgarn.

Spinndüse

Medium, in dem sich das Filament bildet
Nach Austreten der Flüssigkeitsstrahlen (Schmelze oder Lösung) aus der Spinndüse müssen diese sekundenschnell erstarren, um feste Fäden entstehen zu lassen. Die Art der Verfestigung richtet sich nach dem Spinnverfahren. Sie erfolgt, und hierbei unterscheiden sie sich, beim Nassspinnverfahren in einem Fällbad und beim Trockenspinnverfahren in Warmluft. Beim Schmelzspinnverfahren fallen die ersponnenen Strahlen in einen stockwerkhohen Spinnschacht, in dem sie von einem gleichmäßig abkühlenden Luftstrom horizontal angeblasen werden.

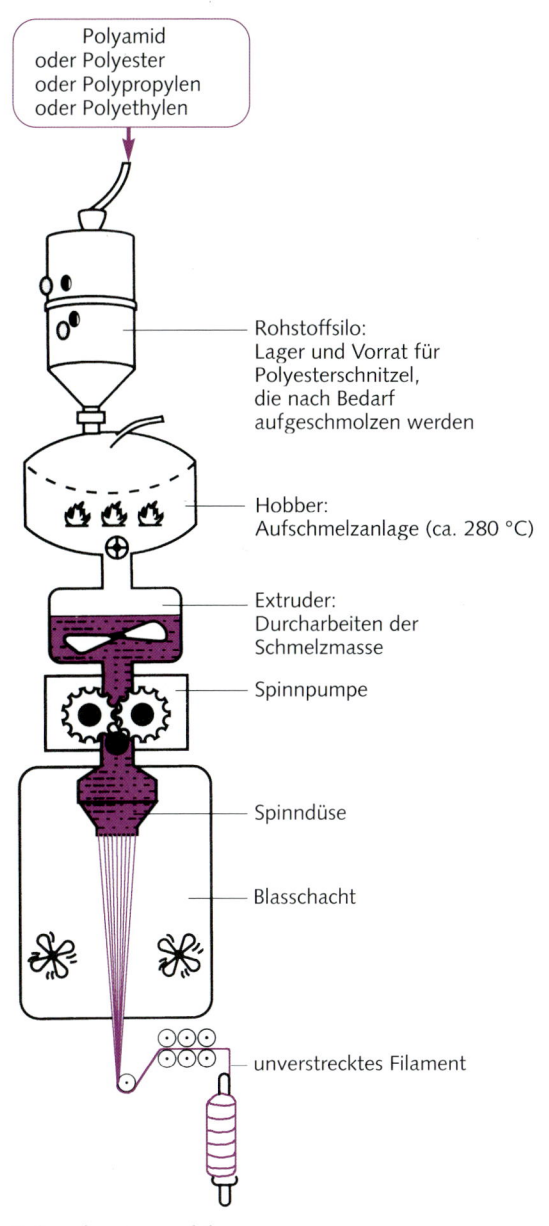

Polyamid oder Polyester oder Polypropylen oder Polyethylen

Rohstoffsilo: Lager und Vorrat für Polyesterschnitzel, die nach Bedarf aufgeschmolzen werden

Hobber: Aufschmelzanlage (ca. 280 °C)

Extruder: Durcharbeiten der Schmelzmasse

Spinnpumpe

Spinndüse

Blasschacht

unverstrecktes Filament

Schmelzspinnverfahren

1 Chemiefaserstoffe

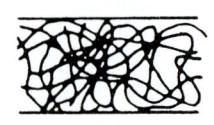

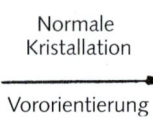

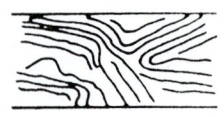

Verstreckung (Orientierung) der Kettenmoleküle

- **Vorrichtung zum Abziehen und Aufwickeln des Filamentes**
  Der Behandlung der Filamente zwischen Spinndüse und Aufwickelvorrichtung kommt besondere Bedeutung zu.
  Der Abzug erfolgt wesentlich schneller als der Austritt der Schmelze oder Lösung aus den Düsenbohrungen. Dadurch wird das Filament um ein Vielfaches verzogen und es erfolgt eine erste Vororientierung der Molekülketten im Filament, die die Gleichmäßigkeit der Feinheit und die Verarbeitungseigenschaften beeinflussen. Bevor das Filamentgarn auf Spinnspulen aufgewickelt wird, durchläuft es eine Öl-Fett-Wasser-Emulsion, damit die Filamente nicht miteinander verkleben, sondern elastisch bleiben. Danach erfolgt das eigentliche **Verstrecken**.

- **Verstrecken**
  Noch weich, formbar und so nicht verarbeitungsfähig werden die ersponnenen Filamente über zwei schmale Glaswalzen geführt. Die zweite von ihnen läuft schneller als die erste, sodass die Filamente verstreckt werden, und zwar um das Mehrfache ihrer ursprünglichen Länge. Dabei werden die durch das Abziehen und Aufwickeln nur wenig vororientierten Kettenmoleküle auseinander gezogen und in Richtung der Faserlängsachse orientiert sowie in engstmögliche Packung zueinander gebracht. Daraufhin können sich die Querkräfte zwischen den Ketten voll aufbauen, die vorher nur an einzelnen Stellen wirksam waren. Dadurch erhält das Filament unter anderem seine hohe Festigkeit. Wie stark verstreckt wird, richtet sich nach dem Verwendungszweck.

- **Chemiefaserformen**
  Zur Herstellung von **glatten Filamentgarnen** wickelt man jedes Filamentbündel einer Spinndüse für sich auf eine Spule auf. Im Gegensatz dazu fasst man zur Herstellung von **Spinnfasern** viele Filamentbündel zu einem dicken Kabel (Filamentstrang) zusammen und schneidet oder reißt es

Spinnfaser, gefärbt

nach dem Verstrecken, Trocknen, Kräuseln und Fixieren auf die gewünschte Stapellänge.
Künstliches Kräuseln wird als **Texturieren**[4] bezeichnet, dadurch erhalten glatte Filamente Volumen und Elastizität, wodurch z. B. ein erhöhter Lufteinschluss und damit ein besseres Wärmerückhaltevermögen ermöglicht wird. Je nachdem welches Texturierverfahren angewendet wird, erhalten die Garne unterschiedliche Eigenschaften.

- **Fixieren**
  Sowohl das verzogene als auch das texturierte Filament muss in diesem neuen Zustand fixiert werden, sonst würden die Filamente bei der nächsten Heiß- oder Feuchtbehandlung wieder in die ursprüngliche Länge schrumpfen bzw. die Kräuselung verlieren. Durch (Thermo-)Fixieren, d. h. dem Behandeln mit Heißwasser, Dampf oder Heißluft, kann dies verhindert werden. Soll dagegen z. B. der Schrumpfeffekt bei der weiteren Verarbeitung genutzt werden, dann verzichtet man auf das Fixieren nach dem Verstrecken.

Erspinnen von Multifilamenten

[4] vgl. Seite 86

1 Chemiefaserstoffe

Kabel

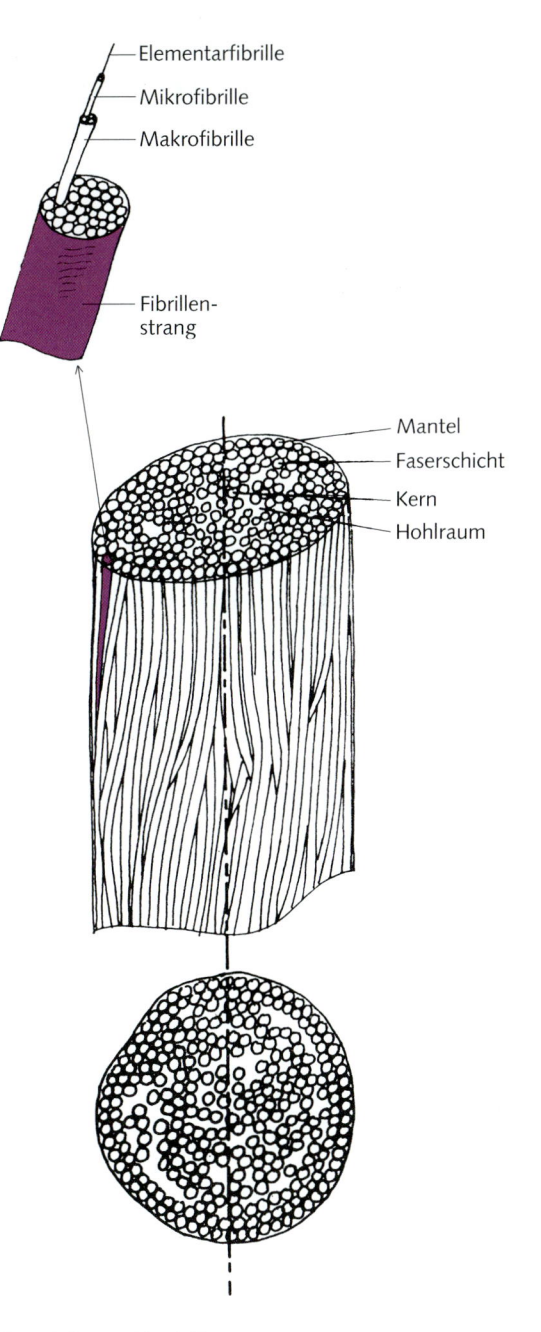

Chemiefaser, Modell

Allgemeiner Aufbau von Chemiefasern

Der Aufbau der Chemiefasern ist ähnlich, wobei durch Veränderung der Herstellungsbedingungen einzelne Schichten unterschiedlich stark ausgebildet werden, um gezielt Eigenschaften zu verändern.

- **Mantel:**
  Er ist die äußerste Faserschicht und besteht aus relativ dichten und meist in Längsrichtung der Faserachse verlaufenden Fibrillen.

- **Faserschicht:**
  Die Fibrillen, die die Faserschicht bilden, sind lockerer als die der Mantelzone angeordnet. Sind Faserschicht und Kern in der Anordnung ähnlich und ergibt sich daraus nur ein Gegensatz zum Mantel, dann spricht man nur vom Kern.

- **Kern:**
  Sind die Fibrillen im Faserinneren anders angeordnet als in der Faserschicht, dann bezeichnet man diese Zone als Kern.

- **Hohlräume:**
  Sie können durch den Koagulationsprozess[1], durch Beigabe von Treibmitteln und/ oder beim Verstrecken entstehen.

---

[1] koagulieren - gerinnen, ausflocken

1 Cellulosics

Chemiefasern aus natürlichen Polymeren – Cellulosefasern (Cellulosics)

Der Anteil der Cellulosics an der Weltchemiefaserproduktion betrug 1990 16 % gegenüber 9 % im Jahre 2012. Damit haben die cellulosischen Faserstoffe im Vergleich zu den synthetischen Faserstoffen weiter an Bedeutung verloren. Insgesamt wurden im Jahr 2012 weltweit 68 % Chemiefasern und 32 % Naturfasern produziert.

Aufbau und Gewinnung von Cellulose

Geschaffene Cellulosefasern wie Viskose, Modal, Cupro, Lyocell, Acetat und Triacetat, werden aus der Cellulose, dem Hauptbestandteil der Pflanzenzellwände, hergestellt. Die Natur hat die für die Faserbildung notwendigen Makromoleküle, die Glukosemolekülketten, bereits gebildet.
Diese werden aus besonders cellulosereichen Hölzern, hauptsächlich dem Holz von Fichten und Buchen, freigesetzt. Für die Herstellung von Viskosefilamenten werden zudem verschiedene Pinienarten verarbeitet, die in Florida besonders gut gedeihen und dort für die Zellstoffgewinnung in riesigen Plantagen gezüchtet werden. Es vergehen ca. 20 Jahre, bis ein Baum gefällt werden kann. Er hat dann eine Höhe von ca. 25 m erreicht und verfügt über einen Stammdurchmesser von 20 cm. Die gefällten Bäume werden entlaubt, entrindet, zersägt und in Stücke klein gehackt. Dieses stark zerkleinerte Holz kann nun in sauren oder alkalischen Lösungen mehrere Stunden gekocht werden. Danach erhält man einen Faserflockenbrei aus Wasser und Zellstoff, der nach dem Bleichen sofort weiterverarbeitet oder aber in Platten gepresst und getrocknet werden kann. Die nichtcellulosischen Bestandteile (z. B. Harze, Wachse, Farbstoffe) werden beim Kochprozess gelöst und können so von der Cellulose getrennt werden. Neben dem aus Holz gewonnenen Zellstoff, der sogenannten Holzcellulose, verarbeitet man auch die nicht mehr verspinnbaren Baumwollfasern, die Linters. Vor ihrer Verarbeitung werden sie gereinigt und gebleicht und bestehen dann aus reiner Cellulose. Der gewonnene Zellstoff bzw. die aufbereiteten Linters müssen nun in eine spinnfähige Lösung überführt werden. Diese Spinnlösung presst man dann mit hohem Druck durch brauseähnliche Spinndüsen. Die heraustretenden Strahlen werden zum Erstarren gebracht, sodass sich daraus feste Filamente bilden, die bei Bedarf zu Spinnfasern mit einer bestimmten Stapellänge geschnitten werden können.

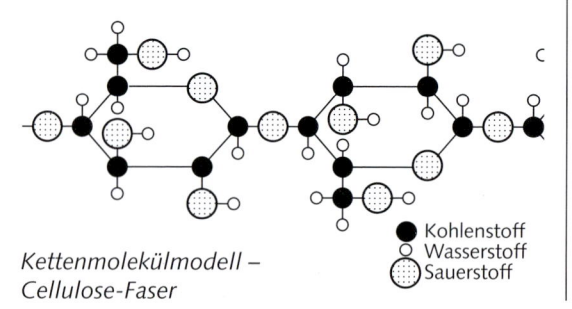

Kettenmolekülmodell – Cellulose-Faser

● Kohlenstoff
○ Wasserstoff
◎ Sauerstoff

Holzlager

Entrindungsanlage

Hackschnitzel

Zwischenlager

Die Zellstoffbahn wird zu Platten geschnitten.

Blatt-Zellstoff wird für die Lagerung gebündelt.

1 Cellulosics

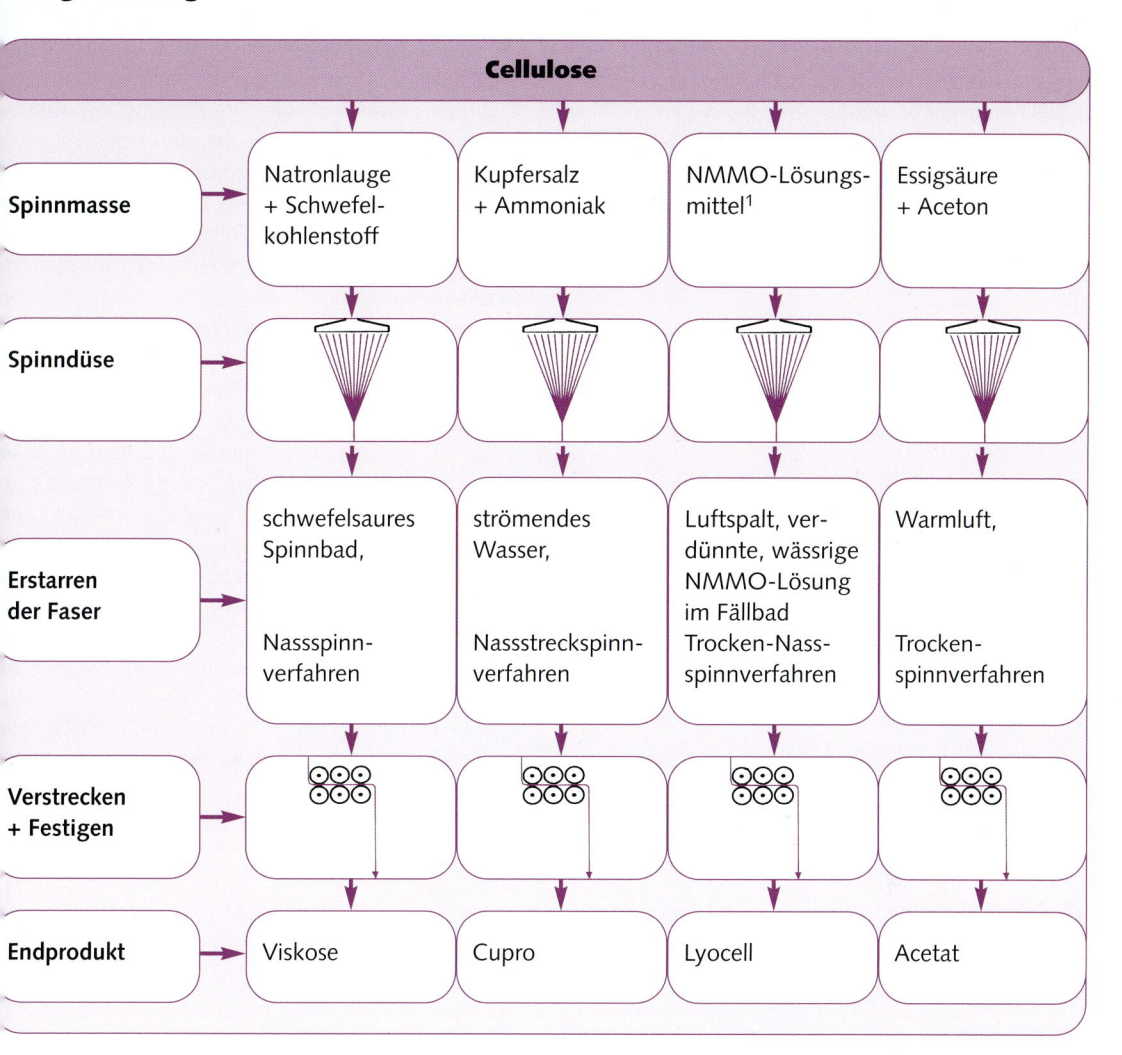

Fasergewinnung

Cellulose				
Spinnmasse	Natronlauge + Schwefelkohlenstoff	Kupfersalz + Ammoniak	NMMO-Lösungsmittel[1]	Essigsäure + Aceton
Spinndüse				
Erstarren der Faser	schwefelsaures Spinnbad, Nassspinnverfahren	strömendes Wasser, Nassstreckspinnverfahren	Luftspalt, verdünnte, wässrige NMMO-Lösung im Fällbad Trocken-Nassspinnverfahren	Warmluft, Trockenspinnverfahren
Verstrecken + Festigen				
Endprodukt	Viskose	Cupro	Lyocell	Acetat

Viskose (CV)

Viskose ist eine nach dem Viskoseverfahren ersponnene regenerierte (wiedergewonnene) Cellulosefaser.

Ausgangsstoff für die Herstellung von Viskose ist, wie oben beschrieben, der aufbereitete Zellstoff. Zunächst bringt man ihn mit Natronlauge zusammen, dabei lockert sich das Gesamtgefüge der Cellulose auf und die Natronlauge verbindet sich mit bestimmten Gruppen des Cellulosemoleküls. Die so entstandene Natron- oder Alkalicellulose lässt man eine gewisse Zeit durch den Luftsauerstoff und eine gleichmäßige Temperatur vorreifen. Dadurch wird eine bestimmte durchschnittliche Länge der Cellulose-Kettenmoleküle erreicht. Zur vorgereiften Alkalicellulose fügt man Schwefelkohlenstoff hinzu, woraufhin sich die weiße krümelige Masse rotgelb verfärbt und Cellulose-Xanthogenat (= Xanthat) entsteht. Durch Zugabe von verdünnter Natronlauge löst sich das Xanthat, wodurch die zähflüssige, siruppartige Spinnlösung gebildet ist. Sie muss nun 50 bis 80 Stunden nachreifen, ehe sie nass von unten nach oben ersponnen werden kann.

In dem Augenblick, in dem die feinen Strahlen der Spinnlösung aus den Düsenöffnungen ins Fällbad treten, beginnen sie zu festen Fäden zu erstarren (zu

---

[1] NMMO - N-Methylmorpholin-N-oxid

1 Cellulosics

gerinnen). Dies geschieht durch chemische Vorgänge zwischen Fällbad und Faden. Die ersponnenen feinen Viskosefilamente bestehen nun wieder aus reiner Cellulose, da die Aufschluss- und Lösungsmittel herausgelöst worden sind. Bei der Herstellung von Filamentgarnen besitzen die Düsen ca. 10 bis 120 Bohrungen, bei der Herstellung von Spinnfasern ca. 1000 bis 3000. Ebenso viele Einzelfilamente werden demnach gebildet (Multifilamente), die zu einem Kabel zusammengefasst werden. Noch weich und formbar werden die Filamente verstreckt. Dadurch erhöht sich die Orientierung der Kettenmoleküle insbesondere in der Randzone (Mantel) der Faser, was eine Verbesserung der Festigkeit zu Folge hat. Im Inneren (Kern) liegen die Kettenmoleküle aber immer noch relativ ungeordnet vor. Hierbei spricht man von einer Kern-Mantelfaser (Viskose-Normaltype).

Es schließen sich weitere Nachbehandlungsmaßnahmen an: Waschen, Beseitigung von noch vorhandenen Lösungsmittelresten (z. B. Schwefelsäure, Schwefel), Bleichen, teilweise verbunden mit optischer Aufhellung der Filamente und dem abschließenden Avivieren. Dabei werden die Filamente mit öligen Substanzen überzogen und getrocknet, um sie zum einen gleitfähiger, zum anderen geschmeidiger, fülliger und länger lagerfähig zu machen. Sollen Spinnfasern hergestellt werden, so schneidet oder reißt man die Filamente nach dem Verstrecken auf eine gewünschte Stapellänge und kräuselt die Spinnfasern nach der Bleiche.

Das Spulen, Sortieren und Verpacken der Filamentgarne bzw. das Pressen der Spinnfasern zu Ballen beendet die Nachbehandlung und macht die Viskosefasern versandfertig.

Viskosefasertypen

Die Normaltype der Viskose besitzt Eigenschaften, die für einige Verwendungszwecke nicht optimal gestaltet sind. Um diese geforderten Eigenschaften zu erhalten, verändert man die chemischen und/oder physikalischen Herstellungsbedingungen. Aufgrund dieser Variationen sind sogenannte **Faserklassen** entstanden:

- Die **normale Viskosefaser** (Normaltype) ist eine Kern-Mantelfaser, die in verschiedenen Querschnittsformen ersponnen wird und die z. B. durch Einlagerung von Mattierungsmittel, über unterschiedlichen Glanz verfügen kann.
- Um **hochgekräuselte Viskosefasern** herstellen zu können, reift die Viskose stärker. Außerdem ändert man die Zusammensetzung des Fällbades, dadurch wird die Geschwindigkeit der Gerinnung (Koagulation) beeinflusst. Entscheidend ist aber die höhere Verstreckung der Kern-Mantelfaser im zweiten Bad. Der anfänglich gebildete Mantel bricht dadurch auf und ein neuer, unterschiedlich

Nassspinnverfahren

1 Cellulosics

Viskosespinnmasse

Spinnkabel

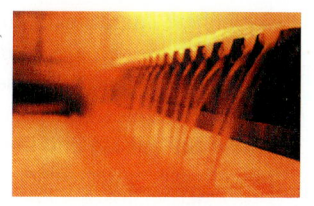

Erster Nachbehandlungsschritt: Entschwefelung

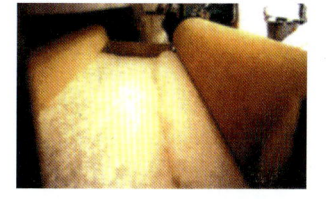

Letzter Nachbehandlungsschritt: Avivage

Faserflocke verlässt Trockner

Lagerung der Faserballen

dicker Mantel wird gebildet. Dieser macht eine Kräuselung der Fasern möglich. Die Anzahl der Kräuselbögen, der Querschnitt und auch der Glanz der Fasern können verändert werden. Sie werden rein oder in Mischung mit Wolle, Polyester oder Polyacryl zu Bekleidungs- und Heimtextilien verarbeitet.

Die **hochnassfesten Viskosefasern** entstehen durch die Änderung der Spinnlösung (z. B. weniger gereift, Modifierzusätze, höhere Natronlaugenkonzentration) und der chemischen Zusätze (mehr Zinksulfat) des Fällbades. Zudem erfolgt das Erspinnen bei niedriger Spinngeschwindigkeit und es schließt sich ein stärkeres Verstrecken als bei der Herstellung normaler Viskose an. Die dadurch entstandenen Vollmantelfasern besitzen eine höhere Festigkeit bei niedrigerem Quellwert und eine verbesserte Farbaufnahmefähigkeit. Sie werden für Förderbänder und andere technische Einsatzgebiete hergestellt.

Modalfasern (CMD) sind strukturmodifizierte Viskosefasern mit deutlich höherer Festigkeit im nassen Zustand. Aus Modalfasern hergestellte Textilien verfügen deshalb über eine gute Formstabilität und über Eigenschaften, die der Baumwolle sehr ähnlich sind bzw. sie übertreffen. Die verbesserten Gebrauchseigenschaften gegenüber der Normalviskose sind auf die veränderte Struktur der Faser zurückzuführen. Sie wird einerseits durch veränderte Viskose- und Fällbadzusammensetzung und durch Modifizierzusatz erreicht.

Andererseits sind die Spinnbadtemperatur sowie die Spinngeschwindigkeit niedriger als bei normalen Fasern und die Verstreckung erfolgt stufenweise und stark. Dadurch sind Modalfasern im Gegensatz zu Viskose homogen strukturierte Vollmantelfasern, d. h. sie weisen im Inneren die gleiche Struktur und Dichte auf wie in der Randzone (Mantel) der Faser und besitzen einen höheren Polymerisationsgrad. Er muss mindestens 450 betragen und erreicht bis 700. Bei Standardviskose ist ein DP-Grad von 250 bis 350 normal. Neben einem Mindestpolymerisationsgrad müssen Viskosefasern, die den Modalfasern zugeordnet werden sollen, eine geringe Dehnfähigkeit im nassen Zustand vorweisen. Eine Reihe von hochnassfesten Viskosefasern, aus denen die Modalfasern hervorgegangen sind, erfüllen diese Bedingung nicht.

Innerhalb der Modalfasern unterschiedet man zwei Fasertypen, zum einen die Polynosic-Fasern (von <u>Pol</u>ymer <u>no</u>n <u>s</u>ynthet<u>ic</u>), die überwiegend aus Japan kommen, zum anderen die Hochnassmodulfasern (HWM = <u>H</u>igh-<u>w</u>et-<u>m</u>oduls), die überwiegend in Europa hergestellt werden. Nach dem TKG müssen diese Fasern mit „Modal" ausgezeichnet werden. HWM-Fasern verfügen gegenüber den Polynosic-Fasern über eine bessere Schlingen-, Biege- und eine höhere Quellfestigkeit. Deshalb werden sie häufig Polyesterfasern beigemischt. Polynosic-Fasern weisen insbesondere eine hohe Alkalibeständigkeit auf, besitzen

1 Cellulosics

eine höhere Zugfestigkeit und sind weniger dehnfähig. Sie werden deshalb mit Baumwolle gemischt und können mercerisiert werden.
- **Hohlfasern** werden durch einen Zusatz von Treibmitteln zur Viskose und unter bestimmten Bedingungen mit unterschiedlichen Querschnittsformen (selten mit Spezialdüsen) ersponnen.

Die sogenannten **hochfesten Viskosefasern** und die **Koagulationsfasern** werden nicht mehr hergestellt.

Weitere Modifizierungsmöglichkeiten

Farbfeste **spinngefärbte Viskosefasern** werden durch Zugabe von Farbpigmenten in die Spinnlösung hergestellt.

Werden kurz vor dem Spinnprozess bestimmte flammhemmende Verbindungen in die Spinnlösung eingelagert, so entstehen **schwer entflammbare Viskosefasern.** Z. B. bildet die *Lenzing Viskose FR* bei Hitze- und Flammeneinwirkung weder Schmelztropfen noch giftige Gase. Die Einlagerung des Flammschutzmittels in der Faser bewirkt zudem, dass die Schwerentflammbarkeit auch nach vielen Wäschen erhalten bleibt. Die Faser ist weich und angenehm zu tragen und verfügt über gute physiologische Eigenschaften. Damit bietet sie sich, rein oder in Mischung verarbeitet, für vielfältige Einsatzgebiete an, z. B. als Möbelbezugsstoff für öffentliche Einrichtungen; Haustextilien, wie Bettwäsche für Krankenhäuser oder Altersheime; als Dienst-, Berufs- oder Schutzbekleidung für Feuerwehr, Militär und Polizei oder verarbeitet zu Futter- oder Einlagestoffen sowie Zwischenlagen bei Polstersitzen. Attraktive **Farbeffekte** können erzielt werden, wenn normale und z. B. mit basischen Zusatzmitteln modifizierte Cellulosefasern mit Säurefarbstoffen gefärbt werden.

Cupro (CUP)

Cupro ist eine nach dem Kupfer-Ammoniak-Verfahren ersponnene regenerierte Cellulosefaser. Die Bedeutung von Cupro ging aus wirtschaftlichen Gründen seit 1960 stark zurück. Einmal waren die Produktionseinrichtungen veraltet, zum anderen kamen synthetische Chemiefasern mit ähnlichen Eigenschaften in Mode, die zudem die Umwelt bei der Herstellung nicht so stark belasteten (Kupferionen). Obwohl die Faser seit Mitte der 90iger-Jahre wieder öfter im Bekleidungssektor anzutreffen ist, wird sie nur noch in geringem Umfang (Japan, Italien) produziert. In der Bundesrepublik ist die Herstellung eingestellt. Heute kann das Verfahren ohne Umweltbelastung ökologisch einwandfrei durchgeführt werden. 99 % des Kupfers werden zurückgewonnen.

Ausgangsstoffe für die Herstellung sind Baumwolllinters oder aufbereiteter Zellstoff. Die Cellulosemasse bringt man mit einem Kupfersalz, stark verdünntem Ammoniak und enthärtetem Wasser zusammen, wodurch die Fasern quellen. Dabei quillt das Innere der kurzen Baumwollfasern stärker als ihre Hülle, sie wird gesprengt und zu Ringen zusammengeschoben. Die Cellulose löst sich auf und es entsteht eine zähflüssige tiefblaue Spinnlösung, die dann im Nassstreckspinnverfahren ersponnen wird. Die Strahlen der Spinnlösung, die aus der Spinndüse in einen Trichter fallen, werden vom Sog des Wassers erfasst und beschleunigt. Dabei werden sie von unten her abgezogen, zum Teil schneller als das Fällbad strömt. Dadurch wird ein Zug ausgeübt und das entstandene Filament auf das Hundertfache und mehr seiner Ausgangslänge verzogen. Ein sehr feines und festes Filament entsteht dabei. Ein anschließendes saures Bad entfernt den Rest des Lösungsmittels, die Filamentgarne werden aviviert.

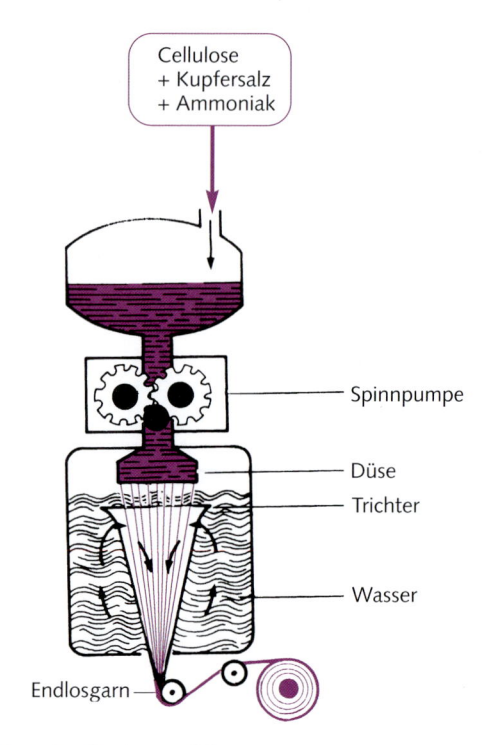

Nassstreckspinnverfahren

getrocknet und auf Spulen oder Teilkettbäume aufgewunden. Die anfangs blaue Faser wird weiß, sie besteht jetzt nur noch aus zurückgewonnener (regenerierter) Cellulose.

Lyocell (CLY)

Die nach dem TKG als Lyocell bezeichneten Fasern sind nach einem Direktlöseverfahren hergestellte regenerierte Cellulosefasern. Ausgangsstoff ist die aus Holz oder aus Alttextilien (Recycling) aufbereitete Cellulose. Der zerkleinerte Zellstoff wird in konzentriertem wässrigen NMMO (N-Methylmorpholin-N-oxid), einem organischen Lösungsmittel, gelöst. Die hochviskose[1] honigartige Spinnlösung wird gefiltert und durch Spinndüsen gepresst und danach durch einen Luftspalt in eine verdünnte wässrige NMMO-Lösung (Fällbad) ersponnen (Trocken-Nass-Spinnverfahren). Dort fällt die Cellulose in Faserform wieder aus. Die ersponnenen Filamente werden anschließend gewaschen, bei Bedarf gebleicht, aviviert und getrocknet.

Dieses Direktlöseverfahren zeichnet sich durch hohe Umweltverträglichkeit aus. Das NMMO-Lösungsmittel wird nach Reinigung und Aufkonzentration wieder zu mehr als 99,5 % zurückgewonnen und ebenso wie das Wasser in den Kreislauf rückgeführt. Das verbleibende NMMO ist nicht toxisch und kann in Kläranlagen biologisch abgebaut werden.

Unter den Markennamen *Tencel* (Courtaulds GmbH), *Lenzing Lyocell* (Lenzing AG), *New Cell* (Akzo Nobel AG) oder *Alceru* (Alceru Schwarza GmbH) werden Lyocell-Fasern von verschiedenen Herstellern angeboten.

Acetat und Triacetat (CA und CTA)

Es sind nach dem Acetatverfahren hergestellte Fasern einer Celluloseverbindung, dem Celluloseacetat. Das heißt, bei diesem Verfahren wird die Cellulose nicht nur für die befristeten Phasen des Spinnbarmachens und des Spinnens verändert, sondern es wird eine dauernde Umwandlung der Cellulose durch eine chemische Verbindung mit Essigsäure vorgenommen. So entsteht das Celluloseacetat, eine Substanz, die es in der Natur nicht gibt, die aber auch über neuartige textile Eigenschaften wie hohe Elastizität, Thermoplastizität oder gute Pflegbarkeit verfügt.

Bei der Acetylierung, der Eingangsphase des Verfahrens, wirken Essigsäureanhydrid und Eisessig auf den Ausgangsstoff Cellulose (Zellstoff oder Linters) ein und verestern deren Hydroxylgruppen. Nach der Veresterung wird mit Wasser ausgefällt, ausgewaschen und das entstandene körnige Cellulosetriacetat getrocknet. Erst seit 1960 ist Methylenchlorid als geeignetes Lösungsmittel bekannt, welches Cellulosetriacetat in eine spinnfähige Lösung überführen kann.

Möchte man Cellulosetriacetat mit Aceton lösen, so bedarf es einer weiteren Umwandlung. Hierbei werden die Essigsäuregruppen zum Teil wieder abgespalten. Dieser Vorgang (eine Verseifung) wird abgebrochen, sobald der gewünschte Gehalt an gebundener Essigsäure und damit die Acetonlöslichkeit erreicht ist. Aus dieser Lösung in Essigsäure wird das Cellulosediacetat durch Zugabe von Wasser ausgefällt. Man erhält ein körniges, lockeres Fällgut, das gewaschen, ausgepresst und getrocknet wird. Die spinnfähige Acetatlösung erhält man durch Lösen in Aceton.

Die Spinnlösung wird dann beim Trockenspinnen durch Spinndüsen gepresst und fällt in einen 3 bis 6 m hohen beheizten Spinnschacht. Die eingeblasene Warmluft lässt das leicht flüchtige Lösungsmittel

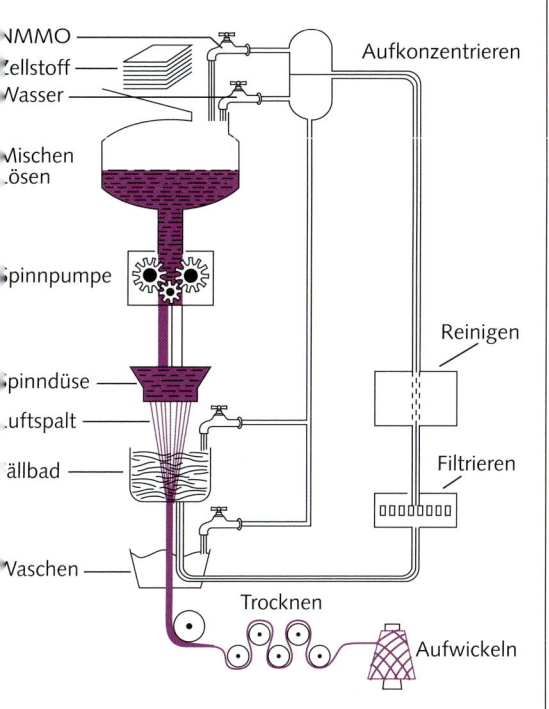

Verfahren zur Herstellung von Lyocell-Filamentgarnen (NewCell)

---

[1] viskos - zähflüssig

1 Cellulosics

(Methylenchlorid bei Triacetat bzw. Aceton bei Acetat) schnell verdampfen und verfestigt die zuvor noch flüssigen Filamente, ohne dass sie sich verkleben. Zusätzlich wird auch die Spinnlösung vorgewärmt. Die Lösungsmittel werden aus dem Spinnschacht abgesaugt und zurückgewonnen. Die festen Filamente können ohne Nachbehandlungsmaßnahmen aufgespult und anschließend gezwirnt werden.

(Di-) Acetat und Triacetat unterscheiden sich dadurch, dass zweieinhalb bzw. drei Hydroxylgruppen einer Celluloseeinheit mit Essigsäure verestert worden sind. Der Essigsäureanteil (Acetyl) im Acetat beträgt somit ca. 54 %, im Triacetat ca. 62 %, was erklärt, dass die Acetatfasern in ihren Eigenschaften den Synthetics näher stehen als den anderen Cellulosics, die zu 100 % aus Cellulose bestehen.

Eigenschaften der Cellulosics

Spätestens an dieser Stelle muss darauf hingewiesen werden, dass die Herstellung von Chemiefasern einen ganz entscheidenden Vorteil gegenüber den Naturfasern mit sich bringt – sie können für einen bestimmten Verwendungszweck „maßgeschneidert" werden. Die Entwicklung zielt demnach heute darauf ab, Filamente oder Spinnfasern mit spezifischen Eigenschaften auszustatten, um sie zweckmäßig einsetzbar zu machen. Das bedeutet, es gibt keine „Universalfaser" mit Eigenschaften, die jedem Erfordernis gerecht werden können.

Querschnitt und Längsansicht

Viskose
Der Querschnitt und die Längsansicht der Viskosefasern sind abhängig von den Spinnbedingungen.
- Normaltype
  - viele ungleichmäßig verlaufende Rillen in der Längsansicht

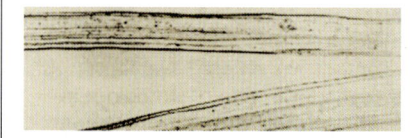

Längsansicht mattierte Viskose

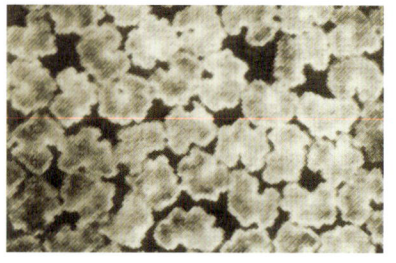

Querschnitt mattierte Viskose

- der Querschnitt zeigt einen Kern, umgeben von einem gelappten dünnen Mantel

Trockenspinnverfahren

1 Cellulosics

- eingelagerte Mattierungsmittel sind als Punkte sichtbar

- Modal
  - der Querschnitt der Vollmantelfasern ist rund bis bohnenförmig ohne Einkerbungen

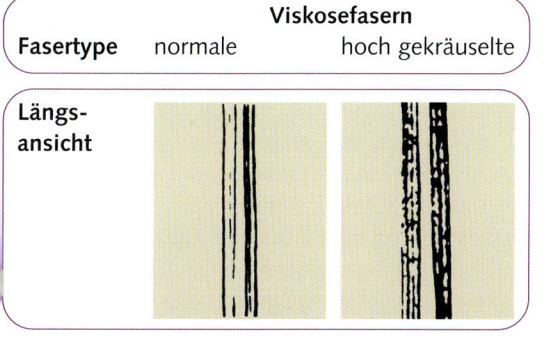

	Viskosefasern	
Fasertype	normale	hoch gekräuselte
Längsansicht		
Querschnitt		

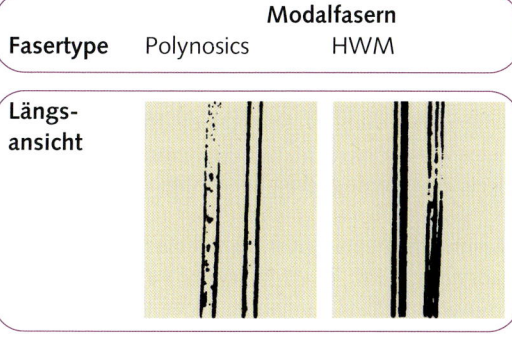

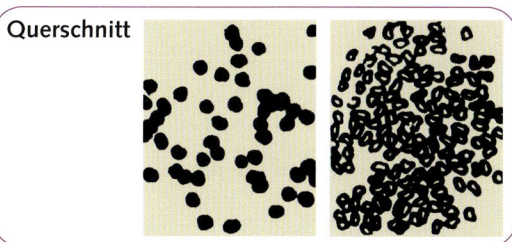

	Modalfasern	
Fasertype	Polynosics	HWM
Längsansicht		
Querschnitt		

Längsrichtung und Querschnitt von verschiedenen Viskosespinnfasern

- Cupro
  - verfügt über eine glatte Oberfläche in der Längsansicht, bei einem runden Querschnitt

- Lyocell
  - die Faseroberfläche ist glatt ohne Längsrillen, der Querschnitt rund bis oval
  - feinste Fibrillierung (Härchen) auf der Faseroberfläche ist möglich

- Acetat und Triacetat
  - zeigen in der Längsansicht wenige Längsrillen
  - der Querschnitt ist wenig gelappt oder nierenförmig rund

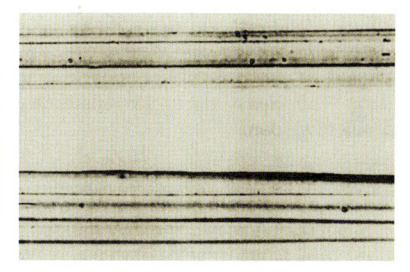

Längsbild Acetatfilament, spinnmattiert

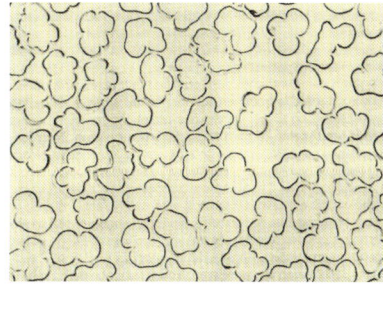

Querschnitt Acetatfilament, spinnmattiert

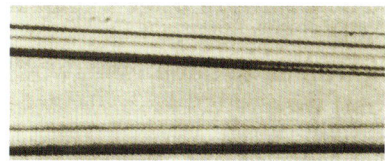

Längsansicht Triacetat

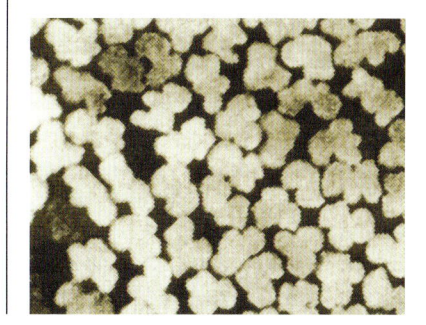

Querschnitt Triacetat

1 Cellulosics

Faserlänge/Faserfeinheit/Kräuselung/Farbe/Glanz

Viskose

Viskose wird entweder als endlos ersponnenes Filamentgarn oder aber als stapellange Spinnfaser verarbeitet.

Die Feinheit der Einzelfäden in einem Viskosefilamentgarn beträgt normalerweise zwischen 2,3 und 3,5 dtex. Ersponnene Filamente sind glatt und ungekräuselt.

Die Eigenschaften der Spinnfasern richten sich danach, ob sie rein, in Mischung oder für einen speziellen Zweck zum Einsatz kommen sollen. Die Schnittlängen liegen im Allgemeinen zwischen 28 und 160 mm bei Feinheiten zwischen 0,9 und 44,0 dtex. Die Spinnfasern werden durch Texturierung normal bis hoch gekräuselt.

Sollen den Spinnfasern beispielsweise Baumwolle **(B-Type)** beigemischt werden, so wählt man, entsprechend der Baumwollsorte eine Schnittlänge von 30 bis 60 mm. Die Spinnfasern verfügen dann über Feinheiten zwischen 0,9 und 3,3 dtex und sind nur wenig gekräuselt. Wird den Spinnfasern Wolle **(W-Typen)** beigemischt, richtet sich die Stapellänge zum einen nach dem Spinnverfahren. 100 bis 150 mm lange Spinnfasern werden für das Kammgarnverfahren, 60 bis 80 mm lange für das Streichgarnverfahren benötigt. Verspinnt man W-Typen rein, so werden verschieden lange Stapel (z. B. 80, 100 und 120 mm) zusammen verarbeitet, um ein gleichmäßiges Garn zu erhalten. Zum anderen werden die W-Typen in Feinheit (3,3 bis 17 dtex) und Kräuselung den gängigen Wollsorten angepasst.

Die sogenannten **V-Typen** eignen sich für die Vliesstoffherstellung. Diese Spinnfasern verfügen über Stapellängen von 20 bis 60 mm und Feinheiten zwischen 1,3 und 6,7 dtex. Teppichspezialfasern **(T-Typen)** dagegen weisen Feinheiten zwischen 4,4 und 28 dtex und Schnittlängen von 80 bis 200 mm auf.

Die Farbe von Viskosefasern ist gelblichweiß, durch Bleichen werden sie reinweiß. Der Spinnlösung kann aber auch die gewünschte Farbe zugegeben werden, sodass man von spinngefärbten oder ultraechten Fasern spricht, die sich durch besondere Farbechtheit auszeichnen.

Je nach Querschnitt und Oberflächenbeschaffenheit glänzt Viskose unterschiedlich intensiv. Ob sie hochglänzend oder tiefmatt erscheinen soll, ist letztendlich vom Verwendungszweck abhängig. Eine Minderung des natürlichen Glanzes ist durch **Spinnmattierung** möglich. Hierbei werden fein verteilte Fremdstoffe in die Spinnlösung eingelagert, die für eine veränderte Lichtbrechung verantwortlich sind und die Fasern somit matter erscheinen lassen. Mit der waschbeständigen Spinnmattierung ist stets eine Verringerung der Festigkeit der Faser verbunden.

Modalfasern werden fast ausschließlich als Spinnfasern verarbeitet, wobei die Stapellänge und Feinheit der Spinnfaser dem Faserstoff angepasst wird, mit dem Modal gemischt werden soll. Als mögliche Mischungspartner kommen infrage: Baumwolle, Wolle, Seide, Leinen, Polyester, Polyacryl oder Polyamid. Neben den üblichen Feinheiten zwischen 1,3 und 3,3 dtex wird auch eine Mikromodalfaser von 1,0 dtex angeboten. Modalfasern können je nach Bedarf glänzend oder matt geliefert werden.

Cupro

Cupro wird heute überwiegend als Endlosfilamentgarn eingesetzt. Die feinfädigen, der Seide ähnlichen Filamentgarne weisen Feinheiten zwischen 0,7 und 1,9 dtex auf. Die Filamente besitzen einen dezenten Seidenschimmer. Die Farbe ist reinweiß, die Filamente werden aber auch mattiert und spinngefärbt ersponnen.

1 Cellulosics

Faserlänge/Faserfeinheit/Kräuselung/Farbe/Glanz

Lyocell

Lyocell kommt momentan noch überwiegend als Spinnfaser mit einer Stapellänge von 34 oder 38 mm und Feinheiten von 1,3 und 1,7 dtex (Wolltyp 3,3 dtex) sowie als Mikrofaser von 1,0 dtex zum Einsatz. Die Spinnfasern werden baumwollähnlich gekräuselt. Sie können rein oder in Mischung mit anderen Faserstoffen verarbeitet werden. Lyocell ist weiß und besitzt einen hohen Glanz. Durch die hohe und gut kontrollierbare Fibrillierung[1] sind viele neue Optik- und Griffvarianten möglich.

Acetat und Triacetat

Filamentgarne werden in praktisch unbegrenzter Länge mit Feinheiten zwischen 61 und 330 dtex bei einer üblichen Einzelfaserfeinheit von 2 bis 10 dtex hergestellt. Auch Spinnfasern können auf die gewünschte Länge geschnitten und anderen Stapelfasern beigemischt werden. Die Filamentgarne besitzen einen ausgeprägt „seidigen" Charakter mit edlem Glanz, der durch Mattierung variierbar ist. Zudem sind durch Titerschwankungen beim Spinnen von Acetat doupionähnliche[2] Wildseideneffekte möglich.

Gebrauchs- und Trageeigenschaften der Cellulosics

Viskose

Viskose
Die Feuchtigkeitsaufnahme der normalen Viskose (DP-Grad: 250 bis 350) beträgt bei Normalklima 11 bis 14 %, womit sie die Baumwolle übertrifft und zu den stark hygroskopischen Fasern zählt. Möglich wird dies durch den höheren Anteil an amorphen Bereichen der Viskose gegenüber der Baumwolle. Viskose verfügt deshalb über gute hygienische (Schweißaufnahmefähigkeit) und färberische Eigenschaften. Die gleichzeitige starke Quellung der Faser verschlechtert dagegen die Luftdurchlässigkeit und hat relativ lange Trocknungszeiten zur Folge. Die Fasern verfügen im trockenen Zustand über eine mittlere Dehnung (20 bis 25 %), die im nassen Zustand aufgrund des hohen Anteils amorpher Bereiche noch höher liegt (25 bis 30 %) und eine geringe Elastizität, wodurch Viskose stark knittert und im trockenen wie auch im nassen Zustand gering formbar und formbeständig ist. Im trockenen Zustand zeigt Viskose eine mittlere Reißfestigkeit (20 bis 24 cN/ tex). Im nassen Zustand beträgt sie nur noch 45 bis 65 % der Trockenreißfestigkeit und ist damit viel geringer als bei Baumwolle. Auch die Scheuerfestigkeit ist im trockenen Zustand gering und im nassen Zustand sehr gering, was den relativ schnellen Verschleiß fördert und nur durch Mischung oder Veredlung ausgeglichen werden kann. Starke mechanische *weiter S. 68*

---

[1] siehe Seite 71
[2] Doupion siehe Seite 234

1 Cellulosics

Gebrauchs- und Trageeigenschaften der Cellulosics (Fortsetzung)

Beanspruchung beim Waschen sollte deshalb vermieden werden. Das Wärmerückhaltevermögen ist bei Flächen aus glatten feinen Viskosefilamenten relativ gering, die Luftdurchlässigkeit entsprechend hoch; bei Flächen aus Spinnfasern ist das Wärmerückhaltevermögen höher, die Luftdurchlässigkeit demnach geringer. Entscheidend ist hier immer die Konstruktion der Fläche. Elektrostatische Aufladung ist wegen der hohen Saugfähigkeit und der damit ständig enthaltenen Feuchte nicht zu erwarten. Aufgrund des geringen Anteils an kristallinen Bereichen der Viskose gegenüber Baumwolle ergibt sich neben der schlechten Säuren- auch eine schlechte Laugenbeständigkeit. Im feuchten Zustand ist Viskose gegenüber Mikroorganismen schlecht beständig, es bilden sich Stockflecken.

Modalfasern

Die Modalfasern (DP-Grad: Polynosic 500 bis 600, HWM 300 bis 600) können bei normaler Luftfeuchtigkeit genauso viel Feuchtigkeit aufnehmen wie Viskose, zwischen 11 bis 14 %, besitzen aber ein geringeres Quellvermögen aufgrund der geänderten Faserstruktur. Dies wirkt sich positiv auf Festigkeit und Dehnung im nassen Zustand aus. Textile Flächen aus Modalfasern sind demnach dimensionsstabiler als solche aus Viskose. Die guten hygienischen und färberischen Eigenschaften bleiben weitestgehend erhalten. Auch die Werte der Reiß- und Scheuerfestigkeit, Elastizität und elastischen Erholung liegen über denen der Viskose. Modalfasern laden sich nicht elektrostatisch auf und ihre biologische Beständigkeit ist gering.

Cupro

Die Feuchtigkeitsaufnahme von Cupro (DP-Grad: 450 bis 550) bei Normalklima ist etwas geringer als bei Viskose und liegt bei 11 bis 12 %. Durch die verringerte Quell- und Saugfähigkeit lässt sich Cupro besser waschen und knittert weniger. Die Reißfestigkeit ist im trockenen und nassen Zustand höher, die Dehnung im trockenen Zustand niedriger als bei Viskose.

Lyocell

Auch Lyocell (DP-Grad: 550 bis 600) besitzt eine sehr gute Saugfähigkeit und nimmt ähnlich viel Feuchtigkeit (11 bis 12 %) wie Viskose auf. Ebenso gut lässt sich Lyocell anfärben. Auffallend hoch ist die Farbausbeute (hohe Farbtiefe und Farbbrillanz). Lyocell besitzt die höchste Trockenreißfestigkeit (40 bis 44 cN/tex) aller regenerierten Cellulosefasern und sie behält diese Festigkeit auch im nassen Zustand (80 bis 90 % der Trockenreißfestigkeit). Diese hohe Nassfestigkeit garantiert eine optimale Maßstabilität beim Waschen. Die Elastizität der Faser ist gering, was zu Knitterbildung führt. Die Scheuerfestigkeit kann im trockenen Zustand als gut, nass als schlecht bezeichnet werden, wodurch Hochveredlung nötig wird. Das Wärmerückhaltevermögen und die Luftdurchlässigkeit sind abhängig von der Konstruktion der textilen Fläche. Die Verrottungsbeständigkeit ist gering, daher besteht die Gefahr von Stockflecken. Wie alle anderen regenerierten Cellulosics ist Lyocell schlecht säurebeständig. Die Laugenbeständigkeit ist gut, was sich positiv beim Waschen auswirkt. Zudem ist die Faser mercerisierbar. Die Faser lädt sich kaum elektrostatisch auf.

1 Cellulosics

Acetat und Triacetat

Die Feuchtigkeitsaufnahme von Acetat (DP-Grad: 200 bis 300) beträgt bei Normalklima 6 bis 7 %. Triacetat kann 3 bis 3,5 % Feuchte aufnehmen. Beide Fasern besitzen eine geringe Quell- und Saugfähigkeit. Dadurch verringern sich die Trocknungszeiten nach dem Waschen, anfärben lassen sich diese Cellulosics aber schlecht. Die Faserstoffe verfügen über eine mittlere Dehnung im trockenen Zustand (20 bis 40 %). Mit einer Dehnung von 120 bis 150 % des Trockenwertes ist die Dehnung im nassen Zustand hoch. Triacetat besitzt die höchste Elastizität (50 bis 70 %) aller cellulosischen Fasern, die von Acetat ist etwas geringer (40 bis 60 %). Sie sind deshalb relativ knitterarm. Acetat und Triacetat sind aufgrund ihrer Thermoplastizität formbar. Dauerhaft fixieren (Thermofixierung) lassen sich z. B. Bügelfalten oder Plissees aber nur in Textilien aus Triacetat, da es über einen höheren Schmelzpunkt (CTA: 300 °C, CA: 255 °C) verfügt. Triacetat kann auch mit höheren Temperaturen (CTA: max. 200 °C, CA: max. 120 °C) gebügelt werden. Die Reißfestigkeit der Fasern ist im trockenen Zustand gering (10 bis 15 cN/tex), nass noch geringer (CA 50 bis 60 %, CTA 50 bis 80 % des Trockenwertes), auch die Scheuerfestigkeit ist trocken wie nass gering. Die Säure- und Laugenbeständigkeit ist schlecht. Bei Textilien aus Acetat und Triacetat besteht die Gefahr der elektrostatischen Aufladung. Gegenüber Mikroorganismen sind sie gut beständig.

Faserprüfungen

Die Brennprobe zeigt, dass reine Cellulosefaserstoffe rasch mit heller Flamme verbrennen und einen Geruch nach verbranntem Papier hinterlassen. Es bleibt wenig Flugasche. Acetat und Triacetat dagegen schmelzen schon in der Flamme. Sie verbrennen brodelnd und rasch. Es entsteht ein scharfer Geruch nach Essig. Die glasigharten Rückstände sind unzerreibbar.

Die Reißprobe macht deutlich, dass die Nassreißfestigkeit bei Viskose und Acetat deutlich geringer ist als die Trockenreißfestigkeit. Deshalb lassen sich die beiden Fasern durch folgende Probe leicht von Baumwolle und Leinen unterscheiden:
Reißt man ein trockenes und ein nasses Garn gleichzeitig mit gleicher Reißkraft, so bricht im Gegensatz zu Baumwolle und Leinen zuerst das nasse Garn.

Die chemische Probe zeigt folgende Ergebnisse:
- Säuren lösen die reinen Cellulosefasern auf,
- konzentrierte heiße Laugen schädigen die Fasern,
- Säuren und Aceton lösen Acetat auf,
- Säuren und Methylchlorid lösen Triacetat auf,
- Laugen spalten den Essigsäureanteil ab und zerstören Acetat.

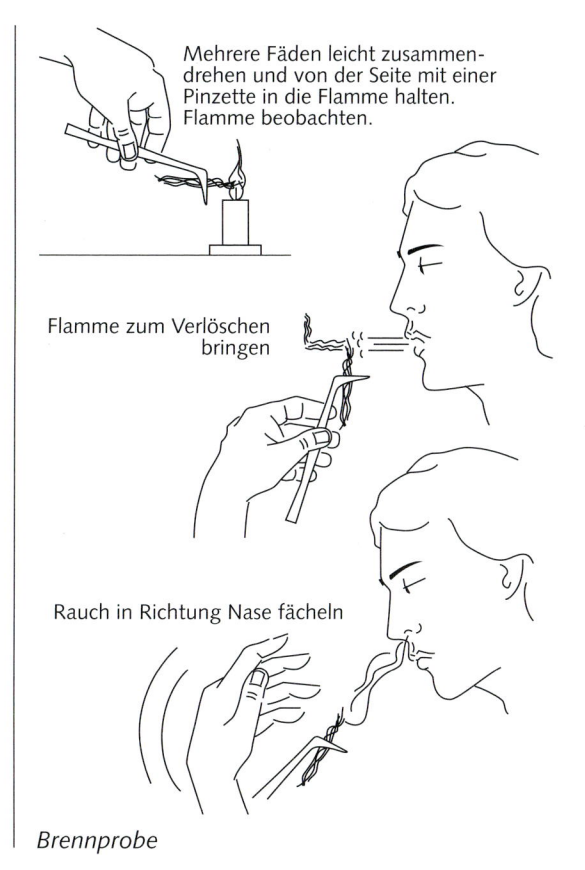

Mehrere Fäden leicht zusammendrehen und von der Seite mit einer Pinzette in die Flamme halten. Flamme beobachten.

Flamme zum Verlöschen bringen

Rauch in Richtung Nase fächeln

Brennprobe

1 Cellulosics

Pflegeeigenschaften

Viskose CV, Modal CMD, Cupro CUP, Lyocell CLY		Acetat CA, Triacetat CTA	
[30] [60] [30] [60] [40] [30] [60]	CV im Schonwaschgang (verringerte Mechanik) mit Feinwaschmitteln waschen, reine CV vorsichtig oder nicht schleudern CMD je nach Pflegekennzeichen als Bunt- oder Feinwäsche behandeln CUP CLY	[30] [40]	CA, wenn erlaubt mit Feinwaschmittel waschen, nicht wringen oder stark ausdrücken CTA ist bis 70 °C waschbar, Schleudern ist möglich
[Bleichen verboten]	Chlorbleiche ist in der Regel nicht erlaubt	[Bleichen verboten]	Chlorbleiche ist in der Regel nicht erlaubt
[Bügeln mäßig]	CV, CMD, CLY nur mäßig heiß bügeln, bei CUP mit angefeuchtetem Bügeltuch arbeiten	[Bügeln niedrig] [Bügeln mäßig]	CA nicht heiß mit Bügeltuch bügeln CTA kann, wenn nötig, mäßig heiß gebügelt werden
[P]	Professionelle Trockenreinigung ist grundsätzlich möglich	[P]	ist bei CA unter Umständen nötig (Abendkleider), auch bei CTA grundsätzlich möglich
[Trocknen schonend] [Trocknen verboten]	CMD kann teilweise im Wäschetrockner getrocknet werden CV, CUP, CLY sind nicht trocknergeeignet	[Trocknen verboten]	aufgrund der kurzen Trockenzeiten nicht nötig

Aufgrund der vielfältigen Veredlungsmöglichkeiten, der Faserstoffmischung oder Flächenkonstruktion sollten stets die Pflegekennzeichen des Herstellers beachtet werden!

1 Cellulosics

Faserspezifische Veredlung

Alle genannten Modifikationen (es könnten weitere hinzugefügt werden) veredeln die Cellulosics. Zudem werden sie natürlich auch gefärbt oder bedruckt und insbesondere die Regeneratfasern hoch veredelt. Ziel der Hochveredlung ist es, durch Einlagerung von Kunstharzen den Quellwert herabzusetzen und damit die Formbeständigkeit der Textilien zu erhöhen, die Knitterbildung zu senken und den Trockenprozess zu beschleunigen. Während bei dieser Ausrüstung die Reißfestigkeit der Baumwolle sinkt, nimmt sie bei den cellulosischen Chemiefasern sogar noch zu. Polynosicfasern können bei Mischung mit Baumwolle mercerisiert und kunstharzausgerüstet werden. Interessante Griff- und Optikvarianten werden beispielsweise durch Fibrillierung von *Lenzing-Lyocell* erzielt. Dabei bildet man unter bestimmten Bedingungen feinste Faserhärchen (Fibrillen) einer gewünschten Länge oder Dichte auf der Faseroberfläche. So lassen sich verschiedenste Effekte erzielen, vom typischen Jeansstoff bis zur feinsten Seide, von Stoffen mit Peach-Skin-Effekt bis zu Textilien mit wollähnlichem Charakter.

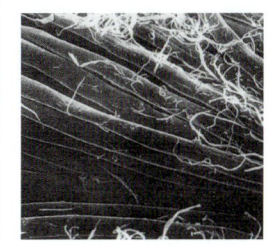

Fibrillierte Faser

Einsatzgebiete der Cellulosics

Faserstoff	Verwendung	Kommentar
Viskosefilamente	Kleider-, Blusen- und Rockstoffe Futterstoffe Strick- und Wirkwaren Kreppgarne und -zwirne Matratzendrell, Tischwäsche Bänder, Effektzubehör	werden rein oder in Mischung verarbeitet
Viskosespinnfasern	Kleider-, Blusen-, Hemden-, Pyjamastoffe Stoffe für Unterbekleidung Anzug- und Mantelstoffe, Trikotagen Hygiene- und Sanitärbereich Einwegartikel im medizinischen Bereich Einlagevliese, Trägermaterial für Beschichtungen, Kurzfasern für Flockdruck Deko- und Möbelstoffe Matratzenbezüge, Bett- und Tischwäsche	werden rein oder in Mischung verarbeitet
Modalspinnfasern	Hemden-, Blusen- und Kleiderstoffe DOB-Maschenware, Jersey-Wäsche Sport- und Freizeitkleidung Futterstoffe, Bettwäsche, Frottierware	werden rein oder in Mischung verarbeitet

1 Cellulosics

Faserstoff	Verwendung	Kommentar
Cuprofilamente	hochwertige DOB und HAKA Futterstoffe Samtstoffe, Maschenwaren Bänder und Etiketten der Seide ähnliche Gewebe für moderne Innenarchitektur	„seidiger Charakter"
Lyocellspinnfaser	Blusen-, Hosen- und Kleiderstoffe HAKA und Mantelstoffe, Jeanssektor Unter- und Nachtwäsche, Sweatshirts, T-Shirts, Socken Kleider-, Rock- und Blazerstoffe Einlagevliese hochwertige Bettwäsche	werden rein oder in Mischung verarbeitet; als „Kaschmir des Denim" bezeichnet
Acetat- und Triacetat	Sommer- und Reisekleider Futterstoffe, Schals, Schirmstoffe Sportbekleidung, Badeanzugstoffe luxuriöse DOB mit Falten und Plissees (CTA) Bänder, Posamenten	werden rein oder in Mischung verarbeitet; „seidiger Charakter"; pflegeleicht

Aufgaben

1. Beschreiben Sie das Spinnverfahren von Viskose.
2. Viskose wird für verschiedene Einsatzzwecke modifiziert. Beschreiben Sie die Viskosefasertypen.
3. Modal wird häufig mit Baumwolle gemischt. Nennen Sie die Vorteile dieser Mischung.
4. Vergleichen Sie die Reißfestigkeit von Viskose und Baumwolle im nassen und trockenen Zustand.
5. Welchen Vorteil besitzt das Direktlöseverfahren zur Herstellung von Lyocell?
6. Acetat gilt als Faser des Übergangs von den Natur- zu den Synthesefasern. Nennen Sie die Eigenschaften, die bei Acetatfasern anders sind als bei den Naturfasern.
7. Vergleichen Sie die Herstellungsverfahren von Acetat- und Triacetatfasern.
8. Warum laden sich Acetat und Triacetat elektrostatisch auf?

1 Synthetics

Chemiefasern aus synthetischen Polymeren – Synthesefasern (Synthetics)

Vergleicht man die Produktionsmenge aller Faserarten, so sind die Synthesefasern weltweit Spitzenreiter. Der Anteil der Synthetics an der Weltfaserproduktion lag in den letzten Jahren auf hohen 91 %. Das heißt, es wurden weltweit 50,8 Millionen Tonnen synthetische Chemiefasern produziert, davon stammen nur rund 2,2 Millionen Tonnen Chemiefasern (Cellulosics und Synthetics) aus Westeuropa. Innerhalb der Synthetics verläuft die Entwicklung unterschiedlich. Polyester- und Polypropylenfasern verzeichneten in den letzten Jahren hohe Zuwachsraten, bei Polyamid- und Acrylfasern dagegen sind geringe Steigerungen bzw. leichte Rückgänge festzustellen. In der Zukunft werden Spezialfasern, die für bestimmte Anwendungsanforderungen maßgeschneidert werden, und sogenannte High-Tech-Fasern für die Verarbeitung zu technischen Textilien immer größere Bedeutung erlangen.

Aufbau und Fasergewinnung von Synthetics

Der chemische Aufbau der synthetischen Spinnmassen zeigt eine große Vielfalt, die der Chemiker durch gezielte Ergänzungen und Abwandlungen für die gewünschten Eigenschaften nützen kann.
Grundsätzlich haben alle Faserpolymere als Grundgefüge das Kohlenstoffgerüst, das mit den Wasserstoffatomen zur Kohlenwasserstoffkette wird.

Polyester (PES)

Polyesterfasern bilden mit der höchsten Weltfaserproduktion die größte Synthesefasergruppe.
Polyethylenterephthalat (PET) ist das für textile Zwecke am häufigsten eingesetzte Polyesterfasermaterial. Es entsteht durch Polykondensation, an der zwei Komponenten beteiligt sind: einmal Terephthalsäure, ein weißes Pulver, das bei der Erdölaufbereitung anfällt, zum anderen ein zweiwertiger Alkohol, das Ethylenglykol. Durch Veresterung entsteht PET. Aus der für Verbindungen von Säure und Alkohol üblichen Bezeichnung „Ester" wird für dieses Polykondensat der Name Polyester abgeleitet.
Das Besondere am Polyester ist der Benzolring in der Terephthalsäure.

Die Benzolringe kommen in parallel liegenden Kettenmolekülen übereinander vor. Aus dieser dichten Packlage ergeben sich starke Bindungen durch Querkräfte zwischen den Ketten und daraus sehr hohe Festigkeiten der verstreckten Faser.

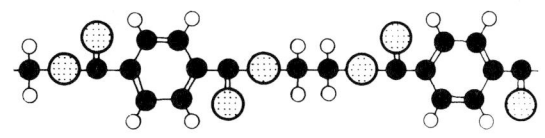

Kettenmolekül-Modell Polyester

Der Polyester ist ein glasklares Kunstharz mit einem DP-Grad von 130 bis 220, das bei Temperaturen von etwa 280 °C geschmolzen und dann nach dem Schmelzspinnverfahren zu Filamenten ersponnen wird. Die Spinngeschwindigkeit und das anschließende Verstrecken haben großen Einfluss auf die Eigenschaften der Fasern im Gebrauch, ihr Aussehen und auf das gleichzeitige oder sich anschließende Texturieren. PES-Fasern können durch Texturieren am vielfältigsten von allen Synthesefasern verändert werden.

Polyamid (PA)

Bei Polyamidfasern unterscheidet man im Bekleidungssektor zwei Haupttypen, das Polyamid 6 (Perlontyp; 55 % der Weltproduktion) und das Polyamid 6.6 (Nylontyp, 43 % der Weltproduktion). Zudem werden noch einige andere, nicht so bedeutsame PA-Typen und die aromatischen Polyamidfasern (= Aramidfasern) produziert (zusammen 2 % der Weltproduktion). Letztere kommen weniger im Bekleidungssektor zum Einsatz, sie gehören in die Gruppe der technischen Hochleistungsfasern.
PA 6 und PA 6.6 unterscheiden sich im chemischen Aufbau. Die Ziffer sagt aus, wie viele Kohlenstoffatome in jedem Einzelmolekül (Monomer) vorhanden sind. Bei PA 6 bildet ein gleichartiges, bei PA 6.6 bilden dagegen zwei verschiedenartige Einzelmoleküle (Monomere) das Kettenmolekül (Polymer). PA 6.6 (Nylon) wird aus zwei verschiedenen Substanzen, Adipinsäure und Hexamethylendiamin, durch Polykondensation gebildet. Dabei verbinden sich deren Enden, bestehend aus zwei Säuregruppen bzw. zwei stickstoffhaltigen Aminogruppen, unter Abspaltung von Wasser zum Makromolekül. Dessen DP-Grad beträgt 50 bis 100.

PA 6 (Perlon) entsteht durch Polymerisation aus Caprolactam. Hierbei lockert sich unter Einwirkung von Hitze und in Gegenwart von Wasser der Lactamring an seiner schwächsten Stelle, und zwar dort, wo er zwei funktionelle Gruppen freilegt. Das eine Ende verknüpft sich sodann mit dem eines anderen Moleküls. Der DP-Grad des entstandenen Kettenmoleküls beträgt 150 bis 200.

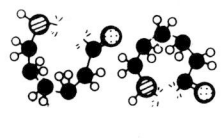

Der Lactamring öffnet sich.

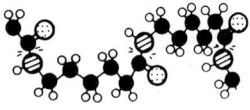

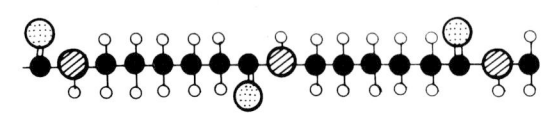

Aus den Lactamringen wurde eine Polyamidkette. (PA 6)

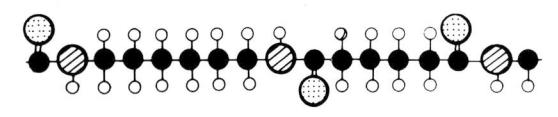

Stickstoff   Sauerstoff

Kettenmolekül-Modell Polyamid 6.6

Aus den Polymeren erhält man nach dem Schmelzspinnverfahren jeweils die PA 6- bzw. PA 6.6-Filamente bzw. Spinnfasern. Der Grad der Verstreckung während (Spinnverzug) bzw. nach dem Spinnprozess ist bei der Polyamidherstellung bedeutsam. Er bestimmt die Festigkeits- bzw. Dehnungswerte der Faserstoffe.

Acrylfasern (Polyacrylnitril – PAN)

PAN-Fasern teilt man in zwei Gruppen: PAN-Fasern, die aus 100 % Acrylnitril, und modifizierte Fasern, die aus mehr als 50, aber weniger als 85 Gewichtsprozent Acrylnitril und aus anderen Comonomeren aufgebaut sind.

Letztere werden als **Modacrylfasern (MAC)** bezeichnet. Durch die zusätzlich eingebauten Chemikalien weichen die Eigenschaften je nach Zusammensetzung von den üblichen Acrylfasern ab.

Zweck der Beimischung kann die Verbesserung der Löslichkeit der Spinnmasse oder der färberischen Eigenschaften oder die Flammenfestigkeit sein.

Ausgangsstoffe für die Herstellung von PAN-Fasern sind Propylen, Ammoniak und Sauerstoff. Durch ihre Synthese entsteht flüssiges Acrylnitril, das zu pulverförmigem Polyacrylnitril polymerisiert wird und dann über einen DP-Grad von 1000 bis 2000 verfügt. Das PAN lässt sich nicht wie Polyamid oder Polyester aufschmelzen und verspinnen, sondern es muss in Dimethylformamid gelöst werden. Ersponnen werden die Filamente zu 80 % nach dem Nassspinnverfahren (hantelförmiger Querschnitt) und zu 20 % nach dem schwierigeren Trockenspinnverfahren (bohnenförmiger Querschnitt). Dadurch ergeben sich unterschiedliche Eigenschaften.

Molekül 1   Molekül 2

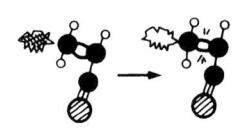

Auf ein einzelnes, ein Monomermolekül des farblosen flüssigen Acrylnitrils, wirkt eine Startersubstanz (Katalysator) ein. Dadurch lockert sich die Doppelbindung.

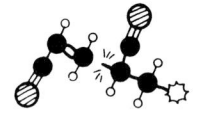

Eine der frei gewordenen Bindungskräfte wirkt anregend auf ein anderes Molekül.

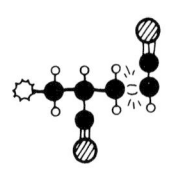

Dadurch öffnet sich ebenfalls die Doppelbindung.

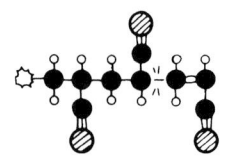

Die freie Bindung von Molekül 1 verbindet sich mit einer der eben frei werdenden von Molekül 2, während dessen andere Bindung bereits ein drittes Molekül beeinflusst. Diese Bewegungen setzen sich so fort, bis ein Kettenmolekül Polyacrylnitril entsteht.

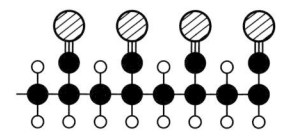

1 Synthetics

Elastan (EL)
Elastanfasern sind synthetische Filamentgarne, deren Makromoleküle mindestens zu 85 Gewichtsprozent aus segmentiertem Polyurethan bestehen. Zu dessen Herstellung verwendet man das Salz der Isocyansäure. Diese Säure enthält Kohlenstoff, Wasserstoff, Sauerstoff, Stickstoff. An das Salz der Isocyansäure, das Isocyanat, lagert man einen Alkohol, das Glukol, und erhält das monomere Alkylurethan, kurz Urethan genannt. Polyurethan wird im Schmelzspinnverfahren ersponnen.

Außerdem dehnen sich EL-Fäden unter Einwirkung einer Zugkraft um die dreifache ursprüngliche Länge und kehren nach Entlastung sofort wieder nahezu in ihre Ausgangslage zurück. Diese hohe elastische Dehnung ist auf den besonderen Aufbau der Kettenmoleküle, die aus harten und weichen Segmenten bestehen, zurückzuführen. Beide Anteile sind chemisch verschieden gebaut. Die geordneten, kristallinen Hartsegmente aus Polyurethan – mit quer vernetzenden Brücken dazwischen – geben dem Faden die Festigkeit; die Weichsegmente sind ungeordnet, amorph und im ungedehnten Zustand stark geknäult. Wird der Faden gedehnt, beginnen sie sich in der Zugrichtung zu orientieren und werden auseinander gezogen. Die Kombination beider Segmente sorgt für die rücksprungfähige Dehnfähigkeit der Elastane. Je nach EL-Typ bestehen die Weichsegmente aus Polyester *(Dorlastan)* oder Polyether *(Lycra)*. Die Mehrzahl der Elastanfasern wird im Trockenspinnverfahren gewonnen. Durch die Spinngeschwindigkeit bzw. Abzugsgeschwindigkeit kann die Feinheit der Einzelfilamente genau gesteuert werden. Noch im viskosen Zustand werden die Einzelfilamente durch eine Dralleinrichtung in Kontakt gebracht und verklebt, sodass ein monofiler Faden („verschmolzenes Monofilament") entsteht.

ungedehnt:

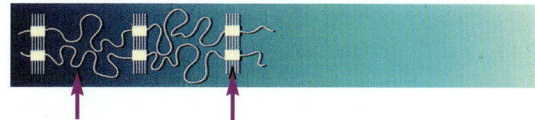

Weichsegment, spezieller Polyester oder Polyether

Hartsegment, Polyurethan

gedehnt:

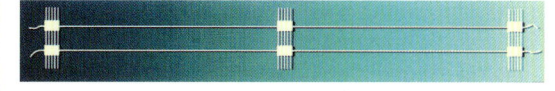

Polypropylen (PP)
Polypropylen gehört ebenso wie Polyethylen (PE) zur Gruppe der Polyolefine, die die mengenmäßig bedeutendste Kunststoffgruppe bilden.

Die einfachste Kohlenwasserstoffkette, die zur Fasersubstanz wird, ist das Polypropylen. Der Ausgangsstoff für Polypropylen ist das aus Erdöl und Erdgas gewonnene Gas Propylen. Die für textile Fasern geeigneten Polymere entstehen durch Polymerisation und weisen eine absolut gleichmäßige Molekularstruktur auf. Der DP-Grad beträgt ca. 12 000.

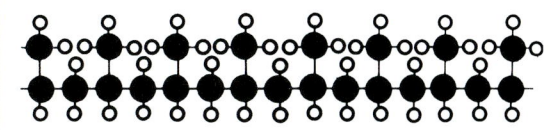

● Kohlenstoff
○ Wasserstoff

Molekülketten-Modell Polypropylen

Zu einem Faden „verklebte" Dorlastan-Einzelfilamente

1995 Der Reichstag in PP-Gewebe verpackt

1 Synthetics

Das weiße körnige Pulver PP schmilzt bei 170 °C und wird im Schmelzspinnverfahren zu Multifilamenten und Spinnfasern sowie zu Spinnvliesstoffen ersponnen. Die Bedeutung der PP-Fasern nimmt heute weltweit neben Polyesterfasern am stärksten zu. Sie kommen für Bodenbeläge, technische Textilien oder Vliesstoffe zum Einsatz. Durch Modifikationen (nachträgliche Anfärbbarkeit, Einbau von UV-Stabilisatoren, Hochfest- bzw. Feinstfaserfilamente) kann die Normaltype verbessert werden.

Polychlorid (Polyvinylchlorid – PVC)

Gegenwärtig hat die erste Synthesefaser, die PVC-Faser, nur noch geringe Bedeutung. Sie wird nach dem Textilkennzeichnungsgesetz auch als Polychloridfaser (Chlorofaser) bezeichnet. Sie entsteht durch Polymerisation aus dem monomeren Vinylchlorid. Dieses Gas wird durch Anlagerung von Chlorwasserstoff an den Kohlenwasserstoff Äthin gebildet. Der DP-Grad liegt zwischen 1000 und 2500. PVC ist ein wichtiger Kunststoff, der aber auch zu Synthesefasern ersponnen werden kann. Dazu löst man das weiße Pulver Polyvinylchlorid in Schwefelkohlenstoff und Aceton und erspinnt die Filamente meist nach dem Trockenspinnverfahren.

Polytetrafluorethylen (PTFE)

PTFE ist ein Wasser abstoßendes synthetisches Material, das wohl besser unter dem Namen Teflon bekannt ist. Im textilen Bereich wird es nur zu Membranen verarbeitet. Beispielsweise auf Ober- oder Futterstoff laminiert und zu Sport- und Freizeitkleidung (Marke *GoreTex*) verarbeitet, bewirkt diese hauchdünne Membrane Wasserdampfdurchlässigkeit bei gleichzeitiger Wasser- und Winddichtheit. Die textilen Einsatzgebiete sind deshalb so beschränkt, weil sich aus PTFE keine Multi- oder Monofilamente nach dem Schmelzspinnverfahren erspinnen lassen. Er sintert bei 237 °C zu einer zähen Schmelze und zersetzt sich bei höheren Temperaturen. Die Durchführung des Lösungsmittelspinnverfahren ist ebenfalls nicht möglich, da bis heute kein Lösungsmittel gefunden ist. In der Textilausrüstung verwendet man Teflon als Schmutz- und Fleckschutzausrüstung. Momentan überwiegen eindeutig die technischen Einsatzgebiete, wobei komplizierte Verfahren (Pastenextrusion, Matrixspinnen, Schälverfahren) zur Herstellung von Fasern oder Multifilamenten genutzt werden. So wird PTFE wegen seiner hervorragenden Körperverträglichkeit in der Chirurgie, in der Filtration, als Dichtungs- oder Isoliermaterial verwendet.

Modifikationen der Synthetics

Oft sind die Eigenschaften der Normaltypen der Synthetics nicht zufrieden stellend. Um verbesserte oder zum Teil wesentlich abgeänderte Gebrauchseigenschaften zu erhalten, werden sie vielfältig modifiziert, d. h., die Normalfasern werden chemisch oder physikalisch verändert. Folgende Möglichkeiten werden genutzt:

Herstellung von Multipolymerisaten

Werden verschiedene Monomere gemeinsam polymerisiert, dann entstehen Multipolymerisate. Die entstehenden Kettenmoleküle stimmen dadurch nicht mehr mit den Normaltypen überein. Auf diese Weise können spezifische Eigenschaften von Fasern gezielt erzeugt werden. Häufig bildet man **Copolymerisate.** Monomere, die durch modifizierte Endgruppen abgewandelt worden sind, bilden hier die Kettenmoleküle. Dadurch kann die Anfärbbarkeit verbessert, die Pillingbildung verringert, können das elektrostatische Verhalten, die Lichtstabilität, die Entflammbarkeit oder die Schrumpffähigkeit verändert werden.

Herstellung von Mehrkomponentenfasern

Mehrkomponentenfasern bestehen aus mindestens zwei fest verbundenen Polymeren von unterschiedlichem chemischen und/oder physikalischen Aufbau. **Bikomponentenfasern** kommen am häufigsten vor. Grundsätzlich werden drei Typen unterschieden:

- **S/S-Typen (Seite an Seite)**
  Zwei verschiedene Polymere werden vor dem Spinnprozess zusammengeführt und durch eine Düse so ersponnen, dass sie Seite an Seite liegen. Sie besitzen unterschiedliche Eigenschaften, z. B. schrumpfen sie verschieden stark. In solch einem Fall würde eine Wärmebehandlung zu einer bilateralen, wollähnlichen Kräuselung führen.
- **C/C-Typen (Kern/Mantel)**
  Sie bestehen aus zwei in der Spinnmasse enthaltenen Komponenten. Diese werden in der Spinndüse (Ringdüse) so zusammengeführt, dass eine Komponente den Kern, die andere die Umhüllung

1 Synthetics

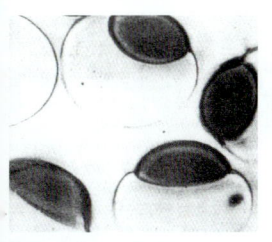

Bikomponentenfaser des S/S-Typs (Acrylfaser Monrelle)

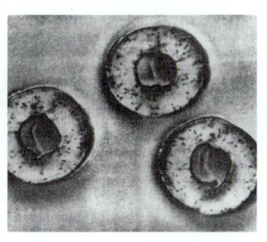

Bikomponentenfaser des C/C-Typs (KernMantelfaser Heterofilfaser)

Bikomponentenfasern des Matrix/Fibrillentyps

(den Mantel) bildet. Die Komponenten weisen modifizierte Eigenschaften (Schmelzpunkt) auf, z. B. einen niedrig schmelzenden Mantel und einen thermisch beständigen Kern. Diese werden zur thermischen Vliesverfestigung genutzt.

- M/F-Typen (Matrix/ Fibrillen)

Diese Fasern bestehen aus zwei unverträglichen artverschiedenen Polymeren. Diese Komponenten werden in der Spinnmasse vereint und gemeinsam ausgesponnen, wobei die Trägermasse (Matrix) fibrilläre Einschlüsse der anderen Komponente erhält. Sie werden bei der Verarbeitung von der Matrix geschützt und erst im Gewebe/Maschenstoff durch Auslösen eines geringeren unterschiedlichen Schrumpfens der beiden Polymere von der Matrix getrennt. Dadurch entsteht z. B. eine Vielzahl feinster (mikrofeiner), leicht aufgewölbter Filamente, die auf der Oberfläche der textilen Fläche einen feinen Flaum verursachen (Lederimitationen).

Weitere Modifikationsmöglichkeiten

– Einlagerung von oder Nachbehandlung mit Chemikalien
– Herstellung von Profilfasern
– Herstellung von Filamentmischgarnen
– Titermischungen
– Herstellung hochfester und sehr feiner Fasern
– Herstellung von Spezialfasern

Modifizierte Polyesterfasern

Unzählbar groß sind die Möglichkeiten der Fasermodifikationen bei den Polyesterfasern. Beispielsweise existieren von einer Marke, *Trevira*, über 750 Variationen! Um die PES-Normaltype abzuwandeln, besteht die Möglichkeit, die Spinnmasse so zu verändern, dass **Copolymerisate** entstehen. Dazu wird eine zweite Dicarbonsäure (Isophthalsäure) hinzugefügt, wodurch spezifische Eigenschaften (Verringerung der Pillneigung, Verbesserung der Anfärbbarkeit oder Erzielung eines unterschiedlichen Schrumpfverhaltens) erzeugt werden. **Bikomponente** Polyesterfasern des S/S-Typs aus zwei verschiedenartig schrumpfenden Polymeren erhalten nach einer Wärmebehandlung eine dauerhafte spiralige Kräuselung, ähnlich der Wolle. Deshalb eignen sich diese Fasern besonders gut zur Mischung mit Wolle. Baumwolltypen ähnlicher Art können mit Baumwolle, Viskose und Modal vermischt versponnen werden. Die **Veränderung des Faserquerschnitts** führt zur Veränderung der optischen, textilen oder physiologischen Eigenschaften der textilen Fläche. Trilobale und multilobale Faserquerschnitte machen die Faser weicher und in Glanz und Griff der Naturseide ähnlicher. Durch dreikantige Querschnitte wird eine erhöhte Glanzwirkung erzielt. Hohlfasern ermöglichen u. a. einen hohen Lufteinschluss, besitzen eine sehr gute Bauschkraft und gute Wärmehaltung bei geringem Gewicht und werden deshalb als Füllfasern eingesetzt. Oder aber eine speziell für den Sportbereich entwickelte Vierkanalfaser mit großer Oberfläche unterstützt den Kühlungsprozess des Körpers und sorgt für den Abtransport der Feuchtigkeit von der Hautoberfläche (Dracon Coolmax).

Mit der Entwicklung von Feinstfasern oder **hochfesten Fasern** (voll verstreckte Filamente z. B. für Nähfäden, Reifencord) sind PES-Hochleistungsfasern geschaffen worden. Als **Feinstfaser** gelten die an die Mikrofasern anschließenden Feinheiten mit 1,1 bis 1,7 dtex. PES-Garne, bestehend aus solchen feinsten Einzelfilamenten sind sehr seidig, leicht und strapazierfähig. Sie ähneln gewaschener Naturseide und werden zu hochwertigen, eleganten Kleider- und Blusenstoffen verarbeitet. Auch im Sportbereich kommen diese sehr feinen und dichten Stoffe wegen der hohen Wind- und Wetterdichte zum Einsatz. Als Spinnfaser eignen sich die Feinstfasern zur Mischung. Beispielsweise ersetzen edel glänzende, weiche Spinnfasern Kaschmir. PES-Baumwolltypen

1 Synthetics

Beispiel der Modifikation von Polyesterfasern durch Profilgebung:

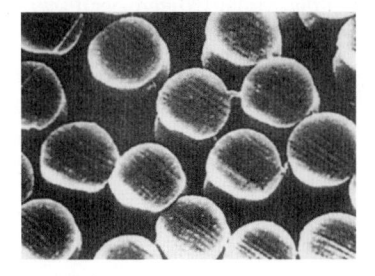

a) rund 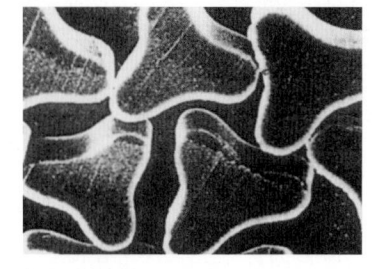
b) trilobal
(a) und b) spezielle Querschnittsformen zur Veränderung der Glanzwirkung und des Griffs)

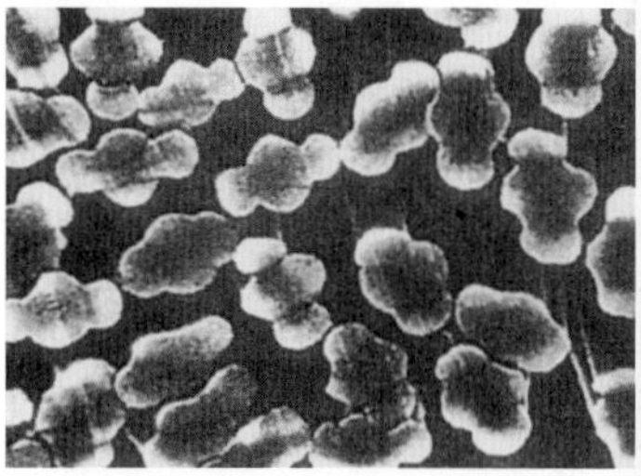

c) spezielle Querschnittsform zur Erhöhung des Feuchtigkeitstransports

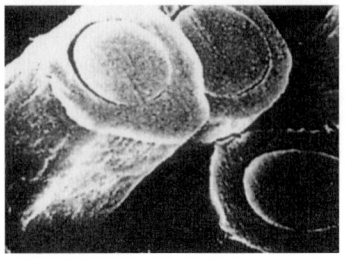

d) Bikomponentenfaser: Kern/Mantel
e) Bikomponentenfaser: Matrix/Fibrille 
c) Hohlfaser 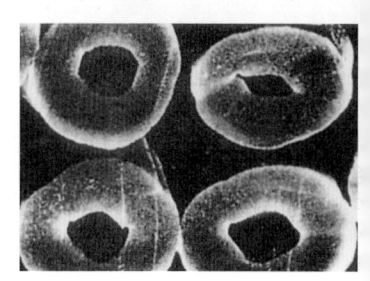

werden Baumwolle beigemischt und können im Rotorspinnverfahren verarbeitet werden oder aber PES-Wolltypen können, in Titer und Kräuselung angepasst, feinste und somit teure Merinowollen ersetzen.

Auch über Garnmodifikationen lässt sich PES vielfältig abwandeln. Als **Filamentmischgarne** werden Spezialgarne aus einer Mischung von Fasern mit verschiedener Verstreckung oder Texturierung bezeichnet, die durch lockere Schlingen und Bogen bei gleichem Volumen und geringem Gewicht eine gute Bauschkraft gegenüber normalen Garnen erhalten. Ebenfalls können Polyesterfasern mit verschiedenen Schrumpfwerten (fixierte Filamente ohne Schrumpfung, unfixierte mit mittlerer und Typen mit hoher Schrumpfung) kombiniert werden, wodurch relativ preiswert dreidimensionale Stoffe (Seersucker, Cloqué, Blasenkrepp) entstehen. Und schließlich lassen sich Einzelfilamente mit verschiedener Feinheit und mit unterschiedlichem Profil mischen, um z. B. spezielle Oberflächeneffekte mit seidigstumpfem Griff oder einem Warenfluss zu erzielen, der mit herkömmlichen glatten Garnen nicht zu erzielen ist. Polyester eignet sich außerdem vorzüglich als **Füllfaser**. Insbesondere zur Füllung von Steppstoffen, Deckbetten und Kopfkissen, Schlafsäcken und Morgenmänteln sowie für Polsterzwecke ist *Fiberfill* konstruiert worden. Diese Spezialtypen zeichnen sich durch hohe, dauerhafte Bauschkraft mit der Fähigkeit zur schnellen Wiedererholung, hohe Schmiegsamkeit und Luftdurchlässigkeit aus und sie besitzen z. B. im Vergleich zum Volumen ein niedriges Gewicht. Als Füllfasern werden spezielle Hohlfasern oder sehr glatte Filamentbündel mit einem Überzug aus Silikon genutzt.

Modifizierte Polyamidfasern

Copolymerisate haben das Ziel, die Anfärbbarkeit von Polyamiden zu verbessern und die elektrostatische Auflading zu verringern. Verändert werden hierzu die Amid-Endgruppen durch Beifügung stark saurer Komponenten. Diese bewirken bei Färbung mit Säurefarben keine oder eine dunkle bis tiefdunkle Anfärbung. Interessante Ton-in-Ton-Effekte werden dann möglich, wenn in einem Gewebe verschiedene dieser Fasern verarbeitet wurden. Spiralige Kräuselung und eine deutlich erhöhte Formelastizität erhält PA 6.6 für Feinstrumpfwaren, wenn es mit einem ungeordneten Polymer kombiniert wird. Diese **Bikomponentenfaser** des S/S-Typs verfügt über eine bilaterale Struktur. Auch **Profilfasern** spielen bei den Polyamiden eine wichtige Rolle. So werden leichte und feine, dem Naturseiden-Pongéähnliche Gewebe aus Polyamid-Trilobal, dessen Fasern einen kleeblattähnlichen Querschnitt aufweisen, für Jogging- und Freizeitanzüge verarbeitet. Trilobal- und Multilobé-Garne verbessern den Feuchtigkeitstransport und damit die hygienischen Eigenschaften der Polyamidfasern, die Anfälligkeit gegen Pillingbildung und gegen Zieher bei Feinstrumpfhosen kann verringert werden. Ein dreikantiger Querschnitt führt zur Veränderung der Lichtbrechung und bewirkt den Sparkling-Effekt. Diese sehr brillante Glitzerwirkung ist insbesondere bei Feinstrümpfen und Seidenstoffen zu finden. Sehr lichtfeste und farbechte Gardinen erhält man, wenn Fasern verarbeitet werden, in deren Spinnmasse optische Aufheller eingeschmolzen wurden. Durch diese **Einlagerung** wird das strahlende Weiß der Fasern weder durch Sonneneinstrahlung noch durch häufiges Waschen beeinträchtigt.

Feinstfasern aus Polyamid werden für hauchfeine, hochelastische Strumpfwaren oder im Wäschebereich eingesetzt. Hinter der Marke *Tactel* steht ebenfalls eine Feinstfaser aus PA 6.6, die in speziellen Ausführungen im Freizeit- oder Spezialsportbereich rein oder in Mischung mit Baumwollen vielfältig verwendet wird. Andere Hochleistungsfasern erhalten durch eine Veränderung der Polymere besonders hohe Festigkeitswerte. Diese **hochfesten Fasern** eignen sich für besonders strapazierte Textilien, wie Sporttaschen, Rucksäcke oder Reisegepäck. Besonders bedeutsam ist der Faserstoff Polyamid für die Herstellung von Teppichen und Bodenbelägen. **Spezialfasern für Teppiche** entstehen durch unterschiedlichste Modifikationen.

Modifizierte Acrylfasern

Hierzu zählen edelhaarähnliche **Feinstfasern,** die in Griff und Glanz den Eigenschaften dieser Naturfasern (Mohair oder Alpaka) angepasst werden. Feinstfasern im wolligen Charakter gibt es auch in pillingresistenten Ausführungen.

Außerdem sind **Spezialschrumpffasern** entwickelt worden. Eine unfixierte Sondertype (S-Type) schrumpft, wenn sie gekocht oder genügend heiß gedämpft wird, bis zu 35 %, beispielsweise in Mischung mit Normaltypen etwa 18 bis 22 %. Rein versponnen und in der Seidenweberei mustermäßig eingesetzt lassen sich z. B. Gewebe mit Schrumpfeffekten herstellen. Verspinnt man Fasern mit unterschiedlichen Schrumpfeigenschaften, z. B. Normalfasern und S-Typen, miteinander und dämpft die daraus hergestellten Wirk- und Strickwaren, so ziehen sich die schrumpffähigen Fasern zusammen und die nicht schrumpffähigen werden dadurch gekräuselt (aufgebauscht). Das besonders voluminöse, weiche, filzfreie und einlaufsichere Garn wird als **Hochbauschgarn (HB-Garn)** bezeichnet.

Eine der Wolle ähnliche, dreidimensionale spiralförmige und dauerhafte Kräuselung wird durch **Bikomponentenfasern** des S/S-Typs erzielt. Hierzu werden zwei, bei Hitzeeinwirkung verschieden stark schrumpfende Acrylkomponenten aus einer Doppeldüse ersponnen, wodurch ein pilzähnlicher Querschnitt entsteht. Solche Fasern gibt es speziell für Maschenwaren, Möbelstoffe oder Tuftingteppiche. Bei anderen Bikomponentenfasern werden die färberischen Eigenschaften so verändert, dass sie mit unterschiedlichen Farbstoffgruppen eingefärbt werden können oder sich die zwei Komponenten mit einem Farbstoff unterschiedlich intensiv anfärben lassen (Melangefärbungen).

Als saugfähige PAN- Spezialfaser (Hohlstrukturtype) wurde die Marke *Dunova* von *Bayer* für körpernahe Bekleidung (Sportkleidung, Unterwäsche), Frottierwaren und Handstrickgarne entwickelt. Die Produktion dieser „Klimafaser" wurde aus wirtschaftlichen Gründen eingestellt. Unter dem eingetragenen Warenzeichen *dunova*® vertreibt nun die Spinnerei *Lampertsmühle AG* Spinnfasergarne und Fertigartikel, hergestellt aus 65 % Polyesterfasern (*Dacron* von *DuPont*) und 35 % Baumwolle.

Modifizierte Elastanfasern

In Elastanfasern lassen sich spezielle **Komponenten einlagern.** Dazu gehören Mattierungsmittel oder Stabilisatoren, die für hohe Lichtbeständigkeit sorgen bzw. das Vergilben verhindern.

Das **Dehnungsverhalten** der Filamente kann durch die Veränderung der Produktionsbedingungen modifiziert werden. Einen überproportionalen Widerstand gegen die Dehnung bereits in einem frühen Stadium zu erreichen ist beispielsweise bei Miederwaren oder Stützstrümpfen erwünscht.

Um den Griff, das Aussehen, die Verarbeitbarkeit und die Scheuerbeständigkeit der oft „nackt" verwendeten Elastanfilamente zu verbessern, werden diese mit anderen Textilfasern ummantelt. Man spricht dann von **Kombinationsgarnen.** Sie werden in Umwindungsgarne und Umspinnungszwirne eingeteilt.

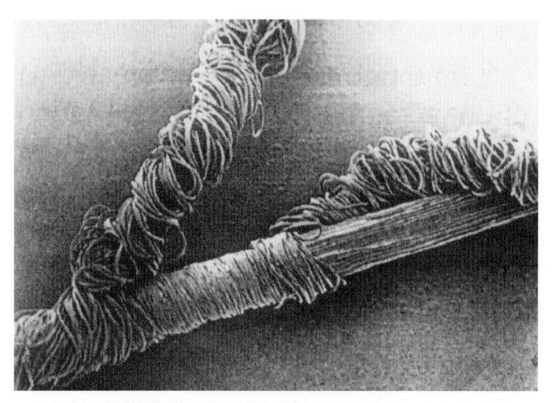

Umwindungsgarn mit Dorlastan-Seele. Zwei Garne mit andersartigem Material werden kreuzweise um den definiert gedehnten Elastankern herumgelegt.

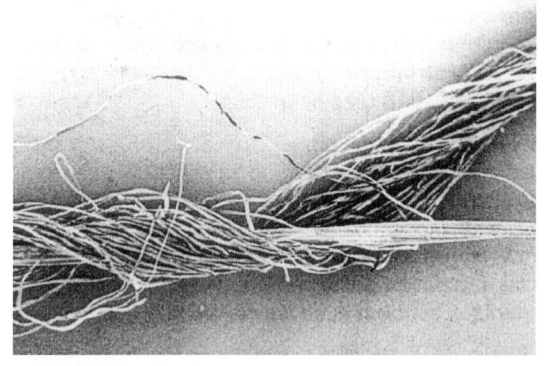

Kombinationsgarn (Umspinnungszwirn) mit einem Kern aus vorgedrehtem Dorlastanfilament der unter nochmaliger Drallgebung mit einer Lunte aus andersartiger Spinnfaser verbunden wird.

Mikrofasern

Mikrofasern stellen keine Modifikation eines Faserstoffs dar, sondern sie stehen für eine neue Fasergeneration, die Chemiefasern der vierten Generation. Als Mikrofasern werden Chemiefasern bezeichnet, die feiner sind als alle natürlichen Faserarten. Als Maßstab gilt der feinste natürliche Faden, der Seidenfaden, mit einer Feinheit von ca. 1,3 dtex. Mikrofasern sind feiner. Ihre Feinheit darf max. 1,0 bis 0,3 dtex betragen. Unter 0,3 dtex werden sie als Supermikrofasern bezeichnet. Damit ist eine Mikrofaser dreimal feiner als Baumwolle, etwa sechsmal feiner als Wolle und sechzigmal feiner als ein menschliches Haar!

Die Herstellung von Mikrofasern erfordert die Veränderung der Spinnmasse und des Spinnverfahrens und setzt hohe Spinngeschwindigkeiten voraus, die zu einer fast vollkommenen Parallelorientierung der Kettenmoleküle innerhalb der Faser führen müssen. Dadurch wird eine höhere kristalline Ordnung der Molekülketten erreicht.

Mikrofasern werden aus allen wichtigen Faserrohstoffen hergestellt, z. B. aus PES *(Diolen-Mikro, Trevira-Finesse, Trevira-Micronesse, Setila Mikro)*, aus PA *(Tactel-Mikro, Meryl-Mikrofibre)* aus PAN *(Dralon-Mikro, Mikro PAC, Leacril mikro)*, CV *(Danufir Mikro)* oder CMD *(Mikro-Modal)*.

Die sehr feinen Fäden werden zu Garnen gebündelt oder auf bestimmte Stapellänge geschnitten und zu einem Garn versponnen. Ein solches Garn mit einer Stärke von z. B. 100 dtex kann rund 150 Einzelfilamente à 0,7 dtex enthalten. Im Vergleich dazu enthält ein „normales" Chemiefasergarn bei gleicher Garnstärke nur ca. 40 Filamentfäden. Aus Mikrofasern lassen sich deshalb leichte Gewebe und Gewirke mit besonders funktionalen Eigenschaften herstellen. Die dichten textilen Flächen sind Wasser und Wind abweisend, aber wasserdampfdurchlässig. Außerdem sind sie strapazierfähig, verfügen über einen fließenden Fall und seidigen Griff und lassen sich leicht pflegen. Zudem sind durch mechanische Ausrüstungsmaßnahmen, wie Schmirgeln oder Sanden, spezielle Oberflächeneffekte möglich. Mikrofaserstoffe können vielfältig eingesetzt werden, von Alltags- bis zu Spezialsportbekleidung.

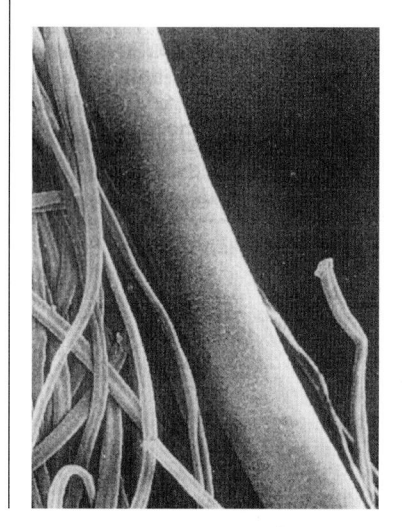

Ein Elektronenmikroskop war nötig, um den Größenunterschied zwischen einem Garn aus vielen Mikrofasern (links) und einem menschlichen Haar (rechts) darzustellen.

1 Synthetics

Gemeinsame Eigenschaften der Synthetics

Querschnitt und Längsansicht

Bei Nass- und Trockenspinnverfahren werden die Chemiefasern meist aus runden Spinndüsenlöchern zu Filamenten ersponnen, wobei der Faserquerschnitt beim Verfestigen unterschiedliche Formen annimmt (rundlich, bohnenförmig, nierenförmig, gezackt). Entsprechend glatt und wenig strukturiert erscheint die Faseroberfläche. Beim Schmelzspinnen (PA, PES, PP) wird der Faserquerschnitt je nach Einsatzgebiet der Faser durch Einsatz unterschiedlicher Profilspinndüsen modifiziert. So kann der Querschnitt z. B. dreieckig, dreilappig oder sternförmig sein und damit der Faser eine strukturierte Oberfläche (Erhebungen, Vertiefungen) oder Hohlräume geben. Durch Profilfasern ergeben sich Verbesserungen der Fasereigenschaften z. B. in Bezug auf Glanz, Griff, Elastizität, Volumen, Feuchtigkeitsleitfähigkeit oder Farbeindruck.

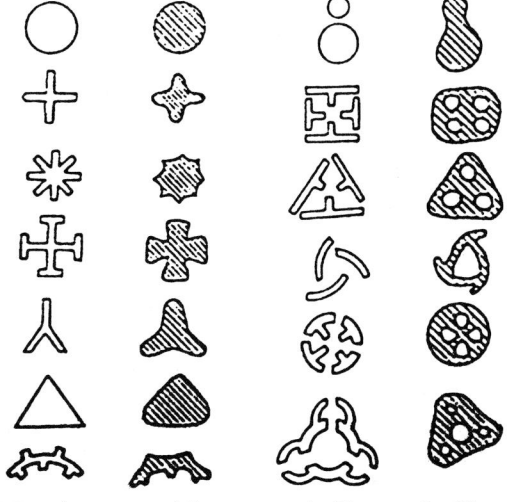

Düsenformen und Faserquerschnitte von Profilfasern

Faserlänge

Die Länge der Filamentgarne ist theoretisch unbegrenzt, praktisch ist sie durch die Form der Aufwicklung gegeben. Es gibt Garnlängen bis zu tausend Kilometer. Spinnfasern können je nach Verwendungszweck die gewünschte gleichmäßige Stapellänge aufweisen. Als Beimischungen für Naturfasern werden auch die synthetischen Filamente in etwas längere Stapel geschnitten als die Naturfasern,

da sie sich dann leichter als Spinnführung ins Innere der Mischgarne legen.

Faserfeinheit

Die Feinheit (auch Titer genannt) einer synthetischen Faser kann feiner als die der Naturseide oder so stark wie Drähte sein. Abhängig ist die Feinheit vom Einsatzzweck.
Man unterscheidet:
- grobe Fasern: über 7,0 dtex
- mittelfeine Fasern: 7,0 bis 2,4 dtex
- feine Fasern: 2,4 bis 1 dtex
- Mikrofasern: 1,0 bis 0,3 dtex
- Supermikrofasern: unter 0,3 dtex

Die Filamentfeinheit wird durch die Abstimmung von Düsendurchmesser, Art und Zusammensetzung der Spinnmasse, Geschwindigkeit von Spinnpumpe und Abzugsorgan gesteuert.
Lässt man die Dosierpumpe stoßweise arbeiten oder variiert den Abzug der Fäden, so verdicken sich die Filamente stellenweise, ein Honan- oder Leineneffekt kann entstehen.
Bei einem Einzeltiter von 1,5 dtex und 120 Einzelfilamenten entsteht ein Garn mit einem Gesamttiter von 180 dtex (dtex 180/ 120). Bei einer Länge von 10 000 m hat das Garn ein Gewicht von 180 g, das Filament von je 1,5 g. Je niedriger der Titer, desto feiner ist das Garn[2].

Gewicht

Das spezifische Gewicht/die Dichte der Synthetics ist relativ gering, wodurch leichte textile Flächen hergestellt werden können.

Kräuselung

Synthetics fallen produktionsbedingt meist glatt an. Die Filamente, Spinnkabel oder Spinnfasern können aber nachträglich gekräuselt (texturiert) werden. Je nach Texturierverfahren[3] entstehen unterschiedliche Kräuselungsstrukturen.

Farbe

Die Farbe der synthetischen „Rohfaser" ist meist ein unterschiedliches Weiß. Durch Zusatz von Farbstoffen zur Spinnmasse ist eine Spinnfärbung bei der Faserherstellung möglich.

---

[2] siehe Seite 116 f.
[3] siehe Seite 86

1 Synthetics

Glanz
Aufbau und Oberflächenbeschaffenheit bestimmen den Glanz der Synthetics. Je nach Wunsch kann der Glanz erhöht oder abgeschwächt werden. Dies ist durch Veränderung der Oberfläche bzw. des Querschnitts (Profilfasern) oder durch Einlagerung von Mattierungsmitteln in die Spinnmasse möglich.

Feuchtigkeitsaufnahme und Saugfähigkeit
Synthetics nehmen allgemein wenig bzw. keine Feuchtigkeit auf. Damit besitzen sie eine sehr geringe bis keine Quell- und Saugfähigkeit. Dadurch laufen sie nicht ein, sind leicht zu waschen und trocknen schnell. Andererseits können sie deshalb kaum Schweiß aufsaugen und sie lassen sich schwer anfärben. Synthetics können aber die vom Körper an die Textilien abgegebene Feuchtigkeit rasch an die Oberfläche weiterleiten und verteilen (schneller Feuchtigkeitstransport), wo sie dann verdunstet. Diese Eigenschaft nutzt man für Zweischichtenstoffe im Sport- und Sportwäschebereich.[4]

Elastizität und Dehnung
Synthetics verfügen über mittlere bis sehr hohe Dehnungswerte. Die Elastizität ist grundsätzlich hoch bis sehr hoch, wodurch die Knitterneigung im Allgemeinen gering ist.

Thermoplastizität und Formbarkeit
Synthetics sind gegenüber Wärme empfindlicher als Naturfasern, was beim Waschen und Bügeln beachtet werden sollte. Sie beginnen bereits bei relativ niedrigen Temperaturen zu erweichen (in diesem Zustand sind sie formbar) und danach zu schmelzen (Thermoplastizität). Die neue Form bleibt nach Abkühlung (Fixierung) erhalten. In der Praxis wird thermofixiert, d. h., man bringt die textile Fläche auf eine Temperatur, die über der bei der Verarbeitung oder im Gebrauch üblichen liegt. So bleibt die neue Form (Plissees, Falten, Kräuselung, Verzug) erhalten. Die Fasern sind erst wieder verformbar, wenn die Thermofixiertemperatur erneut überschritten wird.

Reißfestigkeit und Scheuerfestigkeit
Aufgrund des hohen Polymerisationsgrades und der Orientierung der Moleküle sowie der dadurch möglich werdenden starken Valenzkräfte übertreffen alle Synthetics die Reißfestigkeit der Naturfasern. Im nassen Zustand wird sie kaum geringer. Durch Verstreckung können die Festigkeitswerte noch erhöht werden. Sie besitzen grundsätzlich auch eine sehr hohe Scheuerfestigkeit und damit ein gutes Verschleißverhalten.

Wärmerückhaltevermögen
Das Wärmerückhaltevermögen der feinen, glatten, wenig strukturierten Filamentgarne ist gering, die Luftdurchlässigkeit entsprechend hoch. Durch Kräuselung des Filamentgarnes kann das Wärmerückhaltevermögen erhöht und die Luftdurchlässigkeit verringert werden. Spinnfasergarne werden in der Regel immer gekräuselt und weisen ein gutes Wärmerückhaltevermögen auf.

Elektrostatische Aufladung
Bedingt durch die geringe Feuchtigkeitsaufnahme und die Glätte der Synthetics laden sie sich elektrostatisch auf. Auch Schmutzteilchen aus der Luft und dem Wasser werden dadurch angezogen. Die Aufladung kann durch Ausrüstung oder Einsatz von Spezialtypen verringert werden.

Pillingbildung
Pills sind Knötchen, die sich bei Textilien aus synthetischen Spinnfasern (auch bei Wolle) an der Oberfläche von Geweben oder Maschenwaren bilden. Sie entstehen, indem sich beim Tragen einzelne Fasern aus den Garnen herausarbeiten, zu Knötcher verschlingen und an der Oberfläche des Kleidungsstücks haften bleiben. Da die Synthetics über eine hohe Festigkeit verfügen, lassen sich die unansehnlichen Pills schwer ablösen. Durch Fasermischung geeignete Garn- und Zwirndrehung, Ausrüstung oder durch Verwendung pillarmer Fasertypen kann Pilling verhindert bzw. reduziert werden.

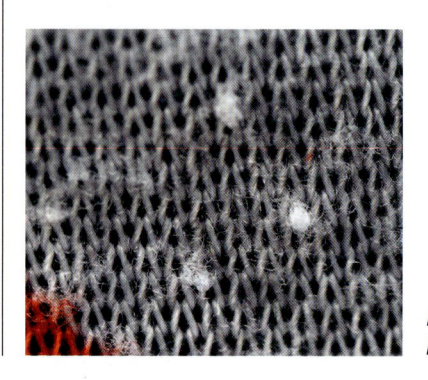

Pillingbildung

---

[4] vgl. Seite XIV

1 Synthetics

Spezielle Gebrauchs- und Trageeigenschaften einzelner Synthetics

Polyester

Handelsnamen: *Dacron, Trevira, Diolen, Grisuten, Tergal*

Die Feuchtigkeitsaufnahme von Polyester ist sehr gering und beträgt 0,2 bis 0,5 % bei Normalklima. Deshalb sind diese Fasern besonders quell- und einlauffest, sind leicht zu waschen und sie trocknen rasch. Die Reißfestigkeit ist im trockenen und auch im nassen Zustand hoch. Polyester ist scheuerfest und weist eine mittlere Dehnung im trockenen und nassen Zustand und einen hohen Elastizitätsgrad auf, weshalb Textilien aus PES kaum knittern. Die hohe Festigkeit führt zu Anfälligkeit gegen Pillingbildung, die geringe Feuchtigkeitsaufnahme zu starker elektrostatischer Aufladung, wodurch Anschmutzen begünstigt wird. Die Beständigkeit von Polyesterfasern gegen Licht und Einflüsse von Wind und Wetter ist gut, deshalb werden sie als Gardinenstoffe und Markisen eingesetzt. Mit einem Erweichungsbereich von 230 bis 240 °C und einem Schmelzpunkt von 250 °C ist Polyester relativ temperaturunempfindlich, Bügelfalten und -plissees sind außerordentlich dauerhaft. Die Beständigkeit gegenüber Säuren und Laugen ist gut. Konzentrierte Säuren greifen die Faser an, konzentrierte Laugen bauen die Faser ab.

Polyamid

Handelsnamen: *Perlon, Tactel, Noval, Meryl, Rhodex*

Die Feuchtigkeitsaufnahme von Polyamiden ist mit 3,5 bis 4,5 % bei Normalklima gering, gegenüber den anderen wichtigsten Synthetics jedoch relativ hoch. Dadurch laufen sie nicht ein, quellen nicht, trocknen rasch und sind im nassen Zustand ebenso fest wie im trockenen. Polyamid besitzt im trockenen Zustand die höchste Feinheitsfestigkeit aller wichtigen Faserstoffe, auch die Scheuerfestigkeit ist die höchste. Daraus resultiert aber auch eine starke Pillingbildung. Auch hinsichtlich Dehnung und Elastizität steht Polyamid an der Spitze aller Faserstoffe, wodurch PA-Erzeugnisse hohen Beanspruchungen (Knicken, Biegen) gerecht werden können, sie knittern kaum und Falten hängen sich relativ schnell aus. Die Fasern sind mottensicher, laugen-, seewasser- und fäulnisfest, die Lichtbeständigkeit ist schlecht. Gegen Alkalien sind Polyamide weitgehend beständig, die Beständigkeit gegenüber Säuren ist ausreichend. Durch kalte konzentrierte Ameisensäure werden sie gelöst. Die Erweichungstemperatur von PA 6 liegt zwischen 170 und 200 °C, während die von PA 6.6 bei 200 bis 235 °C liegt. PA 6 schmilzt zwischen 215 und 220 °C, PA 6.6 zwischen 255 und 260 °C. Polyamid ist thermoplastisch.

Polyacryl

Handelsnamen: *Dralon, Dolan, Leacril*

Die Feuchtigkeitsaufnahme von Polyacryl ist mit 1,0 bis 1,5 % bei Normalklima sehr gering, nur Polyester und Polypropylen nehmen noch weniger Feuchtigkeit auf. Somit ist die Quellung niedrig, die Textilien bleiben formbeständig und trocknen schnell. Sie laden sich elektrostatisch auf, was bei Gesundheitswäsche mit rheumalindernder Wirkung als positiv empfunden wird, und sie sind ohne Modifizierung schwierig zu färben. Die Festigkeits- und Scheuerwerte sind nur mittel bis gering, aber deutlich besser als die der Naturfasern. Acrylfasern weisen eine sehr hohe Dehnung im trockenen und nassen Zustand auf, die Elastizität ist hoch und die Knitterneigung damit gering. PAN-Fasern schrumpfen bei Hitzeeinwirkung relativ stark, wodurch Bauschgarne hergestellt werden können. Durch Thermofixierung kann diese Form erhalten werden. Der „hantelartige" Querschnitt der Faser begünstigt das hohe Bauschvermögen und vermindert auch die Pillinganfälligkeit. Spinnfasern verfügen über einen wollähnlichen Griff. Bei geringem Gewicht entstehen durch die bauschigen Garne sehr füllige textile Flächen, die aufgrund des hohen Lufteinschlusses ein gutes Wärmerückhaltevermögen besitzen. In der Licht- und Wetterbeständigkeit übertreffen die PAN-Fasern die übrigen synthetischen Normaltypen. Sie eignen sich deshalb als Vorhang- und Markisenstoffe. Ihre biologische Beständigkeit gegenüber Bakterien, Motten- und Schimmelbefall oder Verrottung ist ausgezeichnet. Die Erweichungstemperatur liegt um 250 °C, die Faser schmilzt nicht, sondern verkohlt vor dem Schmelzen.

Elastan

Handelsnamen: *Dorlastan, Lycra*

Die Haupteigenschaft der Elastangarne ist ihre mit hoher Dehnbarkeit (500 bis 700 %) verbundenen Elastizität. Damit haben sie Gummifäden verdrängt. Der Verbraucher schätzt das elastische Rückstellverhalten von Elastan – auch nach mehrfachem

Gebrauch. Schon geringe Mengen sorgen dafür, dass z. B. Socken oder Damenstrumpfhosen nicht rutschen. Elastan ist reiß-, aber nicht scheuerfest. Es wird durch kosmetische Öle, Fette, See- und gechlortes Badewasser sowie Körperschweiß bei sachgemäßer Pflege nicht geschädigt, es ist temperaturunempfindlich und relativ lichtbeständig. Elastan ist thermofixierbar. Die Faser erweicht zwischen 180 und 195 °C. Je nach Konstruktion der textilen Fläche und dem Elastananteil verfügt die Fertigtextilie über eine ausgezeichnete Formstabilität, eine bestimmte Dehnfähigkeit bis hin zu formenden Eigenschaften.

Polypropylen
Handelsnamen: *Asto, Novolen, Danaklon, Lutrosil, Vestolen*

PP-Fasern nehmen praktisch kein Wasser auf und sie sind die leichtesten Fasern, leichter als Wasser. Polypropylene färbt man in der Schmelze, nur durch Modifizierung ist eine Anfärbung der Faser möglich. Die Fasern verfügen über eine gute Reiß- und Scheuerfestigkeit. Sie laden sich nur wenig elektrostatisch auf, woraus sich eine geringe Anschmutzbarkeit und eine leichte Reinigung ergibt.

Die Beständigkeit gegenüber Säuren und Laugen ist hoch, gegenüber UV- und Wettereinwirkung mäßig. PP-Fasern schmelzen zwischen 160 und 175 °C und erweichen zwischen 140 und 160 °C.

Polychlorid
Handelsnamen: *Rhovyl*

PVC-Fasern nehmen keine Feuchtigkeit auf. Sie verfügen über einen niedrigen Schmelzpunkt bei 180 °C und eine hohe Schrumpffähigkeit, der Erweichungsbereich liegt zwischen 75 und 90 °C. Aufgrund des Chlorgehaltes sind die Fasern schwer entflammbar. Sie sind sehr lichtbeständig und unempfindlich gegen Laugen und Säuren in jeder Konzentration. Aus PVC-Fasern gefertigte Produkte faulen und verrotten nicht, sie sind gegenüber Mikroorganismen und Pilzen äußerst widerstandsfähig, sie laden sich stark elektrostatisch auf und besitzen eine hohe Isolierfähigkeit. Das Wärmeisolationsvermögen ist das beste aller Textilfasern und übertrifft sogar das der Wolle. Die hohe elekrostatische Aufladbarkeit und das beträchtliche Wärmerückhaltevermögen wird für Rheumagesundheitswäsche genutzt.

Pflegeigenschaften

Synthesefasern zeichnen sich durch Pflegeleichtigkeit aus, d. h., sie trocknen nach dem Waschen schnell und müssen oft nicht oder nur wenig gebügelt werden. Diese Eigenschaft trifft auch auf Mischungen zu. Zu hohe Waschtemperaturen und starke Mechanik sollten vermieden werden, da die Gefahr von bleibenden Waschknitterfalten besteht. Aufgrund der vielfältigen Modifizierungen und Faserstoffmischungen sollte stets die Pflegeanweisung des Herstellers beachtet werden!

Polyester

Feinwäsche sollte von Hand oder bei 30 °C mit Feinwaschmitteln, Buntwäsche kann bis 60 °C gewaschen werden, weiße Maschenstoffe könnten sogar gekocht werden	Chlorbleiche ist in der Regel nicht erlaubt	unter einem trockenen Tuch bei mäßig heißen Temperaturen bügeln	Professionelle Trockenreinigung ist grundsätzlich möglich, fetthaltige Verschmutzungen sollten nicht mit Fleckenentfernungsmitteln behandelt werden, sondern in die Reinigung gegeben werden	wenn nötig, nur mit reduzierter Temperatur trocknen

1 Synthetics

Polyamid

Feinwäsche sollte von Hand oder bei 30 °C mit Feinwaschmitteln, Weißwäsche kann bis 60 °C gewaschen werden, PA sollte relativ häufig gewaschen werden, nicht schleudern, sondern tropfnass (auf einem Kleiderbügel) aufhängen

Chlorbleiche ist in der Regel nicht erlaubt

sollte, wenn überhaupt, nur bei niedrigen Temperaturen gebügelt werden

Professionelle Trockenreinigung ist grundsätzlich möglich

Trocknen im Tumbler sollte man vermeiden, voluminöse Maschenstoffe am besten durch Einrollen in ein gut saugendes Frottierhandtuch vortrocknen und dann aufhängen, aber nicht am heißen Ofen oder im prallen Sonnenlicht

Polyacryl

Wirk- und Strickwaren im Schongang mit Feinwaschmitteln, Feinwäsche bis 40 °C und genügend Waschflotte waschen, nicht reiben oder wringen

Chlorbleiche ist in der Regel nicht erlaubt

wenn nötig, bei niedrigen Temperaturen von links unter einem Tuch bügeln

Professionelle Trockenreinigung ist grundsätzlich möglich

nicht im Tumbler trocknen, sondern hängend auf dem Bügel oder liegend auf einem Frottierhandtuch

Elastan

wird als Feinwäsche bis 40 °C im Schonwaschgang mit Feinwaschmitteln oder mit Hand gewaschen, Leibwäsche aus CO mit EL kann auch gekocht werden

Chlorbleiche ist in der Regel nicht erlaubt

kann mäßig warm gebügelt werden

Professionelle Trockenreinigung ist grundsätzlich möglich

richtet sich nach dem Mischungspartner, nicht in die Sonne hängen

1 Synthetics

Faserprüfungen

Die Brennprobe
- In der Flamme schmilzt **Polyester** zu fadenziehenden Tropfen, dann entflammt es mit scharf-aromatischem Geruch und unter Bildung glänzend grauer oder schwarzer Kügelchen. Polyester entzündet sich schwer und brennt mit brodelndrußender und heller Flamme.
- **Polyamide** schmelzen zu dickflüssigen, fadenziehenden gelblich-bräunlichen Tropfen. Sie entflammen schwer, der Verbrennungsgeruch ist aromatisch-mild und die erstarrte Schmelze ist hart und unzerreibbar.
- **Polyacryl** schrumpft stark, schmilzt und brennt mit gelber rußender Flamme mit einem süßlichen, beißenden Geruch ab. Der Rückstand ist hart, schwarz und krümelig und lässt sich nicht vollständig zerreiben.
- **Elastan** schmilzt in der Nähe der Flamme, entzündet sich sehr schnell und verbrennt rasch und unruhig unter Bildung eines schwarzen Rückstands.
- **Polypropylen** schrumpft und schmilzt vor der Entzündung. Dann entflammt es und brennt nach der Entfernung der Zündquelle weiter unter Bildung dunkler Kugeln als Rückstand.
- **Polychlorid** schrumpft rasch, schmilzt nicht und brennt nicht. Der warme Rückstand ist nicht fadenziehend, erkaltet wirkt er glasartig.

Die Reißprobe zeigt, dass alle synthetischen Chemiefasern sich durch besondere Festigkeit auszeichnen und schwer zu reißen sind.

Das chemische Verhalten macht deutlich, dass die synthetischen Chemiefasern sehr unterschiedlich reagieren. Deshalb kann die **chemische Probe** zur Identifizierung verwendet werden.
- **Polyester** wird durch konzentrierte Säuren angegriffen, in konzentrierter Schwefelsäure und Dichlorbenzol löst er sich. Durch konzentrierte Laugen wird er abgebaut, sehr widerstandsfähig ist er gegen schwache Laugen.
- Kalte konzentrierte Säuren greifen **Polyamid** an und lösen es (Salpeter- oder Ameisensäure).
- **Polyacryl** ist nur in konzentrierter Säure löslich (Salpetersäure), von konzentrierten Laugen, insbesondere heißer Natronlauge, wird es angegriffen.

Veredlung von Synthetics

Texturieren
Die Texturierung ist eine Veredlungsmaßnahme, bei der durch physikalische und/oder chemische Behandlung der glatten Synthesefilamente die textilen Eigenschaften der Fasern verbessert werden. Sie verfügen danach über größere Elastizität in Faserlängs- und Querrichtung, erhöhtes Volumen und gesteigerte Bauschkraft, besseres Wärmerückhaltevermögen durch erhöhten Lufteinschluss und höhere Feuchtigkeitsaufnahme durch die vergrößerte Faseroberfläche.

Filament, glatt und gekräuselt (das gekräuselte Filament ist texturiert), daneben ein Spinnfasergarn

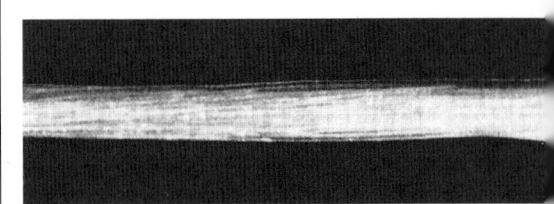

Vor dem Texturieren

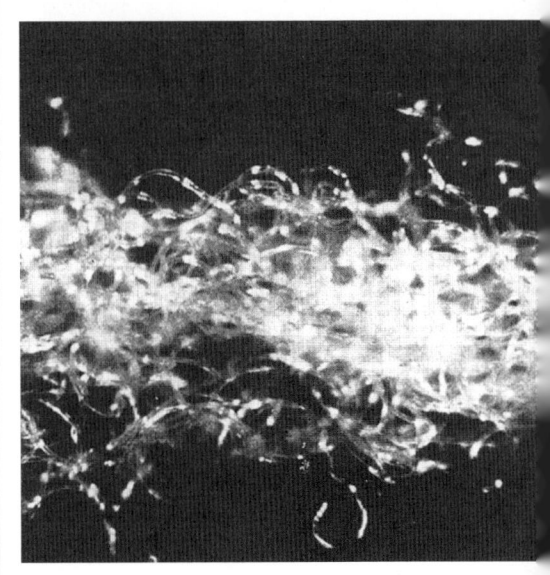

Nach dem Texturieren

1 Synthetics

Texturierverfahren von Filamentgarnen

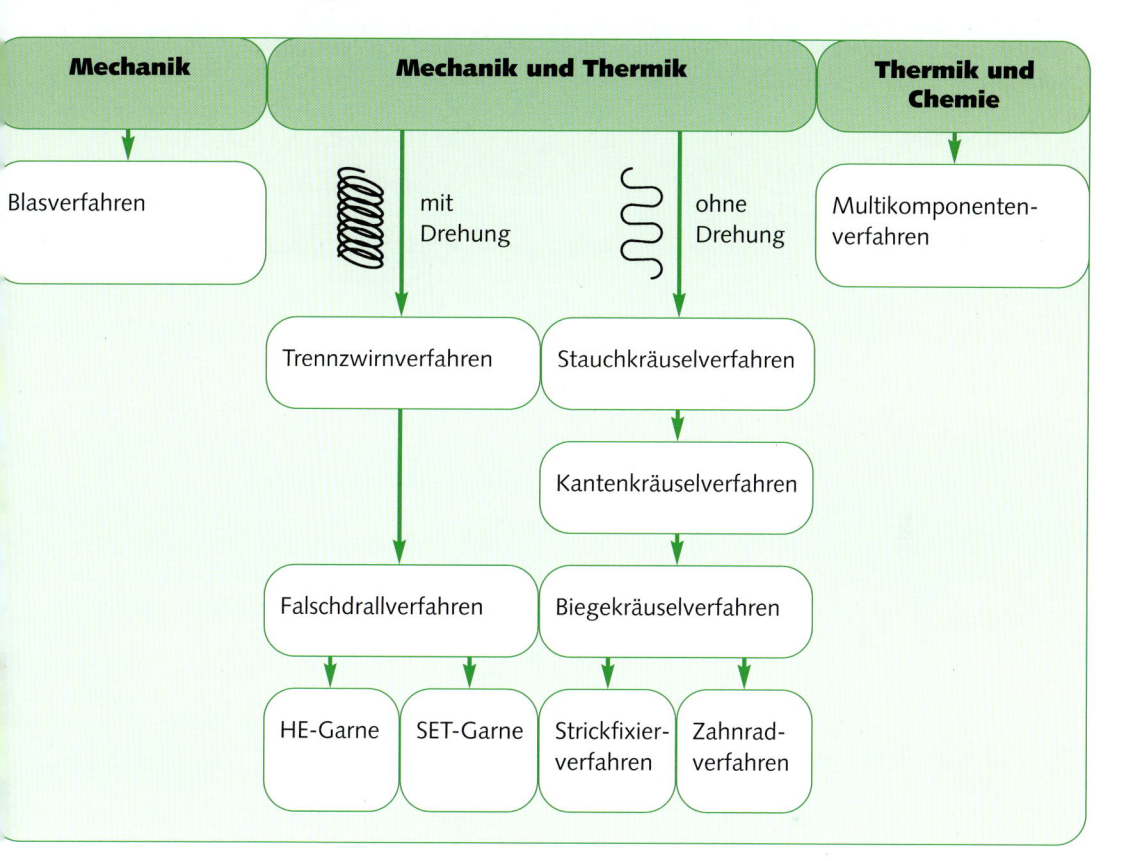

```
                    ┌──────────────────────────────────────────────────────────────────────┐
                    │                                                                      │
   ┌──────────┐     │   ┌───────────────────────┐        ┌──────────────────────┐          │
   │ Mechanik │     │   │  Mechanik und Thermik │        │  Thermik und Chemie  │          │
   └────┬─────┘     │   └───────────┬───────────┘        └──────────┬───────────┘          │
        │           │       mit Drehung   ohne Drehung              │                      │
        ▼           │           ▼              ▼                    ▼                      │
   Blasverfahren    │   Trennzwirnverfahren  Stauchkräuselverfahren  Multikomponenten-     │
                    │           │              │                    verfahren              │
                    │           │              ▼                                           │
                    │           │         Kantenkräuselverfahren                           │
                    │           ▼              ▼                                           │
                    │   Falschdrallverfahren  Biegekräuselverfahren                        │
                    │       │       │          │            │                              │
                    │   HE-Garne  SET-Garne  Strickfixier-  Zahnrad-                       │
                    │                        verfahren     verfahren                       │
                    └──────────────────────────────────────────────────────────────────────┘
```

Mechanische Verfahren

Blasverfahren

Grobgarnfilamente werden hierbei von der Seite mit Luft angeblasen, sodass sich die einzelnen Filamente zu Schlingen verwirbeln. Bei kalter Luft wirkt nur die Mechanik. Es kann aber auch mit warmer Luft trocken oder feucht geblasen werden. Das Verfahren erhält danach den Namen Trocken-, Nass- oder Heißblasverfahren. Das entstandene Garn (Taslangarn) hat Bausch und Volumen ohne hohe elastische Dehnbarkeit.

Taslasgarn

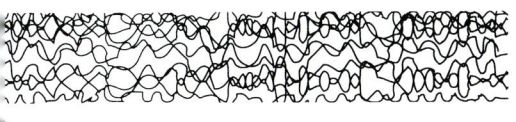

Mechanisch-thermische Verfahren

Kräuselung mit Drehungserteilung

- **Trennzwirnverfahren**
  Zwei unverdrehte Fäden (sehr feine Filamente, Monofile) werden miteinander verzwirnt, thermofixiert und anschließend wieder aufgedreht.

- **Falschdrallverfahren**
  Die Lieferwalzen ziehen ein Multifilamentgarn (aus PES, PA, auch PP) über eine Fadenbremse ab. Das Drehungsorgan erteilt dem Fadenstück bis zu den Lieferwalzen etwa 2000 Drehungen je Minute. Der Heizkörper fixiert diese Drallgebung. Beim Durchlaufen des Drehungsorgans sind die Garne bereits wieder abgekühlt. Das gleiche Drehungsorgan verursacht bis zu den Abzugswalzen durch Rückdrehen das Auflösen der „falschen Drehung". Dadurch weist das Garn beim Abzug kaum mehr einen Drall, jedoch eine Kräuselung (Bögen, Schlingen) auf. Hochelastische, sehr

1 Synthetics

dehnfähige Garne **(Stretchgarne)** entstehen. Durch eine Nachfixierung bei geringer Spannung werden daraus **Setgarne**. Sie verfügen über eine verringerte Elastizität bei bleibendem Volumen.

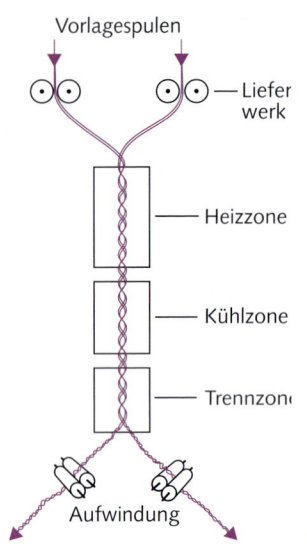

Trennzwirnverfahren

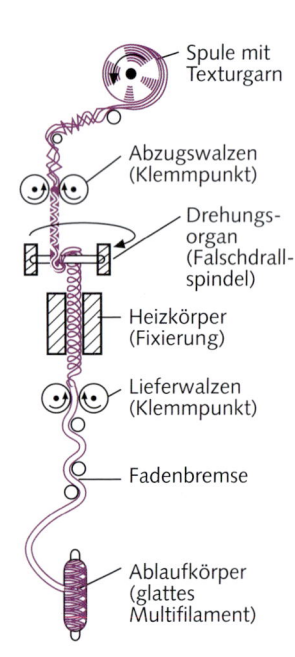

Falschdrallverfahren. Die Filamentgarne werden im beheizten „Schuh" gedreht, durch Druck fixiert und schließlich zurückgedreht.

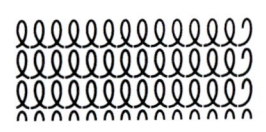

Stretchgarn

Setgarn

Kräuselung ohne Drehungserteilung

- **Stauchkräuselverfahren**
  Hierbei wird das unverdrehte Filamentgarn oder Kabel in eine beheizte Kammer gepresst, gestaucht und in dieser Struktur fixiert.

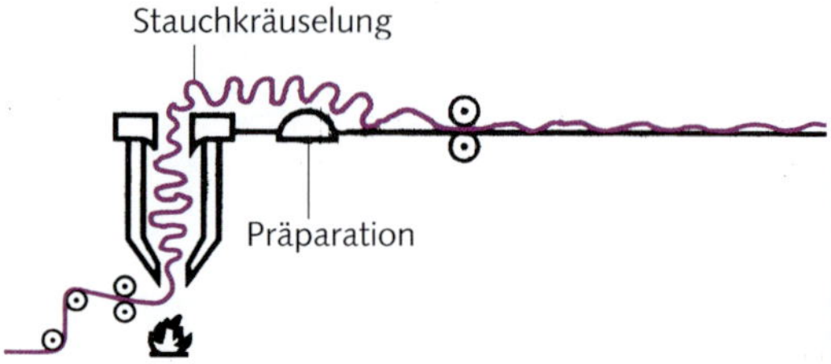

Stauchkräuselverfahren

- **Kantenkräuselverfahren**
  Ein noch plastisches Filamentgarn wird über eine scharfe Kante gezogen. Durch das Ausdehnen einer Seite kräuselt sich das glatte Garn beim Entspannen, die elastische Dehnung ist gering.

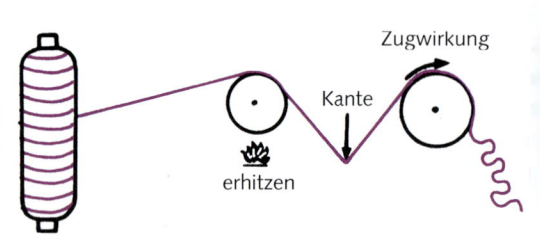

Kantenkräuselverfahren

- **Strickfixierverfahren**
  Beim Knit-de-knit oder Crinkle-Verfahren wird auf einem Rundstrickautomaten ein Schlauch gestrickt. Dieser wird fixiert, um die beim Gestrick entstandene Schlingenform des Garns dauerhaft zu erhalten. Vom Strickschlauch wird das sehr elastische und boucléartige Garn abgezogen und aufgewickelt.

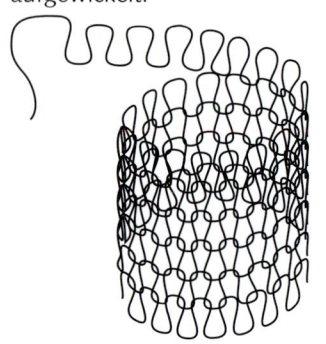

Strickfixierverfahren/ Crinkled-Garn

1 Synthetics

- **Zahnradverfahren**
Filamentgarne werden durch ein geheiztes Zahnradpaar verformt und gleichzeitig verstreckt. Die Kräuselung ist grob und flach.

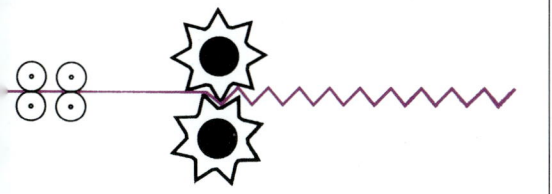

Zahnradverfahren

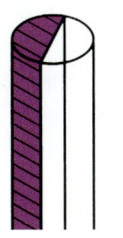

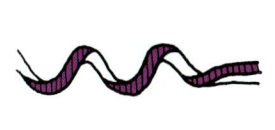

Bikomponentenfaser aus zwei Polymeren „Seite an Seite"

Chemisch-thermisches Verfahren

Bikomponentenverfahren (Spinntexturierung)
Die Strukturierung der Faser wird hier bereits im Spinnprozess vorgenommen. Zwei verschiedene Polymere mit unterschiedlichen Schrumpfeigenschaften werden zusammengeführt und „Seite an Seite" (S/S-Type) ersponnen. Es entsteht ein gemeinsamer runder Querschnitt mit zwei Teilströmen, die durch die anschließende Hitzeeinwirkung zu unterschiedlicher Schrumpfung und dadurch zu spiraliger Kräuselung führen.

Weitere Möglichkeiten der Veredlung[4]:
Synthetische Chemiefasern werden nicht nur spinngefärbt, sondern auch nach der Faserherstellung als Faserflocke, Garn oder Fläche **gefärbt und bedruckt**. Entsprechend der Art der textilen Fläche und dem verwendeten Faserstoff werden sich nachfolgend eine Reihe mechanischer bzw. chemischer Ausrüstungsmaßnahmen anschließen. So kann man je nach Bedarf z. B. das **Scheren, Bürsten, Crashen, Rauen** oder **Schmirgeln** vornehmen oder aber die Fläche mit Substanzen überziehen, die die elektrostatische Auflading verringern **(antistatische Ausrüstung)**, Knötchenbildung, Fadenziehen und Laufmaschenbildung vermindern **(Antipilling- oder Antisnag-Ausrüstung)**, einen Matteffekt erzeugen **(Mattierung)** oder eine wasserfreundliche Oberfläche erzielen **(Hydrophilierung)**, auf der sich die Feuchtigkeit schneller ausbreiten und besser verdunsten kann.

BEI DEN MÖGLICHKEITEN – IST DOCH KLAR, DASS MAN FAST ALLES MACHEN KANN.

Siehe Seite 189

1 Synthetics

Einsatzgebiete von Synthetics

Die Einsatzmöglichkeiten der Synthetics und ihrer Modifikationen sind schier unerschöpflich, ob im Bekleidungs- und Heimtextiliensektor oder auch für technische Anwendungen.

Polyester

PES-Spinnfasern werden rein, meist aber in Mischung mit anderen Faserstoffen zu Geweben, aber auch zu Maschenstoffen verarbeitet: z. B. in Mischung mit CO bzw. CV zu Hemden, Blusen, Nacht- und Unterwäsche, Kleidern, Popelinemänteln, Arbeits- und Sportbekleidung, Frottiergewebe, in Mischung mit LI und SE zu Freizeitkleidung und Kleidern, in Mischung mit PAN zu Pullovern und Jerseyware oder in Mischung mit WO zu Anzügen, Hosen, Kostümen, Röcken, Mänteln, Uniformen und Pullover.

In Mischung mit PP-Fasern entstehen Wärmeisoliervliese für modische und sportliche Beakleidung. PES-Fasern werden zu heißsiegelfähigen Fixiereinlagen und voluminösen Vliesstoffen, die als Wattierungs- und Füllmaterial in der Oberbekleidung eingesetzt werden, verarbeitet. Entsprechende PES-Vliese werden auf Kunststoffmembranen *(Sympatex, GoreTex)* laminiert oder als Einwegschutzkleidung für die chemische Industrie, Computertechnik oder als OP- Bekleidung verwendet.

Meist in Mischung mit CO, CV, LI und als Schussmaterial werden aus PES-Fasern Deko-, Gardinen- und Möbelstoffe, Auslegewaren und Bettwäsche oder batistähnliche Webgardinen (rein verarbeitet) hergestellt.

Zudem nutzt man PES als Faserkerne für Polstermöbelkissen und Matratzenkonstruktionen und als Füllmaterial für Bettwaren.

PES-Filamente werden glatt als Schuss- und vor allem als Kettmaterial für klassische Oberbekleidungsstoffe sowie für Futterstoffe (zum Teil auch texturiert) verwendet. Gewebe für Hosen, Röcke, Anzüge oder Mäntel; Jersey für Sommerkleider, Blusen; Badeanzugsstoffe;Trainingsanzüge und Sportbekleidung; Krawatten oder zweiflächige Maschenwaren für funktionelle Sportbekleidung fertigt man z. B. aus Texturgarnen. Kreppgarne kommen texturiert und glatt vor. Verschiedenartig gestaltete PES-Filamente (glatt, gedreht, ungedreht, texturiert, profiliert, matt, glänzend, mit Titerschwankungen, mit Effekten) werden zur Herstellung von Gardinen-, Deko- und Möbelstoffen genutzt.

PES-Mikrofilamentgarne werden glatt und texturiert sowohl in der Weberei als auch in der Strickerei/Wirkerei eingesetzt. Die hochwertigen leichten, pflegeleichten, zum Teil seidenähnlichen Stoffe setzt man in der modischen DOB ein. Außerdem fertigt man aus ihnen funktionelle Sport- und Freizeitbekleidung. Fleece, in einer Spezialbindung gefertigt und ein- oder beidseitig geraut, ist eine Wirkware aus PES-Mikrofasern. Kombiniert mit PES-Membranfolien *(Sympatex)* nutzt man Mikrofaserwirkwaren auch als Futterlaminate für textile „Wetterschutzsysteme".

Weitere Einsatzgebiete:
- Pillarme PES-Fasern, teilweise in Mischung mit WO, verarbeitet man zu hochwertigen Oberstoffen für Hosen, Jacken und Röcken.
- Schwer entflammbare PES-Fasern werden zu Deko-, Gardinen- und Möbelbezugsstoffen, Betttextilien, Füll- und Polsterstoffen verarbeitet.
- PES-Hohlfasern nutzt man bevorzugt in Steppdecken, Betten und Kissen oder als Füllmaterial für Sessel und Liegen.
- Im technischen Bereich ist PES in Teppichböden, Sitzpolstern, Sicherheitsgurten, LKW-Planen, Transportbändern, in der Filtration oder als Stadionüberdachung zu finden.

Überdachung einer Freizeithalle

Polyamid

PA-Spinnfasern werden rein oder in Mischung für Oberbekleidungsstoffe, Trikotagen, Sportstrümpfe und Socken eingesetzt.

Weitere Einsatzgebiete:
- Flockfasern (Kurzschnittmaterial) für den Flockdruck auf gewirkter oder gestrickter Freizeitklei-

1 Synthetics

dung bzw. zum Beflocken anderer textiler Flächen (Möbelstoffe, Fußbodenbeläge, Flockrasen für Balkone und Terrassen, Tapeten)
- Vliesstoffe (Schmelzklebefasern)
- Teppichfasern, Nadelvliesbodenbeläge, Bodenbeläge (Kunit-Verfahren)

PA-Filamente mit unterschiedlichsten Feinheiten, Profilen, Texturen werden vor allem für Feinstrümpfe, Strumpfhosen, Miederwaren, Bade- oder Gymnastikkleidung, aber auch für Oberbekleidung wie Anoraks, Ski- und Regen- oder auch Berg- und Wanderbekleidung verwendet. Sie werden eingesetzt für Unterwäsche, Rundstrickwaren, als Innenseite für zweiflächige funktionelle Textilien, Futterstoffe und Stickgarn.

Aus glatten und vor allem texturierten PA-Filamenten, auch modifiziert, fertigt man Teppiche und Auslegewaren (Tuftings, Webwaren, Nadelfaservliese) und Gardinen- Kettenwirkware.

PA-Mikrofasern setzt man für hochwertige und modische Sport- und Freizeitmode und Regenbekleidung ein. Aus Mikrofasern, die während des Herstellungsprozesses aus Mantel/Fibrillen-Biko-Fasern und anschließender Veredlung entstehen, wird wildlederartige Ware hergestellt.

Acrylfasern

Sie werden als Spinnfasergarne (meist als Hochbauschgarn) rein oder in Mischung vor allem für Maschenstoffe (Oberbekleidung, Strümpfe, Handstrickgarne) verwendet.

Aus PAN-Spinnfasern webt und strickt man Nachahmungen echter Pelze. Die Pelzimitationen sind aufgrund des differenzierten Chemiefasereinsatzes den echten Pelzen täuschend ähnlich. Als Futter für Bekleidung oder Schuhe, als Spielzeugplüsch oder als Oberbekleidungsstoffe kommen pelz- oder plüschähnliche Erzeugnisse aus PAN-Fasern zum Einsatz. PAN- Mikrofasern eignen sich für Hemden-, Blusen- und Fleecestoffe, Unterwäsche sowie Sport- und Freizeitkleidung.

Weitere Einsatzgebiete:
- Gardinen- und Dekostoffe, Tischdecken
- Schlaf- und Reisedecken, Kissenbezüge
- Teppiche, textile Bodenbeläge, Möbelstoffe (schwer entflammbar)
- Markisenstoffe, Liegestuhlbespannungen, Textilauflagen für Garten- und Freizeitmöbel

- Filamentgarne für technische Textilien
- Filamentgarne für Kleider- und Blusenstoffe, velourartige Blouson-, Mantel- und Jackenstoffe
- **Modacrylfasern** rein oder in Mischung für flammhemmende Oberbekleidungsstoffe, Schutzkleidung, Dekostoffe, textile Bodenbeläge, Pelzimitationen und Perücken.

Elastan

Wird meist in Verbindung mit anderen Textilfasern, blank („nackt") oder als Kombinationsgarn (z. B. Umwindungs-, Umspinnungs- oder Umwirbelungsgarn) eingesetzt.

Weitere Einsatzgebiete:
- elastische Kuliergewirke, Kettenwirk- und Raschelwaren für Miederstoffe (elastische Bänder), Wäscheartikel, Bade-, Sport- und Freizeitkleidung
- Strümpfe, Socken, Strumpfhosen
- quer- und/oder längselastische Gewebe für Hosen oder Anzüge

Polypropylen

Es wird rein, als Filamente oder Spinnfaser mit feinem Titer im Bekleidungssektor als Innenseite für doppelflächige Maschenstoffe (Dochteffekt) oder als einflächige Ware zu Sport- und Freizeitartikeln verarbeitet:
- Skischuhinnenfutter, Unterwäsche für Ski-Alpin, Mützen, Stirnbänder oder Sportsocken
- Sportunterwäsche, Tennis- und Fußballhemden

PP-Fasern werden weiterhin in Mischung mit PES-Fasern zu Vliesstoffen verarbeitet, die als Kälteschutzeinlage in modischer und sportlicher Bekleidung dienen.

Seile und Schnüre für Bergsteiger

1 Synthetics

In Mischung mit anderen Fasern verarbeitet man PP-Garne zu Polstergeweben, Betteinlagen oder Tuftingteppichen. Grobfaservliese dienen als Ausgangsmaterial für Nadelfilz-Auslegewaren.
Weitere Einsatzgebiete:
- technische Textilien (Seile, Netze, Verpackungsmaterial)
- Geotextilien (Erd- und Wasserbau, Uferbefestigung)
- Kunstrasen und Sportplatztextilien
- Teppichgrundgewebe
- Vliesstoffe für verschiedene Einsatzbereiche
- Monofile, Drähte, Borsten

Polyvinylchlorid
Im Bekleidungssektor verwendet man PVC-Spinnfasern für Krumpfungseffekte in Mischung mit MAC in Pelzimitatwebwaren, mit WO in Maschenoberbekleidung oder mit PAN für Plüschwaren (Futter, Pelzimitate). Gemischt mit jeder anderen Faserart wird PVC zu Vliesstoffen für Bekleidungszwecke verarbeitet.
Weitere Einsatzgebiete:
- Rheumaunterwäsche bzw. Kissenfüllungen
- in Mischung mit CMD, CV, CYL oder SE für zweilagige Maschenwaren oder Strümpfe für Sportbekleidung
- in Mischung mit CO für Unter- und Nachtwäsche oder mit WO für Socken, Strumpfhosen und Pullover
- technische Textilien

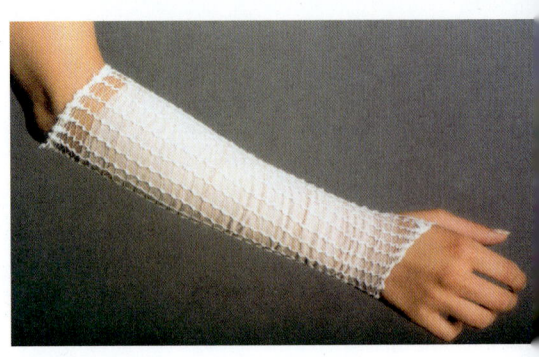

Stützverband

- Hygienebekleidung (antibakterielle Wirkung) für Krankenhäuser, Altersheime, Hotels
- schwer brennbare Möbel- und Dekostoffe (Vorhänge, Wandverkleidungen)
- Vliesstoffe
- Perücken

Isolierung der Motorhaube

Aufgaben

1. Erklären Sie das allgemeine Herstellungsprinzip von Synthesefasern.
2. Welche Spinnverfahren werden für die Herstellung der einzelnen Synthetics genutzt?
3. Erklären Sie: Monofil, Multifil, Filament, Spinnfaser, Kabel.
4. Warum werden Chemiefasern verstreckt?
5. Welches Ziel verfolgen Modifikationen?
6. Nennen und erklären Sie drei Modifikationen verschiedener Faserstoffe.
7. Was sind Bauschgarne?
8. Was sind Bikomponentenfasern des Kern/Mantel-Typs?
9. Nennen Sie zehn Fakten zu Mikrofasern.
10. Erläutern Sie drei positive und drei negative Eigenschaften der Synthetics.
11. Nennen Sie für jeden Faserstoff vier typische Einsatzgebiete. Aufgrund welcher Eigenschaften eignet sich der Faserstoff für dieses Einsatzgebiet?
12. Welche besondere Eigenschaft besitzt Elastan?
13. Erläutern Sie vier Möglichkeiten, glatte Filamente künstlich zu kräuseln.
14. Welche Bedeutung hat die Thermofixierung?
15. Synthetics werden als „pflegeleicht" bezeichnet. Warum?
16. Unterscheiden Sie verschiedene Synthetics durch die Brennprobe.

1 Anorganische Fasern

Anorganische Fasern

Zu den wichtigsten in der Textilindustrie verarbeiteten Chemiefaserstoffen auf anorganischer Basis gehören Glas und Metall.

Glas

Textilglasfasern

Textilglasfasern entstehen (nach DIN 60001) aus geschmolzenem Glas im Düsenziehverfahren oder im Düsenblasverfahren. Oder sie entstehen aus Glasstäben im Stababziehverfahren.

Textilglasfasern werden zunächst wie die Chemiefasern in praktisch unbegrenzte Länge hergestellt und auch Filamente genannt.
Spinnfasern aus Textilglas heißen jedoch Glasstapelfasern. Sie sind unbrennbar, durchsichtig und sehr spröde (leicht zu brechen). Besondere Eigenschaften sind dabei die hohe Zugfestigkeit und die äußerst geringe Scheuerfestigkeit.

Verwendet werden Glasstapelfasern bei Vorhängen, Inbetweens (Vorhänge, die so strukturiert sind, dass sie auch als Übergardine verwendet werden können), in Gemeinschaftsräumen, in denen auf Feuerbeständigkeit Wert gelegt wird, Schutzbekleidung.

Kohlenstoff

Kohlenstofffasern verfügen über hohe Festigkeit und Steifheit und sind mit einem Schmelzpunkt von 3550 °C die hitzebeständigste Fasergruppe überhaupt.
Aufgrund ihrer Steifheit sind sie für Bekleidungszwecke nicht einsetzbar. Sie werden zur Verstärkung von Kunststoffen eingesetzt. Diese verarbeitet man in der Luft- und Raumfahrt oder der Automobilindustrie, aber auch viele Sportgeräte (Tennisschläger, Skier, Surf- und Snowboards) werden daraus hergestellt.

Metall

Metallfasern

Metallfasern stellt man her aus weichen und dehnbaren Metallen (Gold, Silber, Kupfer, Aluminium), und auch aus Eloxal (elektrisch oxidiertes Aluminium).
Nach der Textilnorm wird ein Monofilgarn mit einem Durchmesser von mehr als etwa 0,1 mm nur Monofil oder auch Draht genannt. Flach gewalzte Metalldrähte werden Lahn genannt.

Metallfäden

Metallfäden aus Draht und aus Lahn erzeugt man mit und ohne Seele. Die Fadenseele ist ein Kernfaden aus Seide, Baumwolle, Wolle oder Synthesefasern. Die Seele eines Metallfadens kann dicht oder weniger dicht mit Draht oder Lahn umwickelt sein.
Eigenschaften und Verwendung:
Metallfäden sind schwer zu verarbeiten, sie oxidieren schnell und werden dann unansehnlich. Sie wurden für schwere Brokate und Stickereien verwendet. Heute werden sie nur noch für Stickereien verwendet und mit einem Oxidationsschutz versehen.

Metallglänzende Folienbänder

Metallglänzende Folienbänder sind unter der Bezeichnung „Lurex" im Handel. Sie sind zwei- oder dreischichtig miteinander verklebt und bestehen aus Polypropylen, Polyester, Polyamid oder auch aus Triacetat.
Eigenschaften und Verwendung:
Diese Glanzeffektbändchen sind im Vergleich zu den Metallfäden weicher, elastischer, lassen sich gut pflegen und sind niedriger im Preis. Sie sind vielseitiger in der Herstellung zu verwenden: für Webware, Maschenware, Spitzen, Stickereien.

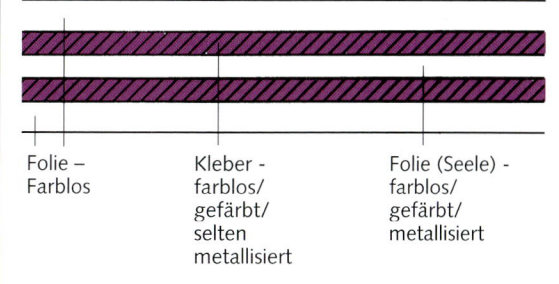

| Folie – Farblos | Kleber - farblos/ gefärbt/ selten metallisiert | Folie (Seele) - farblos/ gefärbt/ metallisiert |

Lurex MM – Aufbauschema

Mischungen von textilen Faserstoffen

Durch geeignete Fasermischungen und Verarbeitungstechniken lässt sich das Textilangebot wesentlich erweitern und vielseitiger gestalten.

Verbesserung der Trage- und Pflegeeigenschaften z. B. Natur- und Synthesefasern	Verbesserung des Aussehens und der Effekte z. B. glänzende oder schrumpfende Materialien	Verbesserung der Preiswürdigkeit und der Handelsmöglichkeiten
Funktion	Gestaltung	Substitution

Mischgespinst		Mischgewebe/-gewirke	
Garnmischungen	Fasermischungen	Mischgewebe	Mischgewirke
verschiedene Vorgarne verschiedene Garne verschiedene Zwirne vgl. Effektgarne	Mischgarn: Mischung verschiedener Fasern vor bzw. während des Spinnens	Systemmischung: z. B. Halbleinen Kette: Baumwolle Schuss: Leinen Stellungsmischung: z. B. Seersucker	Kombination zweier Materialien bei zweifädigen Gewirken z. B. plattierte Ware

1 Mischungen von textilen Faserstoffen

Eigenschaften von Mischtextilien

Trotz der Vielfalt an vorhandenen Faserstoffen gibt es keinen, der universell einsetzbar ist. Alle verfügen über eher positive oder negative Eigenschaften bezogen auf einen bestimmten Einsatzweck. Durch die Kombination von zwei (oder mehreren) Faserstoffen ist es möglich, die nachteiligen Eigenschaften des einen mit den positiven Eigenschaften des anderen auszugleichen. Die Textilien verfügen dann über Eigenschaften und Gebrauchswerte, die sie ohne Mischungspartner nicht hätten und die für den Verbraucher auch tatsächlich Verbesserungen bringen. Entscheidend hierfür sind nicht nur die eingesetzten Faserarten, sondern auch das Mischungsverhältnis. Eine Reihe von Mischungsverhältnissen hat sich für bestimmte Einsatzzwecke bewährt.

Faser	Mischungs-verhältnis	Textileigenschaften	Anwendungs-beispiele
PES/CO bzw. PES/CV	50/50, 70/30	erhöhte Formbeständigkeit, verringerte Knitterneigung, fein, glatt, schnellere Trocknungszeiten, pflegeleichter	Unterwäsche, Hemden, Blusen, Nachtwäsche
PES/LI	65/35, 80/20	Reduzierung der Knitteranfälligkeit	Popelinemäntel
PES/SE	70/30, 85/15	Griff und Aussehen werden von den charakteristischen Merkmalen der SE bestimmt	Kleider, Freizeitkleidung
PES/WO	55/45, 70/30	leicht, schmiegsam, strapazierfähig, formbeständig, weitgehend filzfrei, pflegearm	Anzüge, Hosen, Kostüme, Röcke, Mäntel, Pullover
WO/PA	75/25, 80/20, 85/15	Erhöhung der Gebrauchstüchtigkeit, gesteigerte Scheuerfestigkeit, Verringerung der Filzneigung, pflegeleichter	Uniformen, Socken, Handstrickgarne
PAN/WO	55/45, 70/30, 60/40	Reduzierung der Filzneigung, leicht, strapazierfähig, formbeständig, pflegeleichter	Jersey, Kleider, Pullover, Socken

Weitere gebräuchliche Mischungen sind:
PES/PAN   50/50, 70/30
PAN/CV   55/45, 70/30
WO/CV   50/50, 70/30
PES/PAN/WO   55/15/30, 30/40/30

Bei Verarbeitung und Pflege der Fasermischung sind die Mischungspartner zu beachten. Z. B. müssen die Bügel- oder Waschtemperaturen immer auf den schwächsten Partner abgestimmt werden.

Kapitel 2
Garne

Das Wort „Garn" wird als Sammelbegriff für linienförmige Gebilde benutzt, die aus textilen Faserstoffen hergestellt sind.

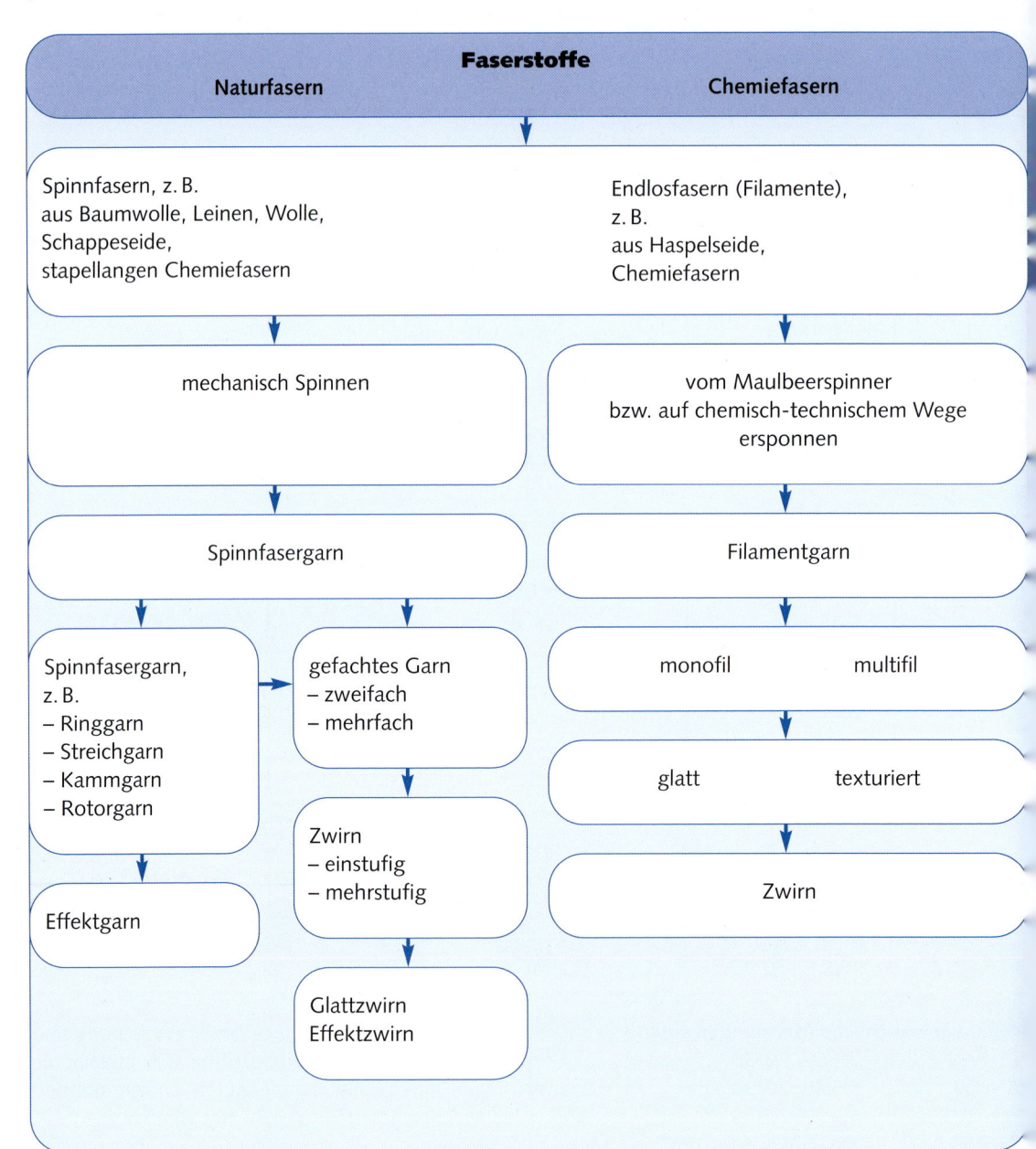

Faserstoffe

Naturfasern — Chemiefasern

- Naturfasern: Spinnfasern, z. B. aus Baumwolle, Leinen, Wolle, Schappeseide, stapellangen Chemiefasern
- Chemiefasern: Endlosfasern (Filamente), z. B. aus Haspelseide, Chemiefasern

Naturfasern → mechanisch Spinnen → Spinnfasergarn

Chemiefasern → vom Maulbeerspinner bzw. auf chemisch-technischem Wege ersponnen → Filamentgarn

Spinnfasergarn, z. B.
– Ringgarn
– Streichgarn
– Kammgarn
– Rotorgarn

→ Effektgarn

gefachtes Garn
– zweifach
– mehrfach

Zwirn
– einstufig
– mehrstufig

→ Glattzwirn, Effektzwirn

Filamentgarn: monofil — multifil

glatt — texturiert

→ Zwirn

2 Mechanische Spinnverfahren

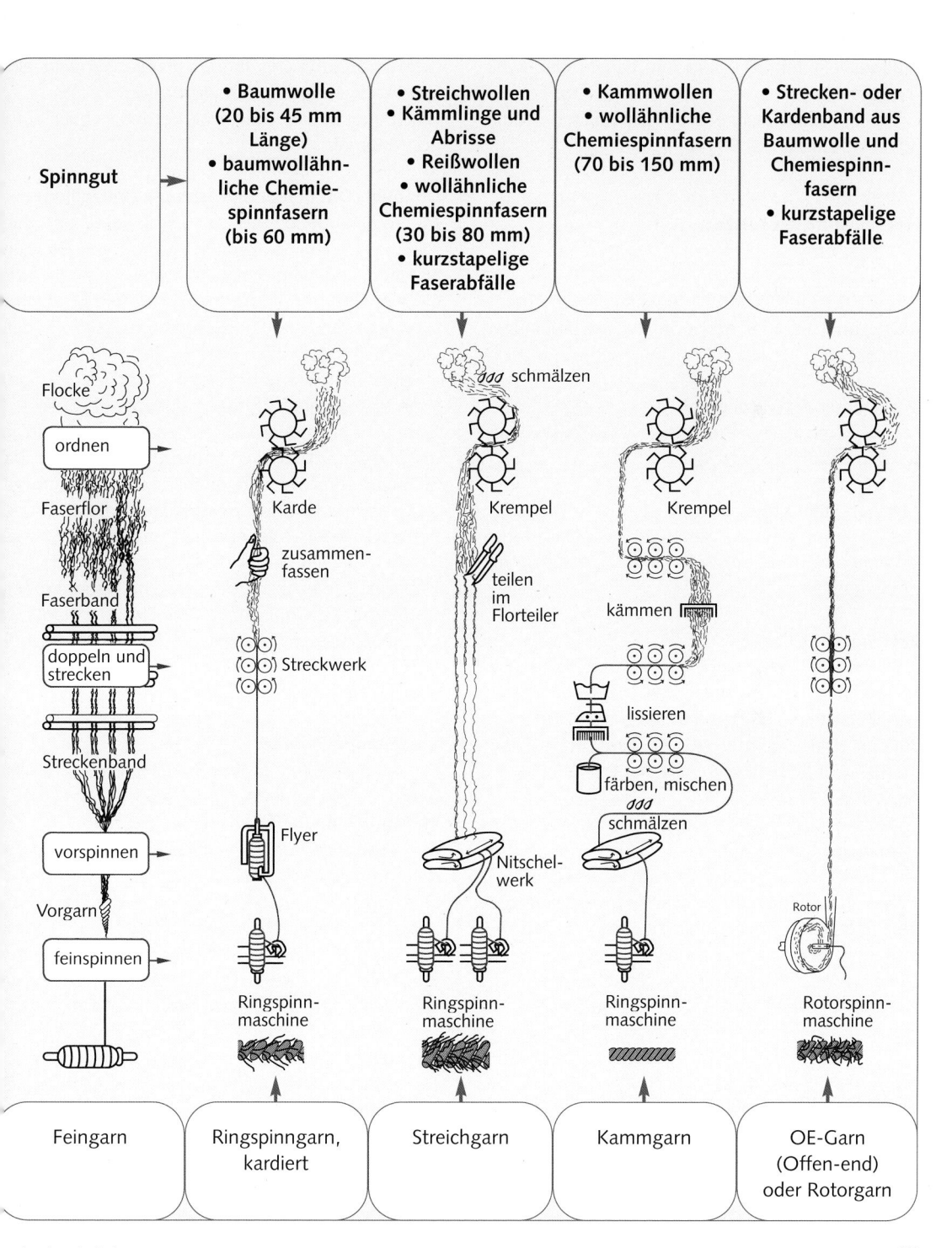

Mechanische Spinnverfahren

Spinngut	• Baumwolle (20 bis 45 mm Länge) • baumwollähnliche Chemiespinnfasern (bis 60 mm)	• Streichwollen • Kämmlinge und Abrisse • Reißwollen • wollähnliche Chemiespinnfasern (30 bis 80 mm) • kurzstapelige Faserabfälle	• Kammwollen • wollähnliche Chemiespinnfasern (70 bis 150 mm)	• Strecken- oder Kardenband aus Baumwolle und Chemiespinnfasern • kurzstapelige Faserabfälle

Flocke
ordnen
Faserflor
Faserband
doppeln und strecken
Streckenband
vorspinnen
Vorgarn
feinspinnen

Karde — zusammenfassen — Streckwerk — Flyer — Ringspinnmaschine

schmälzen — Krempel — teilen im Florteiler — Nitschelwerk — Ringspinnmaschine

Krempel — kämmen — lissieren — färben, mischen — schmälzen — Ringspinnmaschine

Rotor — Rotorspinnmaschine

Feingarn	Ringspinngarn, kardiert	Streichgarn	Kammgarn	OE-Garn (Offen-end) oder Rotorgarn

2 Mechanische Spinnverfahren

Baumwollspinnerei

In der Baumwollspinnerei wird mit folgendem **Spinngut** gearbeitet:
- Baumwolle mit 20 bis 45 mm Länge, Baumwollkämmlinge,
- fein- und feinstfaserige Chemie-Spinnfasern (Baumwolltyp) mit bis zu 60 mm Stapellänge.

Herstellungsabläufe

DIN 60305 und DIN 60021 beschreiben die Arbeitsgänge und die Erzeugnisse im Baumwollspinnverfahren.

Vorbereiten der Mischung
Mehrere für eine Mischung ausgewählte Ballen werden zusammengestellt.

Mischen und Öffnen
Das Fasergut wird aus verschiedenen Ballen zum Durchmischen und Vorauflösen gleichzeitig zusammengeführt.

Putzen und Schlagen
Das Fasergut wird mechanisch aufgelockert, um Verunreinigungen zu entfernen (bei Chemiefasern entfällt die Reinigung) und um es bis zur Flocke aufzulösen. Diese gelockerte und verdichtete Fasermasse heißt Wickelwatte und dient als Vorlage für die Karde.

Kardieren
Die Fasern werden bis zur Einzelfaser aufgelöst, verzogen und weitgehend parallelisiert, Verunreinigungen und kurze Fasern werden entfernt. Die einzelnen Fasern bilden eine feine durchscheinende Schicht, den Flor. Er wird zu einem Kardenband zusammengefasst und in eine Spinnkanne abgelegt.

Vorbereiten zum Kämmen
(nur für gekämmte Baumwolle)
24 bis 36 Kardenbänder werden zu einem Bandwickel zusammengefasst, sechs Bandwickel zu einer gleichmäßigen Kämmvorlage zusammengeführt und verzogen.

Kämmen
Die kurzen Fasern und die Reste der Verunreinigungen werden ausgekämmt. Die verbleibenden langen Fasern werden weiterhin parallelisiert und zu einem Band zusammengefasst. Sechs dieser Bänder werden zusammengeführt, verzogen und in eine Spinnkanne abgelegt (Kammzug).
Gekämmte Baumwolle gilt als besonders hochwertiges Material.

Doppeln (Dublieren) und Strecken (Verziehen)
Mehrere Kardenbänder (für kardiertes Garn) oder Kammzüge (für gekämmtes Garn) werden zum Mischen und Vergleichmäßigen zusammengeführt (= doppeln), um die Fasern zu strecken (= verstrecken oder verziehen) und dadurch zu parallelisieren. Das entstehende neue Band (= Streckenband) wird in eine Spinnkanne abgelegt. Dieser Arbeitsgang kann in mehreren Passagen durchgeführt werden. Beim Verziehen oder Verstrecken wird die Faserzahl im Querschnitt dadurch vermindert, dass man das Spinngut durch mehrere hintereinander angeordnete Zylinderpaare (= Streckwerk) laufen lässt, von denen das jeweils folgende eine größere Umfangsgeschwindigkeit besitzt als das vorhergehende.
Haben z. B. die Abzugszylinder eine 6-mal größere Umfangsgeschwindigkeit als die Einzugszylinder, so ist der Verzug zwischen diesen Zylindern 6fach. Es ergibt sich gegenüber der Vorlagefeinheit eine 6-mal so hohe Ausgabefeinheit.

Vorspinnen (Flyern)
Das Streckenband wird zum Herstellen eines Vorgarnes verzogen, danach erfolgt schwaches Drehen und Aufwinden auf eine Flyerhülse.
Das Vorspinnen oder Flyern ist ein konventionelles (herkömmliches) Vorspinnverfahren.
Das vom Streckwerk kontinuierlich verzogene und gelieferte Streckenband wird durch eine Fadenführungsöse zu dem sich drehenden gabelförmigen Flügel geführt. Dieser windet das mit Drehung versehene Vorgarn auf den Garnträger (Hülse) auf.

Spinnen
Das Vorgarn wird auf die gewünschte Garnfeinheit verzogen. Durch Aufwinden wird das Garn auf eine Hülse gedreht und aufgewunden.
Die Ringspinnmaschine verzieht durch das Streckwerk das Vorgarn zu einem Faden. Die Drehung des Fadens wird hierbei durch den auf dem Ring krei

senden Läufer erzeugt, der über den Faden mit den drehenden Spindeln verbunden ist. Die Drehung erstreckt sich auf den sich bildenden Fadenballon zwischen Läufer und Streckwerk.

Das Feingarn, das die Ringspinnmaschine verlässt, heißt Ringgarn.

Ringgarn aus nicht gekämmter Baumwolle oder Chemiefasern nennt man im Gegensatz zu gekämmtem Garn kardiertes Garn.

Streichgarnspinnerei

Streichgarn ist ein weiches, wolliges Gespinst, gekennzeichnet durch die unzähligen nach allen Seiten herausstehenden Faserenden.

Das Spinngut in der Streichgarnspinnerei ist vielfältig. Es gibt:
- Streichwollen (kürzere, feinere und stärker gekräuselte Merinowollen; kürzere, feine Tierhaare)
- Kämmlinge (die beim Kämmprozess in der Kammgarnspinnerei anfallenden Kurzhaare)
- Wickel- und Zugabrisse (Faserbandabfälle aus Spinnereien)
- Reißwollen verschiedener Qualitäten
- wollähnliche Chemiespinnfasertypen (30 bis 80 mm Schnittlänge)
- andere kurzstapelige Spinnfasern und Faserabfälle (Baumwolle, Flachs- und Hanfwerg, Viskoseabgänge u. a.)

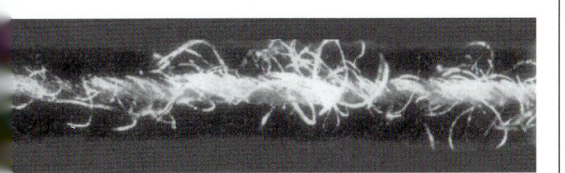

Streichgarn

Herstellungsabläufe

Die Arbeitsvorgänge in der Streichgarnspinnerei (nach DIN 60412) gliedern sich in:

Mischung ansetzen
Das Spinngut wird zu einer Spinnpartie zusammengefügt, in der Qualitäten und Farben in den gewünschten Anteilen enthalten sind.

Schmälzen
Eine Fettemulsion wird auf die Spinnpartie gegeben, um das Spinngut gleitfähiger zu machen und damit den Krempel- und Spinnvorgang zu erleichtern.

Mischen
Das Spinngut wird zu einer einheitlichen Spinnpartie aufgelockert, gereinigt und gemischt.

Krempeln
Die Fasergut-Flocken werden bis zur Einzelfaser aufgelöst, die Fasern parallelisiert und gereinigt. Der Faserflor wird auf der Krempel (S. 101) hergestellt und in Florstreifen geteilt, die zu Vorgarn gerundet (genitschelt) werden. Das Vorgarn wird auf Vorgarnhülsen aufgewickelt.

Feinspinnen
Das Streichgarn wird in der Regel auf der Ringspinnmaschine hergestellt.

Eigenschaften
- der Streichgarne:
  füllig, flauschig, stumpf, ungleichmäßig und leicht verschleißend
- der Streichgarngewebe:
  wärmend, weich, leicht anzurauen, das Bindungsbild ist verwischt (z. B. durch Walken).

Streichgarngewebe

Verwendung
- der Streichgarngewebe:
  wärmende Oberbekleidung
  (Jacken, Mäntel, Röcke, Pullover, Sportanzüge)
- des Streichgarns: Maschenwaren

Gewebebezeichnungen
Cheviot, Flanell, Flausch, Loden, Marengo, Shetland

Kammgarnspinnerei

Beim Kammgarn liegen die einzelnen Fasern straff und glatt nebeneinander. Die kurzen Fasern sind herausgekämmt worden. Diese Garne ermöglichen ein glattes Gewebe mit klarem Oberflächenbild, auf dem sich der einzelne Faden leicht erkennen lässt.
Das Spinngut besteht aus
- Kammwollen mit langem, gleichmäßigem Stapel oder
- wollähnlichen Chemiefasertypen (70 bis 150 mm Stapellänge).

Kammgarn

Herstellungsabläufe

Nach DIN 60415 und DIN 60416 werden Kammgarne in der Kämmerei vorbereitet und in der Spinnerei fertig gestellt.

Kammzugherstellung in der Kämmerei

Vorbereitende Arbeiten
Die noch zusammenhängende Rohwolle wird von groben Verunreinigungen befreit, nach Qualitäten sortiert und neu gemischt, um gleichmäßige Garne zu erhalten.
Nach dem Auflockern entfernt ein Waschprozess Wollfett und Schweiß.
Um die Wollfaser für den weiteren Verarbeitungsprozess geschmeidig zu machen, trägt man beim Schmälzen eine Fettemulsion auf.

Krempeln
Die Fasergut-Flocken werden bis zur Einzelfaser aufgelöst, die Fasern parallelisiert und gereinigt, der Faserflor wird zum Krempelband hergestellt und verdichtet.

Vorstrecken
Die Fasern im Krempelband werden durch mehrmaliges Doppeln und Verziehen auf Nadelstabstrecken zum Vorstreckenband verfeinert und parallelisiert.

Kämmen
Die Kurzhaare (Kämmlinge), Faserknötchen (Noppen) und Klettenreste werden ausgekämmt, ein Kammzug wird hergestellt.
Soll besonders feines, gleichmäßiges Garn entstehen, kann der Kämmvorgang mehrmals wiederholt werden.
Da durch das Kämmen auch Pflanzenreste (Kletten) entfernt werden, erübrigt sich das Carbonisieren.

Lissieren
Für besonders feine und glatte Garne kann die Wolle zusätzlich durch Waschen, Plätten und Trocknen im gestreckten Zustand entkräuselt werden.

Die im Auftrag des Wollhandels in der Kämmerei hergestellten Kammzüge werden nach Bedarf nachgekämmt, nachgestreckt und für die Spinnerei verpackt.

Kammgarnherstellung in der Spinnerei

Vorbereitende Arbeiten
Die Kammzüge werden zuerst nach Bedarf gefärbt oder bedruckt (z. B. Vigoureux).
Um möglichst gleichmäßige Garne zu erhalten, werden die Kammzüge nachgekämmt (meist dreimal) und durch Doppeln und Verstrecken gemischt. Schmälzen vor dem Spinnen macht die Fasern gleitfähiger.

Vorspinnen
Das Vorgarn wird aus den sorgfältig gemischter Kammzugbändern hergestellt. Die Bänder werden auf der Nitschelstrecke gerollt oder auf einem Flyer zu einem feinen Vorgarn, eventuell in mehrerer Passagen, gedreht.

Spinnen

Das Kammgarn wird auf Kammgarn-Ringspinnmaschinen aus mehreren Vorgarnen zu einem dünnen Garn verzogen und zusammengedreht.

Eigenschaften
- der Kammgarne: dünn, glatt, glänzend, fein zu spinnen, haltbar und knitterarm
- der Kammgarngewebe: sehr dünn (dadurch geringes Gewicht), luftdurchlässig, mit deutlich erkennbarem Bindungsbild

Verwendung
- der Kammgarngewebe: leichte Oberbekleidung („Cool Wool" bzw. „Sommerwolle"), elegante Kleidung
- der Kammgarne: Maschenwaren

Gewebebezeichnungen
Afghalaine, Covercoat, Fresko, Gabardine, Georgette, Mousseline, Nadelstreifen, Tropical, Rips

Kammgarngewebe

Halbkammgarnherstellung

Gröbere Garne (mehr als 50 tex, s. S. 117) aus Spinnfasern mit ca. 60 mm Stapellänge, die weder den Kammgarnen noch den Streichgarnen eindeutig zugeordnet werden können, heißen Halbkammgarne. Bei der Herstellung können Kammgarne und Streichgarne gemischt werden. Sie können auch aus sorgfältig bearbeitetem, nicht gekämmtem Material entstehen (DIN 60414).

Konverterspinnerei

Das Konverterspinnen, auch als Kurzspinnverfahren bezeichnet, wird zur Herstellung von Chemiespinnfasern genutzt. Hierbei bedient man sich eines Konverters, der durch Reißen oder Schneiden das ersponnene und geordnete Endloskabel zu einem verzugsfähigen Faserband umformt (konvertiert). Damit entfallen die Arbeitsgänge Reinigen, Auflösen und Parallellegen der Fasern. Nach Zumischung anderer Fasern erfolgt die Weiterverarbeitung des Konverterbandes in der Vor- und Feinspinnerei. Zum Verspinnen der Vorgarne werden die üblichen Spinnverfahren genutzt.

Maschinen zur Herstellung von Garnen

Karde/Krempel

Die Karde hat die Aufgabe, die durcheinander liegenden Fasern zu einem dünnen Faservlies zu parallelisieren.

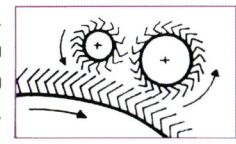

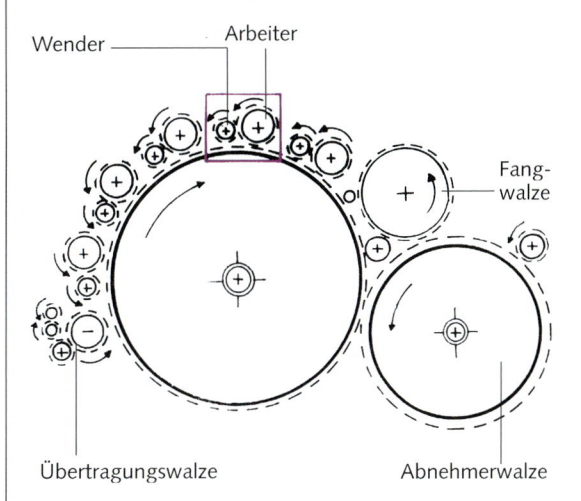

Walzenkrempel (Hauptteil).
Feine Häkchen streichen die Faser und richten sie gleich laufend aus (entgegengesetzte Häkchenstellung). Bei gleich gerichteter Häkchenstellung erfolgt die Übertragung des Fasergutes von einer Kratzenfläche zur anderen.

2 Mechanische Spinnverfahren

Baumwollfasern kardiert, noch ungeordnet (oben), und gekämmt mit gleichmäßiger Faserstruktur (unten).

Karde.
Diese Reinigungsmaschine trennt aus den nur grob gereinigten Baumwollflocken die für das Spinnen ungeeigneten kurzen Fasern heraus und erzeugt ein sehr feines Faservlies, das, als Band zusammengefasst, einem zylindrischen Behälter, der Kanne (rechts), zugeführt wird.

Möglichkeiten der Vorgarnbildung

Es gibt zwei primäre Möglichkeiten, aus dem Grundvlies das Vorgarn zu bilden:
- durch das Streckwerk (Verziehen von Faserbändern mit jeweils zwei Walzenpaaren, von denen das zweite schneller läuft als das erste)
- und durch das Nitschelwerk (Teilung des Faserflors und Bearbeitung der Bänder).

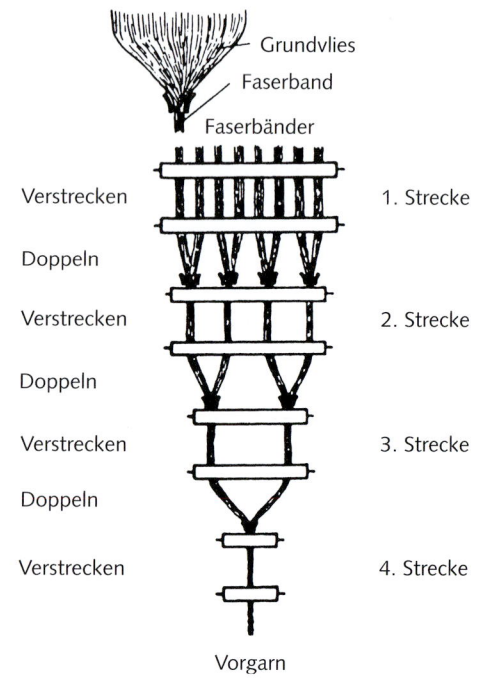

Karde mit Kardenband (Ausschnitt).
Das aus der Karde zur Kanne führende Faservlies (Kardenband) ist ein endloser Baumwollstrang, dessen Fasern aber noch nicht parallel genug liegen, um das Ausspinnen des Garns zu ermöglichen. Dies erreicht die Strecken- und Kämmmaschine.

Vorgarnbildung mittels Streckwerk

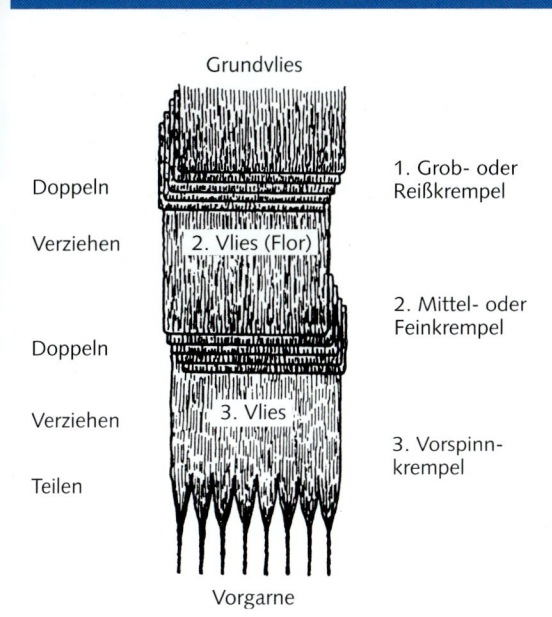

2 Mechanische Spinnverfahren

Vorgarnbildung mittels Nitschelwerk

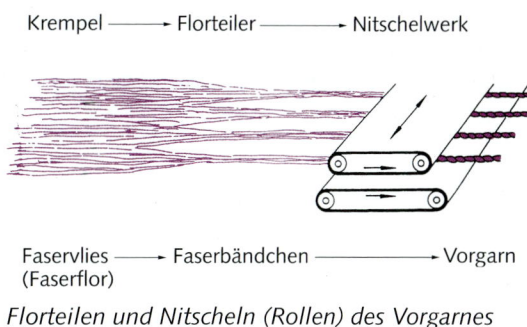

Florteilen und Nitscheln (Rollen) des Vorgarnes

Streckwerk (Strecke)

Das Streckwerk ist eine Vorrichtung an Spinnmaschinen zur Parallelisierung der Fasern durch Verziehen über unterschiedlich schnell laufende Walzenpaare und das Ausgleichen der Bänder durch Doppeln.

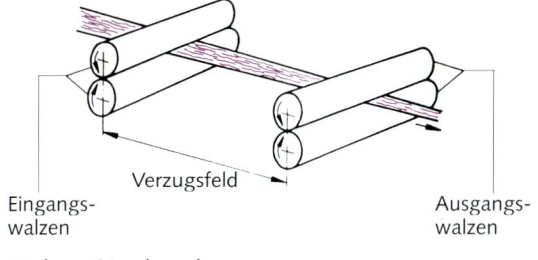

Walzen-Streckwerk.
Die Einzugswalzen laufen langsamer als die Ausgangswalzen.

Nitschelwerk

Es dient zum Runden oder Rollen der 1 bis 2 cm breiten Florstreifen aus dem Florteiler oder des Streckenbandes zu losen Vorgarnen. Das Rollen geschieht durch kurze Seitwärtsbewegungen flacher Leder- oder Gummihosen.

Kämm-Maschine

Die Kämm-Maschine dient dazu, die Kurzfasern (Kämmlinge) aus den Faserbändern der Baumwoll-, Kammgarn- und Schappespinnerei herauszusondern.
Das entstandene Erzeugnis heißt Kammzug. Nur aus langfaserigem Kammzug lässt sich ein hochwertiges, feines Garn spinnen.

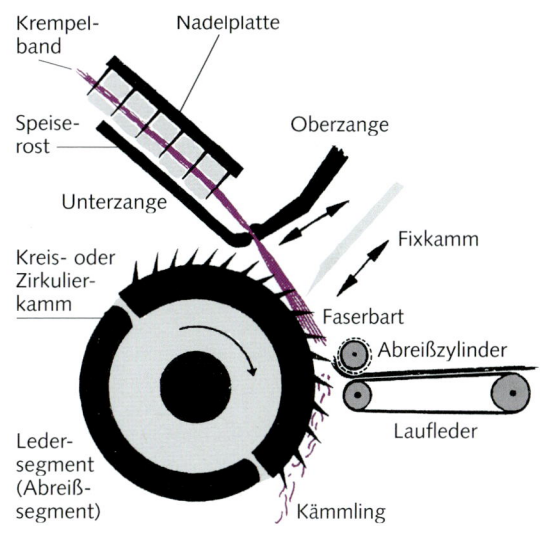

Schematische Darstellung einer Kämm-Maschine

Das Kämmen geschieht diskontinuierlich. Das Krempelband, das auf zwei Nadelstab-Streckwerken nochmals besonders gleichmäßig gemacht worden ist, wird über den Speiserost den beiden Zangen zugeführt und von diesen festgehalten. Die herausragenden Fasern werden durch den kreisförmigen Zirkulierkamm vorgekämmt, dann von den Zangen befreit, vom Abreißzylinder übernommen und am hinteren Ende nochmals durch den Fixkamm bear-

2 Mechanische Spinnverfahren

beitet. Anschließend wird das neu gekämmte Büschel auf dem Laufleder an den bereits fertigen Kammzug „angelötet". Der Vorgang wiederholt sich 80- bis 120-mal je Minute.

Kämm-Maschine für Baumwolle

Aus dem auf große Spulen gewickelten Kardenband werden die kurzen Fasern mithilfe eines Systems rotierender Kämme herausgekämmt.

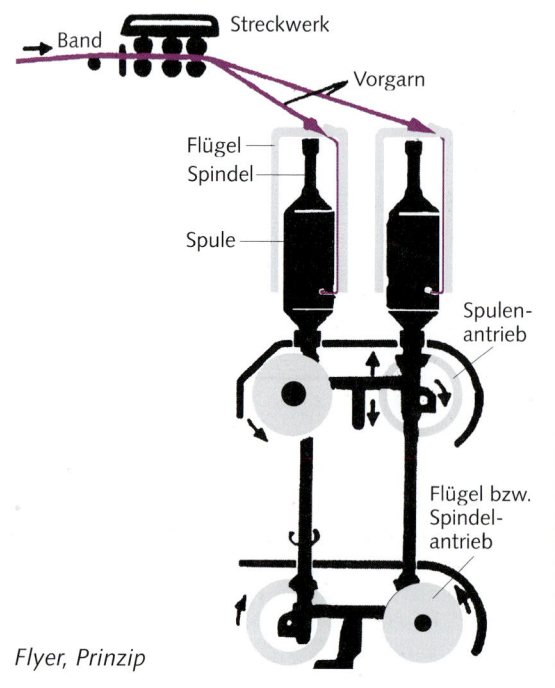

Flyer, Prinzip

Flyer oder Flügelspinnmaschine

Die Prinzipskizze zeigt eine Flügelspinnmaschine (Vorspinnmaschine) mit Streckwerk und Flyer. Je nach der angestrebten Feinheit des Garnes werden auf der Vorspinnmaschine in zwei oder drei Durchgängen die Faserbänder oder Lunten mithilfe von Streckwerken verfeinert und erhalten durch die umlaufenden Flügel eine leichte Drehung, um für die weitere Verarbeitung die nötige Festigkeit zu gewinnen. Das Produkt der Vorspinnerei ist ein sehr weich gedrehtes, weiter verzugsfähiges Vorgarn in bestimmter Feinheit.

Flyer
Durch die Drehung des Flügels wird das Streckenband (oben) zum Vorgarn (auf der Spule).

Ringspinnmaschine

Sie dient zum Feinspinnen der Baumwoll- und Wollgarne. Ihre Produktionsgeschwindigkeit ist wesentlich höher als die des Flyers. In großen Spinnereien wird bei der Baumwollspinnerei die Ringspinnmaschine vom Rotorspinner verdrängt.

Das Feinspinnen vollzieht sich wie folgt:
Vom Spulengatter gelangt das Vorgarn in das Streckwerk das Verzüge je nach Material und Erfordernis zwischen 10- und 50fach ausübt. Um das Verfeinern des Vorgarnes in dieser Größenordnung zu ermöglichen, sind in der Hauptverzugszone des Streckwerkes Faserführungsorgane (Doppelriemchenaggregate) eingebaut. Die Spindel bewegt sich mit hoher Drehzahl (bis zu 18000 min^{-1}) und zieht mit dem durchgefädelten Garn den Ringläufer auf dem Spinnring hinter sich her. Der Ringläufer vermittelt dem Garnstück zwischen Ausgangswalzen

2 Mechanische Spinnverfahren

des Streckwerkes und dem Garnkörper, der als Kops bezeichnet wird, die Drehungen. Jede Umdrehung des Ringläufers auf dem Spinnring erteilt eine Drehung in das Garn. Das Zurückbleiben des Ringläufers (1 … 1,5 %) hinter der Drehzahl der Spindel führt zum Aufwinden auf die Hülse. Durch die gesteuerte Auf- und Abwärtsbewegung sowie das Höherschalten der Ringbank wird der Kops gebildet.

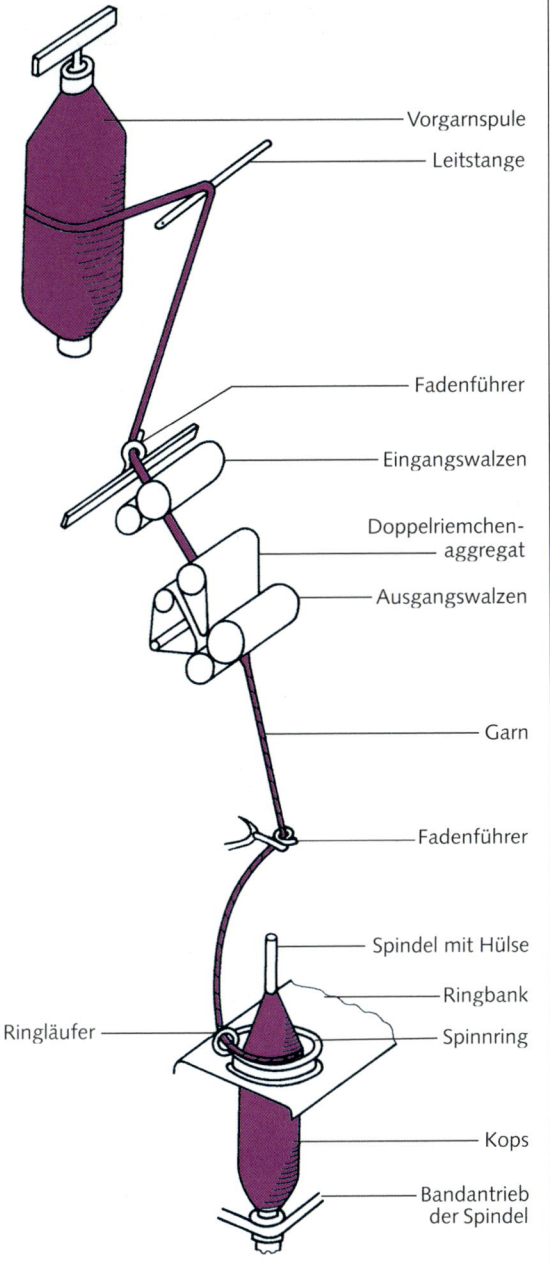

Dreizylinder-Ringspinnmaschine für Kammgarne und mittlere Faserlängen

Rotorspinnmaschine

Nach dem Ringspinnen ist das **Offen-end-Rotorspinnverfahren** (OE-Rotorspinnverfahren) das bedeutendste Feinspinnverfahren. Das Prinzip der Garnherstellung unterscheidet sich vom Ringspinnen durch die Trennung von Drehungserteilung und Aufwinden des Garnes.

Aus einer Spinnkanne wird das Faserband durch einen Verdichter einer Lieferwalze mit Anpresstisch zugeführt. Die Auflösewalze ist mit Sägezahnbeschlag versehen. Durch ihre hohe Geschwindigkeit erfolgt das Auflösen des Faserbandes zur Einzelfaser. Im Luftstrom, der durch die Zentrifugalkraft der Auflösewalze und durch den Sog des Rotors entsteht, werden die Fasern in einem Faserleitkanal dem Rotor zugeführt. Der Rotor erhält durch einen Flachriemen eine hohe Drehzahl (30 000 … 80 000 min^{-1}). Aufgrund der hohen Geschwindigkeit werden die Fasern durch die wirkende Zentrifugalkraft gegen die Rotorwand gedrückt, in ihrer Längsrichtung orientiert und in der Sammelrille zusammengeführt. Beim Einführen eines Garnstückes in den Rotor wird dieser Hilfsfaden sofort in die Sammelrille gedrückt. Die Rotordrehungen erteilen Drehungen in dieses Garn, wodurch sich beim Abziehen laufend Fasern andrehen. Das Garn wird durch eine Abzugs-

Ringspinnmaschine, Prinzip

2 Glattzwirnerei

düse über eine Umlenkstelle, eine Abstellvorrichtung zu Lieferwalzen und der Aufwickelwalze geführt. Das Aufwinden erfolgt in Kreuzspulenform.

Die Qualität der OE-Garne liegt je nach Rohstoff zwischen Streich- und Kammgarnen (Halbkammgarnen). Es ist ungleichmäßig rau und stark gedreht und immer in Z-Draht hergestellt. Es werden Rohstoffe bis zu 60 mm Faserlänge verarbeitet. Die Vorteile des OE-Spinnens liegen in der äußerst wirtschaftlichen Produktion. Das Garn kann direkt aus dem Streckenband als hochwertiges Feingarn gesponnen werden. Die Kreuzspule nimmt eine wesentlich höhere Garnmenge auf als die kleinen Spindeln der Ringspinnmaschine. Damit reduzieren sich die Rüstzeiten.

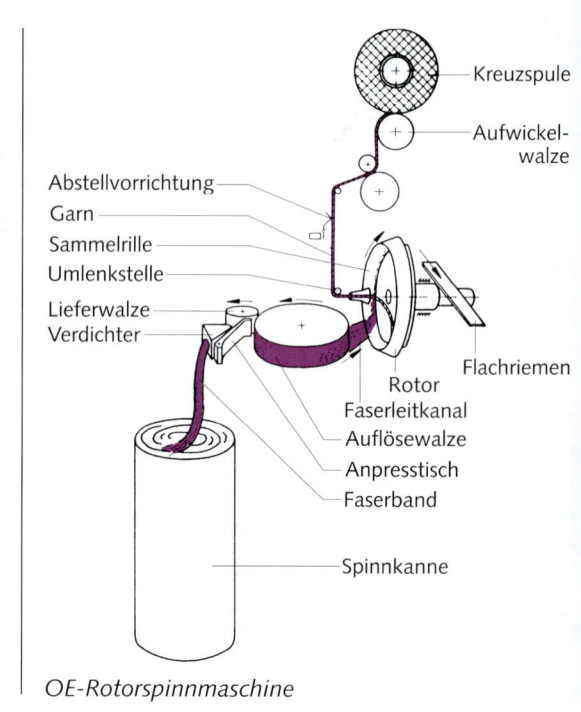

OE-Rotorspinnmaschine

Zwirnen

Das Zwirnen ist ein Zusammendrehen einfacher Garne oder Zwirne bzw. einfacher Garne und Zwirne (DIN 60900).

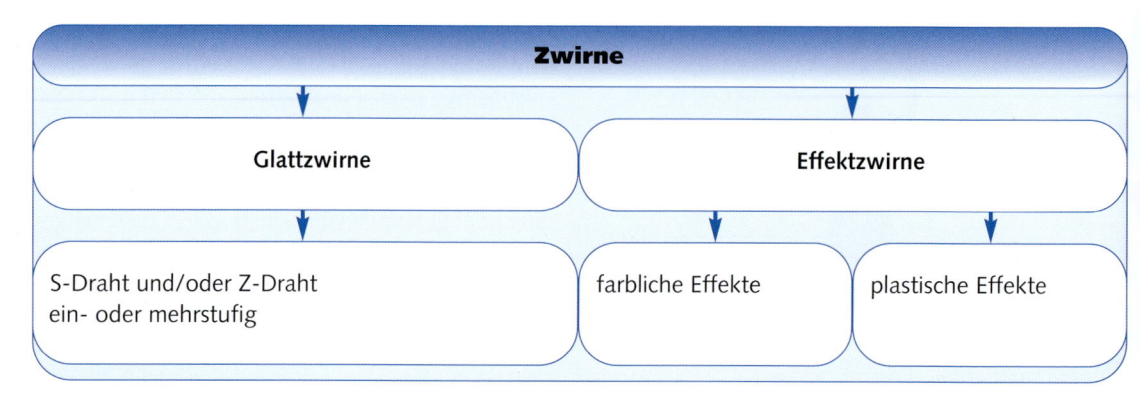

Zwirne
- Glattzwirne
  - S-Draht und/oder Z-Draht ein- oder mehrstufig
- Effektzwirne
  - farbliche Effekte
  - plastische Effekte

2 Glattzwirnerei

Glattzwirnerei

Glattzwirne sind einfache, gleichmäßige, glatte und feste Zwirne.

Maschinen zur Herstellung von Glattzwirnen

In der Glattzwirnerei werden die Rohgarne zunächst gefacht, d. h., zwei, drei, vier Fäden werden zusammen auf eine Hülse gespult.
Durch das Fachen werden die Zwirne gleichmäßiger, sodass die Fäden auf der Zwirnmaschine besser zusammengedreht werden können.

Ringzwirnmaschine

Die Ringzwirnmaschine gleicht im Wesentlichen der Ringspinnmaschine.

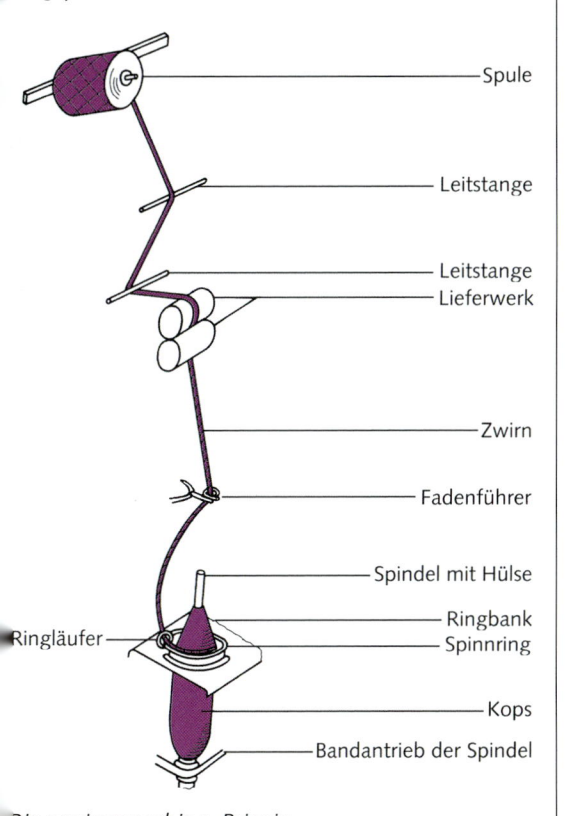

Hier muss der Ringläufer während seines Umlaufs dem vom Lieferwerk zugeführten Garn Drehung geben und den gezwirnten Faden auf die Hülse aufwinden.

Doppeldrahtzwirnmaschine

Während bei der Ringzwirnmaschine von oben nach unten gezwirnt wird, ist der Zwirnverlauf an der Doppeldrahtzwirnmaschine umgekehrt. Dem Ringzwirn wird eine, dem Doppeldrahtzwirn werden zwei Drehungen bei einer Umdrehung des Drehungsorgans erteilt.

An der Ringzwirnmaschine ist die Vorlage theoretisch unbegrenzt, die Ablieferung dagegen nicht (Spindelgröße). Andererseits bildet der Durchmesser des Ballons der Doppeldrahtzwirnmaschine eine Grenze für die Größe des Garnkörpers, den man darin unterbringen kann. Die Aufwicklung des fertigen Zwirns ist jedoch völlig von der Spindel getrennt. Der Zwirn kann deshalb direkt zu konischen oder zylindrischen Kreuzspulen (große Garnkörper) aufgewickelt werden.

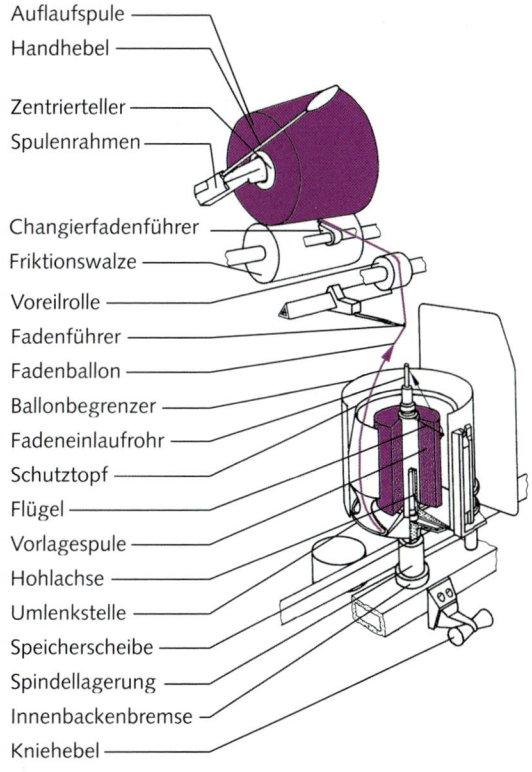

Ringzwirnmaschine, Prinzip

Beschriftungen linke Abbildung:
- Spule
- Leitstange
- Leitstange
- Lieferwerk
- Zwirn
- Fadenführer
- Spindel mit Hülse
- Ringbank
- Spinnring
- Kops
- Bandantrieb der Spindel
- Ringläufer

Doppeldrahtzwirnmaschine, Prinzip des Aufbaus

Beschriftungen rechte Abbildung:
- Auflaufspule
- Handhebel
- Zentrierteller
- Spulenrahmen
- Changierfadenführer
- Friktionswalze
- Voreilrolle
- Fadenführer
- Fadenballon
- Ballonbegrenzer
- Fadeneinlaufrohr
- Schutztopf
- Flügel
- Vorlagespule
- Hohlachse
- Umlenkstelle
- Speicherscheibe
- Spindellagerung
- Innenbackenbremse
- Kniehebel

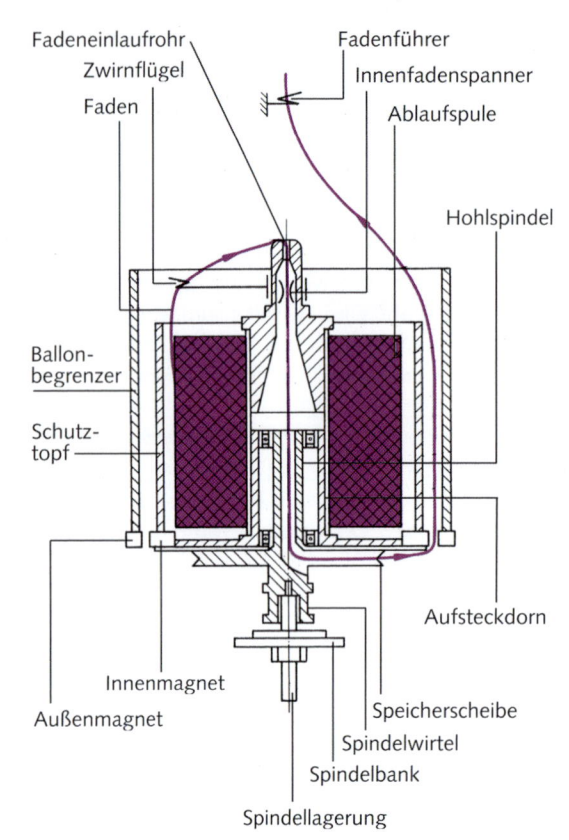

2 Glattzwirnerei

Doppeldrahtspindel, Darstellung der Drehungserteilung

Volkmann-Doppeldrahtzwirnmaschine

Aufbau der Glattzwirne

Qualität und Art eines Zwirnes werden durch die verwendeten Rohstoffe und weitere Faktoren bestimmt.

Feinheit (vgl. S. 117)
Die in der Spinnerei hergestellte Feinheit der ungezwirnten Garne wirkt sich wesentlich auf die der Zwirne aus.

Fachung
Die Fachung gibt die in Garnen oder Zwirnen enthaltene Anzahl von einfachen Garnen und/oder Vorzwirnen an. Die Fachung wird im Zusammenhang mit der Zwirnfeinheit angegeben. Beispiel: dtex 300(3), d. h., bei einer Gesamtfeinheit von 300 dtex enthält der Zwirn drei Garne, er ist 3fach.

Zwirnart (Stufigkeit)
Man unterscheidet zwei Zwirnarten:
- **Einstufige Zwirne** entstehen aus mehreren Spinnfasergarnen und/oder Filamenten in einem Zwirnvorgang; die Fachzahl gibt die Zahl der Garne an, die vor dem Zwirnen zusammenlaufen.

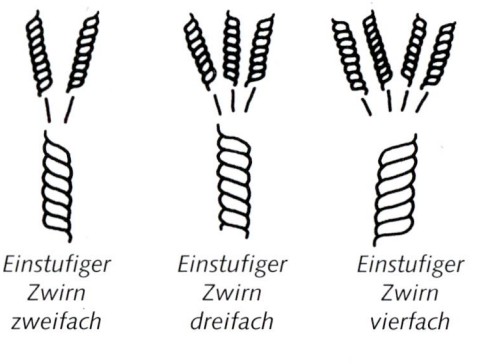

Einstufiger Zwirn zweifach *Einstufiger Zwirn dreifach* *Einstufiger Zwirn vierfach*

Die Erteilung von Drehungen vollzieht sich folgendermaßen: Der Garnkörper (Ablaufspule) wird auf eine Hohlspindel aufgesteckt. Permanentmagneten verhindern die Drehbewegung der Vorlagespule und des Schutztopfes. Die in die Hohlspindel geführten Fäden erhalten eine erste Drehung in der Hohlspindel. Eine Umdrehung der Hohlspindel ergibt demgemäß im Fadenstück zwischen Ablaufpunkt am Fadenkörper und der Speicherscheibe eine Umdrehung im Faden. Der aus der Hohlspindel austretende Faden umschlingt die Speicherscheibe. Durch deren Drehbewegung erhält der Faden bis zum Auflaufpunkt eine weitere Drehung. Der doppelt gedrehte Faden wird zu Kreuzspulen aufgewickelt. Durch das Erteilen von 2 Drehungen bei einer Umdrehung des Drehorgans ergibt sich theoretisch die doppelte Leistung gegenüber der Ringzwirnmaschine, was einen Vorteil darstellt.

2 Glattzwirnerei

- **Mehrstufige Zwirne** entstehen aus einstufigen oder mehrstufigen Zwirnen, gegebenenfalls auch unter Mitverwendung von einfachen Garnen in einem oder mehreren Zwirnvorgängen.

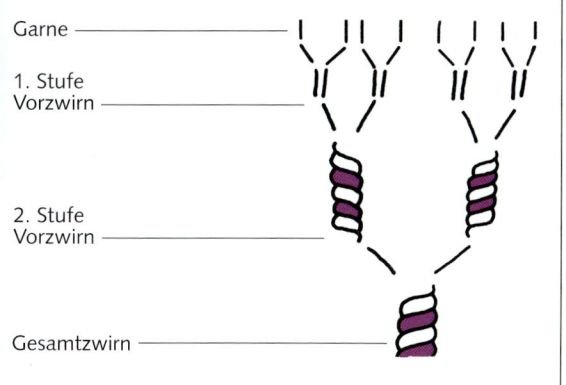

Garne
1. Stufe Vorzwirn
2. Stufe Vorzwirn
Gesamtzwirn

Dreistufiger Zwirn, achtfach

Beim Vorzwirnen werden die ungezwirnten Garne in der ersten Stufe und eventuell bereits gezwirnte Garne in der zweiten Stufe für das Auszwirnen hergestellt.
Beim Auszwirnen wird der endgültige mehrstufige Zwirn hergestellt. Dies geschieht meistens in entgegengesetzter Richtung zur letzten Vorzwirn-Drehrichtung.

Drehung
- **Drehungsrichtung**
  Die Fasern können beim Spinnen in zwei Drehrichtungen zu Garnen zusammen gedreht werden. S-Draht (rechts gedreht) lässt eine Diagonale erkennen, deren Steigung dem Mittelteil des Buchstabns S entspricht. Die Drehrichtung im Z-Draht (links gedreht) zeigt die Diagonale in der Steigungsrichtung des Buchstabens Z.

S-Draht    Z-Draht

Beim **Zwirnen** werden einfache Garne und/oder Zwirne gleicher oder verschiedener Konstruktion (z. B. beide in S-Draht- oder S-Draht und in Z-Draht) in S- oder Z-Draht zusammengedreht.

- **Umdrehungszahl**
  Die Drehung wird angegeben in Umdrehungszahl pro m. Vor dem Zahlenwert der Drehung kann der Kennbuchstabe für die Drehungsrichtung gesetzt werden. Beispiel: T = Z 660, d. h., der Zwirn (oder das Garn) ist in Z-Richtung 660-mal pro Meter gedreht.
  Je fester die Drehung ist, umso größer ist der Druck auf die Faseroberflächen. Dadurch steigt die Reibungskraft zwischen den Fasern, das Spinnfasergarn wird haltbarer gegenüber Zugbeanspruchung und Abrieb.
  Bei zu stark gedrehten Garnen – sie werden „hart gedreht" oder „überdreht" genannt – tritt ein Verlust an Festigkeit ein.
  Zwischen glatten Oberflächen ist die Reibungskraft kleiner als zwischen rauen. Glatte Spinnfasern (z. B. Synthesefasern oder Seide) müssen deshalb fester gedreht und gezwirnt werden als Fasern mit rauer Oberfläche.

Beispiele für verschiedene Glattzwirne

Weich gedrehte Zwirne
(Zwirne mit loser Drehung bis ca. 200/m)
Diese Zwirne sind weich, saugfähig und aufraubar. Sie dienen als Schussgarne und zur Herstellung von Trikotwaren.
Im Handel sind sie als Heftgarn (2fach-Zwirn aus ungebleichter Baumwolle) und als Stopfgarn (2fach-Zwirn aus Polyamid in vielen verschiedenen Farben) erhältlich.

Normal gedrehte Zwirne
(Zwirne mit einer Drehung bis ca. 600/m aus festerem Material)
Diese Zwirne sind sehr haltbar und vielseitig einzusetzen. Sie eignen sich für Kettgarne und als Schussgarne für strapazierfähige Gewebe. Nähseide (3fach-Zwirn aus Schappseide), Knopflochseide (dickerer 3fach-Zwirn aus Schappseide) und Nähzwirn (3fach-Zwirn aus mercerisierter Baumwolle) sind typische Vertreter dieser Zwirne.

2 Glattzwirnerei

Hart gedrehte Zwirne
(Zwirne mit einer Drehung bis ca. 1200/m)
Diese Zwirne sind hart und körnig. Sie eignen sich als Kettgarne. Voilegarne sind sehr feine hart gedrehte Garne oder Zwirne.
Leinenzwirn (Sternzwirn) ist ein 2- oder 3fach-Zwirn, der seine Härte durch Wachsen und Appretieren erhält.
Maschinenobergarn ist ein 4- bis 6fach-Zwirn aus Baumwolle oder Polyester, der scharf gedreht ist.

Überdrehte Zwirne
(Zwirne mit einer Drehung bis 2500/m)
Diese Zwirne sind sehr körnig und hart. Sie schrumpfen beim Nasswerden. Kreppgarne sind typische Vertreter dieser Gruppe.

Gefachte Zwirne
Spaltstickgarn aus mercerisierter Baumwolle besteht aus 2fach-Zwirnen, ebenso wie Twist oder Baumwollstopfgarn.

Zwirne mit Dreheffekt
Perlgarn ist ein 2fach-Zwirn aus Baumwolle. Durch die Kombination von Auf- und Zudraht (vgl. S. 112) entsteht der Perleffekt.
Cablé-Zwirn (nicht spaltbare Strickwolle) ist ein 4fach-Zwirn, der wie geflochten wirkt.
Die Vorzwirne in S-Draht sind hart gedreht, dadurch entsteht beim Auszwirnen in Z-Draht ein deutlicher Aufdrahteffekt.

Spezialgarne
Dazu gehören Kerngarn, Seelgarn, Corespun oder Kern-Mantelgarn. Bei Spezialgarnen wird ein Garn durch ein zweites mehr oder weniger dicht „umwickelt".

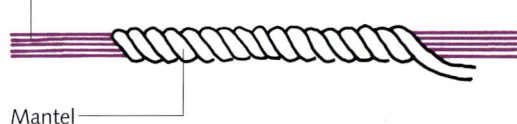

Kern

Mantel

Kern und Mantel können unterschiedliche Eigenschaften kombinieren:
- Kern elastisch – Mantel unelastisch,
- Kern und Mantel reagieren unterschiedlich auf Lösungsmittel (Ausbrenner),
- preiswerte Filamente werden mit Spinnfasergarnen umwickelt.

Die Glattzwirne lassen sich nicht klar und eindeutig in jedem Fall von den Effektzwirnen trennen. Im Fall des Dreheffektes kann der Zwirn auch den Effektzwirnen zugeordnet werden (s. Definition Effektzwirne in der Norm DIN 60916).

Spulenformen

Je nachdem, welches technologische Verfahren sich im Herstellungsprozess anschließt, werden Zwirne auf Spulen unterschiedlicher Art gewickelt. Sie unterscheiden sich durch das Hülsenformat, die Spulengröße oder die Wicklungsart. Beim Spulprozess erfolgt eine Prüfung der Fadengleichmäßigkeit und die Beseitigung von Fehlern wie Flusen, Dickstellen oder Knoten.

Kopse (Bobinen) mit zylindrischen Mittelteil und konischen Oberteil und Sockel werden als Ablaufspulen mit Abzug „über Kopf" an Spulmaschinen verwendet (a).

Kreuzspulen (Konen) werden unterschiedlich gewickelt, z. B.:
- zylindrisch als Ablaufspulen mit Abzug „über Kopf" für das Schären und Zetteln (b)
- konisch oder bikonisch (zylindrisch) als Ablaufspulen an Spulmaschinen oder Webmaschinen mit ortsfesten Schussspulen (c und d)
- bikonisch (konisch) als Ablaufspulen an Strick- oder Wirkmaschinen (e)
- als transportgünstige zylindrische Flachkreuzspule (Sonnenspule) (f)

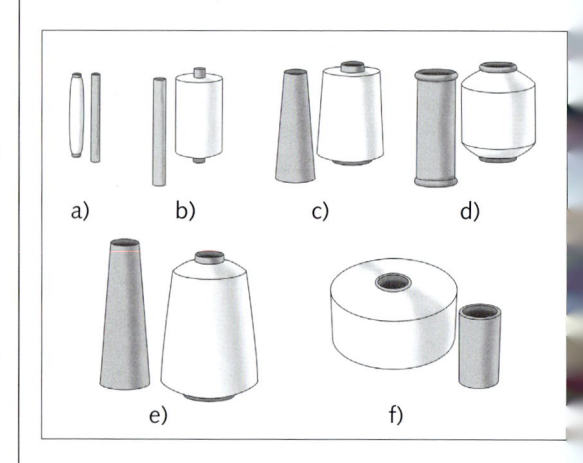

2 Glattzwirnerei

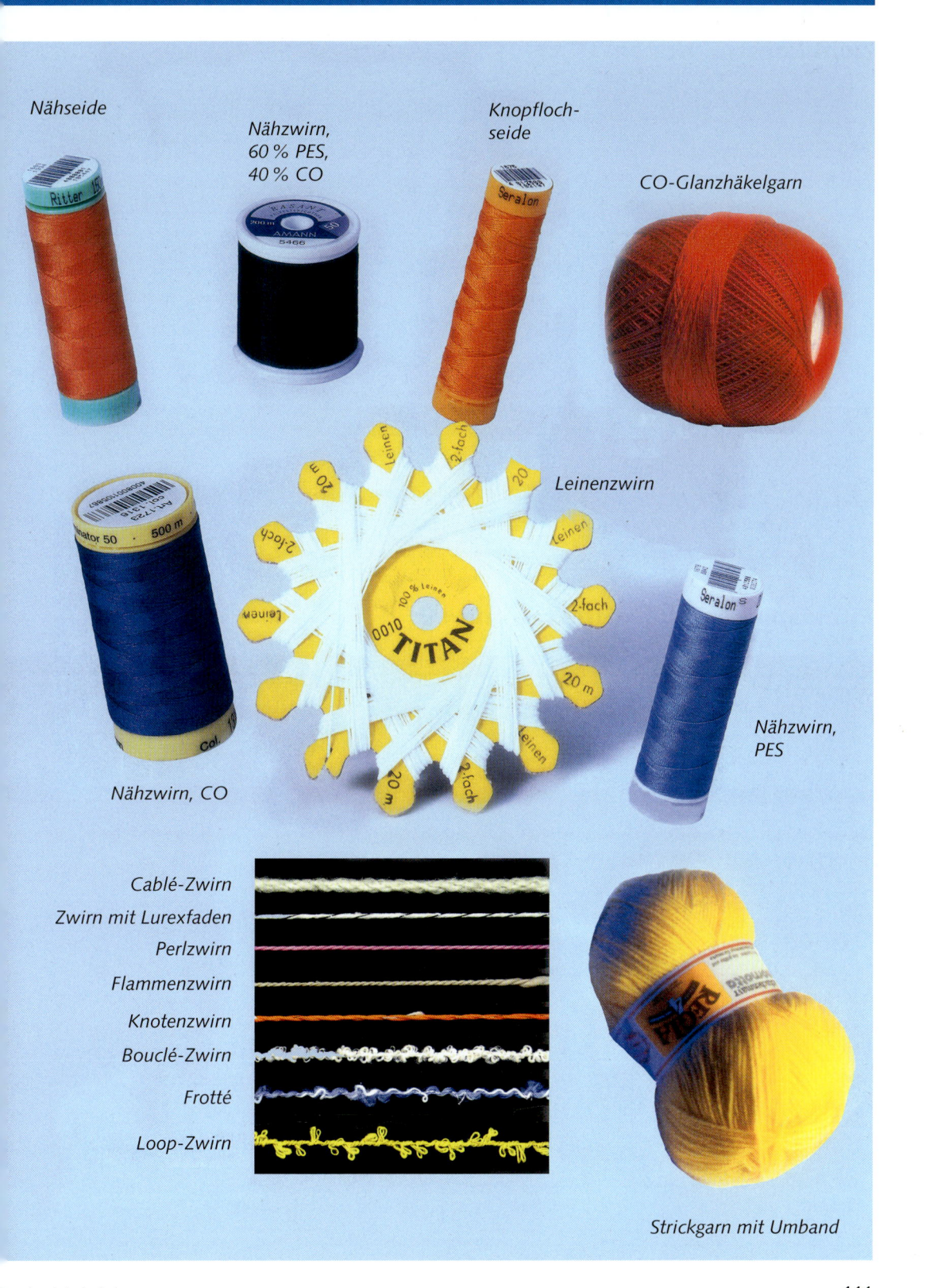

Nähseide

Nähzwirn, 60 % PES, 40 % CO

Knopfloch-seide

CO-Glanzhäkelgarn

Nähzwirn, CO

Leinenzwirn

Nähzwirn, PES

Cablé-Zwirn
Zwirn mit Lurexfaden
Perlzwirn
Flammenzwirn
Knotenzwirn
Bouclé-Zwirn
Frotté
Loop-Zwirn

Strickgarn mit Umband

Zwirnkonstruktionen

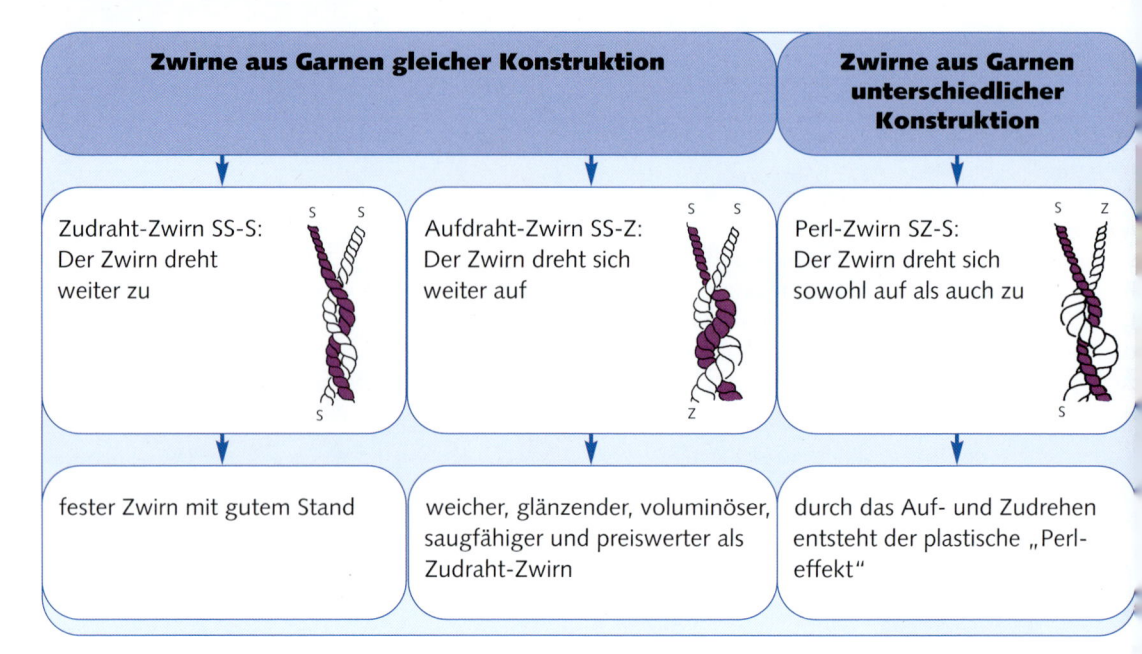

Zwirne aus Garnen gleicher Konstruktion

- Zudraht-Zwirn SS-S: Der Zwirn dreht weiter zu
- Aufdraht-Zwirn SS-Z: Der Zwirn dreht sich weiter auf

Zwirne aus Garnen unterschiedlicher Konstruktion

- Perl-Zwirn SZ-S: Der Zwirn dreht sich sowohl auf als auch zu

---

- fester Zwirn mit gutem Stand
- weicher, glänzender, voluminöser, saugfähiger und preiswerter als Zudraht-Zwirn
- durch das Auf- und Zudrehen entsteht der plastische „Perleffekt"

Effektspinnerei und Effektzwirnerei

Bei der Effekt- und Garnspinnerei entstehen sehr ausdrucksvolle Garne und Zwirne durch Effekte, die man durch Farb-, Material- und plastische Oberflächengestaltung erreicht.

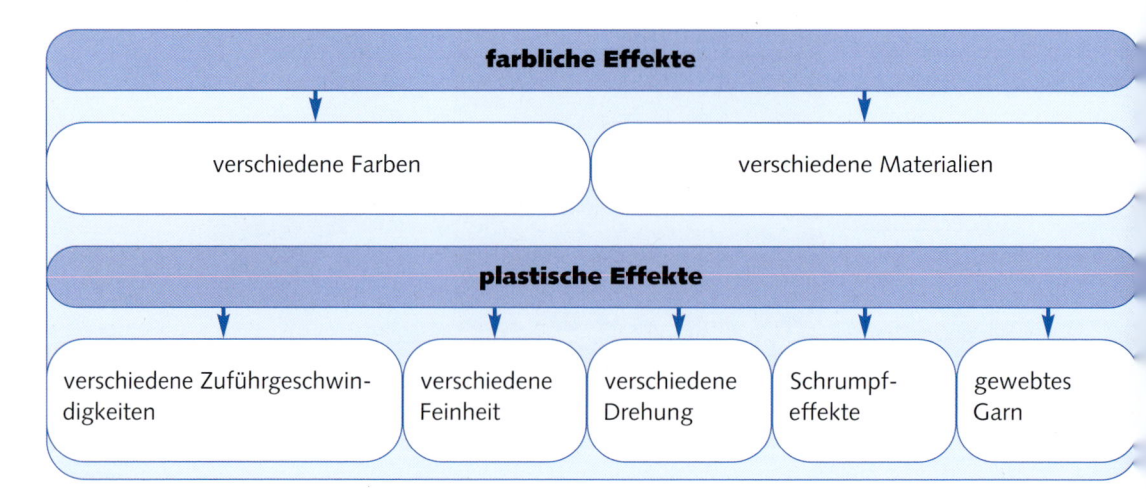

farbliche Effekte
- verschiedene Farben
- verschiedene Materialien

plastische Effekte
- verschiedene Zuführgeschwindigkeiten
- verschiedene Feinheit
- verschiedene Drehung
- Schrumpfeffekte
- gewebtes Garn

2 Effektspinnerei und Effektzwirnerei

Farbliche Effekte

Verschiedene Farben

Melange-Effekte
Melange-Garne sind sehr gleichmäßig (homogen) meliert. Dies geschieht durch einen intensiven Mischvorgang des unterschiedlich eingefärbten Fasergutes, der zu einem sehr frühen Zeitpunkt des Produktionsprozesses stattfindet.
Es können verschiedenfarbige Flocken, Kardenbänder oder Kammzüge gemischt werden. Da die Einzelfasern der Mischung im fertigen Garn kaum zu unterscheiden sind, spricht man von einer „Faser-Intim-Mischung".

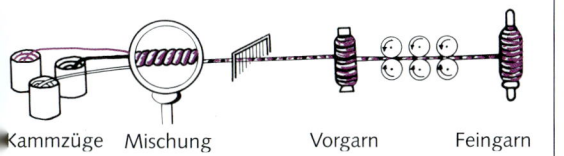

Kammzüge Mischung Vorgarn Feingarn

Bei der Verwendung modifizierter synthetischer Fasern mit unterschiedlichem Farbbindevermögen kann in einer Einbadfärbung unterschiedlich (differenziert) angefärbt werden, sodass der Melange-Effekt auch noch beim fertigen Stück – der jeweiligen Modefarbe entsprechend – entstehen kann.

Vigoureux ist ein aus bedruckten Kammzügen hergestelltes Kammgarn und hat eine ähnliche Farbwirkung, wie sie bei Melangen festzustellen ist.

Jaspé ist beim Feinspinnen aus verschiedenfarbigen Vorgarnen zusammengeführt worden. Es entstehen deutlicher melierte Garne als bei den Melangen.

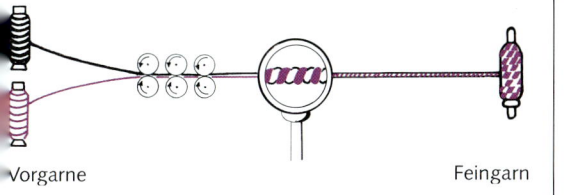

Vorgarne Feingarn

Mouliné ist ein gebänderter Zwirn und entsteht aus verschiedenfarbigen Garnen, die dem Gewebe ein gesprenkeltes, meliertes Aussehen geben.

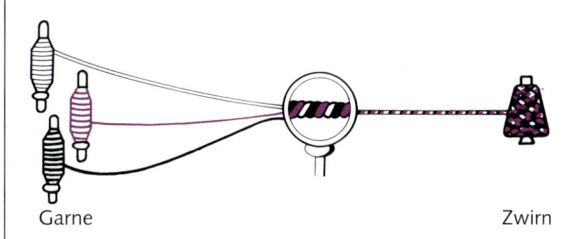

Garne Zwirn

Jaspé-Mouliné ist ein jaspiertes Garn und wird mit einfarbigen Garnen verzwirnt.

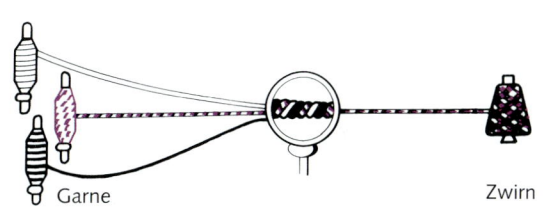

Garne Zwirn

Space-dyed wird durch streckenweise unterbrochenes (partielles) Anfärben oder Bespritzen eines Zwirnes mit verschiedenen Farben hergestellt. Auf diese Weise wird im fertigen Stück ein „Melange-Effekt" erzeugt.

Verschiedene Materialien

Glanzeffekte
Glanzgarne (Garne mit Glanzeffekten) entstehen durch die Zuführung von glänzenden Chemiefaserfilamenten. Lurexgarne oder Chemiebändchen erhalten ihren Glanzeffekt durch die Effektzwirne. Im Aufbau können alle genannten Effektgarne oder -zwirne statt der Farbkomponenten glänzende Materialien enthalten.

Lurexgarne bestehen aus metallglänzenden Folienbändern der Materialien Polypropylen, Polyester, Polyamid oder Triacetat, die zwei- oder dreiseitig miteinander verklebt sind.

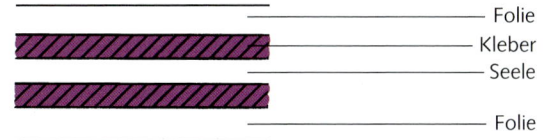

Folie
Kleber
Seele
Folie

Chemiebändchen (nach DIN 60001), meist Düsenbändchen, ersponnen aus einer schlitzförmigen Düsenöffnung, oder Folienbändchen, geschnitten aus einer Folie. Sie sind endlos, gegebenenfalls monoaxial[1] verstreckt, im textilen Bereich bis zu einer Dicke von etwa 0,08 mm und einer Breite von 5 mm.

Spleißgarne sind fibrillierte Garne. Die Folien werden nachträglich durch Einprägen von Längsrillen zu einzelnen Fibrillen aufgespleißt. So entsteht ein faserig-textiler Charakter.

Glanzeffekt-Bändchen, wie sie oben beschrieben sind, sind im Vergleich zu den Metallfäden weicher, elastischer, lassen sich gut pflegen und sind niedriger im Preis. Sie sind vielseitiger zu verwenden bei der Herstellung für Webware, Maschenstoffe, Spitzen, Stickereien.

Plastische Effekte

Verschiedene Feinheiten und Zufuhrgeschwindigkeiten

- **Spinnereieffekte**

Spinnereieffektgarne entstehen durch regelmäßige oder unregelmäßige Faserzuführungen auf das Krempelband oder zum Vorgarn oder aber durch Schwankungen in der Feinheit (Titerschwankungen).

Noppengarne erhalten ihre Struktur durch Einstreuen von Noppen während des Spinnprozesses.

Flammengarne erhalten die unregelmäßigen Verdickungen in Form einer Flamme durch periodisch veränderten Verzug des Streckwerks beim Feinspinnen oder durch Aufbringen von Noppen auf das Krempelband.

- **Zwirnereieffekte**

Noppen- oder Knotenzwirne werden so hergestellt, dass beim Verzwirnen die Lieferung des Grundfadens in regelmäßigen Abständen kurz aussetzt. Dabei bildet das zweite Garn (der Effektfaden) einen Knoten um den Grundfaden. Aus Noppen- oder Knotenzwirn gewebter Stoff heißt Tweed.

Flammenzwirne erhalten weiche Effektfäden während des Zwirnvorganges so zugeführt, dass sie in regelmäßigen Abständen fein verzogen und wieder verdickt werden. Es bildet sich die Form einer Flamme. Reißt der dochtige Effektfaden nach jeder Flamme ab, so spricht man vom Effekt der Abreißflamme.

Verwebte Flammenzwirne zeigen ein unregelmäßiges Gewebebild, das an Leinenstoffe erinnert.

Schlingenzwirne erhalten die mehr oder weniger deutlich sichtbaren Schleifen oder Locken dadurch, dass beim Zwirnen der Effektfaden schneller zugeliefert wird als der Grundfaden, und der Fadenüberschuss bei relativ scharfer Drehung die Schlingen bildet.

Man unterscheidet:

- **Bouclé-Zwirne:** Sie haben ein eher gekräuseltes Aussehen, das durch Knoten, Schleifen oder Locken gebildet wird. Beim fertigen Stoff (Bouclé) bildet sich eine höckerige Oberfläche.

- **Loop-Zwirne:** Sie zeigen im Vergleich zu Bouclé-Zwirnen deutlich größere Schlingen. Sie bestehen aus einem die Schleifen bildenden Grundfaden und zwei Kreuzfäden, die den Grundfaden nach den Schlingen einbinden und dem Zwirn Festigkeit verleihen.

---

[1] axial (lat.) = in der Achsenrichtung; hier: Bändchenlänge

- **Frotté-Zwirne:** Sie enthalten Schlingen und Knötchen abwechselnd. Hierzu wird ein straffer Grundfaden mit einem schneller zulaufenden und daher feine Schlingen bildenden Effektgarn verzwirnt. Dieser Vorzwirn wird dann in entgegengesetzter Richtung in einem weiteren Zwirnprozess mit dem sogenannten Gegen- oder Haltefaden vereinigt, der die Struktur fixiert. Die als Frotté bezeichneten Stoffe dürfen nicht mit Frottierwaren verwechselt werden.
- **Frisé-Zwirne:** Sie sind sehr feine Bouclé-ähnliche Schlingeneffektzwirne, deren Schlingen im fertigen Stoff rein äußerlich nicht sichtbar werden und sich lediglich im Griff bemerkbar machen.

Verschiedene Drehungen

Perlzwirne (vgl. Glattzwirne S. 110) haben einen Vorzwirn, der aus einem S- und einem Z-gedrehten Garn besteht. Der Perleffekt entsteht beim Auszwirnen durch den Auf- und Zudrahteffekt.

Cablé-Zwirne (vgl. Glattzwirne S. 111) sind z. B. nicht spaltbare Strickwollen, hergestellt aus hart gedrehten Vorzwirnen (meistens zwei), deren entgegengesetzte zweite Zwirnstufe einen Aufdrahteffekt zeigt.

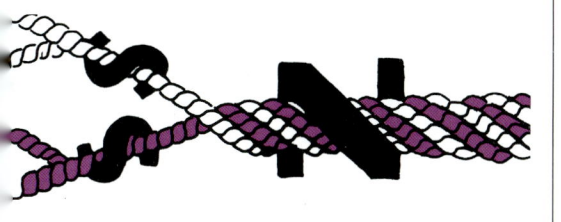

Schrumpfungen

Hochbauschgarne bestehen aus zwei oder mehreren geschrumpften und ungeschrumpften Chemiefasergarnen und werden nach dem Verzwirnen einer Hitzebehandlung ausgesetzt und fixiert. Es entsteht ein gekräuselter Zwirn. Auch einige texturierte Chemiefasern können mit plastischen Effekten hergestellt werden. Sie können deshalb auch zu den Effektgarnen und -zwirnen gezählt werden.

Gewebte Garne

Chenille oder Raupenzwirne sind aus weichen Geweben mit gebündelten, in größeren Abständen angeordneten Kettfäden so in Streifen geschnitten, dass die Reste der Schussfäden wie kleine Raupenfüße an den Kettfäden hängen.

Werden diese „Raupenzwirne" verwebt, bilden die Schussfäden einen weichen Flor. Das fertige Gewebe heißt „Chenille". Das Ausgangsgewebe kann so bedruckt werden, dass auf beiden Warenseiten das gleiche Muster erscheint. Ein gemustertes Chenillegewebe erkennt man an den verschobenen Musterrändern.

Die gewebte Flachchenille kann durch Drehen auf der Zwirnmaschine zu Rundchenille verarbeitet werden.

Chenillezwirne lassen sich heute auch durch ein Spezialverfahren auf Raschelmaschinen (vgl. S. 163) herstellen.

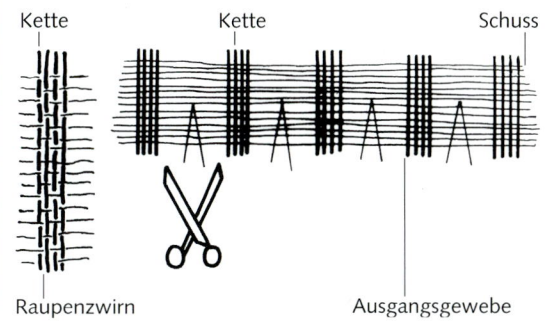

Raupenzwirn mit Grundgewebe

Chenillemuster

2 Effektzwirne

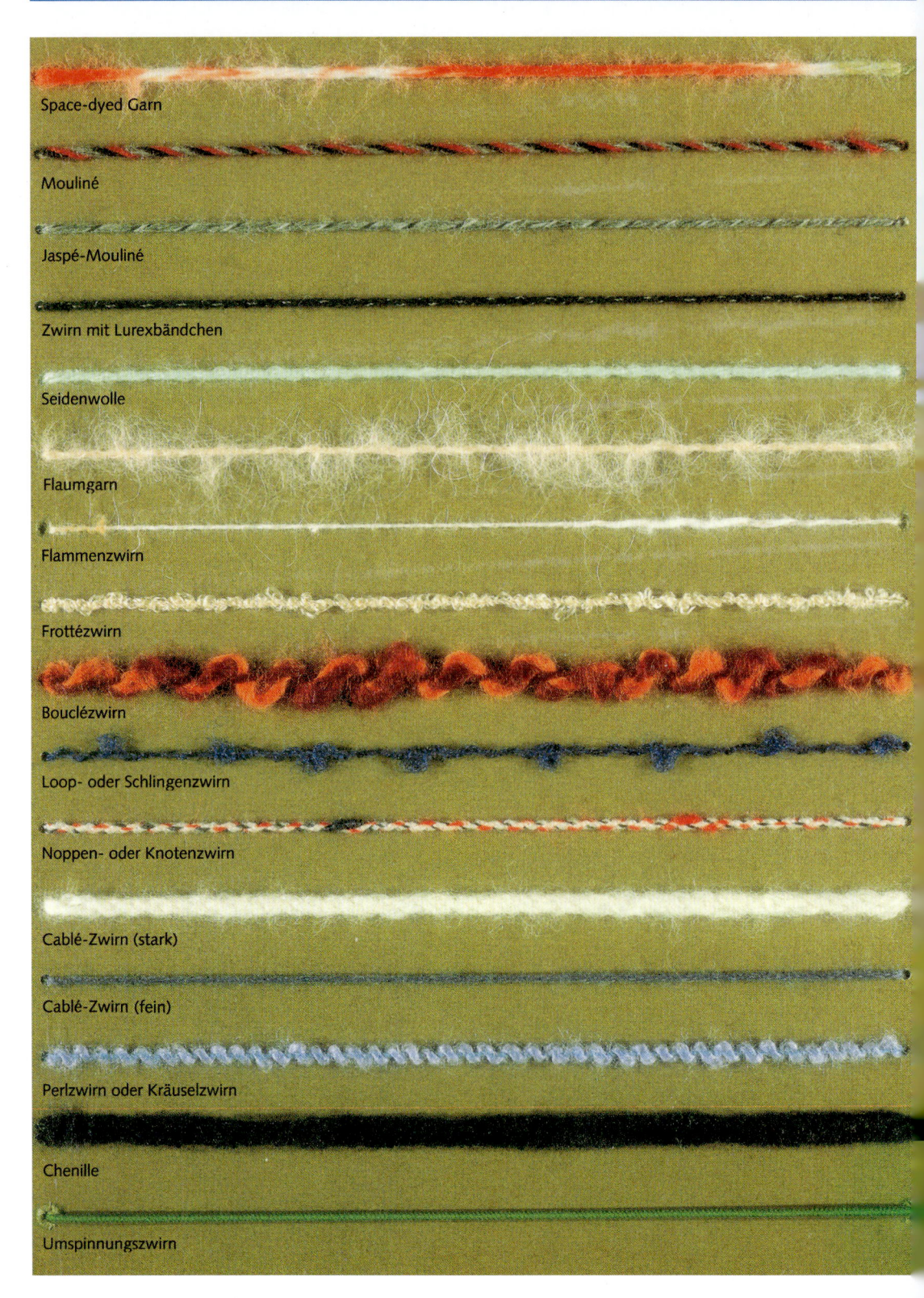

Space-dyed Garn

Mouliné

Jaspé-Mouliné

Zwirn mit Lurexbändchen

Seidenwolle

Flaumgarn

Flammenzwirn

Frottézwirn

Bouclézwirn

Loop- oder Schlingenzwirn

Noppen- oder Knotenzwirn

Cablé-Zwirn (stark)

Cablé-Zwirn (fein)

Perlzwirn oder Kräuselzwirn

Chenille

Umspinnungszwirn

2 Feinheitskennzeichnung

Feinheitskennzeichnung der Garne

Um die Feinheit eines Garnes angeben zu können, setzt man die Garnlänge und das Garngewicht ins Verhältnis. Der dadurch erhaltene Zahlenwert ist die Feinheitsnummer (Garnnummer). Es werden grundsätzlich zwei Nummerierungsprinzipien unterschieden:

• **Gewichtsnummerierung**
Sie gibt an, welches Gewicht (in g) ein Garn mit einer bestimmten Länge (z. B. 1 km) hat.
Ist das Gewicht zweier gleich langer Garnstücke (z. B. je 1 km) verschieden, so muss eines feiner, das andere gröber sein.

• **Längennummerierung**
Sie gibt an, welche Länge (in m) ein Garn mit einem bestimmten Gewicht (z. B. 1 kg) hat.
Haben zwei unterschiedlich lange Garnstücke das gleiche Gewicht (z. B. je 1 kg), so muss eines feiner, das andere gröber sein.

In der Praxis wird mit verschiedenen Systemen gearbeitet:

Tex-System
(DIN 60900)

Es ist das eigentlich international verbindliche System zur Feinheitsangabe von Garnen. Das tex-System ist eine Gewichtsnummerierung. Das Symbol für die Feinheit ist Tt (Titertex; Titer = Feinheit). Die Feinheitsangabe erhält die Einheit tex.

$$Tt = \frac{\text{Gewicht (Masse)}}{\text{Länge}} = \frac{m}{l} = \frac{1\,g}{1\,km} = tex$$

Die tex-Nummer gibt an, wie viel Gramm ein Garn von 1 km Länge wiegt.

Beispiel: Ist die Feinheit Tt eines Garnes 20 tex, so wiegt 1 km dieses Garnes 20 g.
Merke: Je kleiner die Tex-Nummer, desto feiner ist das Garn.

Durch die Verwendung geeigneter Vorsätze (Milli-, Dezi- und Kilo-) kann man auch bei extrem feinen Filamenten oder sehr dicken Seilen mit übersichtlichen Zahlenwerten arbeiten.

$$= \underset{\text{mtex}}{\frac{1\,g}{1000\,km}} = \underset{\text{dtex}}{\frac{1\,g}{10\,km}} = \underset{\text{ktex}}{\frac{1\,g}{1\,m}}$$

Berechnungsbeispiele:
a) 8000 m Garn wiegen 16 g. Welche Feinheit in tex hat dieses Garn?

$$Tt = \frac{16\,g}{8000\,m} = \frac{16\,g}{8\,km} = 2\,tex$$

b) 200 m Garn wiegen 0,004 kg. Welche Feinheit in tex hat dieses Garn?

$$Tt = \frac{0{,}004\,kg}{200\,m} = \frac{4\,g}{0{,}2\,km} = 20\,tex$$

c) 30 km eines Garnes wiegen 150 g. Welche Feinheit in dtex liegt vor?

$$Tt = \frac{150\,g}{30\,km} \cdot 10 = 50\,dtex$$

Frage

Welches der 3 Garne (a, b, c) ist das gröbste? Begründen Sie.

Tex-System zur Berechnung der Zwirnfeinheit
Die Tex-Nummer eines Zwirnes besteht aus der Tex-Nummer der Einzelgarne, einem Multiplikationszeichen (x) und der Fachzahl.
Beispiel:

20 tex x 3 heißt: einstufiger Zwirn, 3fach, mit der Einzelgarnfeinheit von je 20 tex.

Multipliziert man nun die Einzelgarnnummer mit der Fachzahl, dann erhält man rein rechnerisch die Endzwirnfeinheit im Beispiel von 60 tex.
Dieser errechnete Wert berücksichtigt aber nicht die sogenannte Einzwirnung. Die durch das Einzwirnen bewirkte Fadenverkürzung ist je nach Garnfeinheit, Fachungszahl und Höhe der Zwirndrehung verschieden.

andwerk-technik.de

2 Feinheitskennzeichnung

Titer Denier
(sprich: Titer denje)

Titer Denier ist ebenfalls eine Gewichtsnummerierung und wird nach wie vor für endlose Fäden (Natur- und Chemiefaserfilamente) und zur Angabe der Garnfeinheit bei Feinstrumpfhosen verwendet. Das Symbol für die Feinheit ist Td. Die Feinheitsangabe erhält die Einheit den.

$$Td = 9 \cdot \frac{Gewicht\ (Masse)}{Länge} = 9 \cdot \frac{m}{l} = 9 \cdot \frac{1\ g}{1\ km} = den$$

Die den-Nummer gibt das Gewicht eines Fadens in Gramm von 9 km Länge an.

Metrische Nummer
(DIN 60900)

Die metrische Nummer ist eine Längennummerierung zur Feinheitsangabe von Garnen. Das Symbol für die Feinheit ist N. Die Feinheitsangabe erhält die Einheit Nm (sprich: Nummer metrisch)

$$N = \frac{Länge}{Gewicht\ (Masse)} = \frac{l}{m} = \frac{1\ m}{1\ g} = Nm$$

Nm gibt an, wie lang ein Garnstück ist, das 1 g wiegt.

Die Feinheit eines Zwirns wird folgendermaßen angegeben:
Einzelgarnnummer; Schrägstrich; Fachzahl
(Nm 40/2) heißt: einstufiger Zwirn, 2fach, mit der Einzelgarnfeinheit von je Nm 40

Englische Baumwollnummer

Die Englische Baumwollnummer ist eine weitere Längennummerierung, die nach wie vor zur Bezeichnung von Handarbeitsgarnen und Nähfäden genutzt wird. Das Symbol für die Feinheit ist Ne oder NeB (sprich: Nummer englische Baumwolle).

$$Ne = \frac{Länge\ des\ hanks[1]}{Gewicht\ in\ Pfund}$$

Aufgaben

1. Welche Herstellungsmöglichkeiten für Garne werden unterschieden?
2. Stellen Sie aus Faserflocke einen Faden her. Welche Arbeitstätigkeiten sind nötig, um ein festes und feines Garn herzustellen?
3. Vergleichen Sie die Herstellung von Kammgarn und Streichgarn. Leiten Sie daraus die Eigenschaften der Kamm- und Streichgarngewebe ab.
4. Nennen Sie Einsatzmöglichkeiten von Nitschelwerk, Flyer, Ringspinnmaschine und Rotorspinner.
5. Welches Ziel wird mit dem Kämmen von Faserbändern verfolgt?
6. Der Rotorspinner arbeitet besonders wirtschaftlich. Nennen Sie Gründe dafür.
7. Warum wird gezwirnt?
8. Beschreiben Sie einen Zwirn (4fach) mit der Drehung SS/Z im Aufbau und im Aussehen.
9. Erklären Sie den garn- und zwirntechnischer Unterschied zwischen einem Heftfaden (2fach) und einem Kreppzwirn (4fach, zweistufig).
10. Beschreiben Sie die Effektzwirne: Mouliné Lurexzwirn, Bouclé und Chenillezwirn.
11. Definieren Sie die zurzeit gültige Feinheitsbezeichnung für Garne.
12. Ein Gewebe besteht aus 25 kg Fäden der Feinheit 20 tex. Wie viel Meter Garn wurden verarbeitet?
13. 8,5 m Kardenband wiegen 39,2 g. Berechnen Sie die Feinheit in ktex.
14. 30 000 m Garn der Feinheit 200 dtex sind auf einer Spule aufgewickelt. Berechnen Sie das Gesamtgewicht der Spule, wenn die Hülse 35 g wiegt.

---

[1] hank = engl.: Strähne, Strang, Knäuel

Kapitel 3
Textile Flächengebilde

Gewebe
Gewebe entstehen aus zwei oder mehreren Fadensystemen, die sich in Kett- und Schussrichtung rechtwinklig verkreuzen. Die Kette verläuft parallel, der Schuss im rechten Winkel zur Webekante.

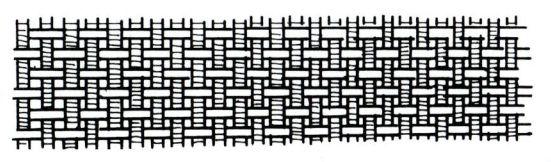

Geflechte
Geflechte entstehen aus mindestens einem Fadensystem durch regelmäßiges Über- oder Unterführen der Garne. Diese bilden mit der Geflechtskante spitze und stumpfe Winkel.

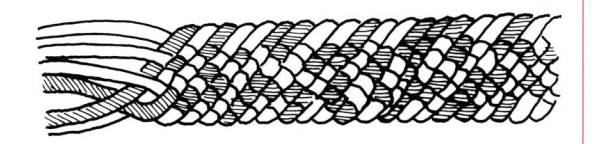

Maschenstoffe
Maschenstoffe entstehen durch Verschlingen eines oder mehrerer Fäden in Querrichtung oder durch Verschlingung der Fäden eines Längs-(Kett-)fadensystems.

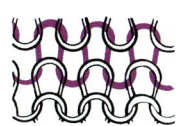

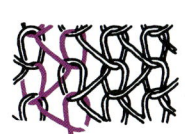

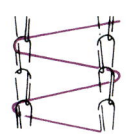

Durchbrochene Flächen
Durchbrochene Flächen werden entweder aus einem fertigen Gewebe als Durchbruch gearbeitet oder durch Verschlingen, Umschlingen, Verknoten, Verflechten oder Maschenbildung aus einem oder mehreren Garnen hergestellt.

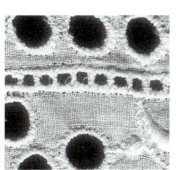

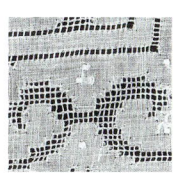

Textilverbundstoffe
Textilverbundstoffe entstehen durch Filzen, Vernadeln, Übernähen, Verkleben, Verschweißen, Beschichten oder Bondieren von Fasern, Garnen oder Flächen.

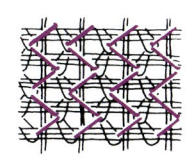

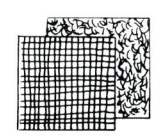

3 Gewebe

Gewebe

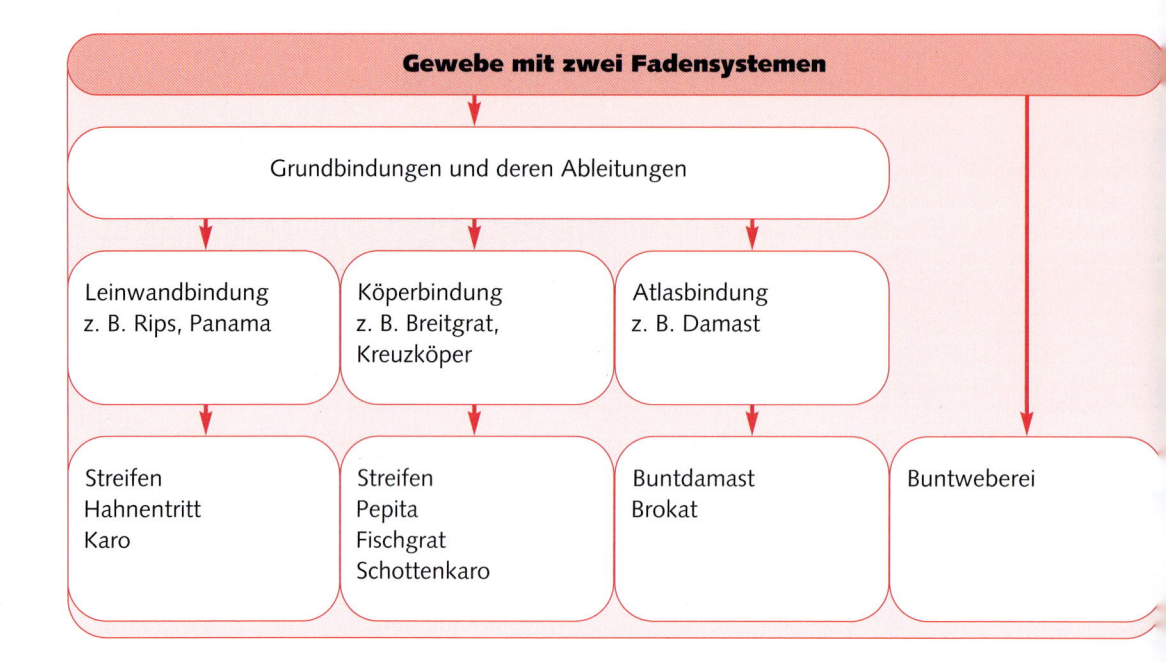

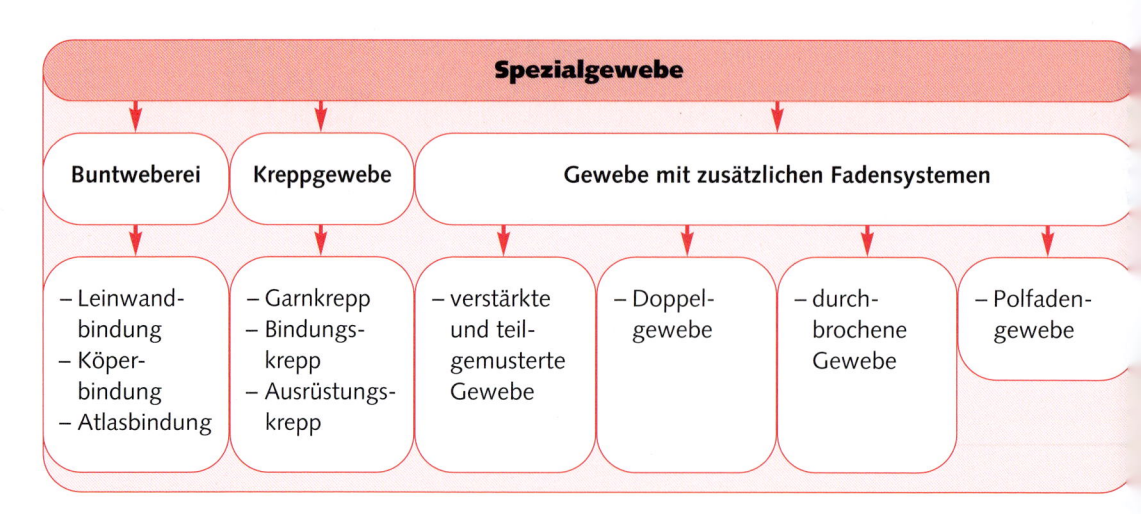

Gewebe mit zwei Fadensystemen

↓

Grundbindungen und deren Ableitungen

↓ ↓ ↓ ↓

Leinwandbindung z. B. Rips, Panama	Köperbindung z. B. Breitgrat, Kreuzköper	Atlasbindung z. B. Damast	
Streifen Hahnentritt Karo	Streifen Pepita Fischgrat Schottenkaro	Buntdamast Brokat	Buntweberei

Spezialgewebe

Buntweberei	Kreppgewebe	Gewebe mit zusätzlichen Fadensystemen			
– Leinwandbindung – Köperbindung – Atlasbindung	– Garnkrepp – Bindungskrepp – Ausrüstungskrepp	– verstärkte und teilgemusterte Gewebe	– Doppelgewebe	– durchbrochene Gewebe	– Polfadengewebe

Gewebe sind Flächengebilde, die aus sich rechtwinklig verkreuzenden Fäden zweier Fadensysteme, Kette und Schuss, bestehen (DIN 61100).
Das Fadensystem, das im Gewebe in Längsrichtung liegt, ist die Kette. Das rechtwinklig die Kette kreuzende Fadensystem ist der Schuss.

Der Kettfaden liegt abwechselnd über oder unte[r] den Schussfäden. Am Geweberand kehrt der Schuss[-]faden wieder um, sodass eine feste Gewebekant[e] entsteht, die das Ausfransen der Kettfäden verhin[-]dert.

3 Gewebe

Weben

Webvorgang

Beim Webvorgang verlaufen die Kettfäden vom Kettbaum durch die Litzen der Schäfte und durch das Blatt zum Warenbaum. Die Schäfte steuern die Art der Bindung, das Blatt entscheidet über die Dichte des Gewebes. Durch die Auf- und Abwärtsbewegungen der Schäfte wird das Webfach gebildet, in das der Schuss mittels Webschützen eingetragen wird.

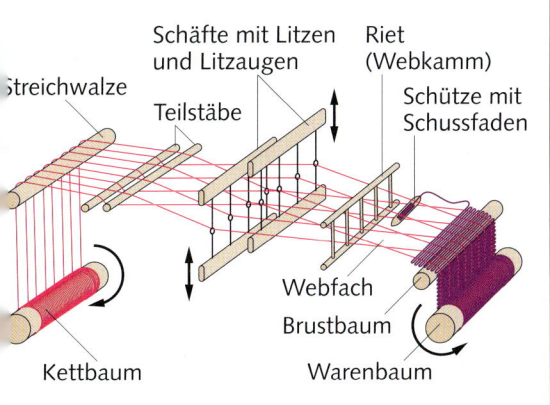

Webvorgang, Prinzip.
Die Kettfäden 2, 4, 6, 8 sind durch Schaft 1 gehoben, die Kettfäden 1, 3, 5, 7 durch Schaft 2 gesenkt. In das entstandene Webfach kann der Schuss eingetragen werden. Das Blatt wird ihn an den Warenrand anschlagen, und die Schäfte werden ihre Stellung für ein neues Webefach wechseln.

Webmaschine

Die Entwicklung vom Handwebstuhl zum Webautomaten war von vielen Voraussetzungen abhängig. Hohe Produktionsgeschwindigkeiten verlangen große Rohstoffmengen. Das wurde durch die Chemiefaserproduktion und die Entwicklung neuer Spinnverfahren (z. B. das OE-Rotorspinnverfahren, vgl. S. 105) weltweit möglich.

Der Verbrauch an Textilien steigt unaufhaltsam. Durch die Entwicklung rationeller Websysteme kann der Bedarf leicht gedeckt werden. Bei den neu entwickelten Webmaschinen wird auf die Spulenschützen, die den Garnvorrat durch das Webfach trugen, verzichtet. Die schützenlosen Webmaschinen tragen den Schussfaden durch verschiedene Mechanismen direkt in das Webfach ein. Der ganze Webvorgang kann elektronisch gesteuert werden. Die neueste Entwicklung geht dahin, auch auf die herkömmlichen Schäfte zu verzichten und mittels Legeschienen und Webrotor mehrere Schüsse gleichzeitig einzutragen.

Diese Neuentwicklungen haben nicht nur zu höherer Produktivität, sondern auch zu wesentlicher Qualitätsverbesserung geführt.

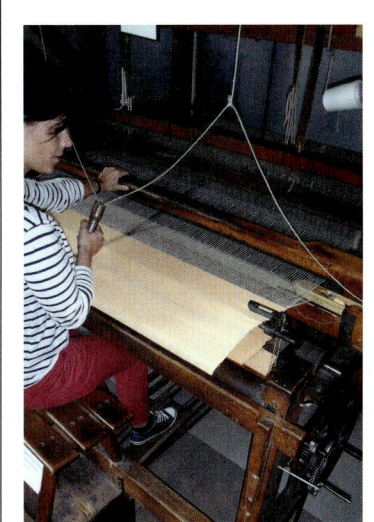

Handwebstuhl
Das Weben
(= rechtwinkliges Verkreuzen von Fäden) erfolgt in drei Schritten:
1. Bilden des Fachs
2. Eintrag des Schussfadens
3. Anschlagen des Fadens mit dem Kamm/Ried

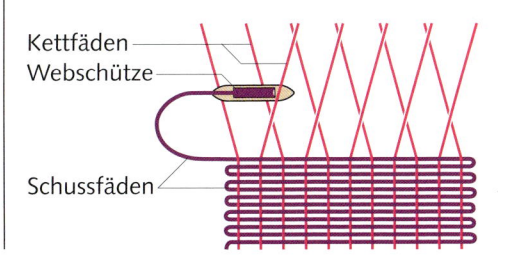

3 Gewebe

Vorbereitungen für das Weben

Beim **Umspulen (Kreuzspulerei)** wird das Garn mehrerer Spinnhülsen bzw. -spulen auf große Spulenkörper mit ausreichenden Garnlängen – auf Kreuzspulen – gebracht. Dabei werden gleichzeitig Fehler im Garn – schlechte Andreher, ungedrehte Garnstücke, Unreinheiten – beseitigt, damit in der nachfolgenden Fertigung die Maschine nicht infolge eines Fadenbruchs stehen bleibt.

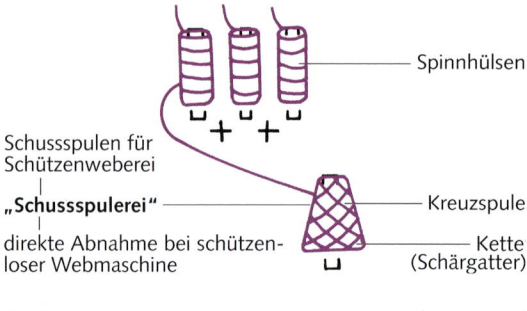

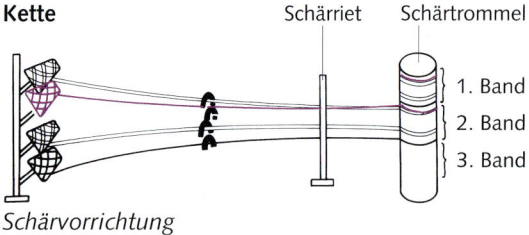

Schärvorrichtung

Zur Vorbereitung der Kette gehören Schären, Bäumen und bei Bedarf Schlichten.

Beim **Schären** werden die Kettfäden auf einer Schärvorrichtung so vorbereitet, dass sie parallel in gleicher Länge auf einen Kettbaum gebracht werden können. Bei wechselnden farbigen Kettfäden oder bei großer Fadendichte werden einzelne Teilkettbäume (z. B. eine Musterbreite) gebildet und auf Zwischenwalzen (den Zettelwalzen) gegeben, bevor sie beim **Bäumen** in voller Breite und Fadendichte auf einen Kettbaum geordnet aufgewickelt werden können.

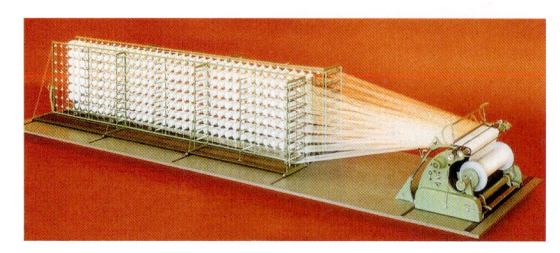

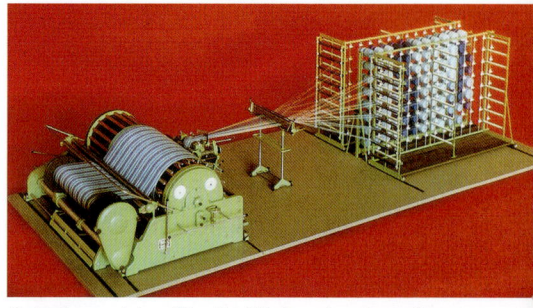

Schär- und Bäummaschine

Zettelmaschine für die Webereivorbereitung

Schlichten bedeutet das Tränken der Kettfäden in einem leim- oder stärkehaltigen Bad, um die Kette gleitfähiger und fester zu machen. Nicht jede Kette wird geschlichtet; dies geschieht nur, wenn die Ware weich bleiben soll und deshalb mit wenig Drehung gezwirnt worden ist.

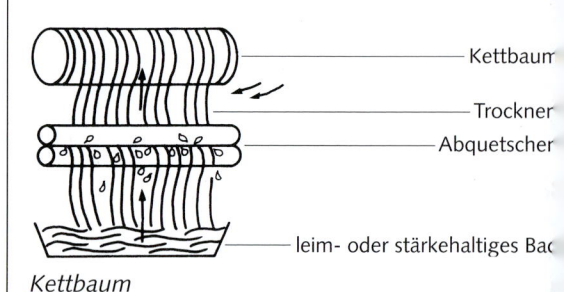

Kettbaum

Schlichten.
Die Kette läuft vom Kettbaum (rechts unten) durch ein leim- oder stärkehaltiges Bad, wird durch Walzen abgequetscht und in die Trockenkammer geführt.

3 Gewebe

Maschinen zur Herstellung von Geweben

Kettbewegung	→	**Schaftmaschinen** Exzenter oder Hubgetriebe steuert bis zu 48 Schäfte	**Jacquardmaschinen** von Datenträgern gesteuertes Hubgetriebe kann jeden Kettfaden einzeln heben
Ketteintrag	→	**Einphasenwebmaschinen** Eintrag eines Kettfadens in das Webfach, Eintrag des nächsten Kettfadens erst bei Bildung eines weiteren Webfaches	**Mehrphasenwebmaschinen** Legeschienen auf einem Webrotor bilden mehrere Webfächer, in die die Schussfäden gleichzeitig eingetragen werden
Schusseintrag	→	**Schützenwebmaschinen** Eintrag eines Schützen mit Garnladung durch eine Schlagvorrichtung und automatischen Spulenwechsel	**Schützenlose Webmaschinen** Eintrag des Schussfadens direkt von der Kreuzspule durch Projektile, Greifer oder Düsen (Luft, Wasser)

Schaftmaschine

Bei der Schaftmaschine werden die Kettfäden, die zur Bildung eines Webfaches gleichzeitig gehoben werden, in einen gemeinsamen Schaft eingebunden. Ein Schaft ist ein Rahmen mit eingehängten Weblitzen, der – mit den Litzen zusammen bewegt – das Webfach ausführt.
Für die einfachste Bindung, die Leinwandbindung, sind mindestens zwei Schäfte notwendig.

Der Schusseintrag gelingt nur bei der Bildung eines „reinen" (hinreichend weiten, freien) Faches. Je mehr Schäfte an einer Musterbildung beteiligt sind, desto flacher wird das Webfach. Bei mehr als 24 bis maximal 48 Schäften verbindet man die einzelnen Kettfäden mit dem Steuerungssystem der Jacquardmaschine. Die Bewegung der einzelnen Schäfte kann durch Exzenter oder ein Hubsystem gesteuert werden.
Der Exzenter, eine Kurvenscheibe, hebt und senkt die Schäfte über eine Verbindungsstange. Ein Hubsystem wird für eine größere Anzahl an Schäften oder bei Jacquardmaschinen eingesetzt. Das Hubsystem wird durch Computer gesteuert.

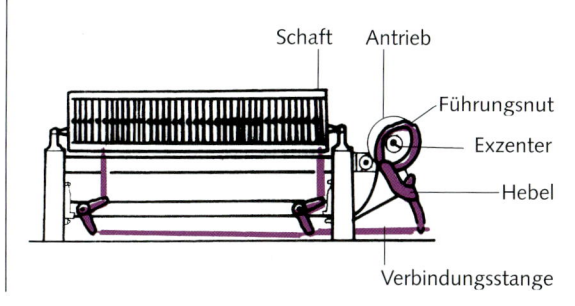

Handwebstuhl

3 Gewebe

Jacquardmaschine

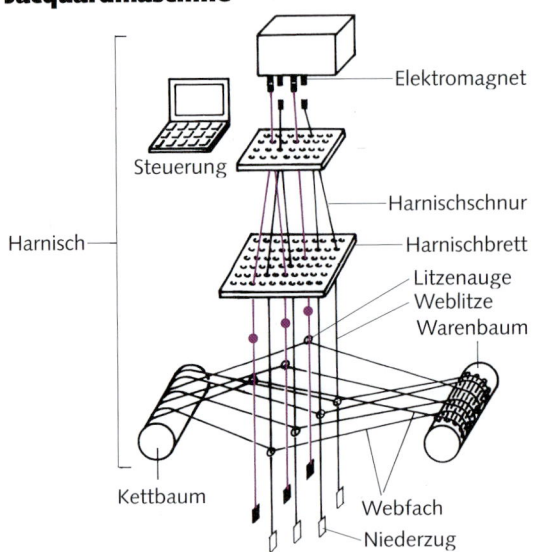

Prinzip der Jacquardmaschine mit Computersteuerung

Jacquardmaschine belegt mit einem Souvenir-Frottiertuch

Bei der Jacquardmaschine sind Kett- und Schussrapporte und damit die Mustermöglichkeiten theoretisch unbegrenzt.
Statt der Schäfte wird jeder Kettfaden einzeln durch das Auge in einer Weblitze geführt. Ein Zugelement, der Niederzug, hält die Weblitze unter Spannung. Die Weblitzen sind mit den Harnischschnüren verbunden. Die Harnischschnüre führt man durch je eine Öffnung in einem Harnischbrett, das alle Schnüre auf Gewebebreite hält. Alle für ein Muster gleichzeitig zu hebenden Harnischschnüre werden im oberen Teil des gesamten Harnischs zusammengenommen. Die Steuerung der Muster geschieht durch Computer.

Einphasenwebmaschine

Ein Schuss wird in einer einzigen Phase des Arbeitszyklus der Maschine über die volle Warenbreite eingetragen. Eine von Hand getriebene Webeinrichtung wird als Webstuhl bezeichnet.

Mehrphasenwebmaschine

Das Kernstück der Mehrphasenwebmaschine ist der Webrotor mit Legeschienen.
Durch die Legeschienen werden mehrere Webfächer gleichzeitig gebildet. Bis zu vier Schussfäden können laufend in die Webfächer eingetragen werden.

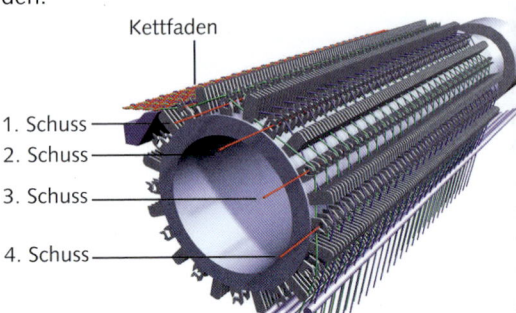

Prinzip der Mehrphasenwebmaschine, Webrotor mit 4 Schusseinträgen

Mehrphasenwebmaschine, Webrotor mit Legeschienen

Diese Maschine ermöglicht die drei- bis vierfache Produktionsmenge bei einfachen Standardgeweben. Ein geringerer Platzbedarf, weniger Lärm- und Staubbelästigung sowie eine einfachere Bedienung sind weitere Vorteile der Neuentwicklung.

3 Gewebe

Schützenwebmaschine

Der Schussfaden wird bei den Handwebstühlen durch einen Schützen, der auf einer Spule den Garnvorrat durch das jeweilige Webfach trägt, in das Webfach eingetragen. An den Geweberändern kehrt der Schütze um und bildet die feste Webkante.
Bei den Webautomaten kann der Spulenwechsel sowie der Schützenwechsel automatisch vorgenommen werden.
Die Schützenwebmaschinen sind nur noch für kleine Produktionsmengen und für Stoffe mit „Handwebcharakter" im Einsatz.

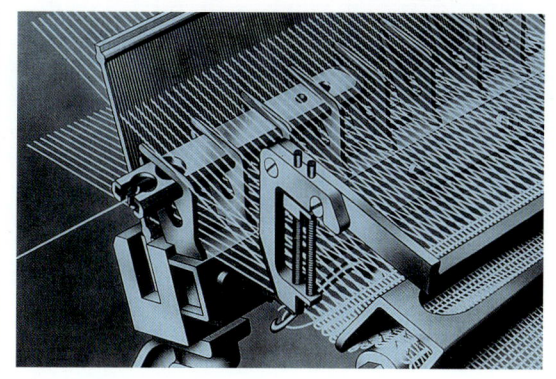

Schützenlose Webmaschinen

Diese Maschinen arbeiten vier- bis sechsmal schneller als die herkömmlichen Schützenwebmaschinen. Der Schussfaden wird direkt von der Kreuzspule in das geöffnete Webfach eingetragen und abgeschnitten. Die Webkante muss zusätzlich gesichert werden.
Der Schusseintrag kann durch Projektil, Greifer, Luft- oder Wasserdüsen erfolgen.

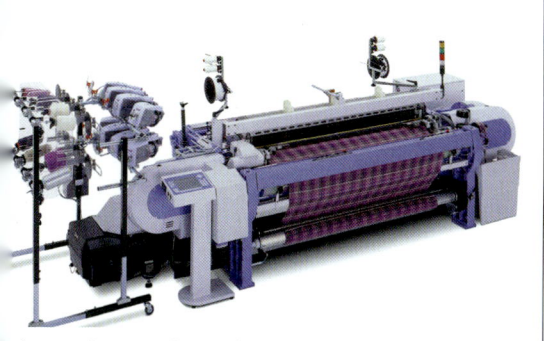

Abnahme des Schussfadens von der Kreuzspule durch die Greiferklammer einer Projektilwebmaschine.

Schusseintrag mit Projektilen. Ein Greiferprojektil trägt den Schussfaden in das Webfach ein. Während seines Fluges durch das Webfeld gleitet das Projektil in einer rechenförmigen Führung. Eine unter dem Webfach angeordnete Transportvorrichtung bringt das abgebremste Projektil in die Abschussstellung zurück.

Schützenlose Webmaschine

Projektilwebmaschinen arbeiten mit einem geschossähnlichen Projektil, das mit einer Klemmvorrichtung den Schussfadenanfang auf einer Warenseite aufnimmt, durch das Webfach zieht und an der anderen Warenseite wieder freigibt. Das Projektil wird unterhalb des Webfaches wieder zurückgeführt, während das nächste Projektil einen weiteren Schussfaden einträgt.
Projektilwebmaschinen arbeiten nicht nur sehr präzise, sondern auch besonders schnell und lassen große Warenbreiten zu.

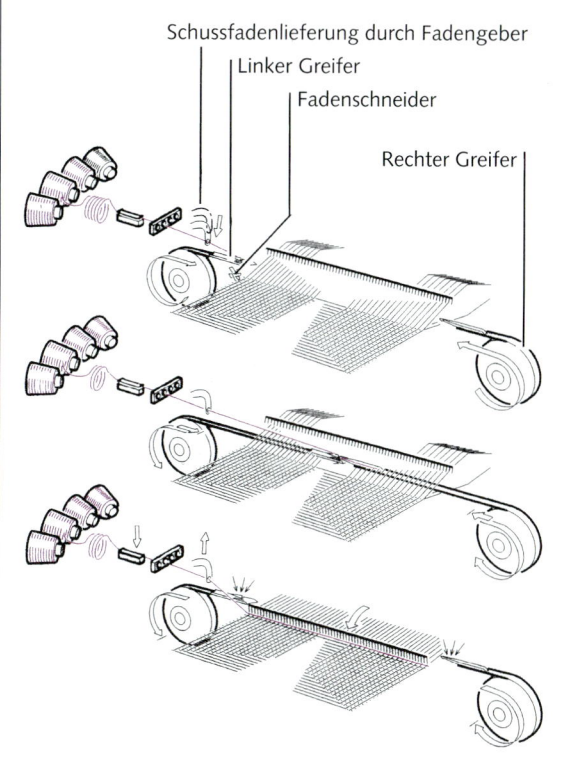

Schussfadeneintrag an der schützenlosen Webmaschine: Zubringer- und Abnehmergreifer sind im Webfach ohne Führung.

3 Gewebe

Greiferwebmaschinen arbeiten mit Greiferköpfen, die an der Spitze von Stangen oder Bändern befestigt sind. Die Greifer dringen von beiden Seiten in das Webfach ein, übergeben in der Mitte den Schussfaden und kehren wieder an den Geweberand zurück.

Spezielle Greiferklemmen – Fadenübergabe im Webfach

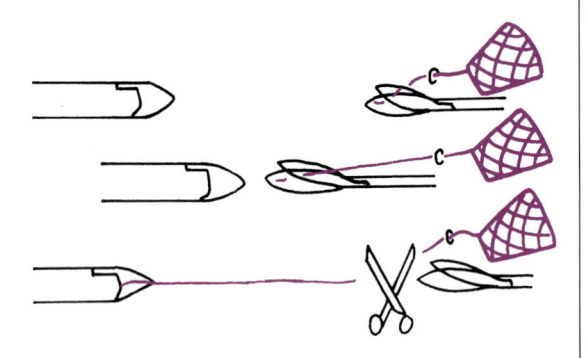

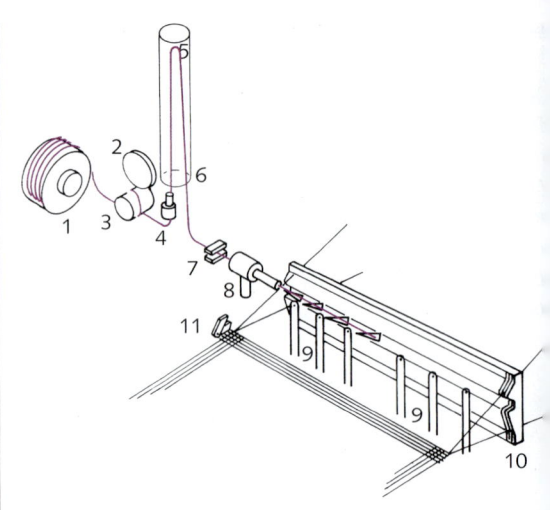

1 Vorlagespule, 2 Ablängscheibe, 3 Mitnehmerrollen, 4 Hilfsdüse, 5 Fadenschlaufe, 6 Speicherrohr, 7 Fadenstopper, 8 Hauptdüse, 9 Stafettendüsen, 10 Webblatt mit Schusskanal

Prinzip des Luftdüsen-Webverfahrens

Greifermaschinen arbeiten sehr materialschonend und eignen sich für empfindliche Garne. Die neu entwickelten p-Aramidfasern werden beispielsweise mit Greiferwebmaschinen verarbeitet.

Düsenwebmaschinen nützen Luft oder Wasser als Schusseintragsmittel und produzieren in einer Zeiteinheit etwa 50 % mehr Gewebe als Projektilwebmaschinen. Aufgrund ihrer hohen Leistungen werden sie in erster Linie zur wirtschaftlichen Herstellung von Standardgeweben eingesetzt. Die Webbereiche reichen vom leichten Gazegewebe bis zum dichten Köperstoff, vom einfachen Futterstoff bis zum feinsten Mousseline und Voile.
Düsenwebmaschinen können auch mit Jacquardeinrichtungen oder mit dem Mehrphasensystem kombiniert werden.

Einrichtungen im Kantenbereich

Der eingetragene Schussfaden wird bei schützenlosen Webmaschinen im Kantenbereich immer durchgetrennt. Dies kann durch Scheren, Schmelzvorrichtungen oder Ultraschalleinrichtungen geschehen. Spezielle Einlegevorrichtungen legen das freie Ende des Schussfadens nach dem Eintrag ins nächste Webfach zurück, um die Kante zu festigen. Die Kanten können auch durch dicht stehende Kettfäden gehalten, durch schmelzende Synthesegarne verklebt oder durch Halbdreherbindungen abgebunden werden.

Bildung der Gewebekante bei schützenlosen Webmaschinen

3 Gewebe

Gewebekante.
Die dicken Fäden sind hier nach dem Abschneiden nicht eingezogen, nur die dünnen Fäden.

Gewebekante, hergestellt auf der schützenlosen Webmaschine

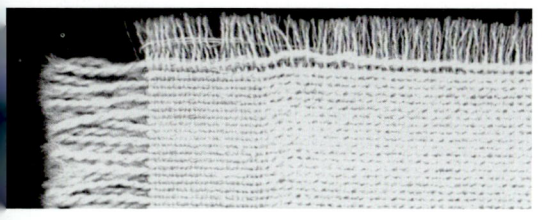

Halbdreherbindung zur Festigung der Gewebekante

Vorteile der neuen Websysteme

Die neuen Websysteme haben nicht nur eine höhere Produktivität sowie problemlose Farbwechsel, sie lassen auch größere Gewebebreiten zu.
Durch die neue Technik sind qualitativ hochwertige Gewebe möglich. Feinere Garne können sehr gleichmäßig verarbeitet und Webfehler weitgehend ausgeschlossen werden.
Die Maschinen arbeiten leiser und vibrationsärmer. Staub und Fadenenden werden automatisch abgesaugt. Die Maschinen sind kompakter, sie entwickeln weniger Wärme und können in klimatisierten Räumen arbeiten. Die Arbeitsbedingungen für die Weber wurden dadurch wesentlich verbessert. Da der Mehrbedarf an Textilien weniger wächst als die Produktivitätssteigerung der Textilindustrie, ist ein kontinuierlicher Abbau der Arbeitskräfte weltweit vorläufig noch unausweichlich.

Bedienung der Webmaschine

Der Computereinsatz ist eine weitere wichtige Voraussetzung für die Rationalisierung und Automatisierung in der Weberei. Er führt zu einem wesentlich erweiterten und preisstabilen Warenangebot.
Die Programmiergeräte sind direkt an der Webmaschine angeschlossen und optimieren die wichtigsten Webmaschinenfunktionen. Die in der Webmaschine eingebauten Mikroprozessoren steuern, regeln und überwachen die mechanischen Funktionen von Kettablass, Fachhebevorrichtung, Schusseintrag, Farbauswahl, Schusszählwerk u. a.
Elektronische Schuss- und Kettfadenüberwachung, verbunden mit Signallampen, stoppen bei Bedarf die Maschine und ermöglichen ein schnelles Auffinden des Fadenbruchs.
Ein erfolgreiches Produkt kann leicht auf mehreren Webstühlen gearbeitet werden, da durch eine „Memory Card" alle webtechnischen Informationen auf eine andere Maschine übertragen werden können.
Große Webereien sind mit zentralen Datenverarbeitungs- und Produktionssteuerungssystemen ausgestattet. In einer Zentrale werden Informationen über den Maschinenzustand oder Stillstandsursachen erfasst und Steuerbefehle an die einzelnen Maschinen weitergegeben.

3 Gewebe

Die technischen Einrichtungen ermöglichen es den Webereien, qualitativ hochwertige Artikel in großer Variationsbreite im schnellen Wechsel herzustellen. Auf Maschinen bis zu einer Nennbreite von 330 cm werden auch zwei Stoffbahnen nebeneinander hergestellt.

Moderne Webmaschinenanlagen arbeiten ununterbrochen Tag und Nacht und nutzen dadurch die kostspieligen Anlagen optimal.

Der geringe Personalbedarf trägt zur Kostenoptimierung bei.

Der Bindungsrapport umfasst die Mindestanzahl der Kreuzungen von Kett- und Schussfäden, die in der durch die Bindungspatrone angegebenen Verkreuzungsart für das Zustandekommen der vollständigen Gewebebindung erforderlich ist.

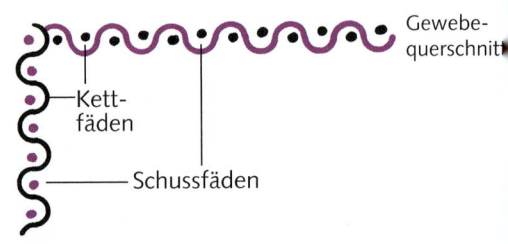

Gewebequerschnitt
Kettfäden
Schussfäden
Gewebelängsschnitt

Der Bindungsrapport bestimmt also, in Kett- und Schussrichtung in ununterbrochener Reihenfolge aneinander gefügt, das Gesamtbild der Gewebebindung.

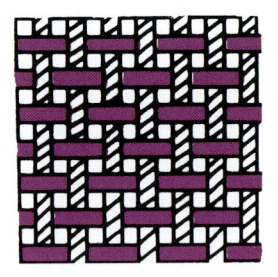

Gewebearten

Gewebegrundbindungen
(Leinwand-, Köper-, Atlasbindung)

Mit „**Bindung**" wird in der Weberei die Art der Verkreuzung von Kett- und Schussfäden in einem Gewebe bezeichnet. Die **zeichnerische Darstellung** der Bindung ist die Bindungspatrone:

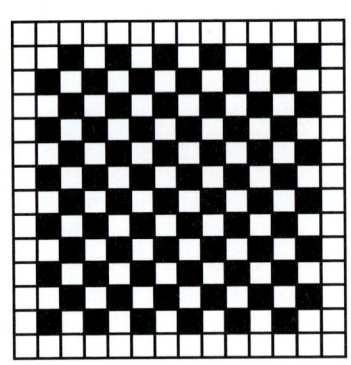

Leinwandbindung

Köperbindung

Auf klein kariertem Patronenpapier stellen die senkrechten Spalten die Kettfäden, die waagerechten Reihen die Schussfäden dar. Bei Ketthebung wird das Quadrat ausgefüllt. Die unausgefüllten Quadrate besagen, dass der Kettfaden an der Stelle gesenkt ist, der Schussfaden auf der rechten Seite des Gewebes zu sehen ist.

Kennzeichnend für eine Bindung ist der Bindungsrapport:

Atlasbindung

3 Gewebe

Die wichtigsten Bindungen nach DIN 61101 sind:

	Leinwandbindung	Köperbindung	Atlasbindung
Bindungspatrone			
Äußere Merkmale	mindestens zweibindig; immer gleichseitig; engste Fadenverkreuzung; Muster parallel und im rechten Winkel zur Webekante (Karo und Streifen)	mindestens dreibindig; ungleichseitig als Schuss- und Kettköper; gleichseitig möglich; Bindungspunkte bilden Grate; S- und Z-Grate; größere Mustervielfalt als bei der Leinwandbindung; Muster verlaufen häufig in Diagonalrichtung	mindestens fünfbindig; immer ungleichseitig als Kett- und Schussatlas; Bindungspunkte berühren sich nicht; schwache Grate sind zu erkennen; sehr vielfältige, auch figürliche Mustermöglichkeiten
Eigenschaften	Gewebe fest und stumpf, Griff körnig, gute Luftdurchlässigkeit; bei dicken Garnen sehr haltbar (Beispiel: Jutesack)	durch mögliche dichtere Verarbeitung sehr feste und strapazierfähige Ware bei mittlerer Garnqualität	feine Garne schieben sich eng zusammen; Gewebe sind dicht, glänzend, weich, gleitfähig und haben einen guten Fall
Verarbeitung	Gute Sicherung der Nähte, Säume und Knopflöcher zur Vermeidung des Ausfransens notwendig	S- und Z-Grate sowie Schuss- und Kettkörper beim Zuschnitt und der Bearbeitung beachten	Bei glatten und dünnen Stoffen Gefahr des Fadenziehens und der Verschiebung der Stofflagen gegeneinander
Handelsbezeichnungen	Batist Crêpe de Chine Crétonne Etamine Fresko Hahnentritt Honanseide Popeline, Rips Taft, Tuche Voile	Drell Fischgrat Gabardine Jeansstoffe Schottenstoffe Serge Twill	Crêpe Satin Damassé Damast Duchesse Daunensatin Satin

3 Gewebe

Kurzzeichen der Gewebegrundbindungen

Einsatzbereich der Kurzzeichen

Für Gewebegrundbindungen und deren einfache Ableitungen gibt es Bindungskurzzeichen, die allgemein verbindlich durch die **D**eutsche **I**ndustrie **N**orm (DIN 61101) festgesetzt sind. Ein Bindungskurzzeichen lässt sich für kompliziertere Bindungen oder Doppelbindungen erweitern, indem man andere Nummernteile dazusetzt.

Die Bindungskurzzeichen wurden geschaffen, um Gewebegrundbindungen und deren Ableitungen
– eindeutig verständlich,
– international verwendbar,
– für Computer einsatzfähig
zu machen.

Verschlüsselungen

Die Bindungskurzzeichen sind als Zahlen verschlüsselt. Die verschiedenen Nummernteile geben den jeweiligen Bereich der Verschlüsselungen an.
Das hier angeführte Beispiel eines Gewebebindungskurzzeichens ist die Verschlüsselung für
– Köperbindung (20),
– mit einer Ketthebung, links unten beginnend, (01) und drei Kettsenkungen (03),
– Einfädigkeit (01),
– um einen Schussfaden versetzt (01).

Das folgende Kapitel gibt dazu nähere Erläuterungen.

Beispiel

Bindungs-art	Ket-thebungen Kett-senkungen	Fädigkeit	Versatz-zahl
1. Nummern-teil	2. Nummern-teil	3. Nummern-teil	4. Nummern-teil
↓	↓	↓	↓
20	01 03	01	01

Nummernteile

1. Nummernteil: Bindungsart
Die Verschlüsselung der Bindungsart wird mit zwei Ziffern ausgedrückt. Die erste gibt an, um welche Bindung es sich handelt, die zweite, wo deren Bindungspatrone beginnt: links unten mit einer Ketthebung (Regelfall) oder mit einer Kettsenkung (oft bei Kombinations- oder Doppelbindungen).

Es stehen folgende Schlüssel für:

Bindung	erste Ziffer	Beginn der Bindungspatrone	zweite Ziffer	Schlüssel-zahl
Leinwandbindung	(1)	links unten mit Ketthebung	(0)	(10)
Leinwandbindung	(1)	links unten mit Kettsenkung	(1)	(11)
Köperbindung	(2)	links unten mit Ketthebung	(0)	(20)
Köperbindung	(2)	links unten mit Kettsenkung	(1)	(21)
Atlasbindung	(3)	links unten mit Ketthebung	(0)	(30)
Atlasbindung	(3)	links unten mit Kettsenkung	(1)	(31)

2. Nummernteil:
Ketthebungen – Kettsenkungen

Die Ketthebungen und -senkungen werden mit je einer zweistelligen Zahl verschlüsselt. Angegeben ist die Anzahl der sich ständig abwechselnden Ketthebungen und -senkungen (bzw. umgekehrt) bis zum neuen Rapport. Die zweite Ziffer des ersten Nummernteils (Bindungsart) zeigt, ob mit einer Kettsenkung (= 1) oder -hebung (= 0) begonnen werden muss. Die Zählung beginnt links unten im Bindungsrapport. Der Schlüssel 01 03 bedeutet, dass hier in Abhängigkeit (der vorgegebenen Bindung, hier Köper) von der zweiten Ziffer des ersten Nummernteils (der „Null")
– entweder 1 Ketthebung und 3 Kettsenkungen
– oder 1 Kettsenkung und 3 Ketthebungen vorliegen.

Die Summe dieses Nummernteils (hier 04) gibt die Höhe des Bindungsrapports (bzw. der Gewebereihen) im Schuss an.

3. Nummernteil: Fädigkeit

Der Schlüssel für die Fädigkeit gibt in einer zweistelligen Zahl an, wie viele gleich bindende Kettfäden nebeneinander liegen.
Der Schlüssel 01 bedeutet eine einfädige Kette; 04 02 würde aussagen, dass sich eine Vier- bzw. Zweifädigkeit abwechselt.

4. Nummernteil: Versatzzahl

Die Versatzzahl, in zwei Ziffern verschlüsselt, gibt an, um wie viele Schussfäden die Ketthebungen und -senkungen in der folgenden Reihe(ngruppe) von Kettfaden(gruppe) zu Kettfaden(gruppe) versetzt sind, immer in Richtung von links unten nach rechts oben hin betrachtet.
Die Versatzzahl gilt für Köper- und Atlasbindung (mit einfachen Varianten), für die Leinwandbindung gibt es keinen Versatz, sondern ein gleichmäßig entgegengesetztes Heben bzw. Senken der Kettfaden(gruppen).

Der Schlüssel der Versatzzahl
- Leinwandbindung
  – 00 bedeutet „entgegengesetzt bindend" und einfache Ableitungen

- Köperbindung
  – 01 bedeutet eine Versetzung der Ketthebungen/-senkungen in der folgenden Reihe(ngruppe) um jeweils 1 Schussfaden nach rechts oben (Z-Grad)
  – 03 bedeutet eine Versetzung der Ketthebungen/-senkungen in der folgenden Reihe(ngruppe) um jeweils 3 Schussfäden nach rechts oben (4-bindiger Schussrapport – S-Grad)
  – 01 03 bedeutet den Versatz im Wechsel um 1 Schussfaden, anschließend um 3 Schussfäden

- Atlasbindung
  – 05 bedeutet eine Versetzung der Ketthebungen/-senkungen in der folgenden Reihe(ngruppe) um jeweils 5 Schussfäden nach rechts oben (Steigungszahl)

Grundbindungen und deren Ableitungen

Leinwandbindung

Die Leinwandbindung ist nach DIN 61101 eine Bindung, in der jeder Kettfaden abwechselnd über oder unter einem Schussfaden und jeder Schussfaden abwechselnd über oder unter einem Kettfaden liegt. Die Leinwandbindung ist die einfachste und festeste Bindung.

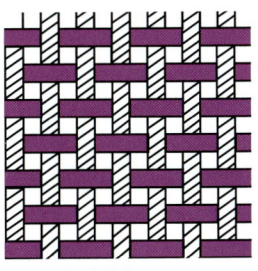

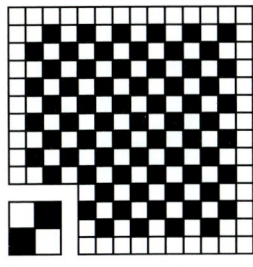

Gewebebild   *Rapport   Patrone*
Bindungskurzzeichen
10-0101-01-00

3 Gewebe

Abgeleitete Leinwandbindungen
Zu den abgeleiteten Leinwandbindungen gehören die

• **Panamabindung:**
Mehrere Kett- und Schussfäden (2 Kett-/2 Schussfäden 3 Kett-/3 Schussfäden usw.) binden beim Panama immer gleichzeitig. Der Rapport eines zweifädigen Panamagewebes umfasst je 2 Fäden in Kette und Schuss, er ist vierbindig.

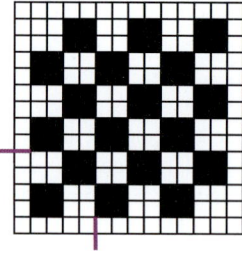

*Panama, 2-fädig,
Patrone 10-0202-02-00*

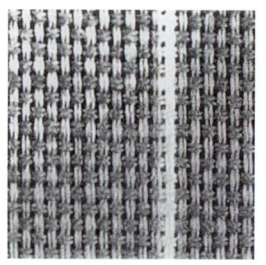

*Panamabindung.
2 Kett- und 2 Schussfäden binden im Wechsel, es entsteht ein schachbrettartiges Muster.*

• **Ripsbindung:**
Echter Rips entsteht durch mehrere gleich bindende Kettfäden (Längsrips) oder durch mehrere gleich bindende Schusseinträge in das gleiche Webfach (Querrips).
Gewebe mit dickerem Schusseintrag haben ein ripsähnliches Aussehen (unechter Rips) wie z. B. Popeline.

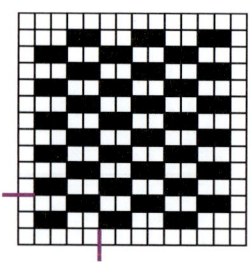

*Längsrips, 2-fädig.
Patrone 10-0101-02-00*

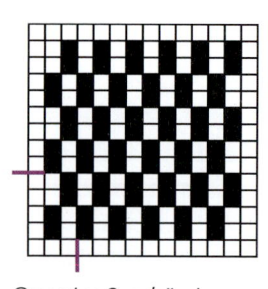

*Querrips 2-schüssig,
Patrone 10-0202-01-00*

Leinwandbindung, Längsrips

*Leinwandbindung, Querrips.
Dichte Kette und dicke Schussfäden, ggf. mehrere Schussfäden in einem Fach*

• **Gerstenkornbindung:**
Ein leinwandbindiges Gewebe wird bei der Gerstenkornbindung durch Hinzufügen bzw. Wegnehmen einzelner Bindungspunkte gerstenkornartig gemustert.

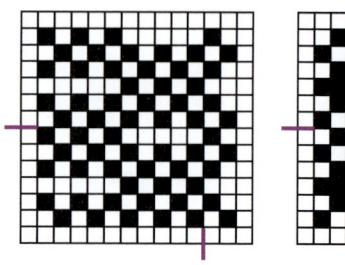

*Schussfadenflottung   Kettfadenflottung
Gerstenkornbindung. Patronen der beiden Warenseiten*

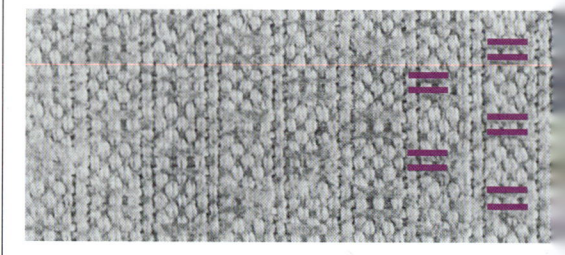

Gewebe in Gerstenkornbindung

3 Gewebe

Köperbindung

Die Köperbindung hat einen Bindungsrapport von mindestens drei Kettfäden und drei Schussfäden. Sie bildet Grate.
Die Mustervielfalt der Köperbindungen lässt sich auf wenige Grundelemente zurückführen.

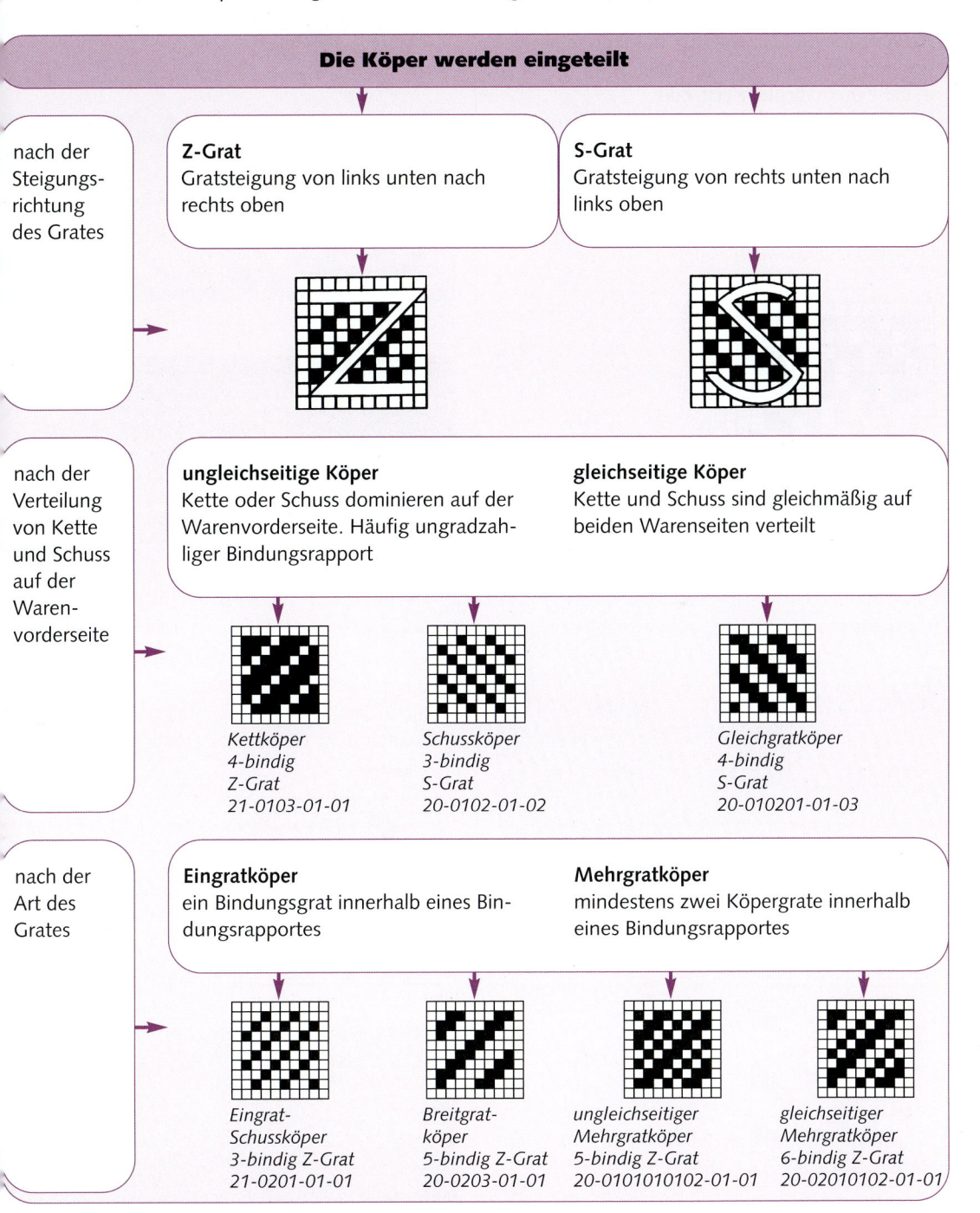

Die Köper werden eingeteilt

nach der Steigungsrichtung des Grates

Z-Grat
Gratsteigung von links unten nach rechts oben

S-Grat
Gratsteigung von rechts unten nach links oben

nach der Verteilung von Kette und Schuss auf der Warenvorderseite

ungleichseitige Köper
Kette oder Schuss dominieren auf der Warenvorderseite. Häufig ungradzahliger Bindungsrapport

gleichseitige Köper
Kette und Schuss sind gleichmäßig auf beiden Warenseiten verteilt

Kettköper
4-bindig
Z-Grat
21-0103-01-01

Schussköper
3-bindig
S-Grat
20-0102-01-02

Gleichgratköper
4-bindig
S-Grat
20-010201-01-03

nach der Art des Grates

Eingratköper
ein Bindungsgrat innerhalb eines Bindungsrapportes

Mehrgratköper
mindestens zwei Köpergrate innerhalb eines Bindungsrapportes

Eingrat-
Schussköper
3-bindig Z-Grat
21-0201-01-01

Breitgrat-
köper
5-bindig Z-Grat
20-0203-01-01

ungleichseitiger
Mehrgratköper
5-bindig Z-Grat
20-0101010102-01-01

gleichseitiger
Mehrgratköper
6-bindig Z-Grat
20-02010102-01-01

3 Gewebe

Abgeleitete Köperbindungen
(noch nicht genormt)
Zu den abgeleiteten Köperbindungen gehören
- **Rippenköper:**

Rippenköper haben einen scharf hervortretenden Köpergrat.
Gabardine ist ein Rippenköper aus Kammgarngewebe und zeigt einen dichten Steilgrat
  – mit extrem dichter Kette oder:
  – die Bindungspunkte sind um mehr als einen Faden versetzt (Stellungsgabardine) oder:
  – die Gabardinebindung ist aus einem kettbetonten Mehrgratköper abgeleitet. Innerhalb des Rapportes sind die Ketthebungen und -senkungen neu zusammengesetzt.

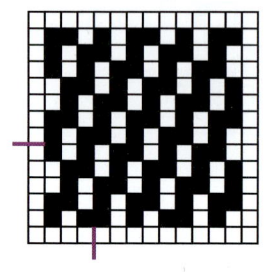

Stellungsgabardine, aus einem 5-bindigen Köper abgeleitet

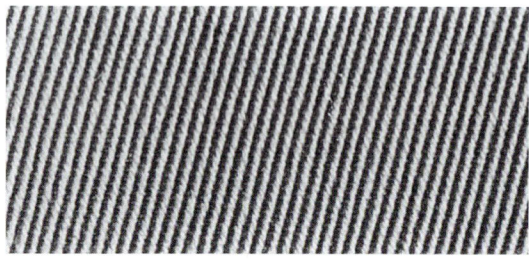

Gabardine

- **Gebrochene Köper:**
  Dazu gehören Fischgrat- und Spitzköper.

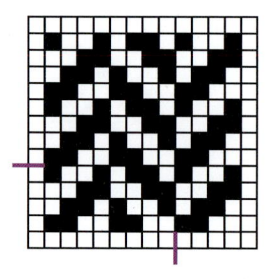

Fischgratköper:
Der Köpergrat wechselt die Richtung innerhalb des Bindungsrapportes; sie ist versetzt.

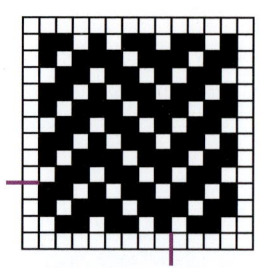

Spitzköper:
S- und Z-Grat stoßen an der Spitze zusammen und zeigen dadurch ein zusammenhängendes, zickzackartiges Bindungsbild.

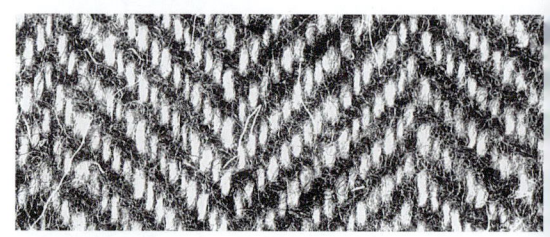

Fischgratköper

Spitzköper

- **Versetzte Köper:**
  Bei dieser Variation wechselt der Köpergrat innerhalb des Bindungsrapportes.
  Nach zwei Kettfäden wechselt der Grat und gibt dadurch dem Gewebe ein gratloses, atlasartiges Aussehen.

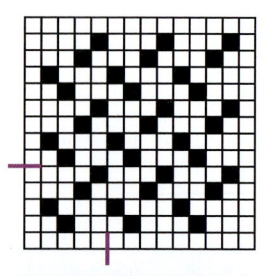

Kreuzköper, aus dem Schussköper abgeleitet

3 Gewebe

- **Gabardine und Whipcord:**
  Beide Bindungen sind aus einem Mehrgratköper mit Steilgrat abgeleitet. Die Gabardinebindung ist kettbetont, die Whipcordbindung entsteht aus einem gleichseitigen Mehrgratköper.

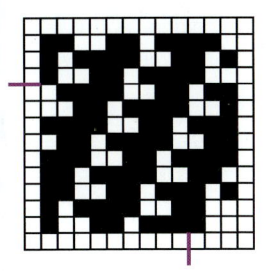

Gabardinebindung 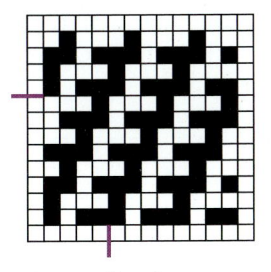 *Whipcordbindung*

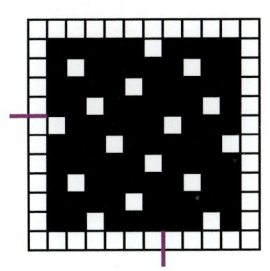

Kettatlas, 6-bindig, Steigungszahlen 3, 4, 4, 3, 2 (Kreuzatlas) 30-0501-01-030404030202

Duchesse, ebenfalls ein Kettatlas, ist ein Gewebe für Kleider- oder Futterware mit dichter Kette, wodurch ein hoher Glanzeffekt erzielt wird.

Atlasbindung – Grundbindung

Atlasbindung

Die Atlasbindung hat einen Rapport von mindestens fünf Kettfäden und fünf Schussfäden, wobei jeder Kettfaden nur einen Bindungspunkt hat und die Steigungszahl größer als eins ist. Es ist besonders zu erwähnen, dass die Anzahl der Fäden in einem Bindungsrapport und die Steigungszahl keinen gemeinsamen Teiler haben dürfen. Dadurch entsteht eine verstreute Aufteilung der Bindungspunkte ohne direkten diagonalen Verbund.
Man unterscheidet zwei Grundarten der Atlasbindung.
Es entsteht
- **Schussatlas,** wenn innerhalb des Bindungsrapports bei jedem Schuss nur ein Kettfaden gehoben wird,
- **Kettatlas,** wenn nur ein Kettfaden gesenkt wird.

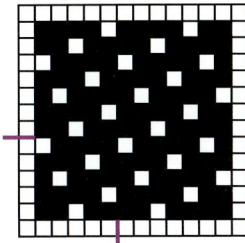

Abgeleitete Atlasbindungen
(noch nicht genormt)
Durch Hinzufügen oder Wegnehmen von Bindungspunkten erhält man eine Vielzahl von Ableitungen.

Damast heißt der Mustereffekt, der sich aus dem Wechsel von Kett- und Schussatlas ergibt. Damast ist meist ein Jacquardgewebe. Echter Damast wird auf einem besonderen Webstuhl hergestellt und ist an der mehrfädigen Musterabstufung zu erkennen.

Kettatlas, 5-bindig, Steigungszahl 3 30-0401-01-03

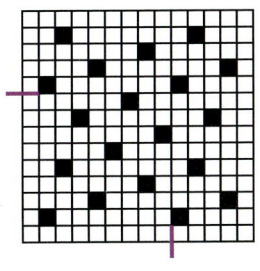

Schussatlas, 8-bindig, Steigungszahl 3 30-0107-01-03

Damast (Jacquardgewebe). Mustermäßiger Wechsel von Schuss- und Kettatlas

3 Gewebe

Buntweberei

Musterung durch verschiedenfarbige Gewebefäden
Jede Bindung (vor allem die mehrschäftigen Bindungen) hat bereits eine ausgeprägte Struktur.
Durch die Verwendung von kontrastierenden Kett- und Schussfadensystemen können die abgeleiteten Bindungen wie zum Beipsiel Panama, Fischgrat oder Damast sehr kontrastreiche Muster ergeben.

Der Vorteil der
- buntgemusterten Muster gegenüber den
- gedruckten Mustern

besteht darin, dass sie von beiden Warenseiten gleich deutlich erscheinen und dass sie sehr waschfest sind.

	Leinwandbindung	**Köperbindung**
Nadelstreifen:	ein oder zwei kontrastierende Kettfäden, meist ungefärbt auf dunklem Grund 	ein oder zwei kontrastierende Kettfäden, meist ungefärbt auf dunklem Grund 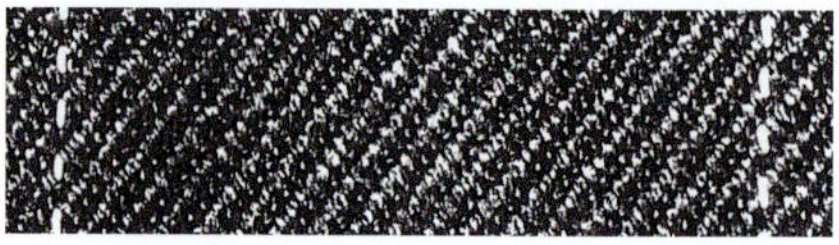
Kreidestreifen:	bis zu drei kontrastierende Kettfäden auf dunklem Grund 	bis zu drei kontrastierende Kettfäden auf dunklem Grund 
Barré:	markante Querstreifen	
Karomuster:	**Hahnentritt** 2 helle und 2 dunkle Kett- und Schussfäden im Wechsel Im Muster erscheinen nur helle und dunkle Elemente. 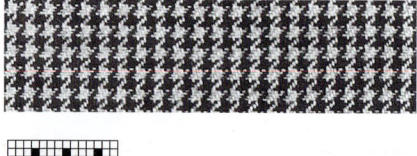 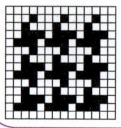 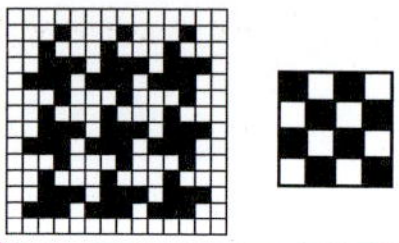	**Pepita** (vierbindiger Köper) 4 helle und 4 dunkle Kett- und Schussfäden im Wechsel (auch mehrfarbig möglich). Im Muster erscheinen neben den hellen und dunklen Karos weitere hell-dunkel-gemischte Elemente. 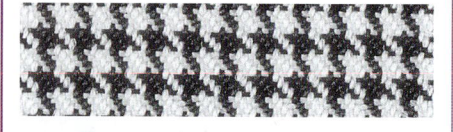  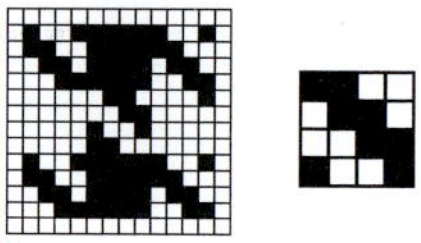

3 Gewebe

	Leinwandbindung	**Köperbindung**
Karomuster:	**Pfeffer und Salz** (Fil-à-Fil) 1 heller und 1 dunkler Kett- und Schussfaden im Wechsel	**Schottenkaros** symmetrische Karos aus schmalen und breiten Musterstreifen, Ton-in-Ton oder mehrfarbig auf gleichseitigem Köper
	Vichykaro Regelmäßiger Wechsel von 3 bis 4 hellen Kett- und Schussfäden mit gleicher Anzahl farbiger Kett- und Schussfäden	
	Glencheck Ein vereinfachtes Glencheckmuster kann auch in Leinwandbindung hergestellt werden. Häufig wird hier auch auf das kontrastierende Überkaro verzichtet.	**Glencheck** (Sonderform des Schottenkaros) Aus einem Grundmuster in gedämpften Farbtönen, wie z. B. beige/braun oder weiß/grau, entsteht durch ein kontrastierendes Überkaro das Glencheckmuster. An den Kreuzungspunkten der Karos kann ein Pepitamuster entstehen.

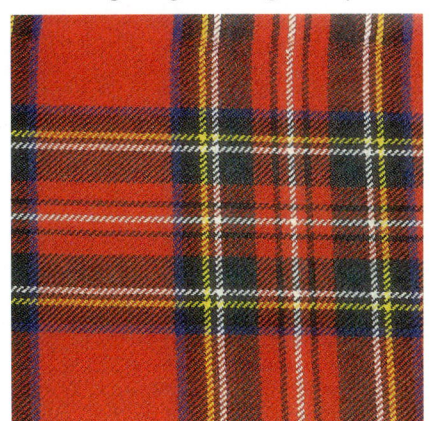

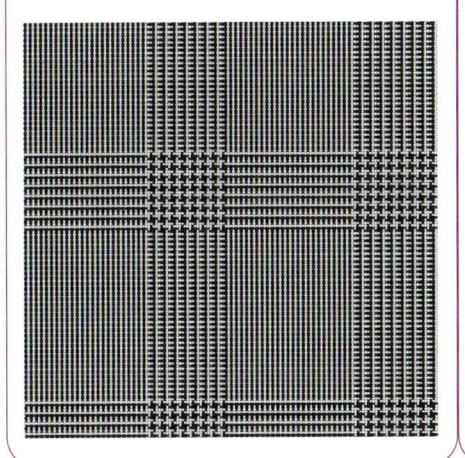

Kreppgewebe

Gewebe mit matter, körniger und sandig rauer Oberfläche werden meistens in Leinwandbindung mit überdrehten Garnen (Krepp- oder Voilegarne) hergestellt. Werden aus praktischen und/oder ökonomischen Erwägungen keine Crêpegarne verwendet, können durch Spezialbindungen und Ausrüstungen Kreppeffekte erzielt werden. Diese preiswerteren Stoffe sind ähnlich knitterarm und drapierfähig wie Garncrêpestoffe, aber leichter zu verarbeiten und zu pflegen.

Bei Garncrêpestoffen findet man noch häufig die französische Schreibweise.

Garncrêpe

Um eine starke Verwerfung zu verhindern, werden die Zwirne in Kett- und Schussrichtung in S-Draht und Z-Draht gewechselt, selten 1S/1Z im Wechsel, häufig 2S/2Z oder noch größere Folgen

Vollcrêpe
- **Georgette 2S/2Z**
in Kette und Schuss aus Filamenten oder Spinnfasergarnen mittlerer Feinheit

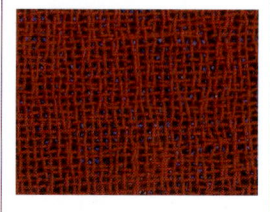

- **Chiffon**
wie Georgette, jedoch ausschließlich aus feinen Filamenten

- **Indisch Leinen**
1S/1Z in Kette und Schuss

- **Crêpe Romain**
in Panamabindung

Halbcrêpe
- **Crêpe de Chine**
Schusscrêpe, 2S/2Z aus feinen Filamenten (Seide, Acetat, Polyester), erkennbar an dezenter Querstreifung

- **Crêpe lavable**
(Crêpe chinette) Kettcrêpe aus hart gedrehten Zwirnen (Voile)

- **Borkencrêpe**
Schusscrêpe, bei dem durch eine Musterstrukturwalze (Gaufrage) die Crêpezwirne beim Entspannen ein Borkenmuster ergeben

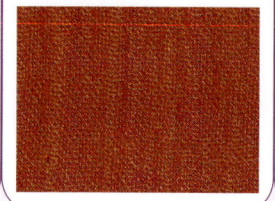

Bindungskrepp

Durch unterschiedlich lange Kett- und Schussflottierungen entsteht eine unruhige, fein strukturierte Fläche

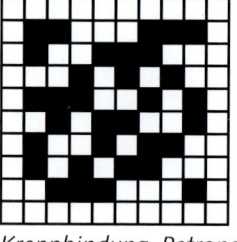

Kreppbindung, Patrone z. B. Sandkrepp

- **Sable/Sandkrepp**
auch in Kombination mit Crêpe-Zwirnen

- **Eiskrepp**
durch die gemeinsame Verwendung von glänzenden und matten Garnen entsteht leicht changierender Glanz

Ausrüstungskrepp

- **Prägekreppe**
Mustereinprägung durch beheizte Metallwalzen in thermoplastische Stoffe (Acetat, Polyester)

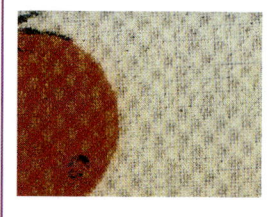

- **Laugenkreppe**
Baumwolle wird mit Natronlauge mustermäßig bedruckt. Diese Partien schrumpfen, der restliche Stoff wirft Blasen.
Handelsnamen: Kräuselkrepp, Seersucker, Blasenkrepp

- **Spannungskreppe**
Kettfäden werden im Wechsel lose und straff gespannt. Durch den Schrumpf entsteht ein Gewebe mit „Blasenstreifen".
Handelsname: Seersucker

Spezialgewebe mit mehreren Fadensystemen

Die bereits beschriebenen Bindungen mit zwei Fadensystemen können eine Reihe von Sonderaufgaben nicht erfüllen, wie z. B. die Herstellung feinfädiger, dicker oder verschiebefester durchscheinender Stoffe. Deshalb werden in der Regel diese Aufgaben durch zusätzliche Fadensysteme erfüllt. Zu den Spezialgeweben gehören verstärkte und Doppelgewebe, durchbrochene und Polfadengewebe und deren Untergruppen.

Gewebe mit zusätzlichen Fadensystemen

verstärkte und teilgemusterte Gewebe	Doppelgewebe	durchbrochene Gewebe	Polfadengewebe
Schussdouble Kettdouble	Warenwechseltechnik Abbindung Anbindung zusätzlich: Bindekette oder Bindeschuss	Drehergewebe Webtüll	Frottiergewebe Frottiervelours Samt Cordsamt
Lancé Broché	Cloqué Matelassé Pikee Trikot Cord		

Verstärkte Gewebe

Durch ein (ausnahmsweise auch zwei) zusätzliches Fadensystem in Schuss- oder Kettrichtung kann ein Grundgewebe eine Reihe neuer Aufgaben erfüllen.

Das Fadensystem kann
- aufgeraut sein bei weich gedrehtem Garn (Winterstoffe, Schlafdecken),
- besonders hautsympathisch und gleitfähig sein (angewebtes Futter),
- einen besonderen Glanz-, Farb-, Muster- oder Bindungseffekt aufweisen (Abseitenstoffe, Reversible).

Die verstärkten Gewebe haben zwei unterschiedliche Warenseiten.
Es gibt unterschiedliche Möglichkeiten der Verstärkung, und zwar als

- Schussdouble und

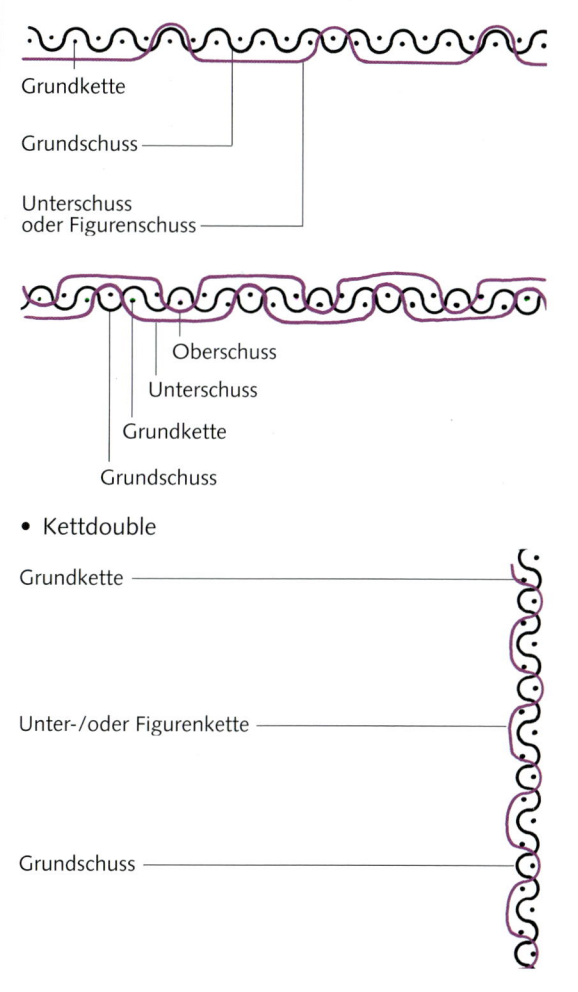

Grundkette
Grundschuss
Unterschuss oder Figurenschuss

Oberschuss
Unterschuss
Grundkette
Grundschuss

- Kettdouble

Grundkette
Unter-/oder Figurenkette
Grundschuss

Teilgemusterte Gewebe

Zu den teilgemusterten Geweben gehören folgende Stoffarten: Lancé und Broché.

Lancé
Wird ein zusätzliches Schuss- und Kettfadensystem nicht über die ganze Warenbreite, sondern in bestimmten Musterstreifen eingebracht, spricht man von lanciertem Gewebe.

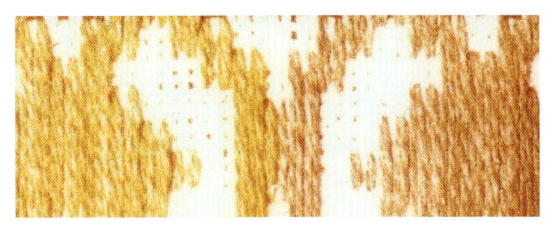

Lancé (rechte Seite)

Lancé (linke Seite)

Lancé découpé
Bei einem verstreuten Muster gibt es auf der Rückseite oft lange Fadenflottungen, die beim Lancé découpé abgeschnitten werden.

*Schusslancé (rechte Seite),
1 Kette/2 Schüsse*

Lancé découpé (linke Seite)

Broché
Da die abgeschnittene Lancéeinbindung nicht immer haltbar und bei durchscheinenden Stoffen sichtbar ist, kann mit einem eigenen Brochierschützen in Schussrichtung ein Musterfaden eingewebt werden, der am Musterrand und nicht an der Webkante (wie bei Lancé) wendet.

Ein echter Broché ist nur durch die Fadenumkehr auf der linken Warenseite zu erkennen. Auf der rechten Warenseite sehen Broché, Lancé und Lancé découpé (auch falsches Broché genannt) gleich aus.

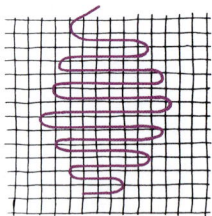

*Broché,
1 Kette/2 Schüsse*

Lancé découpé mit Broché aus Metallfäden

Doppelgewebe

Doppelgewebe mit 4 Fadensystemen können 2 unterschiedliche Warenseiten bezüglich des Kett- und Schussfadensystems besitzen.
Die Warenseiten können starke Kontraste aufweisen, also zwei Gesichter haben.
Für die Verbindung der beiden Warenseiten gibt es drei Systeme:
– Warenwechseltechnik
   Es liegt ein mustermäßiger Wechsel von Ober- und Unterware vor.

*obere Warenseite   untere Warenseite
            Doppelgewebe*

3 Gewebe

- zwei webtechnisch verbundene Stoffe
  Der Stoff kann als Wendestoff (Doubleface) dienen. Die Nähte und Kanten müssen jedoch mit Tressen oder Kanten abgedeckt werden.

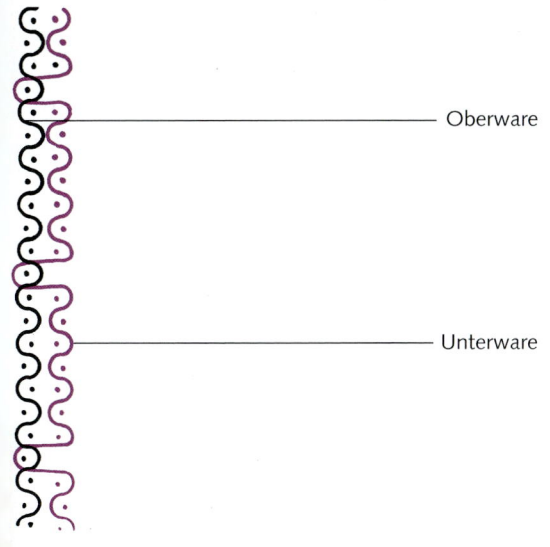

— Oberware

— Unterware

Beispiel für eine Anbindung.
*Die webtechnische Verbindung wird entweder durch die **An**bindung der Unterkette an den Oberschuss oder durch die **Ab**bindung der Oberkette an den Unterschuss hergestellt.*

- Doppelgewebe mit zusätzlicher Bindekette
  Mit diesen Doubleface-Stoffen lassen sich hochwertige Wendemäntel und Jacken herstellen. An ihren Nähten und Kanten wird die Bindekette gelöst und die beiden Warenseiten werden gegeneinander gesäumt.

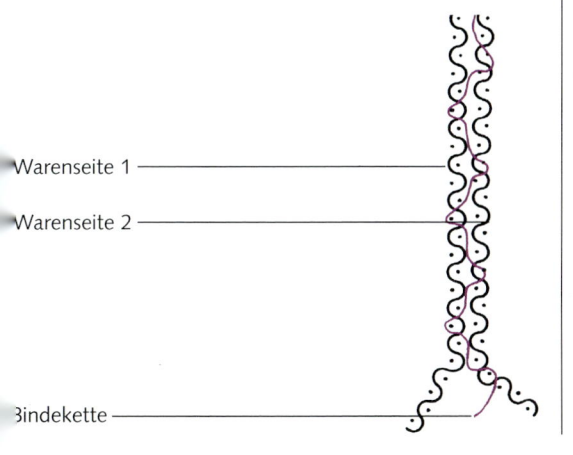

Warenseite 1
Warenseite 2

Bindekette

Hohlgewebe und Hohlschussgewebe

Hohlgewebe sind streng genommen Doppelgewebe, hergestellt mit der Absicht, die Hohlräume durch die Art der Bindung zu fixieren oder durch Blasen besonders zu strukturieren. Zu diesen Geweben gehören Cloqué, Matelassé, Pikee, Trikot und Cord. Hohlschussgewebe haben einen zusätzlichen Füllschuss.

Cloqué

Cloqué besteht aus vier Fadensystemen, die entweder im Warenwechselsystem oder durch unterbrochenes Anweben miteinander verbunden sind. Der Blaseneffekt kommt dadurch zustande, dass für eines der beiden Warensysteme in der Kette, manchmal auch zusätzlich im Schuss, schrumpffähiges Material verwendet wird wie z. B. Kreppzwirne und/oder ungeschrumpfte Synthesefilamente.

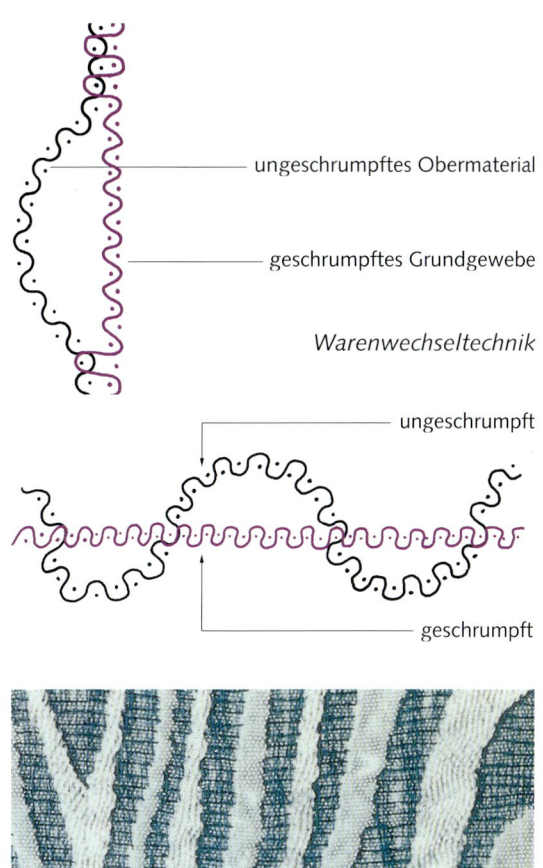

— ungeschrumpftes Obermaterial

— geschrumpftes Grundgewebe

Warenwechseltechnik

ungeschrumpft

geschrumpft

Cloqué (rechte Seite)

Matelassé (aufgepolstert)

Matelassé besteht aus 5 Fadensystemen:
- 2 Fadensysteme bilden das Grundgewebe,
- 2 Fadensysteme bilden das Figurengewebe,
- 1 Fadensystem bildet den Füllschuss.

Die Garne bestehen meistens aus glänzendem Material in Jacquardmustern.

Das Grundgewebe greift an den Musterrändern des Obergewebes ein und zieht es nach unten. Durch den Füllschuss wirken die fantasievollen Muster plastisch.

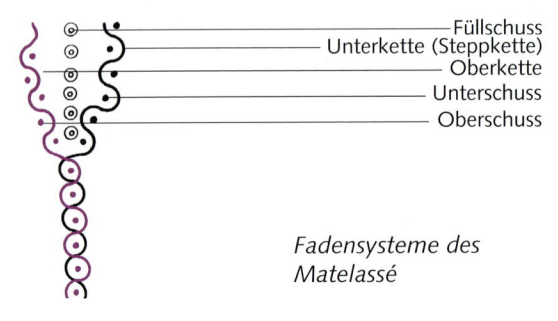

Füllschuss
Unterkette (Steppkette)
Oberkette
Unterschuss
Oberschuss

Fadensysteme des Matelassé

Matelassé

Pikee

Pikee ist als „echter Pikee" ein Doppelgewebe. Die Einbindestellen der Ketten sind im Obergewebe sichtbar. Es sieht so aus, als wäre das Untergewebe in das Obergewebe mustermäßig angesteppt. Die Wölbung verstärkt man durch Einschieben dicker Füllschüsse zwischen Obergewebe und Steppkette. Pikeestoffe sind meistens aus Baumwolle, haben im Gegensatz zu Matelassé meist kleine, regelmäßige Muster.

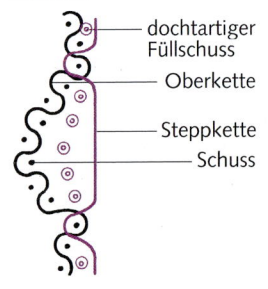

dochtartiger Füllschuss
Oberkette
Steppkette
Schuss

*Echter Pikee.
2 Ketten/2 Schüsse.
Der Unterschuss ist hier ein dochtartiger Füllschuss. Er ist ein Figurenschuss; durch ihn wird das Muster erhabener.*

Pikee

Trikot

Das Trikotgewebe, das zwei Kett- und Schussfadensysteme besitzt, bildet durch Kettverschiebung enge Längs- und Querfurchen.

Dadurch besitzen die Gewebe eine geringe Elastizität in Schussrichtung.

Trikotgewebe aus Wollkammgarnen sind sehr strapazierfähige Oberbekleidungsgewebe für Sportbekleidung. Hier erfolgt die Rippung aber meistens diagonal.

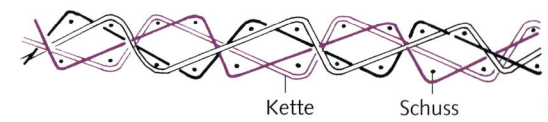

Kette   Schuss

Trikotgewebe

Cord (Côtelé)

Bei der Cordbindung wechselt ein zusätzlicher Schussfaden mit dem leinwandbindigen Grundgewebe in regelmäßigem Abstand so, dass sich gleichmäßige Rippen ergeben. Cordstoffe (nicht zu verwechseln mit Cordsamt) sind sehr strapazierfähige Stoffe für Oberbekleidung.

Cord (Côtelé)

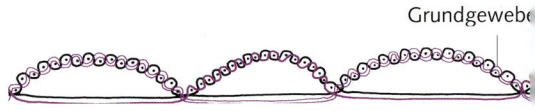

Grundgewebe

Ein Kettfadensystem und zwei Schussfadensysteme wechseln regelmäßig ihre Position.

3 Gewebe

Durchbrochene Gewebe

Drehergewebe

Bei sehr weit gewebten Stoffen besteht leicht die Gefahr, dass sich Schuss- und Kettfäden gegeneinander verschieben. Ein zusätzliches Fadensystem dient hier als Haltesystem und führt zu einem Mustereffekt.

Drehergewebe sind daran zu erkennen, dass zwei benachbarte Kettfäden nicht parallel nebeneinander liegen, sondern der Dreherfaden umschlingt den Kett- oder Stehfaden. Dabei verändert der Stehfaden seine Lage.

Drehergewebe sind durchbrochen. Durch das Zueinanderdrehen von jeweils 2 Kettfäden werden die Schussfäden schiebefest eingebunden.

Verwendet wird Drehergewebe für sommerliche Kleidung und für Gardinen.

Scheindreher binden den lose gespannten Musterfaden verschieden ein. Er wechselt seine Lage, legt sich wellenförmig; er umschlingt jedoch keinen Kettfaden.

Die Halbdreherbindung wird zur Befestigung der Gewebekante bei schützenlosen Webmaschinen verwendet.

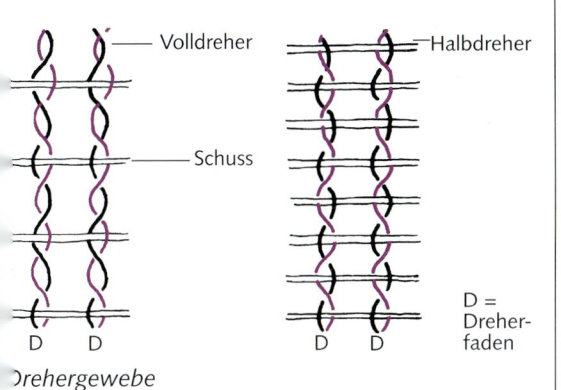

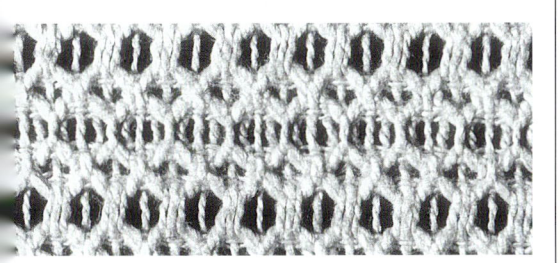

Drehergewebe

D = Dreherfaden

Scheindreher, linke Seite.
Der lose gespannte, seine Lage wechselnde Musterfaden umschlingt keinen Kettfaden.

Webtüll

Webtüll wird auf der Bobinet[1]-Maschine hergestellt. Die Schuss- oder Bobinetfäden sind auf flache Spulen aufgewickelt, die sich in Spulenschlitten befinden. Die Schlitten sind so schmal, dass sie zwischen den Kettfäden hindurchschwingen können. Nach jeder Umschlingung mit einem Kettfaden lässt man den Bobinetfaden auf diagonalem Wege den Nachbarkettfaden umschlingen. Am Rande der entstehenden Tüllfläche kehren die Spulenschlitten um und wandern diagonal in entgegengesetzter Richtung. Die Fadenverschlingungen bilden Sechsecke. Kennzeichnend für gewebten Tüll ist, dass sich die diagonal verlaufenden Schussfäden durch Herausziehen der Kettfäden freilegen lassen.

1 2 3 4 5 6 7 — Kettfaden

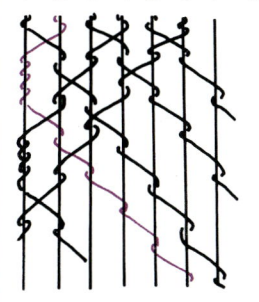

Web- oder Bobinet-Tüll. Die Schuss- oder Bobinetfäden umschlingen die Kettfäden diagonal.

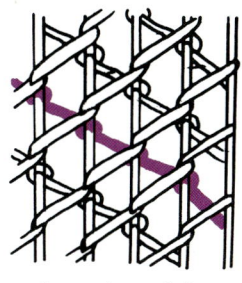

Tüllgewebe auf dem Bobinetstuhl

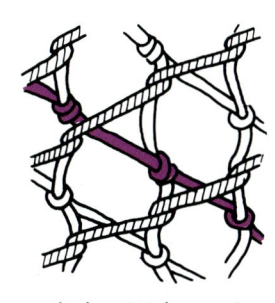

nach dem Weben entspannt

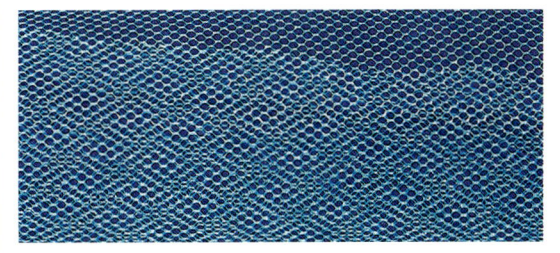

Tüllstoff

---
[1] sprich: bo:binät, engl.

3 Gewebe

Polfadengewebe

Die Polfadengewebe haben zusätzlich zum Grundgewebe ein oder zwei Polfadensysteme, die entweder als Schlingen (Frottiergewebe) oder als offener Flor (Florgewebe/Samt) verarbeitet werden.

Frottiergewebe
Frottiergewebe bestehen aus zwei Kettsystemen (der straff gespannten Grundkette und der losen Polkette) und einem Schusssystem. Die Schussfäden werden nicht nach jedem Schusseintrag einzeln angeschlagen; durch eine besondere Vorrichtung (Knicklade oder beweglicher Streich-/Brustbaum) erfolgt der Anschlag erst nach drei oder vier Schüssen (Drei- oder Vierschusswaren). Dadurch wird die lockere Polkette auf der Ober- und Unterseite aus dem Grundgewebe gedrückt und bildet die charakteristischen Polschlingen.

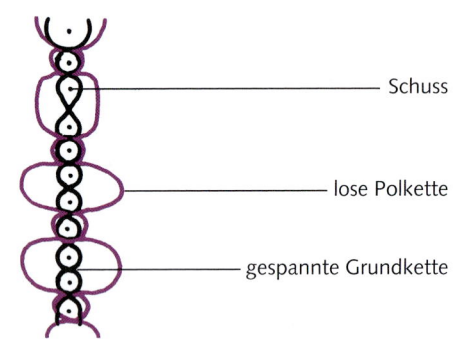

Frottiergewebe (Längsschnitt, Schussfäden durchschnitten).
1 Grundkette, 1 Polkette und 1 Schuss.
Links unten 2 fertige Schlingen, anschließend nicht angeschlagene Schussfäden, damit sind die Schlingen noch nicht gebildet.

Zwirnfrottier besteht in Grund- und Schlingenkette aus Zwirnen. Die Polschlingen stehen aufrecht im Gewebe, die Reihenanordnung ist klar zu erkennen.

Walkfrottier besitzt Polschlingen aus einfädigen Garnen, die Ware wird durch Kochen gekrumpft. Der Flor sitzt deshalb fester als bei Zwirnfrottier. Er weist einen weichen, fülligen Griff sowie erhöhte Saugfähigkeit auf.

Frottiervelours erhält durch Scheren der Frottierschlingen auf der Warenvorderseite und durch anschließendes Bürsten einen samtartigen Charakter.

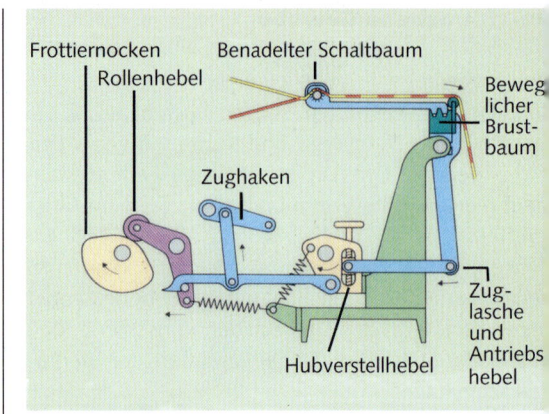

Schema der Florbildung an der Frottierwebmaschine: Der Brustbaum wird durch die mit dem Antriebshebel verbundene Zuglasche bewegt. Die gesamte Steuerung geschieht durch die exzentrischer Frottiernocken, die über Rollenhebel den Antriebshebel im Rhythmus der vorgesehenen Anschläge durch die Weblage bewegen. Wird der Zughaken hochgezogen, entfällt die Bewegung des Brustbaums und damit die Bildung der Polschlingen. Der Hubverstellhebel dient zur Einstellung der Florhöhe.

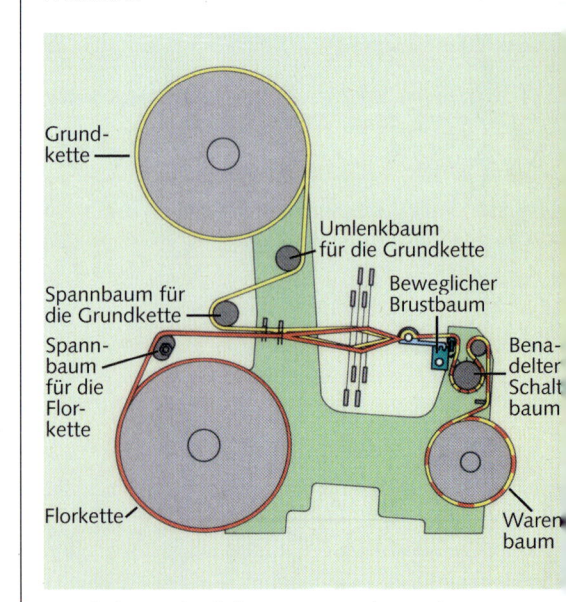

Kettfadenverlauf der Frottierwebmaschine.

Musterungen der Frottiergewebe sind durch Färben und Bedrucken zu erreichen:
Der Warenwechsel zweier unterschiedlich eingefärbter Polketten ergibt links und rechts eine Positiv-Negativ-Musterung.

3 Gewebe

ei Schaftmusterung handelt es sich um sehr einfache Muster, durch Jacquardmusterungen lassen sich aufwendige Gestaltungen herstellen. Durch mustermäßigen Wechsel eines einzelnen Polfadensystems önnen reliefartige Musterungen entstehen.

igenschaften:
- Frottiergewebe sind äußerst saugfähig und voluminös.
- Kleidung (Hauskleidung, Badekleidung) ist wärmend und knitterarm.
- Trocknen in bewegter Luft lässt den Flor flauschig aufstehen.
- Übertrocknen in Heißluft schadet dem Frottiergewebe, es altert vorzeitig und verliert seine Saugfähigkeit.

lorgewebe/Samt

lorgewebe oder Samt weisen einen Faserflor auf. ach der Art des Faserfloreintrages unterscheidet man
- Schusssamt,
- Kettsamt.

ach der Art der Herstellung unterscheidet man
- Websamt,
- Doppelsamt,
- Rutensamt,
- Imitatsamt.

chusssamt wird als glatte leinwand- oder köperindige Rohware mit atlasartig verstreut eingebundenen Schussflottierungen eines 2. Schusssystems ergestellt. Der Flor entsteht in der Ausrüstung urch Aufschneiden der Flottierungen. Die Flornopen liegen um Kettfäden.

in hochwertiger Schusssamt ist der *Lindener Samt*. ind die Schussflottierungen reihenweise geordnet, ntsteht Rippen- oder Cordsamt.

chusssamt ist äußerst selten anzutreffen und ist eistens ein Baumwollsamt.

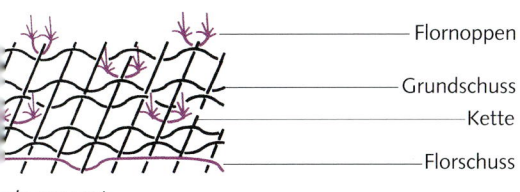

- Flornoppen
- Grundschuss
- Kette
- Florschuss

chusssamt.
Kette, 1 Grundschuss und 1 Florschuss.
er Florschuss wird nach dem Weben aufgeschnitn. Kennzeichen: Der Flor liegt um den Kettfaden.

Cord- oder **Rippensamt** ist eine Abwandlung des Schusssamtes.
Die Schussflottierungen sind in Reihen angeordnet. Sie werden in der Mitte der Reihen aufgeschnitten und aufgebürstet.
Die Länge der Florschussflottierungen ist entscheidend für die Polhöhe und die Rippenbreite vom Cordsamt.

Folgende Cordsamtarten werden unterschieden:
- feiner Cordsamt
  (Babycord, Feincord, Waschcord),
- mittelfeiner Cordsamt
  (Manchester),
- grober Cordsamt
  (Breitcord).

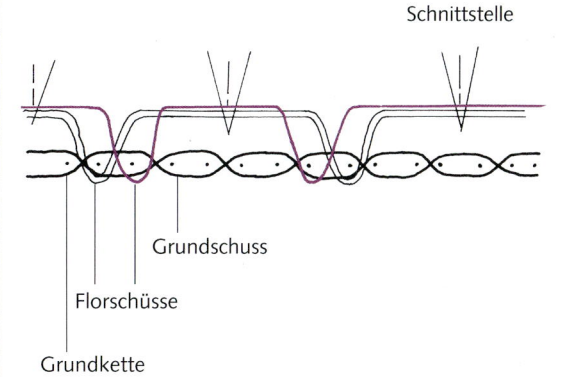

- Schnittstelle
- Grundschuss
- Florschüsse
- Grundkette

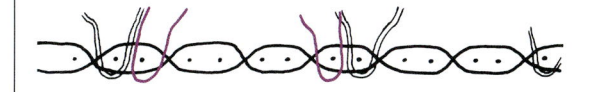

Cordsamt mit Schnittstelle

3 Gewebe

Kettsamt entsteht durch ein zweites Kettfadensystem. Die Flornoppen liegen um Schussfäden. Herstellungstechnisch unterscheidet man zwischen
- Rutensamt, der geschnitten und/oder gezogenen (geschlossenen) Flor hat, und
- Doppelsamt, der nur geschnittenen Flor aufweist.

Damenkleiderstoff mit geschlossenem Flor ist Frisé, Epinglé ist dasselbe als Möbelstoff.

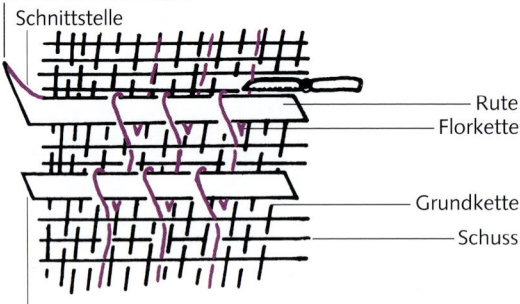

Schnittrute mit Messer
Schnittstelle
Rute
Florkette
Grundkette
Schuss
Zugrute ohne Messer

Rutensamt (Kettsamt).
Grundkette, 1 Florkette und 1 Schuss.
Die Florkette bindet über eingelegte Ruten. Zugruten ohne Schneidemessser ergeben Schlingenflor, Schnittruten mit Schneidemesser bilden offenen Flor. Kennzeichen für Doppelsamt und Kettsamt: Der Flor liegt um Schussfäden.

Doppelsamt wird durch zwei gleichzeitig übereinanderliegende Gewebe hergestellt, die durch ein besonderes (3.) Kettsystem, den späteren Samtflor, miteinander verbunden sind. Das zusätzliche Kettsystem wird durchgeschnitten, man erhält gleichzeitig zwei Samtgewebe.
Doppelsamt ist äußerst wirtschaftlich herzustellen und wird deshalb heute vorwiegend produziert.

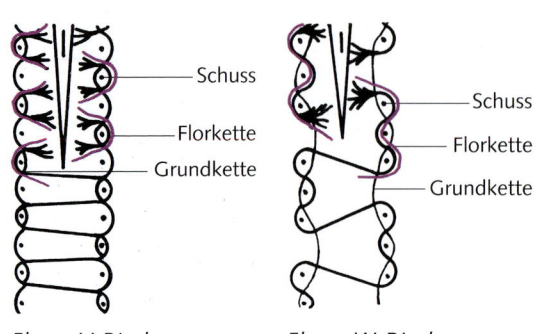

Schuss
Florkette
Grundkette

Schuss
Florkette
Grundkette

Flor = V-Bindung   *Flor = W-Bindung*

Imitatsamt wird auch Schmirgelsamt genannt und entsteht durch starkes Aufrauen (Schmirgeln) verstärkter Schuss-Atlas-Gewebe aus Baumwolle. Die Oberfläche erhält dadurch einen wildlederähnlichen Charakter. Bekannte Handelsnamen sind *Velveton, Duvetine, Affenhaut*.

Flocksamt (Flockprint) erhält den samtartigen Charakter dadurch, dass man auf feine, taftartige Gewebe den Klebstoff mustermäßig aufträgt. Dieser hält das Flockenmaterial fest zusammen, das aufgestaubt, kurzfaserig und elektrostatisch aufgerichtet ist.

Velour ist eine Bezeichnung für geschnittenen Kettsamt,

Plüsch dagegen ist ein Kettsamt mit sehr hohem Flor (Polhöhe 3 mm und mehr).
Durch entsprechende Behandlung kann er zu Fellimitationen verarbeitet werden:
Bei Naturfasern entsteht dabei eine regelmäßige bei Synthesefasern eine unregelmäßige Fellstruktur

Verarbeitung von Samt und Plüsch
- Kurzflorige Samte werden gegen den Strich, langfloriger Samt und Plüsch werden mit dem Strich verarbeitet.
- Auch bei Samten mit hochstehendem Flor arbeitet man gegen den Strich und bei Samten mit flachliegendem Flor mit dem Strich.
- Beim Bügeln Druck vermeiden!
- Nur Einlagen verwenden, die ohne großen Druck aufgebügelt werden können.
- Mit viel Dampf ohne Druck auf Drahtunterlage bügeln!
- Um ein Verschieben der Stofflagen zu vermeiden sollten die Stecknadeln quer zur Naht gesteckt werden.
- Ein Teflonfüßchen erleichtert den Stofftransport beim Steppen.
- Samte hängend aufbewahren, um Druckstellen zu vermeiden!

3 Geflechte

Aufgaben

1. Nennen Sie die funktionsnotwendigen Teile eines mechanischen Webstuhles.
2. Erklären Sie den Unterschied zwischen Schären und Bäumen.
3. Vergleichen Sie die Schützenwebmaschine mit der schützenlosen Webmaschine bezüglich des Schusseintrags und der Wirtschaftlichkeit.
4. Erklären Sie das Prinzip der Jacquardmaschine.
5. Gewebe, die auf schützenlosen Webmaschinen hergestellt werden, sind an der Gewebekante zu erkennen. Beschreiben Sie drei mögliche Kantenverarbeitungen.
6. Erklären Sie, warum trotz steigender Textilproduktion und erhöhter Absatzmengen im Textilbereich immer weniger Menschen in der Textilindustrie beschäftigt werden.
7. Beschreiben Sie den Unterschied zwischen Gewebebild, Bindungspatrone, Rapport und Musterpatrone.
8. Nennen Sie die drei Grundbindungen und deren Unterschiede in der Bindigkeit sowie im jeweiligen Erscheinungsbild auf der rechten und linken Warenseite.
9. Nennen Sie zwei Vorteile der Buntweberei gegenüber dem Stoffdruck.
10. Beschreiben Sie den Unterschied zwischen dem Pepita- und dem Hahnentrittmuster.
11. Beschreiben Sie jeweils zwei Voll- und Halbcrêpestoffe.
12. Nennen Sie Gründe, weshalb Bindungskreppstoffe häufiger angeboten werden als Garnkreppstoffe.
13. Nennen Sie alle Möglichkeiten, Gewebe mit vier Fadensystemen herzustellen, und vergleichen Sie die Bindungsbilder.
14. Beschreiben Sie Einsatz- und Verarbeitungsmöglichkeiten von Doubleface-Stoffen mit 4 und 5 Fadensystemen.
15. Erklären Sie, warum Matelassé und Pikee Hohlschussgewebe sind.
16. Beschreiben Sie den Unterschied zwischen Frotté-, Frottier- und Chenillegeweben in der Herstellung und im Aussehen.
17. Beschreiben Sie die Pflege und die Aufbewahrung von Plüschgeweben.

Geflechte

Nach DIN 60000 sind Geflechte Flächen- und Körpergebilde mit regelmäßiger Fadendichte und geschlossenem Warenbild, deren Flecht-(Klöppel-)fäden sich in schräger Richtung zu den Warenkanten verkreuzen.

Flachgeflechte sind bandartig (Litzen),
Rundgeflechte sehen kordelartig aus.

Eine Abwandlung der Geflechte sind aufgelockerte und durchbrochene jacquardgesteuerte Flachgeflechte und Spezialgeflechte, die durch die Kombination von Flach- und Rundgeflechten entstehen. Die bisher beschriebenen Geflechte bestehen aus einem Fadensystem. Soll ein Geflecht besonders formbeständig oder elastisch gearbeitet werden, bietet sich ein zweites Fadensystem an. Bei einem Flachgeflecht werden die Ränder verstärkt, oder die hohle Mitte eines Rundgeflechtes wird mit einer Seele ausgefüllt.

Wird für die Seele elastisches Gummimaterial verwendet, entsteht bei geringer Flechtdichte eine hochelastische Fertigware.

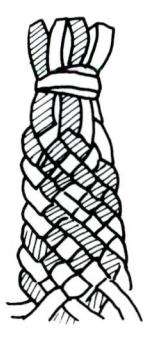

Flachgeflecht 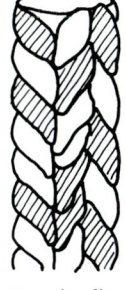 *Rundgeflecht*

Seele

Zweifadensysteme

3 Maschenstoffe

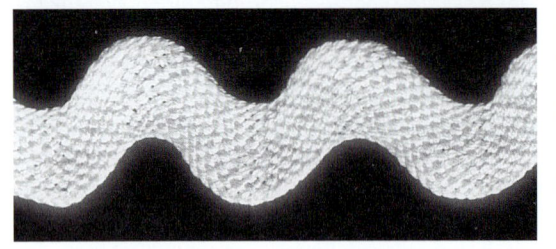

Litzen

Rundgeflecht

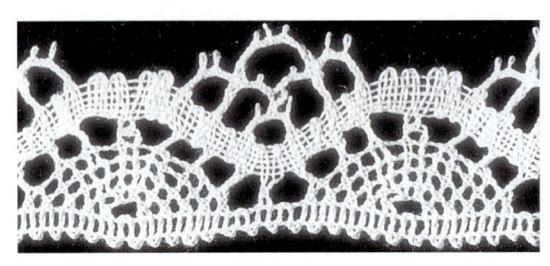

Klöppelspitze: durchbrochenes, gemustertes Flachgeflecht

Eigenschaften:
Geflechte sind in Längs- und Querrichtung elastisch. Sie eignen sich gut zum Einfassen von Wolldecken, Sets, Tischdecken, zum Verschließen, Befestigen und Umschließen.

Verwendung:
Verarbeitet werden Flechtwaren als Litzen, Kordeln, Spitzen, Hosenträger, Bleikordeln, Isolierschläuche, Expander und als Seile (mit Seele) im Sportbereich.

Maschenstoffe

Maschenstoffe sind textile Flächengebilde, die durch Maschenbildung hergestellt sind (E-DIN 6205-1/2).

Die veränderten Lebensgewohnheiten (mehr Freizeit und Sport), die Bevorzugung „lässiger" und „lockerer" Kleidung, der Anspruch an leichte Pflege der Textilien und die Fortschritte in der Herstellung qualitativ hochwertiger und dennoch preiswerter Maschenstoffe haben dazu geführt, dass viele Textilien als Maschenstoffe in den Handel kommen.

Der Verbraucher hat die Maschenstoffe in allen Textilbereichen akzeptiert. Selbst im Bereich der Heimtextilien wie bei Stores, Gardinen und Fußbodenbelägen besitzen Maschenstoffe große Marktanteile.

Vorzüge der Maschenstoffe gegenüber den Geweben sind folgende:
- **Elastizität,**
  d. h., sie geben mehr Bewegungsfreiheit und passen sich dem Körper besser an. Sie sind knitter- und bügelarm.
- **Volumen,**
  d. h., sie können Luft besser speichern als die normalen Gewebe und damit die Wärme gut halten Maschenwaren können die Feuchtigkeit sehr gut aufnehmen und verteilen; sie sind sehr luftdurchlässig.
- **Rundverarbeitung,**
  d. h. Maschenstoffe lassen sich ohne Nähte in Form arbeiten (z. B. Strümpfe).

Nachteile der Maschenstoffe gegenüber den Geweben bestehen darin, dass sie geringe Formbeständigkeit besitzen, die sich aber zum Teil durch Verarbeitungstechniken ausgleichen lässt.

3 Maschenstoffe

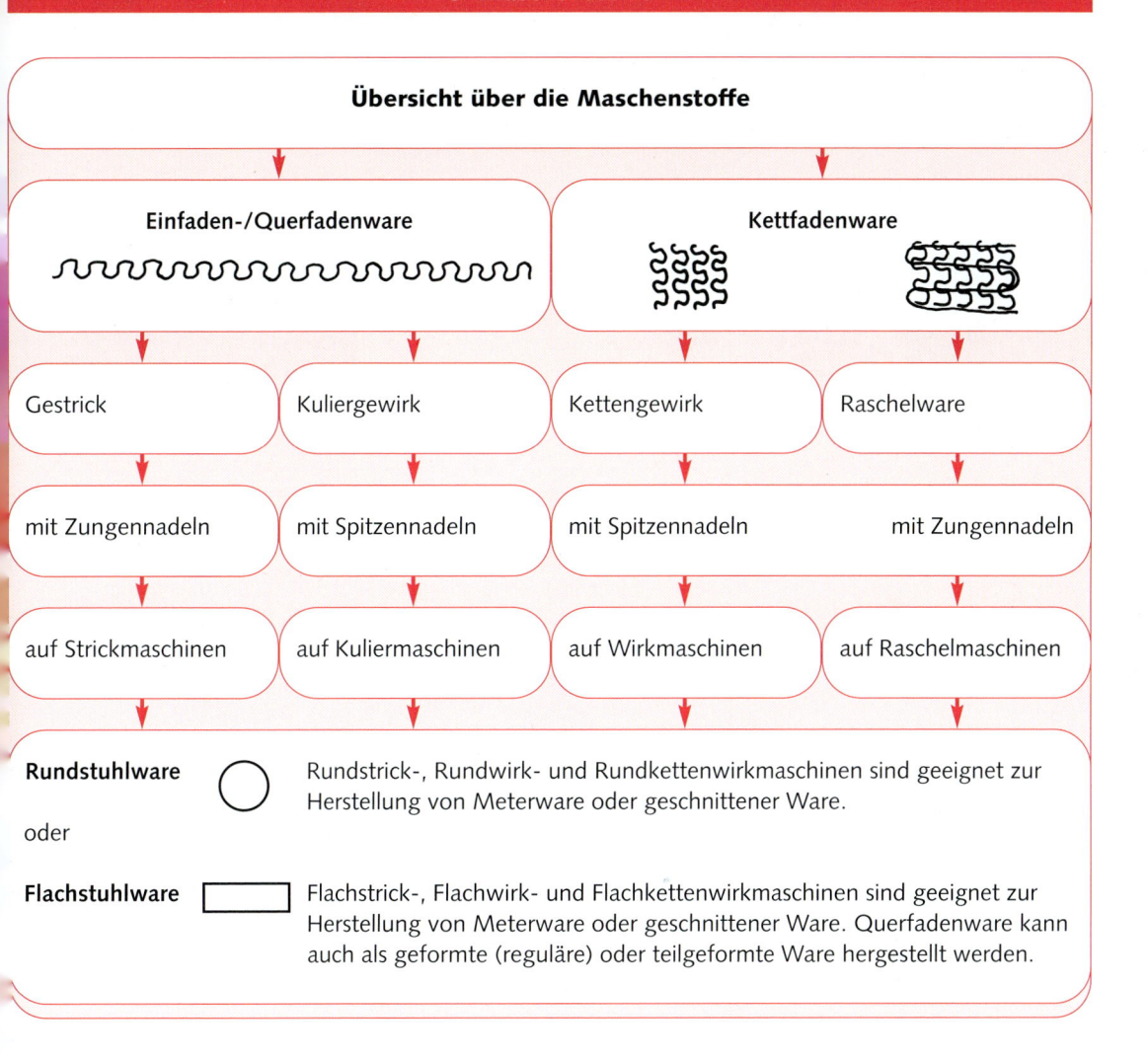

Übersicht über die Maschenstoffe

Einfaden-/Querfadenware		Kettfadenware	
Gestrick	Kuliergewirk	Kettengewirk	Raschelware
mit Zungennadeln	mit Spitzennadeln	mit Spitzennadeln	mit Zungennadeln
auf Strickmaschinen	auf Kuliermaschinen	auf Wirkmaschinen	auf Raschelmaschinen

Rundstuhlware ○ Rundstrick-, Rundwirk- und Rundkettenwirkmaschinen sind geeignet zur Herstellung von Meterware oder geschnittener Ware.

oder

Flachstuhlware ▢ Flachstrick-, Flachwirk- und Flachkettenwirkmaschinen sind geeignet zur Herstellung von Meterware oder geschnittener Ware. Querfadenware kann auch als geformte (reguläre) oder teilgeformte Ware hergestellt werden.

Maschenbildung bei Maschenstoffen

Einfaden-/Querfadenware

Kuliergewirke und Gestricke
Die Fäden laufen in Querrichtung durch das Gewirk oder Gestrick. Zur Herstellung dienen Flach- oder Rundkulierwirkmaschinen sowie Flach- oder Rundstrickmaschinen, die mit einer oder 2 Nadelbarren (Spitzennadeln, Zungennadeln u. a.) ausgerüstet sind.
Einfadenware kann Fallmaschen bilden und aufgezogen werden.

Kettfadenware

Kettengewirke und Raschelware
Die Fäden laufen in Längs- bzw. Kettrichtung durch das Gewirk.
Zur Herstellung dienen Flach- oder Rundkettenwirkmaschinen, die mit einer oder 2 Nadelbarren (Spitzennadeln, Zungennadeln u. a.) arbeiten.
Die Ware ist laufmaschenfest und kann nicht aufgezogen werden. Bei Fadenbruch entstehen Löcher.

3 Maschenstoffe

Bindungselement Masche

Querfadenware
Kuliergewirk und Gestrick

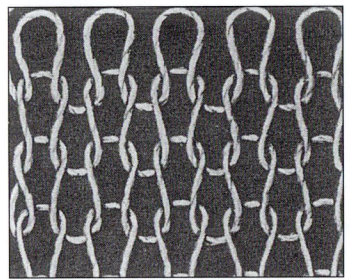

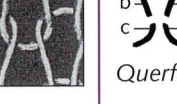

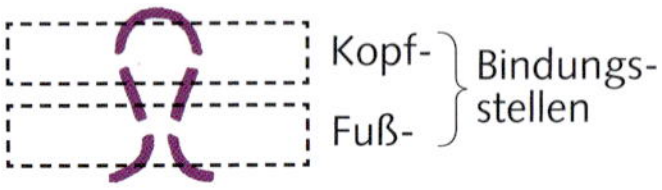

Kopf- ⎫
Fuß- ⎬ Bindungsstellen

Maschenseite

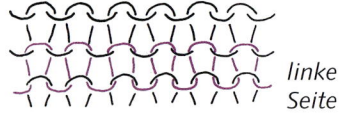

linke Seite

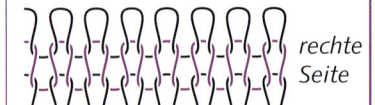

rechte Seite

Maschenreihen

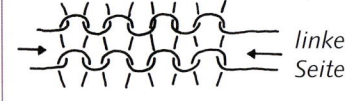

linke Seite

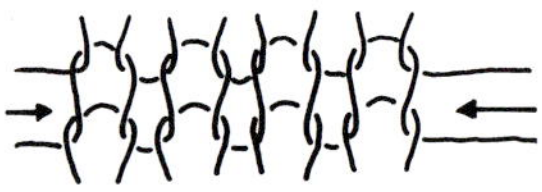

rechte Seite

Maschenstäbchen

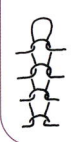

linke Seite

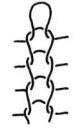

rechte Seite

Maschen

werden aus ineinander hängenden Fadenschleifen gebildet. Jede Masche besteht aus einem Kopf (a), zwei Schenkeln (b) und zwei Füßen (c).

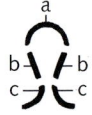

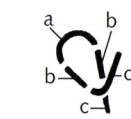

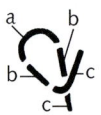

Querfadenware   Kettengewirk

Bindungsstellen
Jede Masche hat vier Bindungsstellen, an denen sie durch Fadenverkreuzung mit anderen Maschen verbunden ist.

Maschenseiten
Liegt der Fuß der Masche über dem Kopf der nächsten unteren Maschenreihe, zeigt die Maschenware die linke Seite, andernfalls die rechte Seite.

Maschenreihen
Mehrere nebeneinander angeordnete Maschen bilden eine Maschenreihe.

Maschenstäbchen
Mehrere übereinander angeordnete Maschen mit gemeinsamen Bindungsstellen bilden Maschenstäbchen.

Kettfadenware
Kettengewirk

Kopf- ⎫
Fuß- ⎬ Bindungsstellen

Maschenseite

linke Seite

rechte Seite

Maschenreihen

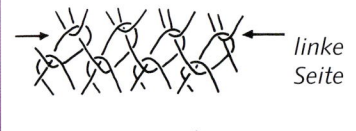

linke Seite

rechte Seite

Maschenstäbchen

linke Seite

rechte Seite

3 Maschenstoffe

Weitere Bindungselemente

Henkel, Flottung, Schuss und Stehfaden können mit dem Bindungselement Masche zu beliebigen Mustern kombiniert werden.

Henkel

Eine Fadenschleife hat **zwei** obere Bindungsstellen. Wird der Nadelaustrieb auf der Zungennadel unterbrochen, solange sich die Masche noch auf der Zunge befindet, entsteht der Henkel.
Der anschließend gelegte Faden (Henkel) gelangt mit der Masche in den Nadelkopf, bildet keine neue Masche und wird erst im nächsten oder einem späteren Maschenbildungsvorgang abgeworfen und dabei von der aus dem neuen Faden gebildeten Masche abgebunden.

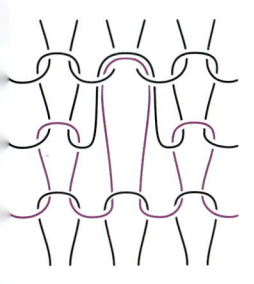

Henkel und Masche aus einem Faden in einer Maschenreihe

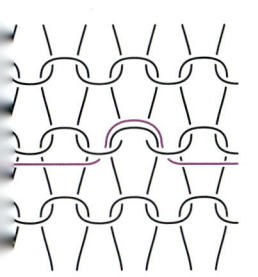

Henkel aus einem zusätzlichen Faden im Querfadensystem

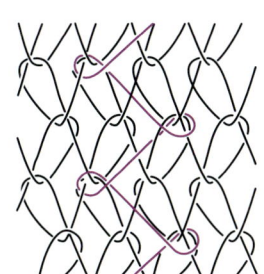

Geschlossene Henkel im Kettfadensystem

Flottung

Ein geradlinig verlaufender Faden, der sich über ein oder mehrere Maschenstäbchen und/oder Maschenreihen erstreckt und durch Maschen oder Henkel desselben Fadens begrenzt wird, heißt Flottung. Diese kann quer, längs oder schräg verlaufen.

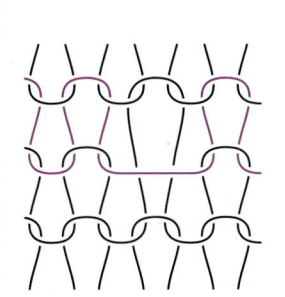

Flottung in Querrichtung über ein Maschenstäbchen

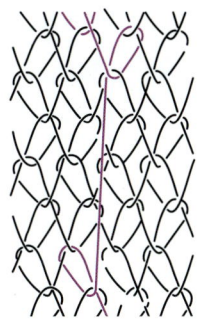

Flottung in Längsrichtung

Schuss

Eine geradlinig verlaufende Fadenstrecke, die anders als bei der Flottung nicht durch Maschen oder Henkel desselben Fadens begrenzt ist, heißt Schuss.

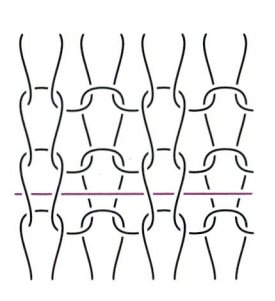

Schussfaden ohne Umkehrstellen

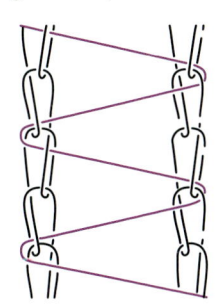

Schussfaden mit Umkehrstellen innerhalb eines Kettengewirkes

Stehfaden

Eine Fadenstrecke, die geradlinig zwischen zwei Maschenstäbchen eingebunden und nicht durch Maschen oder Henkel begrenzt ist, heißt Stehfaden.

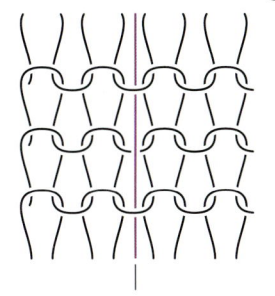

Stehfaden im Querfadensystem

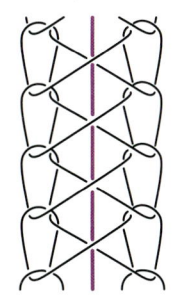

Stehfaden im Kettfadensystem

3 Maschenstoffe

Symbole für Maschenbilder (E DIN 62 050-1) werden folgendermaßen dargestellt:

	Maschenbild	Flächendarstellung	Fadenlaufdarstellung
rechte Masche (R)			
linke Masche (L)			
Henkel rechte Seite			
Henkel linke Seite			
Flottung			

Grundbindungen der Einfaden-Querfadenware

Die unterschiedlichen Maschenstoffe der Querfadenwaren lassen sich ähnlich wie bei den Geweben auf wenige Grundbindungen zurückführen. Man unterscheidet vier Typen:

Rechts/Links RL

Die Ware wird nur auf einem Nadelbett hergestellt. Im Nadelbett sind die maschenbildenden Nadeln alle in einer Richtung angeordnet und befestigt. Es können nur gleichartige Maschen gebildet werden, sodass auf der einen Warenseite nur rechte, auf der anderen nur linke Maschen erscheinen. Die RL-Ware ist längs- und querelastisch. Sie rollt sich an den seitlichen Rändern und am Strickrand leicht ein. Bekannt ist die RL-Ware unter der Bezeichnung „Single Jersey".

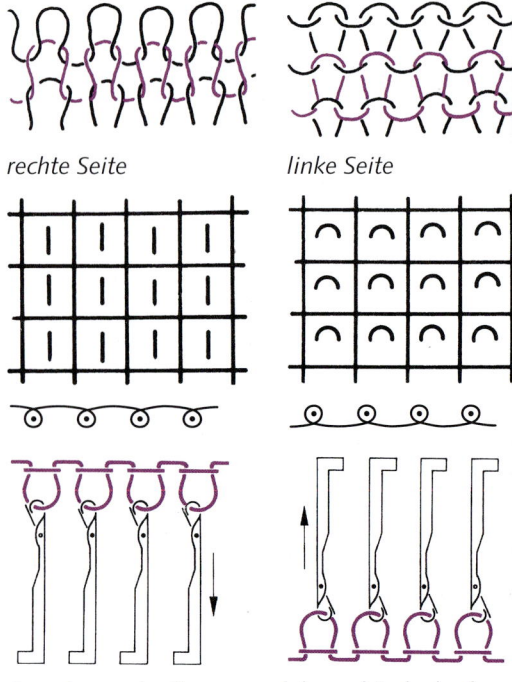

rechte Seite *linke Seite*

Anordnung der Zungennadeln und Fadenlauf

3 Maschenstoffe

Rechts/Rechts RR

Im entspannten Zustand springen auf beiden Warenseiten die rechten Maschenstäbchen als Längsrippen vor, während sich die linken Maschen in den inneren Teil der Ware zurückziehen.
Rippenware (oder Ripp-Ware) ist querelastisch. Statt der Maschenfolge 1 rechts/1 links gibt es auch die Kombination 2 rechts/2 links als Doppelripp oder breitere Rippen als Breitripp.
RR-Ware ist auch unter der Bezeichnung „Bündchenware" bekannt.

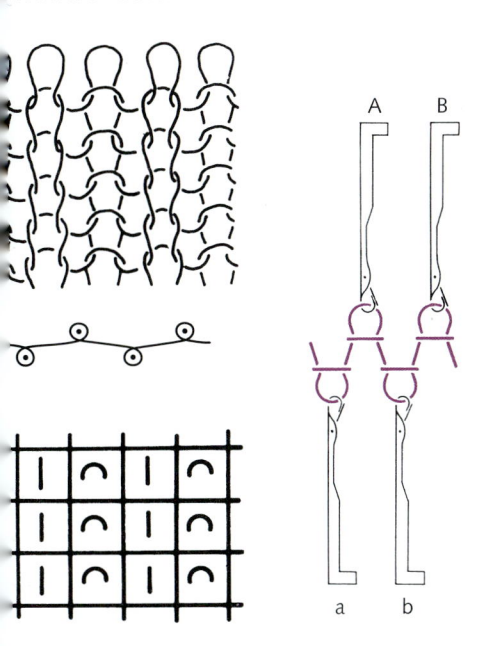

Anordnung der Zungennadeln für rechte Maschen (A–B) und für linke Maschen (a–b)

Rechts/Rechts – Breitrippware

Links/Links LL

Auf beiden Warenseiten werden die linken Maschenreihen als Querrippen sichtbar. Die rechten Maschenreihen sind im Inneren der Ware zu finden. LL-Ware ist längselastisch.
Die Ware muss auf zwei gegenüberliegenden Nadelbetten oder mit Doppelzungennadeln hergestellt werden.

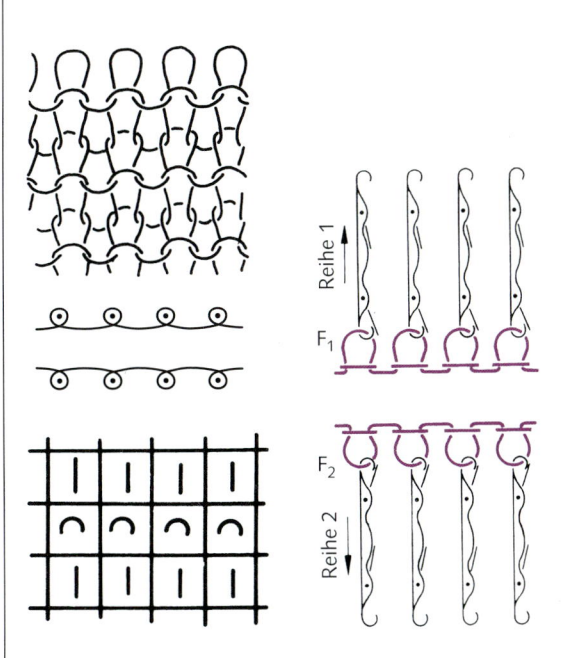

Die Maschen können von einer Seite der Doppelzungennadel zur anderen wechseln und abwechselnd eine Reihe rechte und eine Reihe linke Maschen bilden.

Links/Links-Ware

3 Maschenstoffe

Rechts/Rechts/Gekreuzt RRG (Interlock)

Bei der RRG-Ware wird mit 2 Querfadensystemen gearbeitet. Die beiden Rechts/Rechts-Waren werden beim Wechsel einer jeden Maschenreihe so ineinander „verhakt", dass auf jeder der beiden sichtbaren Seiten nur die rechten Maschen – auch bei Dehnung – erscheinen. Interlock ist begrenzt dehnfähig in Längs- und Querrichtung.

Dafür ist die Ware haltbarer, schnittfester und formstabiler als die bisher genannten Maschenwaren.

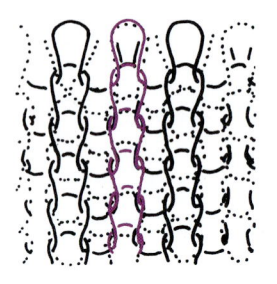

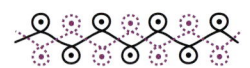

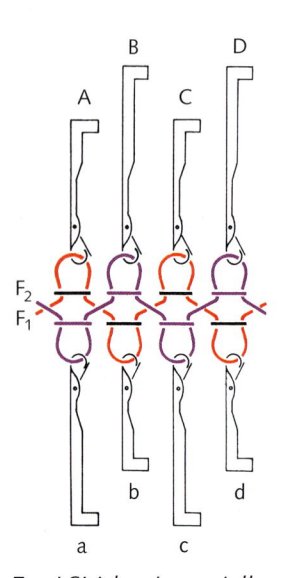

Zwei Stricksysteme stellen abwechselnd um eine halbe Reihe versetzt die beiden Maschenflächen her. Das erste System mit dem Faden F_1 strickt mit den Kurzschaftnadeln A b C d. Das zweite System arbeitet mit dem Faden F_2 eine Reihe, die mit dem ersten Maschensystem verkreuzt ist.

Legungen der Kettfadenware

Bei der Kettfadenware werden die maschenbildenden Kettfäden auf einen Kettbaum ähnlich wie in der Weberei aufgezogen. Die Zahl der Kettfäden entspricht der Zahl der Maschen. Die Maschenbildung erfolgt mithilfe von Lochnadeln und Arbeitsnadeln. Die Arbeitsnadeln schlagen die Maschen abwechselnd mithilfe einer Legeschiene nach rechts und links. Die Maschen erhalten eine Diagonallage.

Dabei kann die Legung
– als offene Masche erfolgen

oder

– eine geschlossene Masche bilden.

Die beiden Warenseiten zeigen wie bei der Querfadenware rechte oder/und linke Maschen.

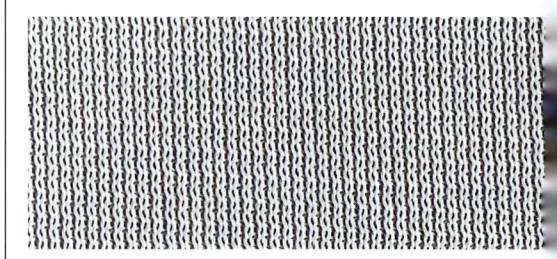

Kettengewirk

handwerk-technik.

3 Maschenstoffe

egungen der Bindungsgruppe Rechts/Links

RL – Franse
geschlossen   offen

RL – Trikot
geschlossen

RL – Tuch
offen

RL – Satin
geschlossen

RL – Samt
geschlossen

RL – Atlas
geschlossen, 2-reihig

3 Maschenstoffe

Herstellung der Maschenstoffe

Stricken, Kulieren, Kettenwirken

Die Herstellung der Maschenstoffe kann durch Stricken, Kulierwirken und Kettenwirken erfolgen:

Stricken geschieht in Querfadenrichtung mit Zungennadeln. Die Maschen einer Reihe werden nacheinander gestrickt bzw. abgeschlagen.

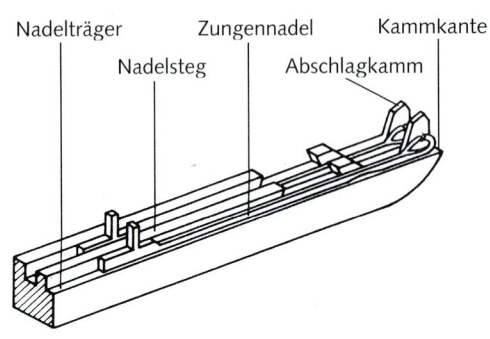

Nadelträger einer Strickmaschine

Beim Kulierwirken werden die Maschen einer Querfadenware innerhalb einer Maschenreihe gleichzeitig mit Spitzennadeln abgeschlagen.

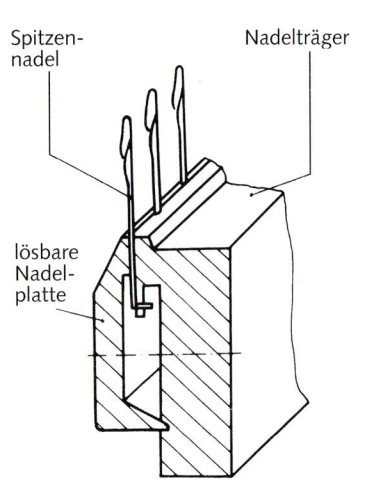

Nadelträger einer Wirkmaschine

Kettenwirken geschieht ähnlich wie das Kulierwirken gleichzeitig (daher wird die Bezeichnung „Wirken" gewählt). Es werden Spitzennadeln oder Zungennadeln verwendet. Die Maschenbildung erfolgt aus parallel liegenden Kettfäden.

Stricken

Die Strickmaschine stellt die Maschen mithilfe von Zungennadeln her. Die Zungennadel besitzt
– einen Haken,
– eine klappbare Zunge,
– einen Schaft,
– einen Fuß.

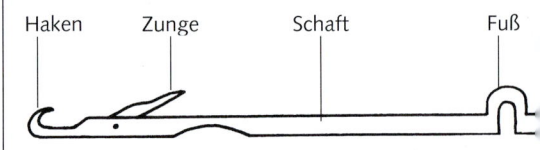

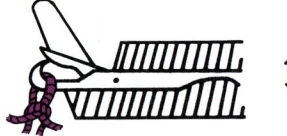

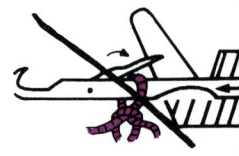

1. Einschließen der letzten Masche

2. Fadenlegen

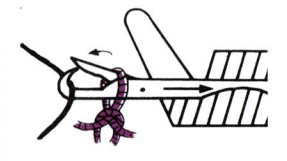

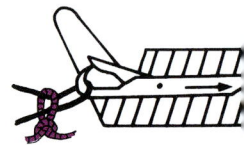

3. Auftragen der letzten Masche

4. Abschlagen der letzten Masche

Zur Maschenbildung wird die Zungennadel mithilfe des Fußes ausgetrieben, wobei die Masche den Nadelkopf öffnet und über die Zunge auf den Nadelschaft gleitet. Ein Faden wird in den Nadelkopf gelegt und die Nadel zurückgezogen. Die Masche dreht die Zunge und gleitet über den geschlossenen Nadelkopf, wobei der gelegte Faden zu einer neuen Masche durchgezogen wird.

3 Maschenstoffe

Die Zungennadeln können wie beim Handstricken jede Masche einzeln nacheinander bilden. Dadurch sind zahlreiche Musterbildungen möglich.

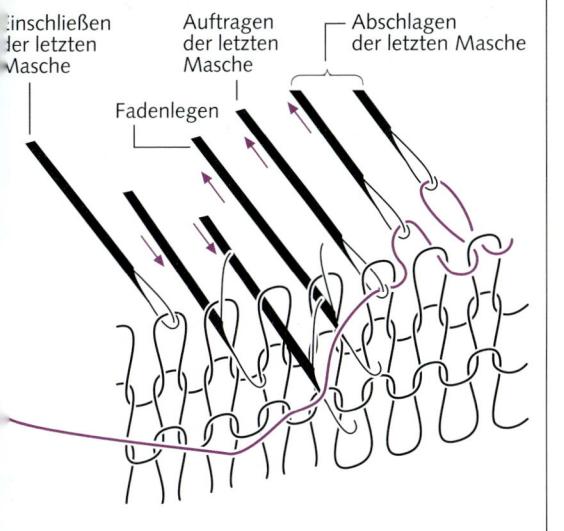

Einschließen der letzten Masche — Auftragen der letzten Masche — Abschlagen der letzten Masche — Fadenlegen

zug der Nadel auf die Nadelspitze und anschließend über den Nadelkopf gleiten kann. Der Faden wird dabei zur neuen Masche ausgeformt.

Maschenbildung beim Kulieren

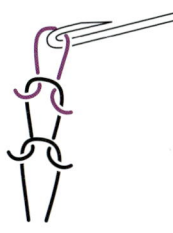

vorgelegter Faden

fertiges Gewirk

1. Ausgangsstellung der Spitzennadeln mit den vorhandenen Maschen

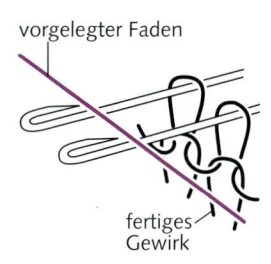

2. Die Nadeln werden vorgetrieben. Die zuletzt gebildeten Maschen gleiten aus dem Nadelkopf auf die Nadelschäfte. Der neue Faden wird gelegt.

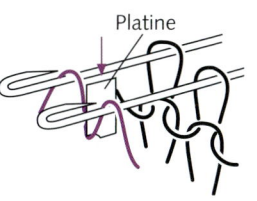

Platine

3. Metallnasen (Platinen) senken sich zwischen jeweils zwei Nadeln und legen den Faden bogenförmig, d. h. kulieren den Faden.

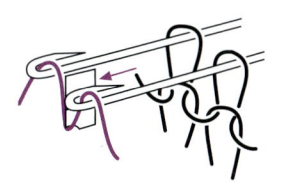

4. Der kulierte Faden wird in die Nadelköpfe geschoben.

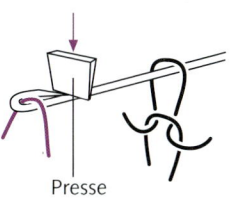

Kulieren

Werden alle Maschen einer Maschenreihe gleichzeitig abgeschlagen, spricht man vom Wirken. Bei der Querfadenware muss zur Maschenbildung der Arbeitsfaden zuerst in gleichmäßige Bögen gelegt werden. Diesen Vorgang nennt man „Kulieren". Zum Kulieren werden nur Spitzennadeln verwendet. Die Spitzennadel hat einen langen, federnden Haken mit einer Spitze, im Schaft eine Rille für die Spitze und für die Aufnahme von Bewegungen einen Fuß.

Haken — Spitze — Rille — Schaft — Fuß

Bei der Maschenbildung wird die Nadel hinausgeschoben, wobei die zuletzt gebildete Masche aus dem Nadelkopf (Haken und Spitze) auf den Nadelschaft gleitet. Dann wird der Faden gelegt. Eine Metallnase (Platine) senkt sich zwischen zwei Nadeln und legt den Faden bogenförmig; er wird „kuliert" und in den Nadelkopf geschoben.

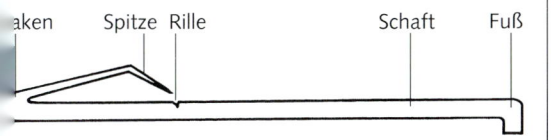

Die Nadel wird zurückgezogen, wobei eine Presse zuvor die Nadelspitze in die Rille drückt und damit den Nadelkopf schließt, sodass die Masche bei Rück-

Presse

5. Die Nadeln werden zurückgezogen, wobei eine Presse zuvor die Nadelspitzen in die jeweiligen Rillen drückt und damit die Nadelköpfe schließt.

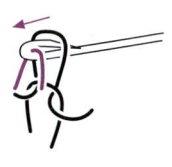

6. Die alten Maschen gleiten über die Nadelköpfe und bilden den neuen Faden zur Masche aus.

3 Maschenstoffe

Kettenwirken

Ähnlich wie bei den weiterentwickelten Webautomaten erlauben die Kettenwirkautomaten eine wesentliche Steigerung der Produktionsgeschwindigkeit, der Warenbreite, der Flexibilität sowie der Mustervielfalt.
Kettenwirkstoffe werden mithilfe von Rinnen-, Spitzen- oder Zungennadeln und Legeschienen hergestellt. Kettenwirken geschieht mit gemeinsam in einer Barre bewegten Nadeln.

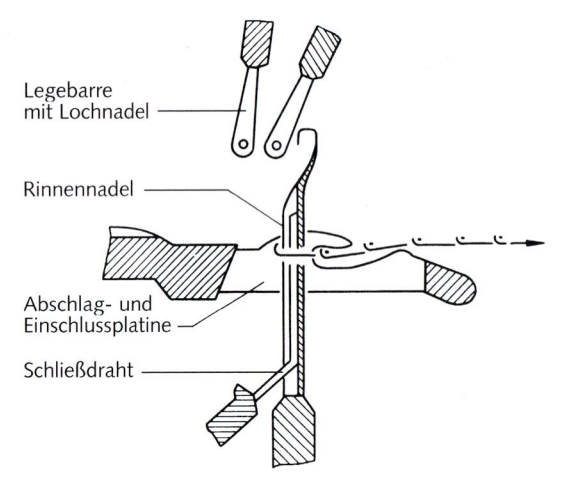

Anordnung der Wirkelemente der Flachkettenwirkmaschine

Die Fäden einer bzw. mehrerer Fadenketten werden den Nadeln ebenfalls von gemeinsam bewegten und den Nadeln zugeordneten Fadenlegern in Legeschienen zugeführt. Dabei wird die jeweils für den Maschenbildungsvorgang benötigte Fadenmenge von dem Kettbaum freigegeben oder bereitgestellt.

Nach der Nadelart bzw. der Faden- und Warenführung unterscheidet man im Wesentlichen Kettwirkautomaten und Raschelmaschinen.

Die Kettenwirkautomaten arbeiten mit 2 bis 18 Legeschienen sowie etwa einem rechten Winkel zwischen Fadenschar und Gewirk.

Durch das Verschieben der Legeschiene werden die Kettfäden miteinander verschlungen und können dadurch die auf S. 155 beschriebenen Grundbindungen bilden.

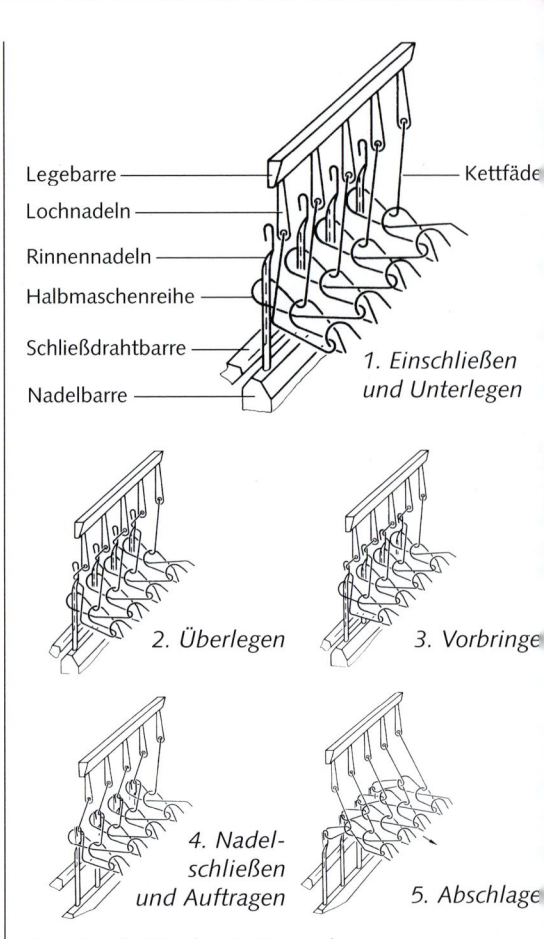

Arbeitsschritte des Kettenwirkprozesses:
1. Einschließen und Unterlegen
2. Überlegen
3. Vorbringen
4. Nadelschließen und Auftragen
5. Abschlagen

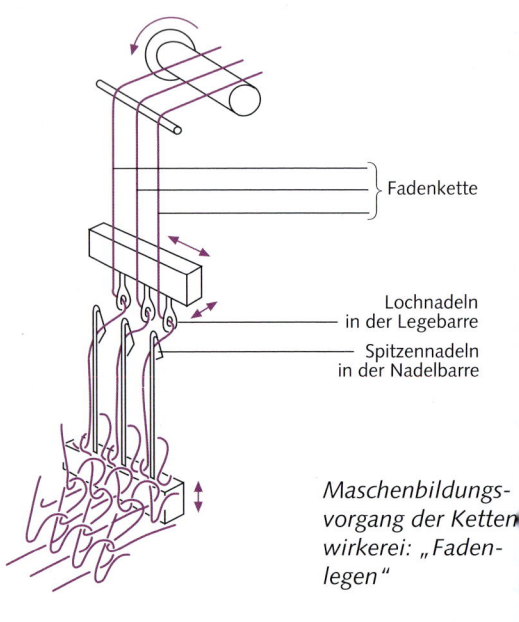

Maschenbildungsvorgang der Kettenwirkerei: „Fadenlegen"

3 Maschenstoffe

Raschelware entsteht, wenn separate Maschenreihen ohne Einschluss der Nachbarkettfäden gebildet werden.
Die Maschenreihe (Franse) kann mit Schuss-Legungen oder Teilschuss-Legungen verbunden werden. Durch die Verwendung von zwei Fadensystemen entsteht eine Ähnlichkeit mit Geweben sowie eine große Mustervielfalt.
Raschelware eignet sich sehr gut für verschiebefeste durchbrochene Textilien, wie z. B. Gardinenstoffe, Spitzen und Netze.
Wegen der sehr wirtschaftlichen Produktionstechnik ist Raschelware für viele Oberbekleidungsstoffe, Dekorationsstoffe und Teppichböden zu verwenden.
Kettenware und Raschelware haben gegenüber der Querfadenware nicht nur den Vorteil der schnellen und preiswerten Produktion. Sie sind wesentlich formstabiler und bilden keine Laufmaschen.

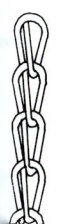

Franse

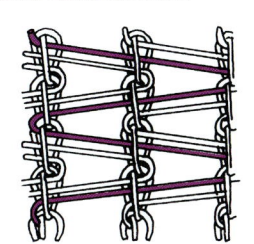

Kettengewirk „Franse mit Schuss"

Strickmaschinen

Bei den Strickmaschinen sind unterschiedliche Anordnungen der Nadeln möglich:

Flachstrickmaschinen

Flachstrickmaschinen arbeiten in der Weise, dass mit einem einzigen Nadelbett RL-Ware hergestellt werden kann. Auf einer Warenseite entstehen nur rechte Maschen, auf der anderen Seite nur linke Maschen.

Nadelbarre für das Nadelbett der RL-Ware

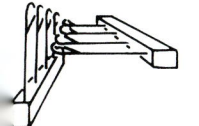

Nadelbarren für RR-Ware

Flachstrickmaschinen mit zwei Nadelbetten, die in einer Ebene oder im rechten Winkel angeordnet sind, eignen sich zur Herstellung von RR- oder Rippenware.

RR-Flachstrickmaschine

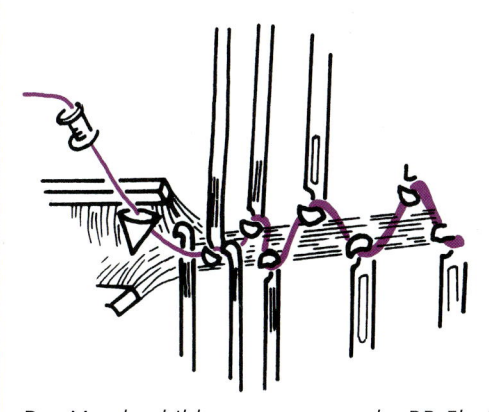

Der Maschenbildungsvorgang an der RR-Flachstrickmaschine beginnt.

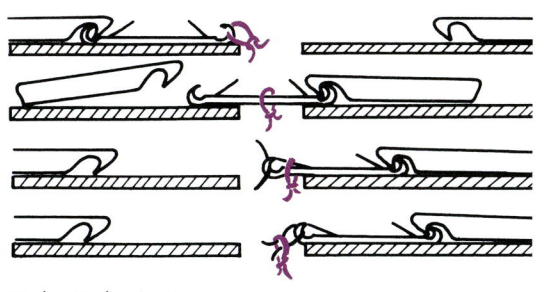

Links-Links-System

Rundstrickmaschinen

Rundstrickmaschinen liefern Schlauchware. Sie arbeiten nach dem gleichen Maschenbildungsprinzip wie die Flachstrickmaschinen.

3 Maschenstoffe

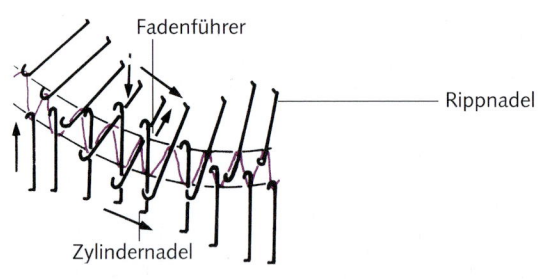

Maschenbildungsvorgang (Fadenführer, Rippnadel, Zylindernadel)

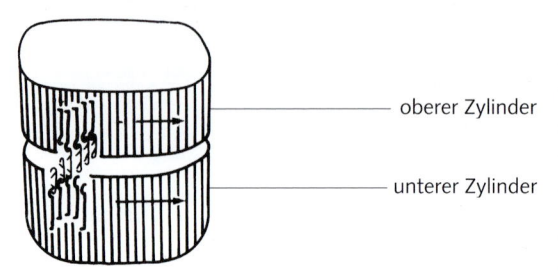

Prinzipdarstellung einer LL-Rundstrickmaschine (oberer Zylinder, unterer Zylinder)

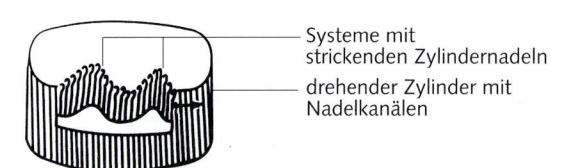

Prinzipdarstellung einer RL-Rundstrickmaschine (Systeme mit strickenden Zylindernadeln, drehender Zylinder mit Nadelkanälen)

Maschenstoffe mit zusätzlichen Bindungselementen und Fadensystemen

Gestricke, Gewirke und Kettengewirke können mit den zusätzlichen Bindungselementen Henkel, Flottung, Schuss und Stehfaden wie auch mit einem zweiten oder mehreren Fadensystemen hergestellt werden.
Liegt mindestens ein zusätzliches Fadensystem vor, spricht man von „integrierten" Maschenstoffen. Es wird immer von einer der möglichen Grundbindungen RL, RR oder LL des Ausgangsstoffes ausgegangen.
Die Gestaltungsmöglichkeiten dieser „besonderen" Maschenstoffe erscheinen unbegrenzt. Es werden hier einige Beispiele angeführt, die auch unter anderen Namen in Gebrauch sein können.

RL – hinterlegt

Wird ein Faden nicht immer abgestrickt, sondern auf einer Warenseite über die Maschen gehoben, entstehen Fadenflottungen, die die Querelastizität einschränken und die Formstabilität erhöhen.
Verwendet wird dieses Verfahren bei gemusterten Maschenwaren. Fäden mit Farb-, Glanz- oder plastischen Effekten, die nicht auf der Warenvorderseite erscheinen, bilden auf der Warenrückseite Fadenflottungen.

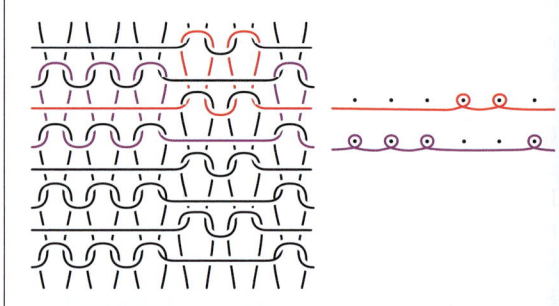

Doppeljersey

Single Jersey gemustert (rechte/linke Seite)

RL – plattiert

Bei der plattierten Fadenverarbeitung erfolgt zur Maschengrundfläche eine weitere Fadenführung durch ein zusätzliches Fadensystem. Die Plattierung kann entweder als vollständige Hinterlegung jeder Masche vorgenommen oder mustermäßig gesteuert werden.
Zur Plattierung werden zusätzlich zur Grundfläche Garne mit besonderen Kontrasten (glänzende, gleit-

3 Maschenstoffe

fähige oder leicht aufraubare Garne) eingesetzt. Bei mustermäßigem Wechsel spricht man von „Wendeplattierung".

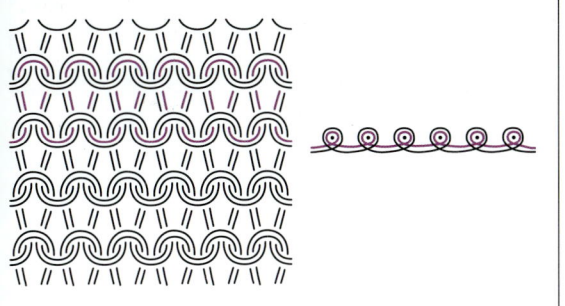

RL – hinterlegt plattiert

Die Plattierung wird nicht voll eingebunden. Regelmäßige Flottungen geben der Ware mehr Formstabilität. Die Flottungen lassen ein Aufrauen weich gedrehter Garne zu (Sweatshirt-Maschenstoffe, Winterunterwäsche, Jogginganzüge).

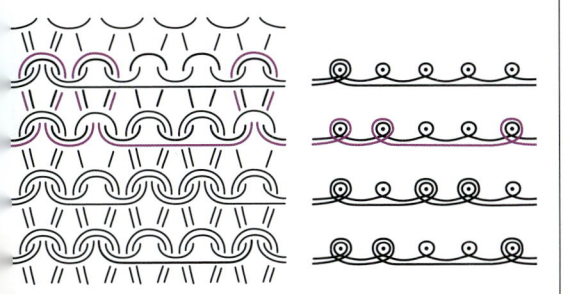

RL – Futter

Der zusätzliche Faden auf der Warenrückseite enthält wesentlich weitere Fadenflottungen als RL – hinterlegt plattiert.

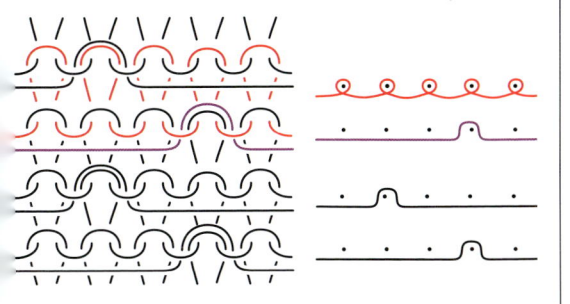

RL – Plüsch

Aus der Maschengrundschicht können polbildende Fäden als Schlingen auf einer oder beiden Warenseiten herausragen.
Für Polgewirke und -gestricke gibt es vielfältige Gestaltungs- und Einsatzmöglichkeiten.

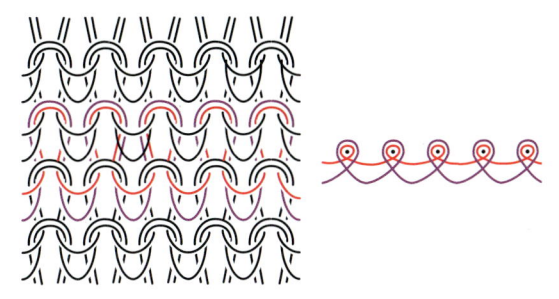

Die DIN 62 055 bringt folgende Beispiele:

Schlingenplüsch hat die Polschlingen nur auf einer Warenseite.

Frottier für Bekleidungs- und Heimtextilien hat die Polschlingen meistens auf beiden Warenseiten. Die Schlingen auf einer Seite können geschoren werden und einen offenen Pol bilden.

Bouclé ist die Bezeichnung für einen dicken einseitigen Schlingenpolstoff für Fußbodenbeläge.

Moquette, ein dünnerer einseitiger Schlingenpolstoff, wird in der Möbelindustrie verwendet.

Overfeed ist die Bezeichnung für kettgewirkte Polstoffe mit geschlossenem Pol und geringer Pollänge.

Werden die Polschlingen aufgeschnitten, geschoren, gebürstet und/oder geraut, entsteht ein **offener Pol,** der unter folgenden Namen im Handel ist:

Nicki ist ein einseitiger Polstoff mittlerer Polschichtdicke mit samtartiger Oberfläche für Oberbekleidung, Haus- und Nachtwäsche.

Panné (Pannésamt) ist ein einseitiger Polstoff mit flach liegendem Pol und geringer Polschichtdicke.

Samt ist ein einseitiger Polstoff mit einer Pollänge bis zu 2 mm.

Velours hat im Gegensatz zu Samt eine Pollänge über 2 mm bis 10 mm.

RL – Luntenflor (Hochflor)

Die Faserbündel, die aus der Maschengrundschicht herausragen, können einen hohen, offenen Flor bilden. Sie werden als Fellimitation für Oberbekleidung, Polstermöbel und Plüschtiere verwendet.

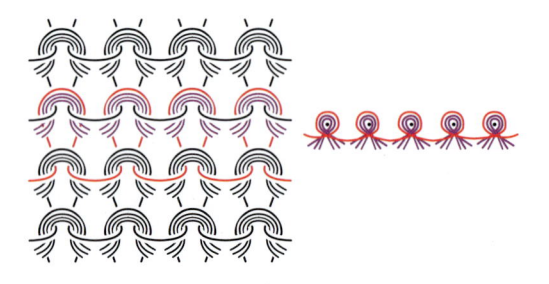

RR – Fang

Es wechseln in der ersten Reihe rechte Maschen und Henkel und bei der nächsten Reihe linke Maschen und Henkel ab. Beide Warenseiten zeigen rechte Maschen (= R/R-Ware). Durch die Doppelmaschen entsteht eine füllige, dichte Ware, die viel Material benötigt. Beim Handstricken wird das Muster „Patent" genannt.

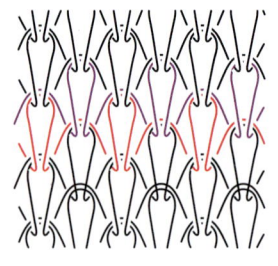

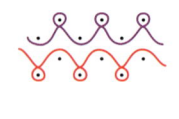

RR – Perlfang

Das Perlfangmuster wird auch als Halbfang bezeichnet. Nur in jeder zweiten Reihe werden die Henkel gebildet. Dadurch vergrößern sich die Maschen und nehmen eine breitere Form an. Die Ware wird für sportliche Strickwaren verwendet.

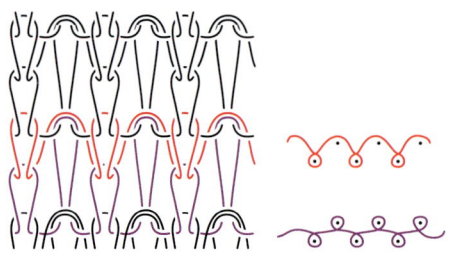

Perlfangware

Webstrickbindungen

Maschenstoffe, die besonders formstabil, wenig dehnfähig und füllig sind, werden Webstrickstoffe genannt. Erreicht wird dieses Ziel durch eine Kombination aus Maschen und Henkeln einer RR-Ware. Auch Interlock hat diese Kennzeichen.
Ein besonderer, gesetzlich geschützter festgelegter Fadenlauf ist mit der Bezeichnung *Wevenit* im Handel.

Echt-Filet-Bindungen

Maschenstoffe, von denen man in Längsrichtung eine besonders gute Dehnbarkeit und Elastizität erwartet, werden mit einer zusätzlichen Fadenreserve in Form einer „blinden Legung" ausgestattet.
Diese blinde Legung ist nur leicht in die Maschengrundfläche eingebunden und bildet im entlasteten Zustand eine enge zickzackförmige Warenoberfläche.
Bei Zugbeanspruchung spannen sich die Maschen mit der Fadenreserve zu größeren Bögen, um bei einer Entspannung wieder in die ursprüngliche Form zurückzuspringen.
Eingesetzt werden diese Maschenstoffe bei Miederwaren, Sport- und Freizeitbekleidung und technischen Textilien.

Echt-Filet-Bindung.
Entspannter Zustand   *Zugspannung in Längsrichtung*

3 Maschenstoffe

Charmeuse

Bei Kettenwirkwaren werden häufig zwei Kettfadensysteme mit unterschiedlichen Legungen miteinander kombiniert.
Bei Charmeuse wird eine Trikotlegung auf der Warenvorderseite mit einer Tuchlegung auf der Warenrückseite kombiniert. Die schnittfesten, formfesten und gleitfähigen Maschenstoffe werden in der Regel aus synthetischen Filamenten hergestellt und für Unterwäsche, Nachtwäsche und Oberhemden verwendet.

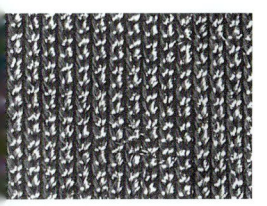

rechte Seite: senkrechte Struktur (geschlossener Trikot)

linke Seite: waagerechte Struktur (geschlossenes Tuch)

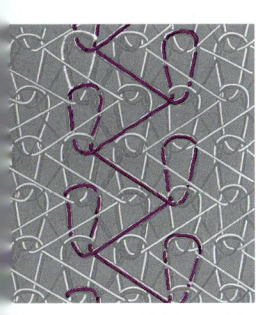

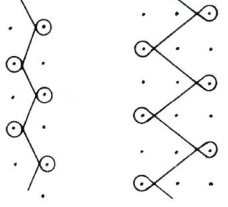

rechte und linke Seite

Charmeuse, Kettenwirkware mit zwei Fadensystemen
RL – Tuch-Trikot (geschlossen, gegenlagig)

Samtbindung

Die Kombination aus Trikotlegung mit Samtlegung (einer erweiterten Tuchlegung) ergibt einen Flottierungseffekt auf der Warenrückseite (lang ausgezogener Faden).

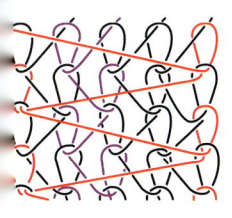

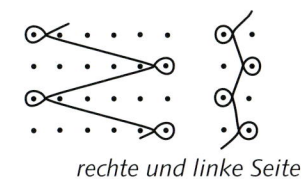

rechte und linke Seite

Das samt- oder plüschähnliche Aussehen entsteht durch das Aufschneiden und Aufbürsten der langen Flottungen wie bei Schusssamt.

Pol-Raschelware

Auf zwei hintereinander liegenden Nadelsystemen einer Raschelmaschine werden zwei Gewirke gleichzeitig gearbeitet. Zwischen beiden Gewirken werden die vorgesehenen Polfäden hin- und hergeführt. Die beiden Gewirke werden – ähnlich wie beim Doppelsamt – zunächst verbunden.
Auf einer separaten Schneideanlage wird die Ware getrennt. Es entstehen je nach Polhöhe Veloursoder Plüschwaren. Die Polhöhe kann durch den einstellbaren Abstand der beiden Gewirke in beliebiger Höhe gewählt werden.
Die Pol-Raschelware findet als preiswerte Auslegeware oder als kostengünstige Fellimitation Verwendung.

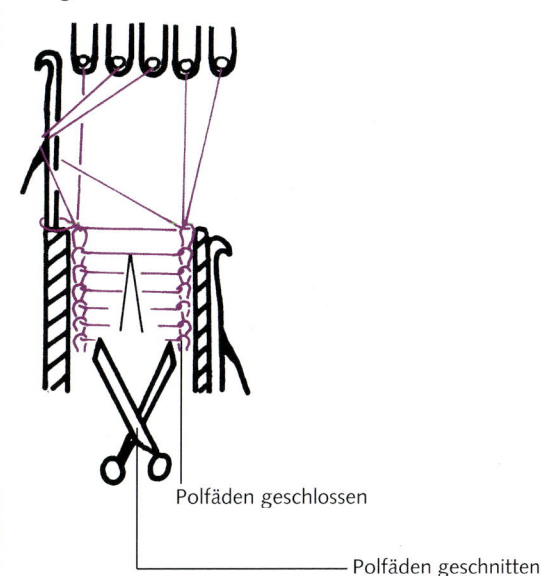

Polfäden geschlossen

Polfäden geschnitten

Pol-Raschelware (Doppelware) mit Schnittstelle

3 Maschenstoffe

Mustermöglichkeiten der Maschenstoffe

Muster durch Kombination verschiedener Maschentechniken

Die Kombination von rechten und linken Maschen, von Henkel und Flottung, sowie zusätzliche Fadensysteme lassen eine Vielzahl von Mustern zu. Durch den Einsatz von EDV-Steuerungen sind diese Muster heute preiswert herstellbar.

Jacquardstoff

Muster durch Umhängen von Maschen

Durch Maschenübergabe von Nadel zu Nadel entstehen in der Ware Durchbrechungen (mustermäßig angeordnete Löcher) oder an den Warenrändern Formgebungen, sodass das Gestrick in der Konfektion nicht zugeschnitten werden muss (abgepasste oder reguläre Ware, z. B. Pullover).

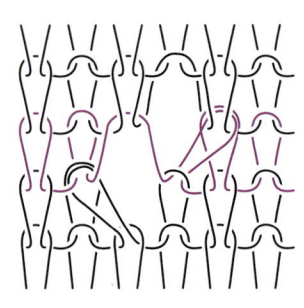

Muster durch Umhängen von Maschen

Muster durch Verwendung farbiger Garne

Bei Norwegermustern im Handstrickverfahren liegen die nicht verwendeten farbigen Garne als Fadenflottungen auf der Warenrückseite.

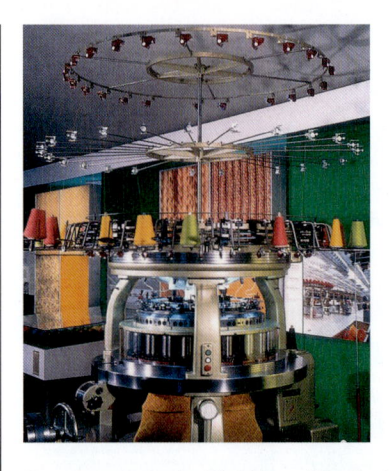

Großrundstrickmaschine mit Jacquardeinrichtung, 1972, aus dem Deutschen Museum, München

Bunt gemusterte RL-Ware (Single Jersey) wird wegen der Fadenflottungen auf der Warenrückseite nur selten auf der Jacquard-Strickmaschine hergestellt.
Maschinell hergestellte mehrfarbig gemusterte Maschenware „strickt" die Fadenflottungen auf der Warenrückseite mit.
Gesteuert wird ein farbiges Maschenbild durch Jacquard-Mustereinrichtungen. Auf beiden Warenseiten sind nur die rechten Maschen einer RR-Bindung zu sehen. Jede Musterfarbe wird über die gesamte Warenbreite gestrickt. Dabei werden auf der rechten Seite nur die musterbildenden Maschen abgeschlagen, die übrigen Maschen werden nur übernommen und vergrößern sich. Die Maschen der linken Warenseite werden immer gestrickt. Dadurch entstehen horizontale Farbstreifen (Ringel-Rückseite). Das Muster erscheint verschwommen in der kleinen Maschen.
Die Höhe der Mustermaschen auf der rechten Seite ist abhängig von der Zahl der verwendeten Farben. Werden drei Farben verwendet, muss eine Masche über drei Farbstreifen gezogen und vergrößert werden.

RR-Ware (rechte Seite)   Linke Warenseite mit Ringel-Rückseite

3 Maschenstoffe

Doppeljersey

Doppeljersey gemustert (rechte/linke Seite)

Die Prinzipdarstellung dieser RL-Großrundstrickmaschine ist auf S. 160 zu finden: Jede Arbeitsstelle wird von mehreren Kreuzspulen gespeist. Fadenwächter für jedes Garn sorgen für einen fehlerfreien Arbeitsablauf.

Formgebung und Formfestigkeit der Maschenstoffe

Formgebung der regulären Ware

Eine passgerechte Formgebung ist bei der Querfadenware durch Zu- und Abnehmen, Mindern der Maschen – ähnlich wie beim Handstricken – möglich.
Jedes Einzelteil wird nach der Schnittvorlage gearbeitet und anschließend mit den anderen Teilen zusammengesetzt. Im Idealfall können die Textilerzeugnisse so hergestellt werden, dass keine Nähte entstehen, wie z. B. bei Strümpfen, Handschuhen und Mützen. Die reguläre Ware (fully fashioned = im Ganzen gestaltet) hat neben der guten Passform den Vorteil der geringen Laufmaschengefahr an den Rändern und der relativ flachen Nähte.

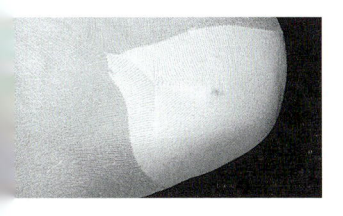

Ferse in Form gearbeitet

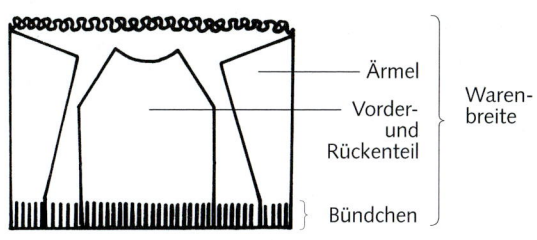

Schnittauflage eines Pullovers mit angestricktem Bündchen

Formgebung der halbregulären Ware

Da die Herstellung der regulären Ware sehr teuer ist, werden häufig nur Teilstücke der Fertigware während des Wirkprozesses berücksichtigt, beispielsweise werden Bündchen am Warenrand angearbeitet (halbreguläre Ware).
Bei Schlauchware kann der Durchmesser bereits so gewählt werden, dass er dem Durchmesser des Fertigerzeugnisses entspricht.
Heat-Seat-Kleidung ist eine durch Hitze geformte und fixierte Maschenschlauchware ohne seitliche Nähte. Ärmel und Kragen werden angeschweißt.

Rohware zur Herstellung eines halbregulären Pullovers

Geschnittene Ware

Die meisten Erzeugnisse aus Maschenstoffen werden aus der fertigen Fläche geschnitten, zusammengesetzt und entsprechend der Webware versäubert.
Diese Methode ist wesentlich preiswerter und für alle Herstelltechniken (auch Kettenwirkware und Raschelware) möglich.
Die Laufmaschengefahr ist besonders bei Querfadenware aus glattem Material sehr groß. Die Nähte sind dicker und tragen mehr auf.

3 Maschenstoffe

Formfestigkeit von Maschenstoffen

Die Formfestigkeit von Maschenstoffen ist abhängig von der
- Schnitttechnik (s. o.), der
- Maschentechnik und den
- verwendeten Garnen und Zwirnen.

Die Maschentechnik bestimmt den Grad der Formfestigkeit. Doppelfädige Flächen (z. B. Interlock oder Charmeuse) sind formfester. Auch Kettenwirkwaren und Raschelwaren halten ihre Form wesentlich besser als die üblichen Querfadenwaren. Eine besondere Bedeutung für die Formfestigkeit hat die Ausbildung der einzelnen Maschen. Sind die Maschen in der Warenbreite zu weit gespannt, springt das Textilgut nach der ersten Wäsche zurück in die Normallage, d. h., ein T-Shirt würde beispielsweise zu eng.

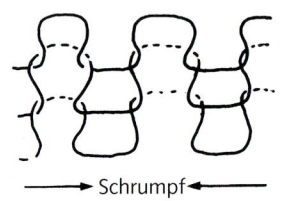

Maschen zu breit gezogen
→ Schrumpf ←

Sind die Maschen zu sehr in die Längsrichtung gespannt, verkürzt sich beispielsweise ein T-Shirt nach der Wäsche.

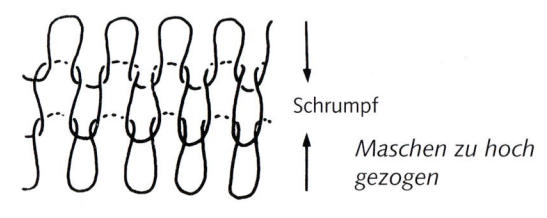

Schrumpf
Maschen zu hoch gezogen

Der Formfaktor (FF) ist die Berechnungsgrundlage der Schrumpfneigung. Er gibt das Verhältnis von Reihen zu Stäbchen an:

$FF = \dfrac{Reihen}{Stäbchen}$

z. B. 1 cm Höhe hat
16 Reihen
1 cm Breite hat
12 Stäbchen

$FF = \dfrac{16}{12}$

$FF = 1{,}33$

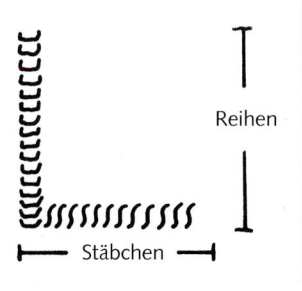

Als Ideale Formfaktoren haben sich erwiesen:
FF für RL-Ware = 1,4 (Trend weniger)
FF für RR-Ware = 0,95 (alle Maschen zählen)
FF für RRG-Ware = 2,3 (nur 1 Seite zählt)

Tumblerfeste Ware muss nicht nur einen idealen Formfaktor aufweisen, sondern sollte auch aus hochwertigen, langfaserigen, fest gedrehten Garnen und Zwirnen bestehen.
Eine völlige Entspannung (konsolidierte Relaxation) ist die weitere Voraussetzung für trocknergeeignete Ware. Entspannung wird durch eine längere Lagerzeit, Vorwäsche (20 Minuten bei 40 °C) und 5 Stunden Waschen und Tumbeln im Wechsel erreicht.

Aufgaben

1. Maschenwaren sind voluminöser als die meisten Gewebe. Beschreiben Sie die Vorteile dieses Flächenmerkmales.
2. Erklären Sie die Herstellung der folgenden Maschenwaren: Single Jersey, Doppelripp, Feinripp Interlock und Charmeuse.
Vergleichen Sie jeweils die Elastizität der Waren in Längs- und Querrichtung.
3. Beschreiben Sie den Unterschied zwischen geschnittener und regulärer Ware.
4. Strumpfhosen werden als Gestricke und Gewirke (Querfadenware) hergestellt. Welche Nachteile hätte Kettenwirkware für dieses Produkt?
Stellen Sie Eigenschaften der beiden Erzeugnisse einander gegenüber.
5. Wie können Sie die Formfestigkeit eines T-Shirts aus Interlock-Ware vor dem Waschen erkennen?

3 Textilverbundstoffe

Textilverbundstoffe

In den letzten Jahrhunderten wurden die textilen Flächen durch Weben, Flechten und Wirken hergestellt.
Bedingt durch neue Rohstoffe und erweiterte maschinelle Möglichkeiten hat sich eine Reihe neuartiger, unkonventioneller Möglichkeiten erschlossen, Fasern, Garne und auch Flächen miteinander zu verbinden.
Die Techniken Filzen, Vernadeln, Übernähen, Verkleben, Verschweißen und Beschichten liefern Textilflächen, die auch extremen Bedürfnissen entsprechen.

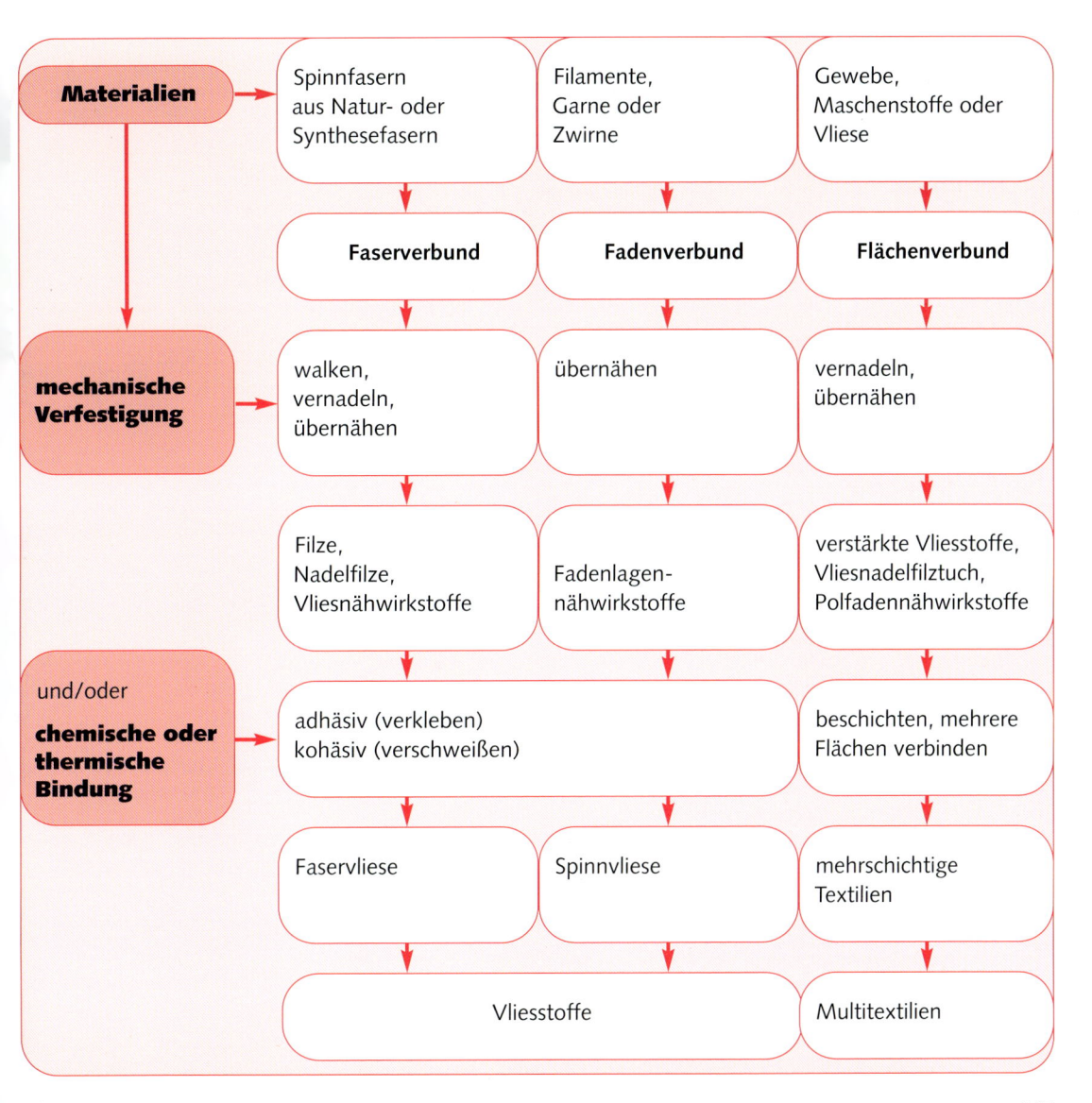

Materialien	Spinnfasern aus Natur- oder Synthesefasern	Filamente, Garne oder Zwirne	Gewebe, Maschenstoffe oder Vliese
	↓	↓	↓
	Faserverbund	**Fadenverbund**	**Flächenverbund**
mechanische Verfestigung	walken, vernadeln, übernähen	übernähen	vernadeln, übernähen
	↓	↓	↓
	Filze, Nadelfilze, Vliesnähwirkstoffe	Fadenlagen-nähwirkstoffe	verstärkte Vliesstoffe, Vliesnadelfilztuch, Polfadennähwirkstoffe
und/oder **chemische oder thermische Bindung**	adhäsiv (verkleben) kohäsiv (verschweißen)		beschichten, mehrere Flächen verbinden
	↓	↓	↓
	Faservliese	Spinnvliese	mehrschichtige Textilien
	↓	↓	↓
		Vliesstoffe	Multitextilien

Filze und Vliesstoffe

Herstellung von Filzen und Vliesstoffen

Filze und Vliesstoffe sind verfestigte Vliese. Die Vliese selbst sind Flächengebilde, die aus Natur- und Synthesefasern bestehen, sehr oft unter Beimischung anderer faseriger Bestandteile unterschiedlicher Art und Länge. Der Zusammenhalt ist im Allgemeinen durch die eigene Haftungsfähigkeit der Fasern gegeben. Die Art und die Qualität der Filze und Vliesstoffe wird nicht nur vom Ausgangsstoff selbst bestimmt, sondern auch im Wesentlichen dadurch, dass sie unterschiedlich angeordnet und verfestigt sind.

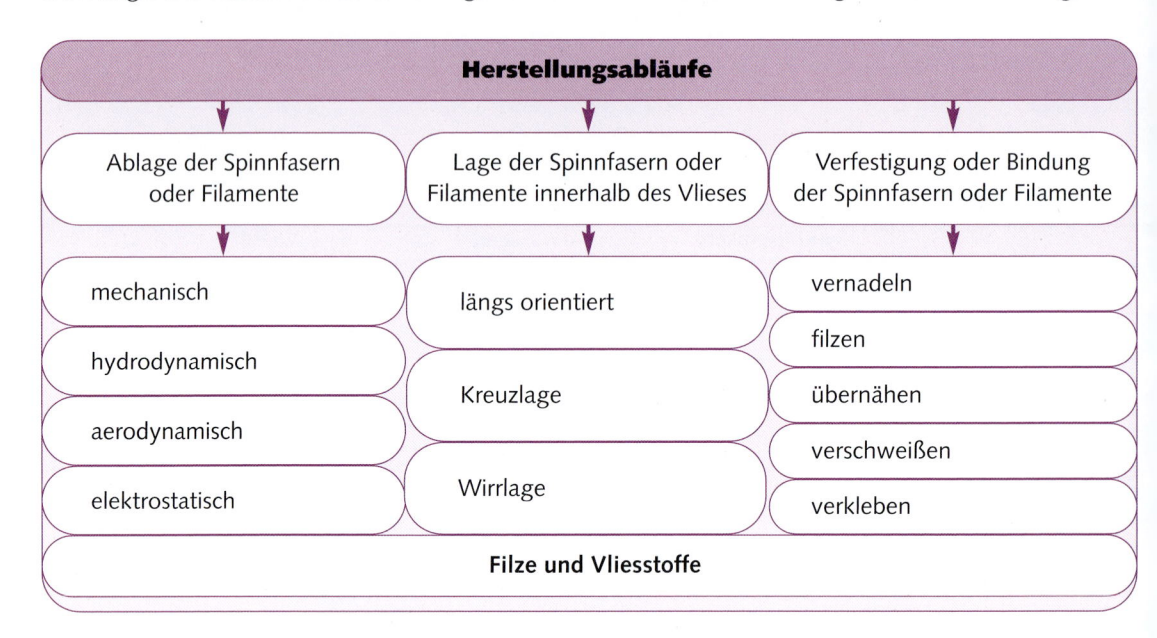

Herstellungsabläufe

Ablage der Spinnfasern oder Filamente	Lage der Spinnfasern oder Filamente innerhalb des Vlieses	Verfestigung oder Bindung der Spinnfasern oder Filamente
mechanisch	längs orientiert	vernadeln
hydrodynamisch		filzen
	Kreuzlage	übernähen
aerodynamisch		verschweißen
elektrostatisch	Wirrlage	verkleben

Filze und Vliesstoffe

Ablage der Spinnfasern und Filamente

Die unverfestigten Vliese entstehen durch Ablage von Spinnfasern (und Filamenten).
Man unterscheidet vier Herstellungsverfahren:

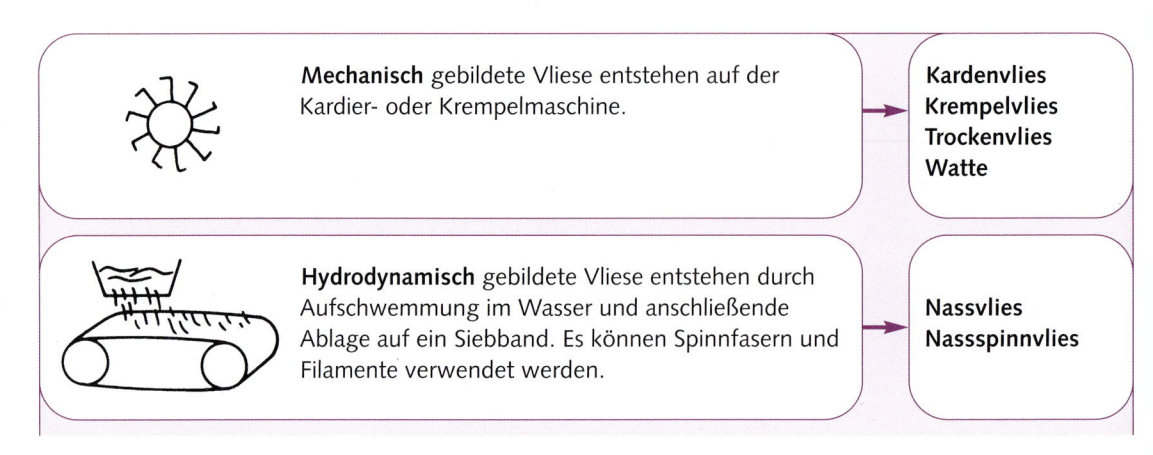

Mechanisch gebildete Vliese entstehen auf der Kardier- oder Krempelmaschine.
→ Kardenvlies, Krempelvlies, Trockenvlies, Watte

Hydrodynamisch gebildete Vliese entstehen durch Aufschwemmung im Wasser und anschließende Ablage auf ein Siebband. Es können Spinnfasern und Filamente verwendet werden.
→ Nassvlies, Nassspinnvlies

3 Textilverbundstoffe

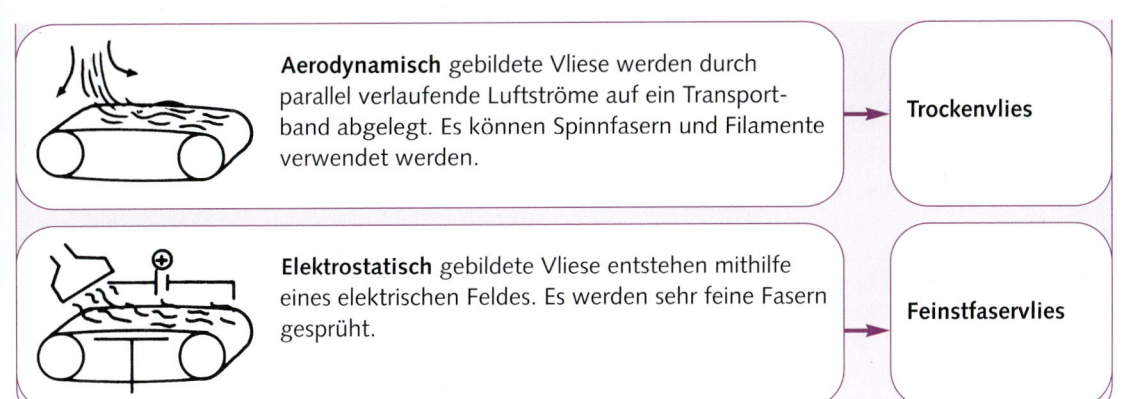

Aerodynamisch gebildete Vliese werden durch parallel verlaufende Luftströme auf ein Transportband abgelegt. Es können Spinnfasern und Filamente verwendet werden. → **Trockenvlies**

Elektrostatisch gebildete Vliese entstehen mithilfe eines elektrischen Feldes. Es werden sehr feine Fasern gesprüht. → **Feinstfaservlies**

Lage der Spinnfasern oder Filamente innerhalb des Vlieses

- Ein **Längs- oder Quervlies** besteht aus Fasern, die in einer Richtung orientiert sind. 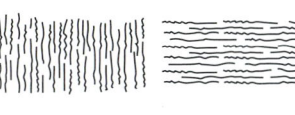
- Ein **Kreuzvlies** liegt vor, wenn die Fasern in Kreuzlage angeordnet sind. 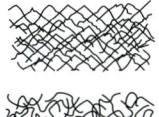
- Ein **Wirrvlies** entsteht bei unregelmäßiger Fadenlage.

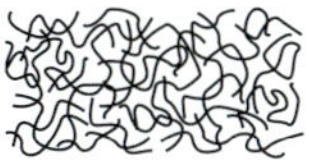

Verfestigung der Filze und Vliese

Die Verfestigung der Spinnfasern und Filamente zu Filzen und Vliesstoffen kann
- **mechanisch** (filzen, nadelfilzen und übernähen),
- **chemisch** (durch chemische Bindemittel) und
- **thermisch** (durch Erhitzen der thermoplastischen Rohstoffe)

erfolgen.

Mechanische Verfestigung

Der Zusammenhalt der Fasern kann durch Reibung erfolgen. Man spricht von einer **Reibschlussbindung**.
Greifen die einzelnen Fasern so ineinander, dass keine Zwischenräume zwischen den einzelnen Faserformteilen bestehen, so halten sich die Fasern gegenseitig. Man spricht von einer **Formschlussbindung**.
Durch mechanische Verfestigungen entstehen Walkfilze, Nadelfilze und Nähwirkstoffe (s. S. 172).

Walkfilze (Woll- und Haarfilze) bestehen aus filzfähigen Faserstoffen, denen auch andere Fasern beigemischt werden können.
Die Faservliese werden durch Einwirkung von Feuchtigkeit, Wärme, Druck und Bewegung (Filzen und gegebenenfalls Walken) verfestigt. Die einzelnen Fasern greifen durch ihre Widerhaken (Beispiel Wolle) formschlüssig ineinander. Zusätzlich werden die einzelnen Fasern durch Reibungskräfte aneinander gehalten.

Nadelfilze sind Flächengebilde aus beliebigen Fasern. Sie bestehen aus Faservliesen, die durch wechselndes Einstechen und Ausziehen einer Vielzahl geeigneter Nadeln verfestigt sind.

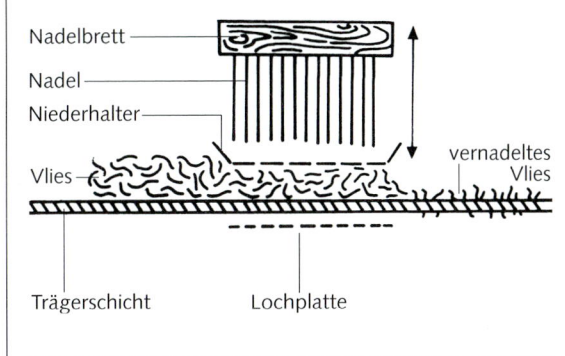

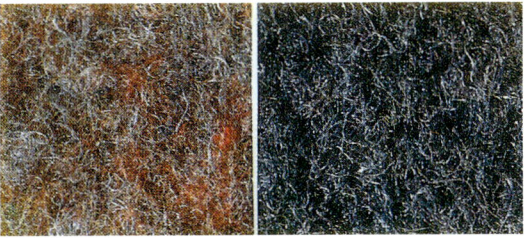

Nadelfilz

3 Textilverbundstoffe

Bildbeschriftung (Nadel):
- Stützteil der Nadel
- Nadelhals
- meist dreieckiger Nadelschaft (arbeitender Teil der Nadel)
- Widerhaken (links vergrößert herausgezeichnet)
- Nadelspitze

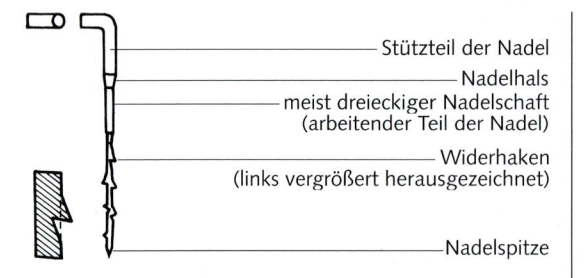

Chemische Verfestigung

Artfremde Bindemittel (Klebstoffe) dringen in die Vliese ein und verfestigen diese. Die Vliese erhalten dadurch mehr Steifigkeit und einen härteren Griff. Im Gebrauch besteht die Gefahr des Auflösens (Delaminierung) der Klebstoffe und eines Zerfalls der Vliese.

Die chemische Verfestigung, auch **adhäsive**[1] Bindung genannt, wird häufig zusätzlich zu mechanischen Bindungen eingesetzt.

Thermische Verfestigung

Künstliche Polymere können vor dem Erstarren bereits zu Vliesen verbunden werden. Da sich artgleiche Rohstoffe miteinander verbinden, spricht man von **kohäsiver**[2] Bindung oder von Verschweißen. Diese Verfestigung ist auch mit fertigen Synthesefasern möglich. Die Oberfläche der Fasern kann durch Erhitzen oder durch Lösungsmittel bindungsfähig gemacht werden.

Spinnvliese sind aus Filamenten aufgebaut und können vom Polymer bis zum fertigen Flächengebilde in einem durchgehenden Verfahren hergestellt werden.

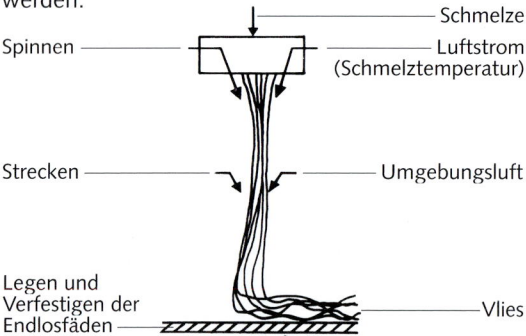

Bildbeschriftung (Spinnvlies-Verfahren):
- Spinnen
- Schmelze
- Luftstrom (Schmelztemperatur)
- Strecken
- Umgebungsluft
- Legen und Verfestigen der Endlosfäden
- Vlies

Spinnvlies, in einem Arbeitsgang aus der Schmelze hergestellt

---

[1] adhäsiv (lat.): anhaftend, anklebend
[2] kohäsiv (lat.): zusammenhaltend

Vliesverbundstoffe sind textile Flächengebilde aus Vliesen bzw. verfestigten Vliesen, die mit anderen textilen Elementen kombiniert werden, wobei der Vliesstoff bzw. der Filzcharakter bestimmend ist.
Einige Kombinationsbeispiele seien hier aufgezählt: fadenverstärkter Vliesstoff, gewebeverstärkter Vliesstoff – Nadelfilz oder Vliesstoff – Walkfilz oder Vliesnadelfilztuch.

Alkantara ist der Markenname für eine gesetzlich geschützte Methode, Feinstfaservliese herzustellen. Bei der Herstellung werden extrem feine PES-Fasern in Polystyrol eingearbeitet. Aus dieser Grundlage werden die Fasern in der Nadelfilzmaschine miteinander verschlungen. Das Polystyrol muss anschließend entfernt werden (extreme Umweltbelastung). Das Vlies wird weiter mit Polyurethan verfestigt, sodass die fertige Ware aus 60 % PES und 40 % PUR besteht.

Die Ware wird anschließend geschmirgelt und erhält dadurch eine veloursartige Oberfläche. *Alkantara* hat etwa 35 % des Gewichtes von Wildleder, ist wasch- und reinigungsbeständig und sehr haltbar. Soll ein Feinstfaservlies etwas preisgünstiger und haltbar hergestellt werden, kann eine Gewebe- oder Gewirkeinlage zur Erhöhung der Reißfestigkeit bei deutlicher Preisreduktion beitragen. Es handelt sich bei der entstandenen Fläche um ein **Vliesnadelfilztuch**.

Fleece aus Mikrofasern

Im Gegensatz zu Vliesen entstehen die Fleece aus einem Mikrofasergewirk, das auf der Unter- und/oder Oberseite aufgeraut wird. Die Oberfläche der Fleece sieht den reinen Faservliesen sehr ähnlich. Das Gewirk macht Fleece elastischer, haltbarer und voluminöser. Das Material wird zu Sport- und Freizeitbekleidung verarbeitet.

Trevira Fleece

3 Textilverbundstoffe

Eigenschaften, Verarbeitung und Verwendung der Filze und Vliesstoffe

Eigenschaften	Verwendung	Verarbeitung
Die Elastizität der Filze und Vliesstoffe ist abhängig von der Art der Fadenverkreuzung. Federnde Verbindungen sind elastischer als große Verklebungs- und Verschweißungsinseln, die das Material folienähnlich machen.	Federnde Verbindungen für Oberbekleidungen, feste Verbindungen für formfeste Versteifungen, Wollfilz, Hutstumpen (Filzstück mit vorgeformten Kopfteil)	Filze und Vliesstoffe sind schnittfest, beim Zuschnitt muss meistens kein Fadenlauf beachtet werden. Nähte müssen nicht versäubert werden, es fällt wenig Restmaterial an.
Die Luftdurchlässigkeit und **Feuchtigkeitsaufnahme** sind abhängig von Porengröße und vom verwendeten Material.	Hygienenartikel, Putztücher	Das schnittfeste Material ist sehr preiswert zu verarbeiten.
Das Warmhaltevermögen ist bei Filzen und Vliesen besonders groß, da sie viel Luft einschließen können.	Wollfilz für Oberbekleidung, Wattierungen aus Polyester- und Polyacrylvliesen	
Die Haltbarkeit ist bei den leicht einreißenden Vliesstoffen gering. Filze sind haltbarer. Einige Feinstfaservliese können durch Vernadeln und Verschweißen hohen Belastungen standhalten.	Wegwerfartikel (z. B. Tischtücher), Wildlederimitat, Verpackungsmaterial	Einfache, weite Schnitte sind notwendig. Filze lassen sich durch feuchte Hitze und Druck „in Form" arbeiten.
Die Formfestigkeit der Filze und Vliesstoffe gibt dem Material einen harten Griff und festen Stand.	Versteifungs- und Einlagematerial	Leicht aufbügelbares Vliesmaterial gewinnt man durch Beschichtung der Vliesstoffe mit Schmelzgranulat.
Die thermische Verformbarkeit der Vliesstoffe wird während des Herstellungsprozesses genutzt.	Preiswerte Kleidungs- und Hygieneartikel aus einem Stück (One-Piece-Kleidung), „Einmalwäsche" in Krankenhäusern	Filze und Vliesstoffe sind sehr preiswert herzustellen (je nach Herstelltechnik), da viele Arbeitsgänge der Garn- und Flächengewinnung entfallen können.

Nähwirkstoffe

Herstellung der Nähwirkstoffe

Nähwirkstoffe sind textile Flächengebilde, die durch Einbinden von Fäden durch einen Wirkvorgang in ein flächiges Grundmaterial hergestellt sind (DIN 61211).

Der Ingenieur Heinrich **Ma**uersberger aus **Li**mbach erfand 1947 die Nähwirktechnik. Unter dem Sammelnamen „MALIMO" werden Produkte mit den Bezeichnungen Maliwatt, Malivlies, Malimo, Malipol, Kunit und Multiknit hergestellt.

MALIMO-Produkte wurden bevorzugt in der ehemaligen DDR und in den östlichen Staaten verwendet. Inzwischen haben sich diese Textilflächen auf dem Weltmarkt durchgesetzt, da sie sehr wirtschaftlich zu produzieren sind. Bei der Herstellung können einzelne Produktionsschritte entfallen, da die Fasern direkt zu fertigen Flächen zu verarbeiten sind. Die Methode erlaubt es, recyceltes, d. h. wieder aufbereitetes Material zu verarbeiten und damit neue Faserstoffe einzusparen. Auch besonderen textiltechnologischen Anforderungen hinsichtlich der Reiß- und Verschleißfestigkeit werden Nähgewirke gerecht.

Neben Bekleidungs- und Heimtextilien werden mit dieser Methode technische Textilien in der Verpackungsindustrie, dem Straßenbau oder in der PKW-Herstellung produziert.

Durch eine Vielzahl nebeneinander befindlicher, gemeinsam arbeitender Nahtstellen werden parallele Kettenstichnähte gebildet. Dabei durchdringen die Nadeln das Nähgut (Vlies, Fadenlagen oder Gewebe) und ziehen beim Rückwärtsgang die Fadenschleife durch die vorher schon gebildeten Maschen hindurch.

Dadurch bilden sich neue Maschen, die alten werden über den Nadelhaken abgeschlagen. Das Einlegen des Nähfadens in die Nadeln erfolgt durch Lochnadeln, wie sie bei Kettenwirkmaschinen verwendet werden.

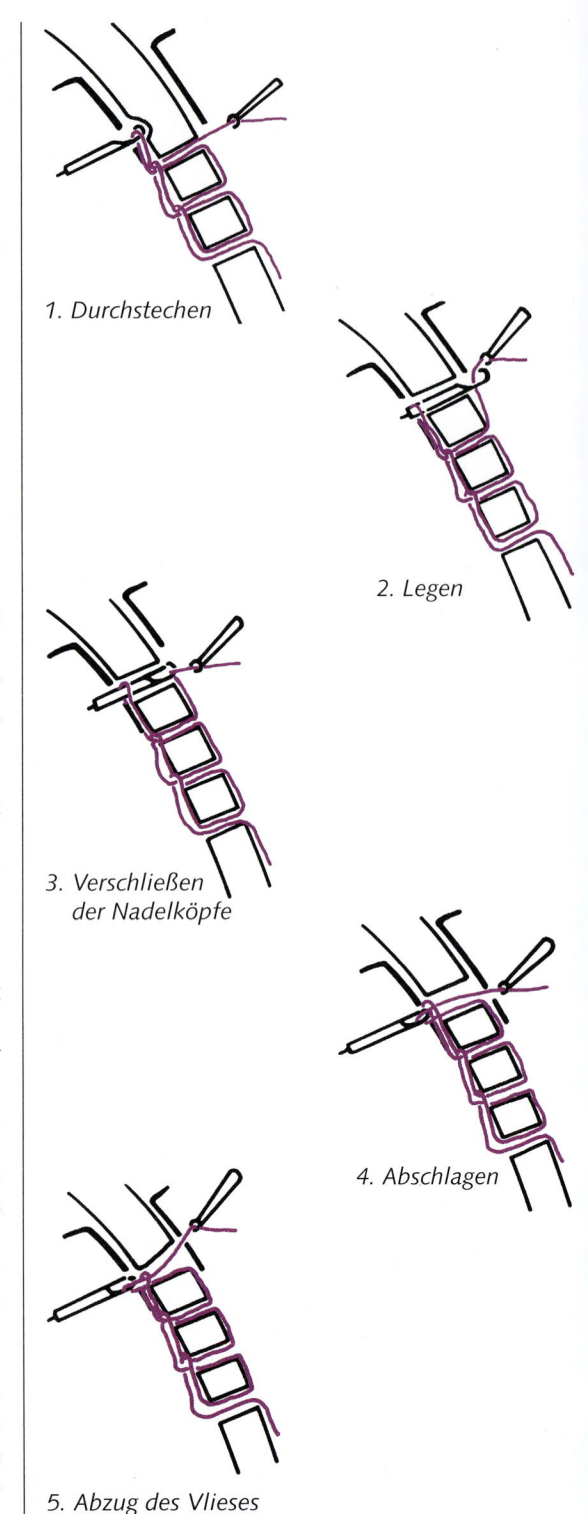

1. Durchstechen

2. Legen

3. Verschließen der Nadelköpfe

4. Abschlagen

5. Abzug des Vlieses

Die Hauptphasen des Nähwirkstoff-Zyklus

3 Textilverbundstoffe

Bindungen bei Nähwirkstoffen

Die Kettenstichnähte entsprechen bekannten Bindungen der Kettenwirkerei. Man verwendet eine oder zwei Legeschienen. Bei einer Legeschiene kann die einfache Kettenstichnaht bzw. die Fransenbindung gearbeitet werden.
Bei ihr besteht zwischen den einzelnen Nähten keine Verbindung, jede Naht ist einzeln auftrennbar.

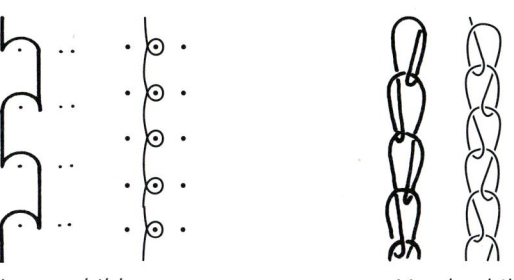

Legungsbild   Maschenbild
Fransenbindung (offen und geschlossen)

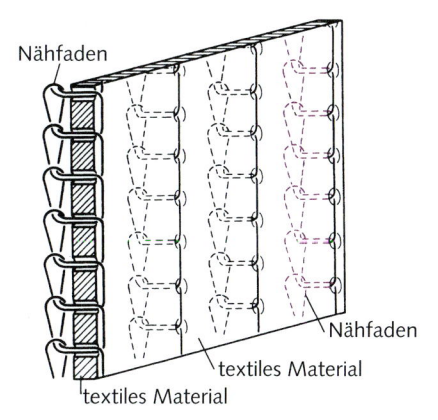

Fransenbindung

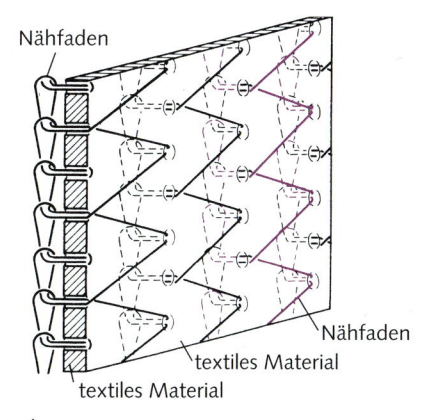

Trikotbindung

Dagegen verläuft die verriegelte Kettenstichnaht oder Trikotbindung im Zickzack, wobei die einzelnen Nähte seitlich durch jeden zweiten Stich verbunden sind. Diese Nähte sind nicht auftrennbar.

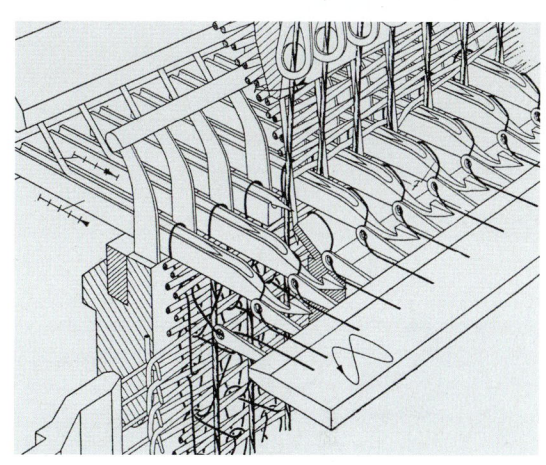

Nähwirkmaschine „Malimo"

Mit zwei Legeschienen können noch weitere Bindungen erzielt werden wie Tuch- oder Satinbindung, (siehe Legungen der Kettengewirke S. 155). Es können auch zwei Bindungen kombiniert werden.

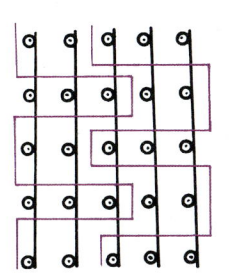

Nähwirklegung Franse, kombiniert mit Schuss

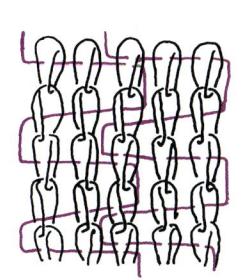

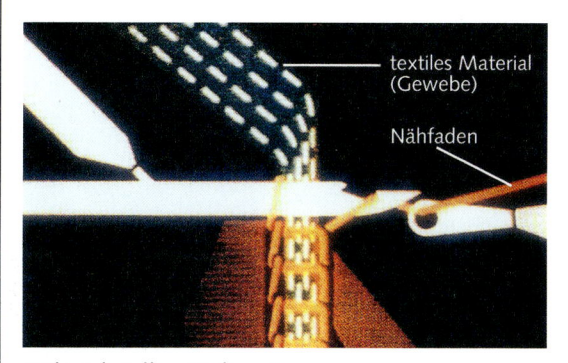

Nähwirkstelle „Malimo"

handwerk-technik.de

3 Textilverbundstoffe

Arten von Nähwirkstoffen

Die wichtigsten wirtschaftlich bedeutsamen Nähwirkstoffe sind
- Vlies-Nähwirkstoffe *„Maliwatt"*,
- Vlieswirkstoffe *„Malivlies"*,
- Fadenlagen-Nähwirkstoffe *„Malimo"*,
- Polfaden-Nähwirkstoffe *„Malipol"*,
- Polfalten-Vliesstoff *„Kunit"* und *„Multiknit"*.

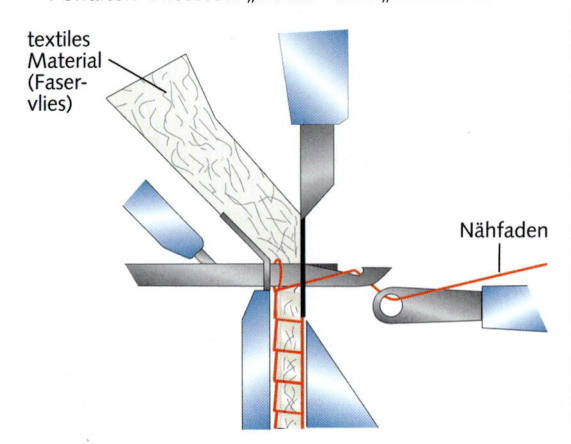

Nähwirkstelle „Maliwatt"

Vlies-Nähwirkstoffe „Maliwatt"

Vlies-Nähwirkstoffe sind textile Flächengebilde mit Faservliesen als Grundmaterial, die durch Maschenbildung eingebundener Fadenscharen verfestigt sind. Die Verfestigung erfolgt mittels parallel geführter Längsnähte, verfestigt werden vorwiegend Vliese mit Querorientierung (Querlage) der Fasern. Die Längsfestigkeit des Vlieses hängt ab von der Qualität der Nähfäden und dem Abstand der Nähte, die Querfestigkeit von der Stapellänge der Fasern sowie der Stichlänge.

Vlies-Nähwirkstoffe besitzen einen textilen, voluminösen oder flauschigen Charakter. Eigenart und Eigenschaften des textilen Rohmaterials bleiben voll erhalten.

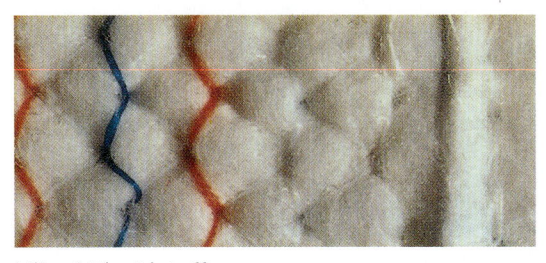

Vlies-Nähwirkstoff

Vlieswirkstoffe „Malivlies"

Diese Flächen entstehen direkt aus dem Vlies ohne zusätzliche Fadenscharen.
Die Fasern des Vlieses werden direkt zu Maschen umgeformt.

Verwendung finden *„Maliwatt"* und *„Malivlies"* bei
– Oberbekleidung (Wollsektor),
– Heimtextilien (z. B. Unterlegstoffe für Bodenbeläge, Decken, Bezugsstoffe),
– Haustextilien (z. B. Tücher für die Haushaltspflege),
– technischen Zwecken (z. B. Beschichtungsträger, Isolationsmaterialien).

Fadenlagen-Nähwirkstoffe „Malimo"

Fadenlagen-Nähwirkstoffe sind textile Flächengebilde mit einer oder mehreren übereinandergelegten und sich kreuzenden Fadenlage(n) als Grundmaterial, die durch Maschenbildung eingebundener Fadenscharen verfestigt ist (sind).

Der Fadenlagen-Nähwirkstoff ist eine flexible, jedoch unelastische Ware, der in seiner Eigenart der eines Gewebes gleichkommt.

Als Fadenlagen können außer Glattgarnen Effektgarne und fibrillierfähige (= spleißbare) Metallfolien verwendet werden.

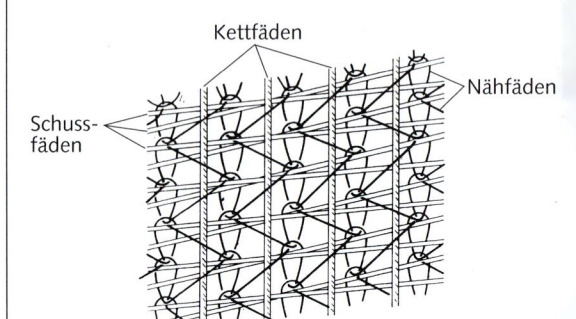

Fadenlagen-Nähwirkstoff „Malimo"

Fadenlagen-Nähgewirk

3 Textilverbundstoffe

Verwendung finden Fadenlagen-Nähwirkstoffe bei
- Bekleidungstextilien mit besonderen Effekten,
- Heimtextilien (z. B. Polsterstoffe, Fußbodenbeläge),
- technischen Textilien (z. B. Filter, Förderbänder, Verpackungsmaterial, Isolationsmaterial).

Polfaden-Nähwirkstoffe „Malipol"

Polfaden-Nähwirkstoffe sind textile Flächengebilde, bei denen Fäden, in Schlaufen oder zu Polhenkeln geformt, in ein Grundmaterial eingebunden sind.

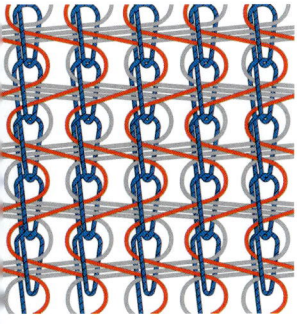

Polfaden-Nähwirkstoff mit Schussfaden, Wirkfaden und Polfaden

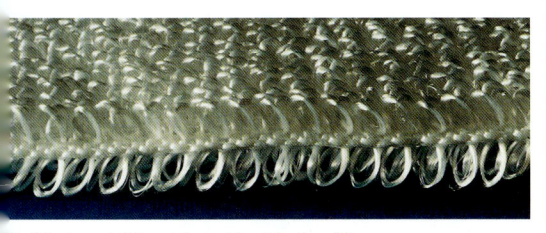

Polfaden-Nähwirkstoff „Malipol"

Die Polfäden werden durch die Nähfäden an die Fadenlagen in Fransenbindung angewirkt; dabei werden gleichzeitig die Fadenlagen verfestigt.

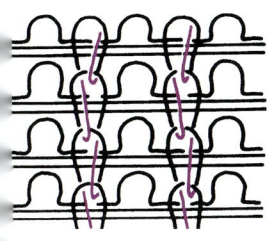

Polfaden-Nähwirkstoff, linke Warenseite. Nur die Füße der Maschen – hier Fransenbindung – sind auf dieser Seite sichtbar. Auch auf der rechten Seite wird ein Polfaden – hier nicht gezeichnet – zusammen mit der vorgelegten Fadenlage eingebunden.

Verwendung finden Polfaden-Nähwirkstoffe bei
- Heimtextilien (z. B. Möbelbezugsstoffe, Bodenbelag),
- Haustextilien (z. B. Tücher für Körperpflege),
- Ersatz für Frottierstoff bei Camping- und Badeartikeln (kostengünstig).

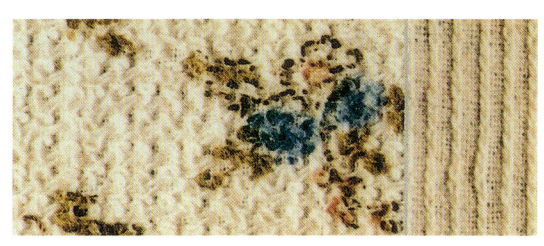

Polfaden-Nähwirkstoff

Polfalten-Vliesstoff „Kunit" und „Multiknit"

Diese Neuentwicklungen von 1991 und 1993 machen es möglich, voluminöse textile Flächengebilde herzustellen.

„Kunit" mit geschlossener Masche und einseitigem Plüschflor

Bei *Kunit* werden die langen Fasern auf **einer** Vliesseite zu Maschen verarbeitet. Es entsteht auf einer Warenseite ein geschlossenes Maschenbild und auf der anderen Seite ein dicker Plüschflor.

Einsatzbeispiel: „Kunit" für Plüschtiere

Bei *Multiknit* werden auch die Fasern der **zweiten** Warenseite zu einer geschlossenen Maschenfläche gearbeitet. Die beiden Oberflächen sind durch senkrecht stehende Fasern verbunden.

„Multiknit" aus Kunit mit vermaschter Abseite hergestellt

Es können auch weitere Vliesstoffe oder andere Textilflächen angearbeitet werden, sodass ein mehrschichtiger Vliesstoff entsteht.

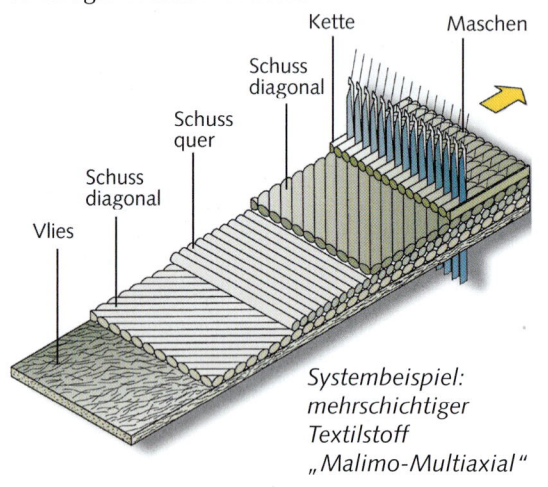

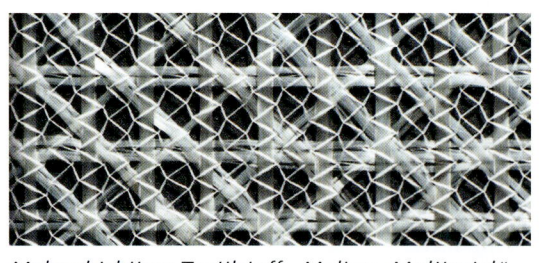

Systembeispiel: mehrschichtiger Textilstoff „Malimo-Multiaxial"

Mehrschichtiger Textilstoff „Malimo-Multiaxial"

Verwendung finden *Kunit* und *Multiknit* bei
– Innenfutter,
– Spielzeugplüsch,
– Möbelbezugstoffen,
– Bezugstoffen für Polierscheiben,
– Innenausstattungsmaterial für die Autoindustrie.

Mehrschichtige Textilien (Multitextilien)

Beschichtung von Trägermaterialien

Trägermaterialien können ein- oder beidseitig beschichtet werden. Als Trägermaterialien für Beschichtungen eignen sich:
Gewebe, Maschenstoffe, Vliese und Folien aus Baumwolle, Viskose, Polyamid und Polyester.

Polyurethan-Beschichtung
Das Aufbringen von Polyurethan (PUR) auf ein Trägermaterial kann als Beschichtung oder Lackierung geschehen.

Lederimitat entsteht, wenn ein Trägermaterial mit PUR beschichtet wird. Dabei kann die Oberfläche der Beschichtung genarbt oder mit Poren versehen werden, um dem Erzeugnis ein möglichst lederähnliches Aussehen zu geben.

Knautschlack entsteht durch eine zusätzliche Lackierung der PUR-Beschichtung.

Lederimitat auf Maschenstoff (rechte/linke Seite)

Eigenschaften der PUR-beschichteten Materialien sind folgende:
– Wasser abstoßend,
– gut luftdurchlässig,
– reib- und lichtecht,
– chemisch reinigungsfähig,
– waschbar (kalt, mit Feinwaschmittel),
– bügelbar (auf der Textilseite, bis zu 100 °C),

Verwendung finden PUR-beschichtete Materialien bei
– Schutzkleidung,

3 Textilverbundstoffe

– Koffer, Taschen (Lederimitat, Knautschlack); als Ersatz für das Oberleder bei Schuhen hat sich das Lederimitat nicht bewährt.

Polyvinyl-Beschichtung
Die Polyvinyl-Beschichtung ist preiswerter als die PUR-Beschichtung.

Stoff mit PVC-Beschichtung (rechte/linke Seite)

Eigenschaften der mit Polyvinyl beschichteten Materialen sind folgende:
– wasserundurchlässig,
– gegen einige Chemikalien unempfindlich,
– sehr empfindlich gegen Hitze,
– spröde und leicht brüchig bei Kälte,
– nicht bügelbar,
– spröde durch Waschmittel, die Weichmacher entziehen.

Verwendung findet Polyvinyl-beschichtetes Material besonders bei Regenschutzkleidung.

Beflocken
Wenn auf ein Trägermaterial Polyamid- oder Viskoseflocken aufgebracht werden, entsteht **Wildlederimitat.** Mithilfe eines elektrischen Spannungsfeldes werden Faserflocken auf den wasserunlöslichen Klebstoff des Trägermaterials aufgesprüht.

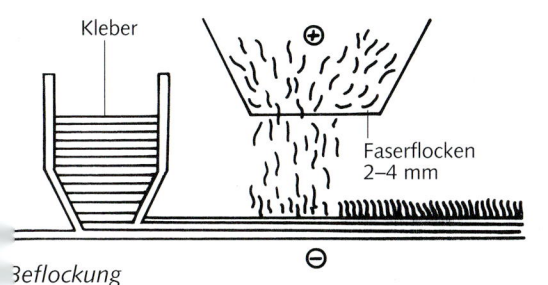

Beflockung

Die Beflockung kann auch partiell mustermäßig aufgetragen werden. Die Ware wird dann „Flock Print" genannt.

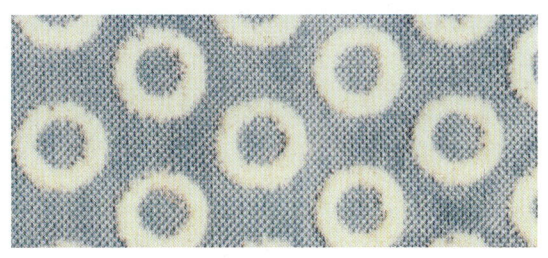

Flock Print

Eigenschaften der beflockten Materialien sind:
– nur bedingt abriebfest,
– nicht so haltbar wie Wildleder.

Verwendung finden beflockte Materialien bei
– Taschen- und Schuhfutter,
– billigen Wildlederimitaten.

Schaumstoff-Beschichtung
Die Schaumstoff-Beschichtung kann direkt im Flamm-Schmelzverfahren oder mit einem Bindemittel auf ein Trägermaterial (das schon auf einer Seite mit einem anderen Material beschichtet sein kann) aufgetragen werden.
Laminat ist die Fachbezeichnung für Textilien, die eine Verstärkung durch Schaumstoffbeschichtung erhalten haben. Die Art der Verfestigung ist ausschlaggebend für die Haltbarkeit, Elastizität und Anschmiegbarkeit des Materials.

Single Jersey, schaumstoffbeschichtet (rechte/linke Seite)

Eigenschaften der Schaumstoff-Laminate sind:
– gutes Warmhaltevermögen bei relativ geringem Gewicht,
– brettig und steif bei vollflächiger Laminierung,
– guter Stand,
– nicht formbar,
– teilweise elastisch durch punkt- oder streifenförmiges Laminieren.

3 Textilverbundstoffe

Die Verarbeitung der Schaumstoff-Laminate erfordert
– dass sie in großen Schnitten mit üppigen Nahtzugaben gearbeitet werden,
– dass beim Waschen oder Reinigen die Pflegeanleitungen genau eingehalten werden, um ein „Delaminieren" zu vermeiden.

Verwendung finden Schaumstoff-Laminate bei:
– Anoraks,
– Mänteln,
– Oberbekleidung.

Metallisieren
Beim Metallisieren werden die Materialien mit Metallstaub auf elektrolytischem Wege oder im Hochvakuum beschichtet.
Es entstehen dünne, abriebfeste und atmungsaktive Metallschichten. Metallbeschichtungen werden entweder für modische Effekte verwendet oder sie dienen zur Reflexion von Wärmestrahlung.

Verwendung finden metallbeschichtete Materialien bei:
– Gardinen, Sonnenrollos und Markisen (reflektieren wärmende Sonnenstrahlen),
– Futterstoffen (z. B. in Anoraks), Liegematten (können durch die Reflexion der Körperwärme eine Auskühlung vermeiden).

Rettungsdecke mit Metallbeschichtung

Verbinden mehrerer Flächen (Kaschieren)

Das Kaschieren geschieht entweder mithilfe eines Bindemittels (Klebstoff) oder mit Schaumstoff, der entweder voll erhalten bleibt oder nach dem Kaschieren zu einer dünnen Schicht zusammenfällt. Verbunden werden können Gewebe, Maschenstoffe, Vliese, Folien, beschichtete Stoffe und Schaumstoff.

Bondieren wird das Verbinden von sehr dünnen Textilien genannt.

Vorteile der kaschierten Stoffe sind folgende:
• Dünne Stoffe können mehr beansprucht werden.
• Leichte Textilien haben einen volleren Griff.
• Flottende Fäden können eingebunden werden (Single-Jersey, gemustert).
• Bei hautunfreundlichem Material oder harten Metallfäden kann die Abseite mit hautfreundlichem Gewebe oder Maschenstoffen kaschiert werden.
• Die Verarbeitung wird erleichtert, da Schnittkanten nicht ausfransen und einrollen können.
• Die Kombination von kaschierter und unkaschierter Ware lässt neue Gestaltungsmöglichkeiten zu.
• Die Verwendung von Vliesstoffen führt zu Kosteneinsparungen.

Nachteile, die bei kaschierten Stoffen während der Produktion und bei der Verwendung bestanden, sind inzwischen bei Markenfabrikaten weitgehend behoben. Diese Multitextilien sind je nach Bedarf luftdurchlässig, sie transportieren die Körperfeuchtigkeit in angemessener Form, sind anschmiegsam, alterungsbeständig, wasch- und reinigungsfest.

Verwendung finden kaschierte Textilien besonders im
– Sportbereich,
– Freizeitbereich.

Die Begriffe Laminieren, Kaschieren und Bondieren beschreiben den Verbund mehrerer Flächen zum Textilverbund. Sie lassen sich nicht klar voneinander abgrenzen und werden häufig nach Belieben für mehrschichtige Textilien eingesetzt, wie z. B. Schaumstoffkaschierung oder Stoff-Folien-Laminat.

3 Textilverbundstoffe

Steppstoffe

Im Gegensatz zu den Doppelgeweben werden die einzelnen bereits fertigen Textilflächen dieser Multitextilien nicht webtechnisch, sondern durch „gesteppte" Nähte miteinander verbunden.
Steppstoffe bestehen aus zwei oder drei Textillagen. Meistens wird ein Vlies mit einem feinfädigen Oberstoff kombiniert (**zwei**lagiger Steppstoff) oder zwischen einen Ober- und einen Unterstoff gearbeitet (**drei**lagiger Steppstoff).
Die Gestaltungsmöglichkeiten der Steppnähte sind sehr vielseitig. Sie können unauffällig auf dem Oberstoff nicht sichtbar sein oder durch plastische und farbliche Effekte den Stoff verzieren.
Steppstoffe werden häufig mit Microfaser-Klimastoffen und mit wärmenden Vliesen hergestellt. Sie sind als Spezialsport-, Freizeit- sowie als Allwetterkleidung geeignet.
Im Gegensatz zu den kaschierten Stoffen sind Steppstoffe geschmeidiger und fließender und weniger problematisch zu reinigen, da die Gefahr des „Delaminierens" entfällt.

Steppgewebe

Funktionelle Sport- und Allwetterbekleidung

Die Neuentwicklungen der Chemiefasern orientieren sich an den individuellen Bedürfnissen der Verbraucher, der Freizeit- und Hochleistungssportler. Witterungseinflüssen wie Wind, Regen, Kälte und Hitze sollen sie gewachsen sein.
Wärme- und Feuchtigkeitsentwicklungen (Schweiß) bei körperlichen Anstrengungen und Hitze sollen rasch abgeführt werden, ohne Kältegefühle oder Erkältungen zu verursachen.

Die Konstruktion der Textilflächen muss folgenden Aufgaben gerecht werden:
- **Wind- und Wasser abweisend** von der Kleidungsaußenseite zum Inneren der Bekleidung,
- **wasserdampfdurchlässig** von der Haut- zur Außenseite der Bekleidung,
- **wärmeisolierend** bei Winterbekleidung.

Für diese unterschiedlichen Aufgaben haben die einzelnen Hersteller unterschiedliche Lösungsmöglichkeiten.
Allen gemeinsam ist, dass die relativ großen Wassertropfen durch die Konstruktion der Textilflächen abgehalten werden und die wesentlich kleineren Wasserdampfteilchen (z. B. Körperfeuchtigkeit) entweder durch feinste Faserzwischenräume, Poren oder Molekülzwischenräume durch die Textilflächen entweichen können.

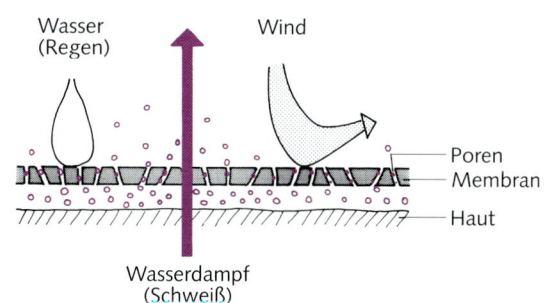

Querschnitt, Wirkung der Membran

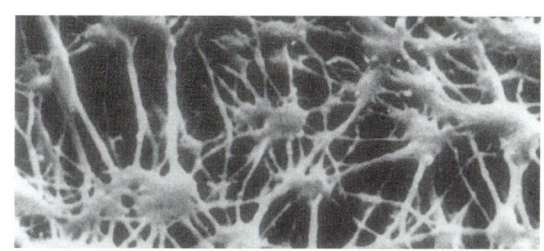

Aufsicht, Membran GORE-TEX®

Die Abgabe von Wasserdampf wird im Allgemeinen Sprachgebrauch „atmungsaktiv" genannt. Der Wasserdampftransport ist nur möglich, wenn zwischen „Innen" und „Außen" eines Bekleidungsstücks unterschiedliche Luftfeuchtigkeit herrscht. Der Wasserdampf muss von der Haut weg durch die Kleidung befördert, von der Kleidung an- oder aufgesaugt und von der Außenluft rasch aufgenommen werden.

3 Textilverbundstoffe

Gewebe aus Mikrofasern

Sie bestehen aus gebündelten, feinstfädigen Filamentgarnen (ca. 0,1–0,5 dtex), meistens aus Polyester, seltener aus Polyamid.
Durch die Feinheit (auch unterschiedliche Stärke der Fasern) sowie die Bündelung lassen sich die Mikrofasern so eng zusammenschieben, dass die erwünschten feinsten Zwischenräume entstehen. Polyester und Polyamid wirken extrem Wasser abweisend, da sie schlecht benetzbar sind. Mikrofasergewebe brauchen deshalb nicht beschichtet zu werden.

Besondere Eigenschaften:
Mikrofasergewebe haben einen angenehmen Griff, natürlichen Glanz, sie sind waschbar und reinigungsbeständig. Das dichte Gewebe lässt sich leicht verarbeiten.

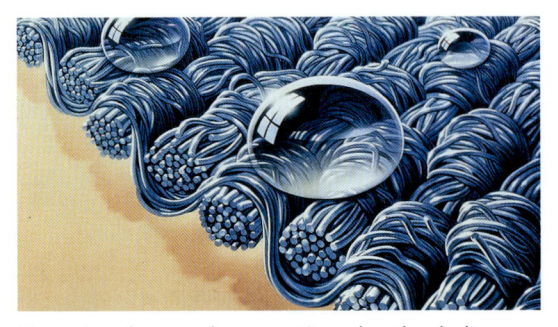

Regentropfen werden vom Gewebe abgehalten.

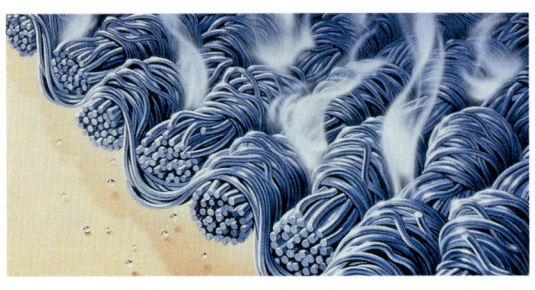

Wasserdampf kann durch die Mikroporen entweichen.

Beschichtungen auf Geweben

Sehr dichte Gewebe werden entweder auf der Innenseite mit einer mikroporösen Beschichtung versehen oder auf der Gewebeoberseite mit einer Filmschicht überzogen. Auch diese Schichten sind wasserundurchlässig, aber wasserdampfdurchlässig.

Besondere Eigenschaften:
Die leichten, geschmeidigen, wasserdichten Textilien sind sehr angenehm zu tragen und leicht zu pflegen.

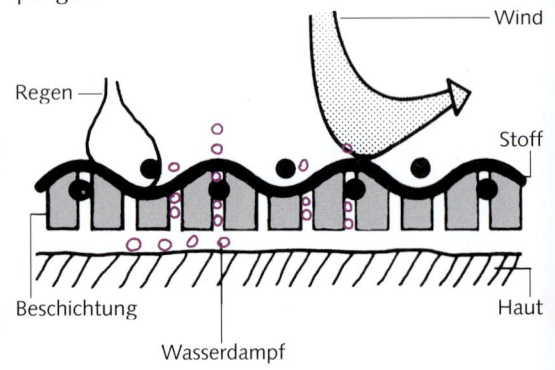

Mikroporöse Beschichtung auf der Gewebeunterseite

Laminate mit Membranen

Sie bestehen aus zwei oder drei Lagen. Das Kernstück stellt eine dünne Membran in Form einer Folie mit kleinsten Poren (z. B. ADITEX®, GORE-TEX®, Helsapor®) oder einer veränderten Molekularstruktur (z. B. SYMPATEX®) dar.

Die Membran wird mit einer oder zwei weiteren Stoffschichten kombiniert.
- **Zwei Lagen**
  Der Oberstoff oder der Futterstoff sind mit der Membran verbunden.

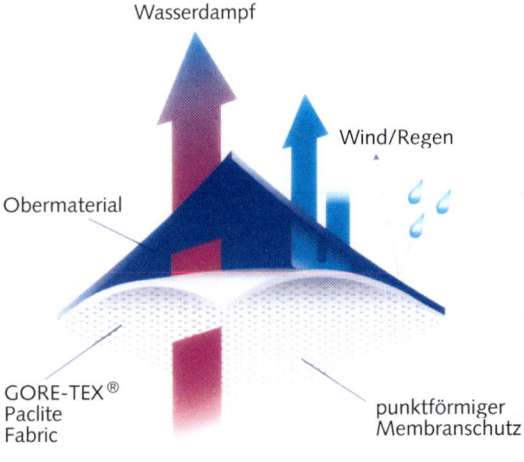

GORE-TEX® Paclite Membran

3 Textilverbundstoffe

- **Drei Lagen**

Die Membran liegt entweder lose zwischen Ober- und Unterstoff oder sie wird mit einem oder beiden Stoffen fest verbunden (verklebt oder verschweißt). Für die Membran verwendet man:
- Polyester (z. B. *SYMPATEX®*)
- Polyurethan (z. B. *ADITEX®*)
- Polytetrafluorethylen (*GORE-TEX®*)

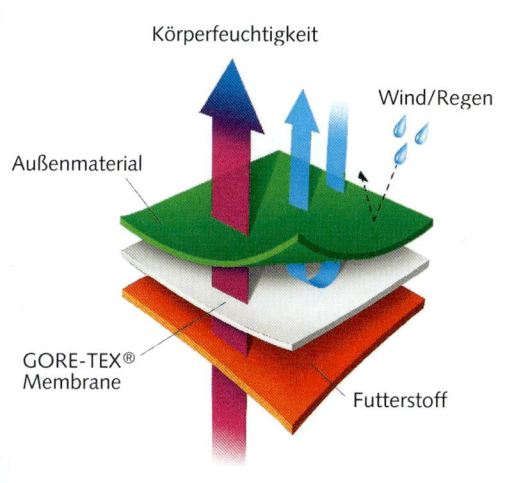

GORE-TEX® Z-Liner-Laminat

Bei der Verarbeitung der Laminate muss darauf geachtet werden, dass alle Nähte dicht verschweißt werden, um undichte Stellen im System zu vermeiden. Die stoffgeschützten Membranen sind trotz ihrer guten Haltbarkeit empfindlich gegen mechanische Schäden wie Stiche und Schnitte. Auch kräftiges Waschen oder Reinigen kann die Funktionen beeinflussen.
Werden an fertigen Textilien Veränderungen an Nähten oder Säumen vorgenommen, so ist der Nässeschutz nicht mehr gewährleistet. Die Textilproduzenten sind aber in der Regel bereit, die Nähte erneut abzudichten.

Besondere Eigenschaften:
Die Textilien zeichnen sich durch ihre Fähigkeit aus, Wasser besonders gut abzuweisen.

Funktionelles System
Die optimale Wirkung der funktionellen Sportbekleidung ist erst dann gewährleistet, wenn auch die Bekleidung zwischen Haut und Oberbekleidung mit bedacht wird. Extrem saugfähige Fasern nehmen die Feuchtigkeit schnell auf, speichern sie und leiten sie langsam nach außen weiter. Wird zwischen die saugfähigen Fasern und die Haut ein Fasersystem gebracht, das die Feuchtigkeit schnell weiterleitet und **nicht** speichert, fühlt sich die Haut „trocken" an und wird nicht durch das Verdunsten von Wasserdampf abgekühlt.

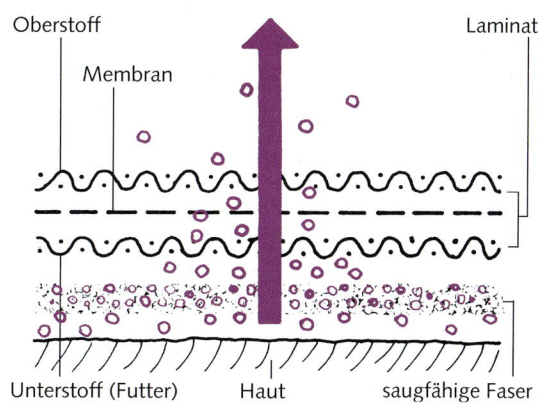

Funktionelles System, Laminat mit saugfähiger Wäsche aus Chemiefaser

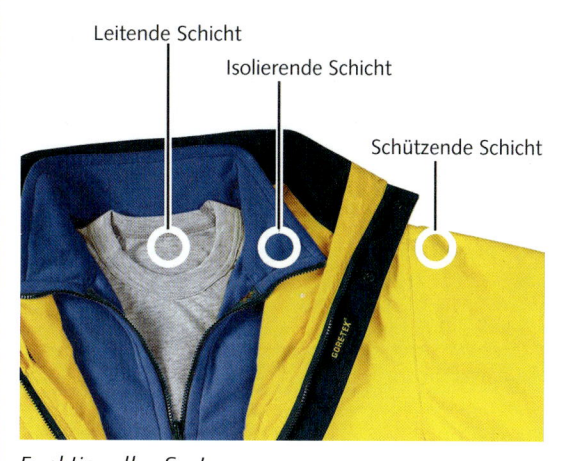

Funktionelles System

Ökologie
Die funktionalen Sport- und Allwettertextilien haben viele begeisterte Anhänger gefunden.
Probleme gibt es inzwischen mit der Entsorgung der abgelegten Kleidungsstücke.
Vor allem die Folien aus Polytetrafluorethylen (PTFE) entwickeln bei der Verbrennung giftige Dämpfe. Die Hersteller nehmen inzwischen verbrauchte Textilien zurück. Es ist zu hoffen, dass in Zukunft bereits bei der Produktion an eine sinnvolle Wiederverwendung der einzelnen Rohstoffe gedacht wird.

3 Textilverbundstoffe

Tufting

Tufting bedeutet Herstellen von Plüscheffekten (tuft = Haarbüschel) auf einer Grundfläche aus textilem Material. Darauf werden mit einer oder mehreren Nadeln Polfäden eingearbeitet.

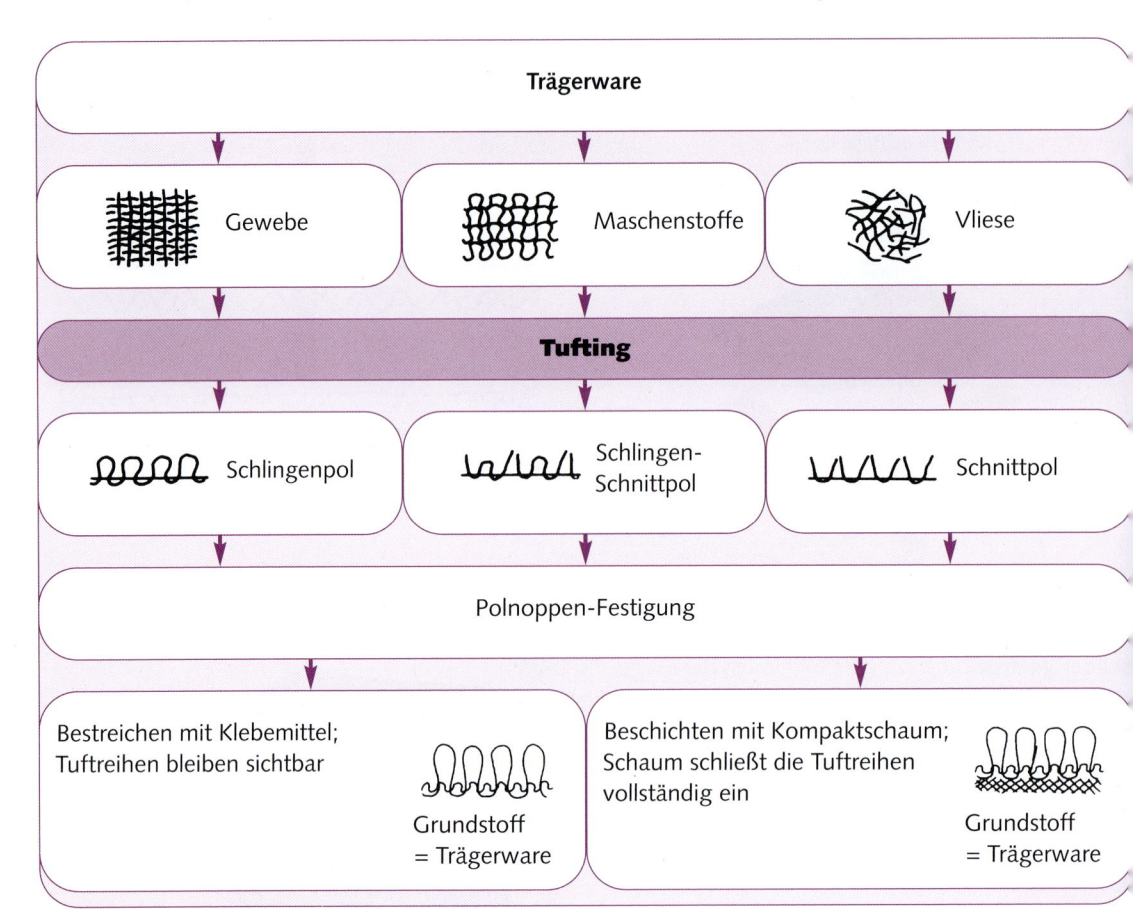

```
                         Trägerware
        ↓                    ↓                    ↓
     Gewebe            Maschenstoffe            Vliese
        ↓                    ↓                    ↓
                          Tufting
        ↓                    ↓                    ↓
   Schlingenpol       Schlingen-              Schnittpol
                      Schnittpol
        ↓                    ↓                    ↓
                    Polnoppen-Festigung
              ↓                              ↓
   Bestreichen mit Klebemittel;     Beschichten mit Kompaktschaum;
   Tuftreihen bleiben sichtbar      Schaum schließt die Tuftreihen
                                    vollständig ein
        Grundstoff                       Grundstoff
        = Trägerware                     = Trägerware
```

Herstellung

Die Trägerware muss gute Festigkeit, Gleichmäßigkeit und Formstabilität aufweisen. Die Dichte muss so gewählt werden, dass die eingenähten, unverfestigten Polnoppen während der Ausrüstung gut halten, da diese ohne Maschenbildung nur eingestochen werden.

Als Material eignet sich besonders Jute, aber auch viele andere natürliche und synthetische Materialen. Für Nassräume oder Outdoor-Teppiche muss verrottungsfestes Material gewählt werden.

Beim Tufting durchsticht eine Öhrnadel mit eingezogenem Polfaden die Trägerware. Auf der unteren Seite hält ein Greifer die Schlinge und fixiert gleichzeitig die Polhöhe. Die Nadel gleitet dann am festgehaltenen Faden wieder in die Ausgangsstellung zurück. Nun wird für die nächste Fadenschlinge die Trägerfläche entsprechend der Poldichte (Stichzahl auf 10 cm) weitergeschoben und der Polfaden für eine doppelte Polhöhe nachgeliefert. So entsteht auf einer Warenseite eine Noppenlängsreihe durch einen Polfaden. Über die ganze Maschinenbreite ist Nadel neben Nadel mit dazugehörigen Greifern angeordnet.

Bei der Herstellung der Schlingenpolware lassen die pendelförmig sich bewegenden Greifer die Schlingen wieder los.

3 Textilverbundstoffe

Schlingenpol entsteht:

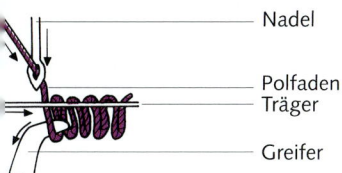

— Nadel
— Polfaden
— Träger
— Greifer

1. Die Nadel bewegt sich abwärts;

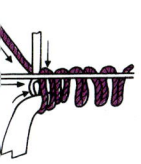

2. die Nadel hat den Träger durchstochen, der Greifer erfasst die entstehende Polfadenschlinge;

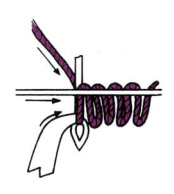

3. die Nadel bewegt sich aufwärts, eine neue Polfadenschlinge entsteht (Schlingenpol).

Für die Schnittpolware kommen neben den Greifern, die in entgegengesetzter Richtung stehen, noch Messer zur Anwendung. Nach jeweils drei Schlingenreihen wird die vorderste Schlinge durchgeschnitten.

Schnittpol entsteht:

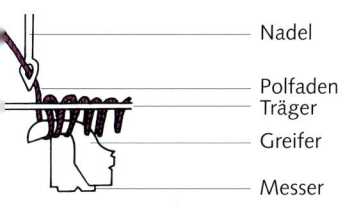

— Nadel
— Polfaden
— Träger
— Greifer
— Messer

1. Nadel und Messer bewegen sich nacheinander abwärts;

2. die Nadel hat den Träger durchstochen, der Greifer erfasst die vierte entstehende Polfadenschlinge, das Messer bewegt sich weiter abwärts und durchtrennt die erste der drei fertigen Schlingen;

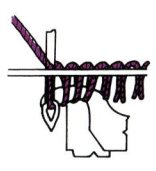

3. die Nadel bewegt sich aufwärts, eine neue Polfadenschlinge entsteht, eine fertige wurde durchschnitten (Schnittpol).

Das Verfestigen der Polnoppen ist notwendig, da die Noppen in der Trägerware ohne Maschenbildung nur hängen. Sie müssen in einem besonderen Arbeitsgang befestigt werden, was in der Regel durch Beschichten der Rückseite erfolgt.

Verwendung findet das Tufting bei
– Frottierstoffen (Floreintrag auf beiden Warenseiten),
– Teppichen, Plüschware (Floreintrag auf einer Warenseite).

Tufting Teppich Oberseite

Tufting Teppich Unterseite

Aufgaben

1. Beschreiben Sie den Unterschied zwischen Filz und mechanisch verfestigtem Vlies.
2. Bondierte Waren müssen mit viel Sachverstand chemisch gereinigt werden. Begründen Sie diese Aussage.
3. Nennen Sie fünf Gründe, die Anlass für das Bondieren sein könnten.
4. Vergleichen Sie ein mit Schlingenpol getuftetes Gewebe mit einem Frottiergewebe. Beschreiben Sie die Unterschiede in der Herstellung.

Durchbrochene textile Flächen – Spitzen

Durchbrochene textile Flächen können in Handarbeit oder maschinell hergestellt werden. „Echte Spitzen" arbeitet man mit Nadeln oder Klöppel grundsätzlich in Handarbeit. Durch andere Handarbeitstechniken oder Textilmaschinen werden diese Spitzen häufig imitiert.

Umgangsprachlich werden diese durchbrochener gemusterten Flächen Spitzen genannt, auch wenn sie sich im Wert und im Herstellungsaufwand von den echten Spitzen wesentlich unterscheiden.

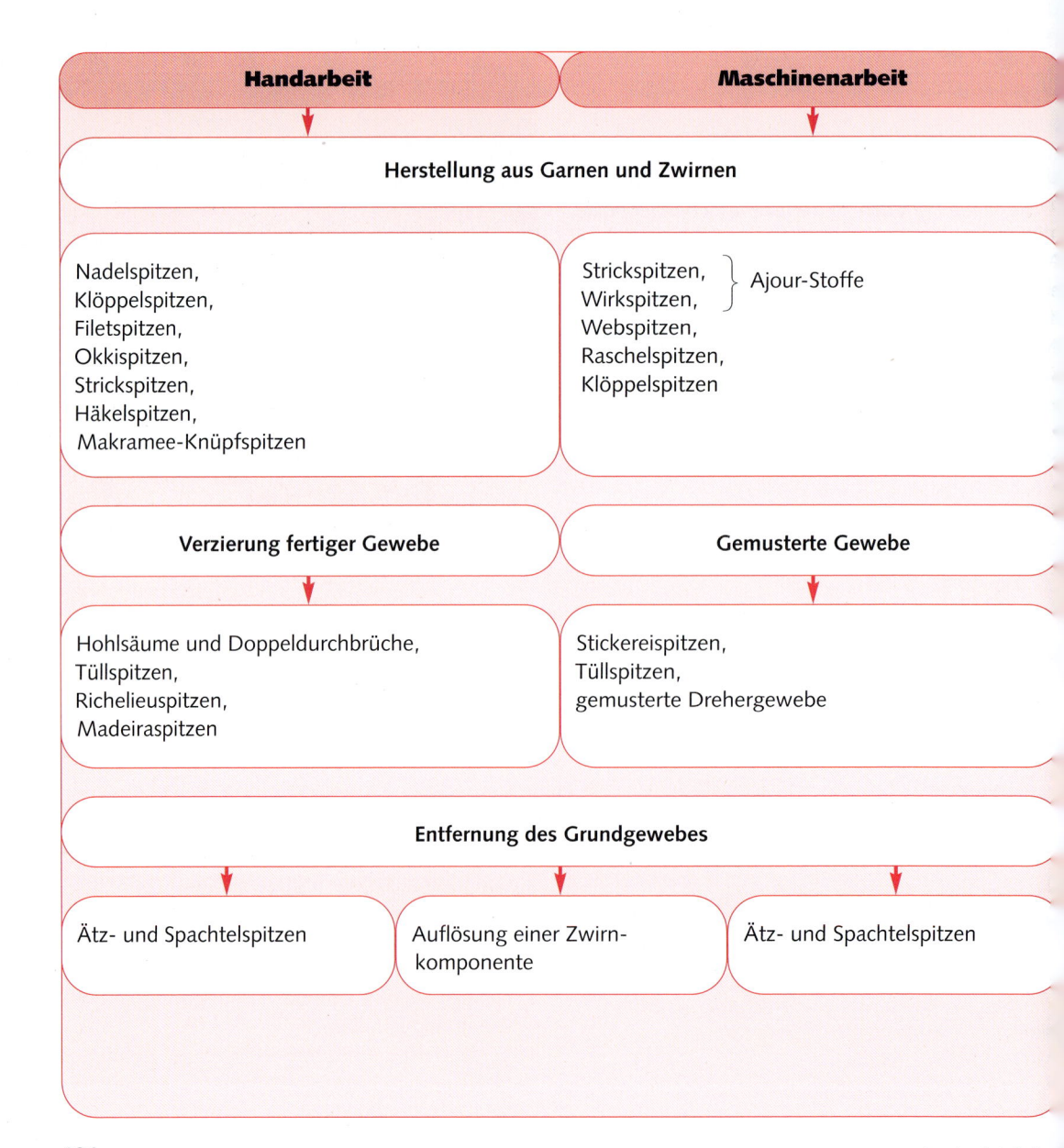

Handarbeit	**Maschinenarbeit**
\multicolumn{2}{c}{**Herstellung aus Garnen und Zwirnen**}	
Nadelspitzen, Klöppelspitzen, Filetspitzen, Okkispitzen, Strickspitzen, Häkelspitzen, Makramee-Knüpfspitzen	Strickspitzen, Wirkspitzen, } Ajour-Stoffe Webspitzen, Raschelspitzen, Klöppelspitzen
Verzierung fertiger Gewebe	**Gemusterte Gewebe**
Hohlsäume und Doppeldurchbrüche, Tüllspitzen, Richelieuspitzen, Madeiraspitzen	Stickereispitzen, Tüllspitzen, gemusterte Drehergewebe

Entfernung des Grundgewebes

Ätz- und Spachtelspitzen	Auflösung einer Zwirnkomponente	Ätz- und Spachtelspitzen

3 Durchbrochene textile Flächen – Spitzen

Entstehung der Spitzen

Die Entstehung der Spitzen lässt sich zurückführen auf das Bedürfnis, schmückende Textilien zu produzieren und zu tragen. Außerdem bot sich durch das Verknüpfen, Verflechten und Vernähen eine praktikable Versäuberungstechnik der frei hängenden Kettfäden eines Webstückes an. Der Bedarf an Spitzen war im Mittelalter sehr groß. Für viele junge Mädchen und Frauen war das Klöppeln eine willkommene Einkommensquelle.

Handarbeitsspitzen

Ursprünglich wurden die Spitzen nur in Handarbeit hergestellt. Heute können bis auf wenige Ausnahmen die Spitzen auch maschinell hergestellt werden. Allerdings versagen die Maschinen bei der individuellen Fertigung von Ecken, großen Motiven und bei der Schiffchenspitze.

Aus Garnen und Zwirnen können die folgenden Spitzen und durchbrochenen Flächen entstehen:
- Nadelspitze
- Klöppelspitze
- Filetspitze
- Schiffchenspitze (Okki[1])
- Strickspitze
- Häkelspitze
- Makramee

Herstellung von Flächen

Ein großer Teil der Spitzenherstellung in Handarbeit basiert auf der Anfertigung eigenständiger durchbrochener Flächen (im Gegensatz zur Herstellung auf vorhandenem Grundgewebe) mithilfe besonderer Techniken.

Nadelspitzen sind Nähspitzen. Sie werden ohne Grundgewebe nur mit Nadel und Faden hergestellt. Verwendet man Papier oder Pergament als „Hilfsgrund", um die Herstellung zu erleichtern, so muss dieses Hilfsmittel nach der Fertigstellung vollständig entfernt werden.

Klöppelspitzen erfordern eine komplizierte Herstellungstechnik. Auf ein rundes oder walzenförmiges Klöppelkissen wird der Klöppelbrief aufgesteckt. In diesem Klöppelbrief sind die Stellen der Fadenumkehr mit einem Loch gekennzeichnet. Eine Stecknadel dient dort zur Fixierung der Klöppelgarne. Auf einem Holzklöppel wird der Fadenvorrat aufgewickelt und durch eine Hülse geschützt. Durch Verkreuzen, Verschlingen und Verflechten der Garne entsteht das Muster der Klöppelspitze.

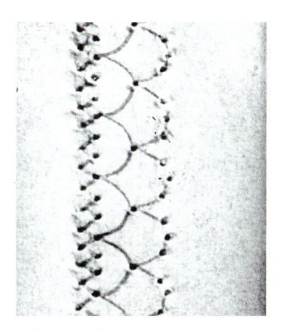

Klöppelbrief mit Muster 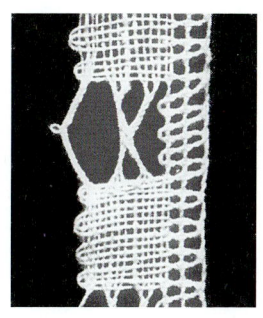   *Klöppelspitze*

Klöppelkissen

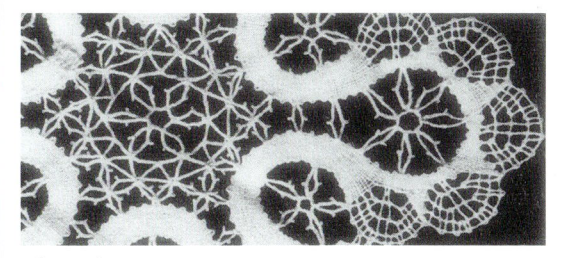

Klöppelspitze

---

[1] okki = occhi (ital.) = Augen

3 Durchbrochene textile Flächen – Spitzen

Filetspitzen entstehen, indem man Muster in einen netzartigen, geknüpften Grund einarbeitet. Mithilfe einer langen Filetnadel werden die einzelnen Quadrate dem Muster entsprechend ausgefüllt. Die Filettechnik erinnert an flächiges Stopfen.
Die Filetmuster sind auch bei Häkelspitzen übernommen worden, da sie sich durch die Stäbchentechnik sehr leicht nachahmen lassen.

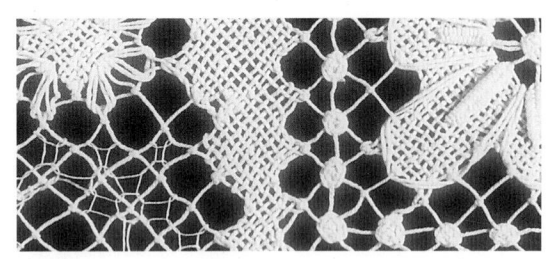

Filetnetz mit eingearbeiteter Musterung

Schiffchenspitze (Okki) wird hergestellt, indem gespannte Fadenstege mit Festonstich umschlungen werden.

— Auge

Zwei fertige „Augen"

— Schiffchen

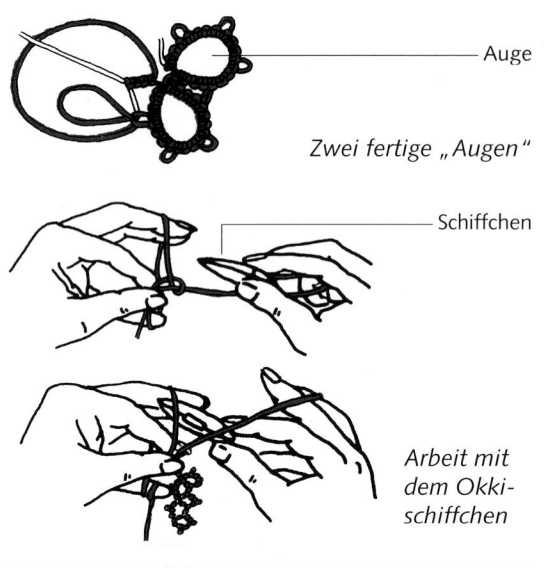

Arbeit mit dem Okkischiffchen

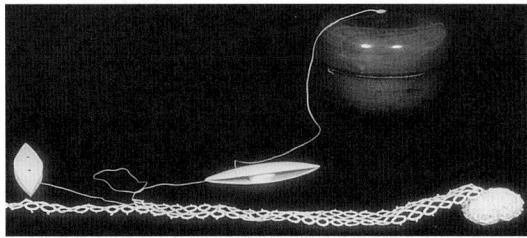

Schiffchen mit Schiffchenspitze (Okki)

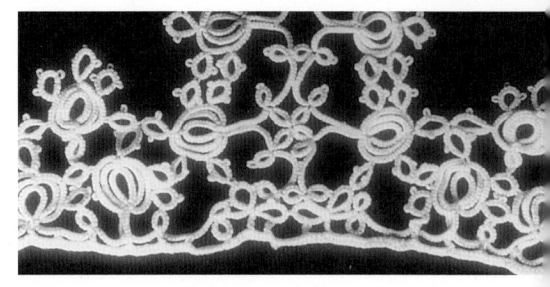

Schiffchenspitze (Okki)

Strick- und Häkelspitze sind feingarnige Gebilde aus mehr oder weniger stark durchbrochenen Lochmustern.

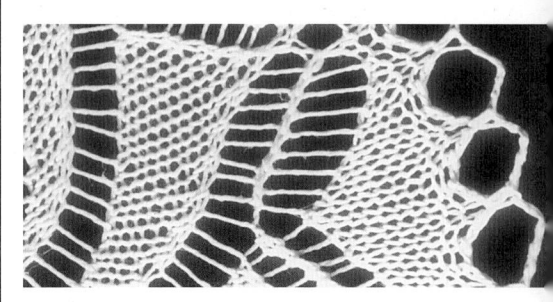

Strickspitze

Makrameespitze entsteht durch unterschiedliche Knüpftechniken, die an fransenartig auslaufenden Fadengruppen ausgeführt werden.

Makramee

Verzierung fertiger Gewebe

Ein großer Teil der Spitzenherstellung beruht darauf, dass fertige Gewebe bearbeitet werden. Einerseits werden auf netzartige Basisgewebe Muster aufgebracht, andererseits kann das Grundgewebe zuerst durch Entfernung von Kett- oder Schussfäden verändert und dann weiterbearbeitet werden.

3 Durchbrochene textile Flächen – Spitzen

Tüllspitzen bestehen aus dünnen, durchscheinenden Geweben (z. B. Tüll oder Batist), die mit feinen Mustern bestickt werden.

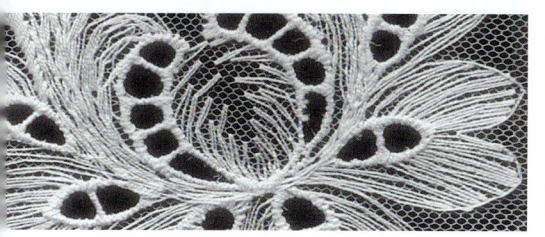

Tüllspitzen (bestickt)

Spitzenstickereien entstehen aus Durchbruch- und Doppeldurchbrucharbeiten. Sie werden hergestellt, indem entweder einige Kett- und Schussfäden entfernt und die restlichen Fäden büschelartig zusammengefasst und teilweise mit neuen Stegen versehen werden oder wenn man vorgebohrte Löcher umstickt (Bohrspitze). Auch ganze Gewebeteile können ausgeschnitten und neu eingefasst werden.

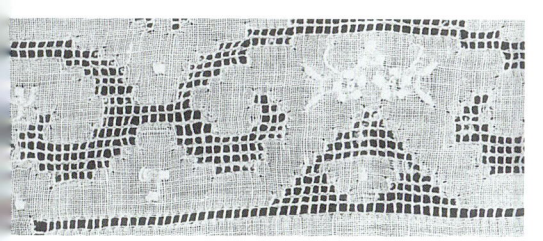

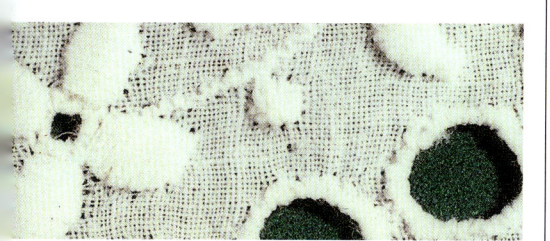

Hohlsaum

Lochstickerei

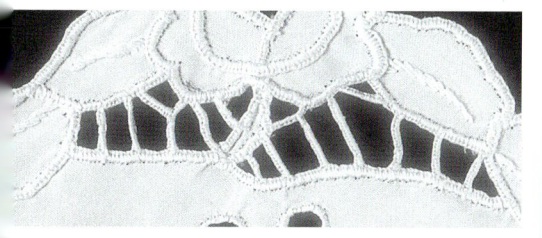

Richelieuspitze   *Durchbruch mit Stegen*

Hohlsaum und Stickerei kombiniert

Entfernung des Grundgewebes

Ätz- und Spachtelspitzen stellen eine dritte Variante der Spitzenherstellung dar. Auf einen Stickgrund (feines Gewebe oder Papier) wird ein Muster so gestickt, dass alle Teile miteinander verbunden sind.
- Bei der **Ätzspitze** wird das Grundgewebe durch ein chemisches Verfahren entfernt, d. h. weggeätzt. Man spricht hier auch von einer „Luftspitze".
- Bei der **Spachtelspitze** wird der Stickboden ausgeschnitten, es handelt sich um eine „Schneidespitze".

Spachtelspitze

Ausbrenner-Gewebe bieten eine weitere preiswerte Möglichkeit, Spitzenstoffe herzustellen. Einem Gewebe aus Kern-Mantel-Zwirnen (z. B. Kern aus Viskose und Mantel aus Acetat) wird ein Muster aus einem Lösungsmittel für das „Mantelmaterial" aufgetragen (z. B. Aceton). Die Zwirnkomponente wird entsprechend aufgelöst und es erscheint ein Gewebe aus dem Material des Kerns.

Ausbrenner-Gewebe

Maschinenspitzen

Die Maschinenspitzen sind noch um einige Varianten reicher als die beschriebenen Handarbeitsspitzen. Vor allem die Raschel- und Wirktechniken erlauben es, große Mengen großflächiger Spitzenstoffe wirtschaftlich herzustellen.

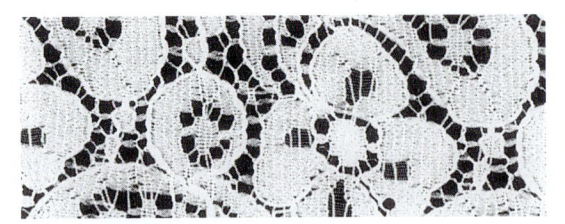

Raschelspitze

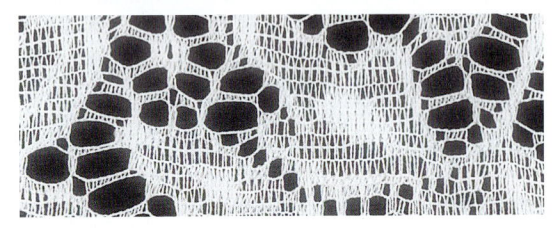

Wirkspitze

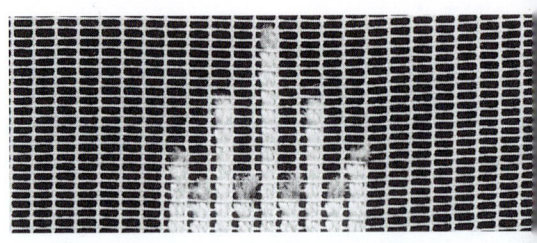

Gemustertes Drehergewebe

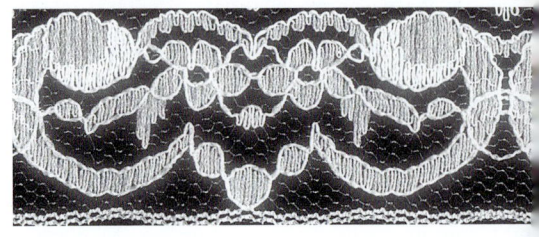

Tüllspitze

Einsatz und Verarbeitung der Spitzen

Die Vielzahl der Spitzen lässt sich an den unterschiedlichen Namen und Einsatzmöglichkeiten erkennen. Möglich sind die folgenden Unterscheidungen:
- nach Arbeitstechnik/Arbeitsgerät, (Häkelspitzen, Klöppelspitzen, Nadelspitzen),
- nach dem Rohstoff (Baumwoll-, Leinen-, Perlon-, Seiden- oder Wollspitzen),
- nach der Verwendung (Besatz/Einsatz, Volant Stoff/Applikation),
- nach dem Herstellungsort (Brüsseler Spitzen, Barmer Bogen),
- nach der Zeit (Renaissance-, Barock-/ Rokoko- oder klassizistische Spitzen).

Bei der Verarbeitung der Spitzen muss auf die richtige Materialkombination geachtet werden. Für Baumwollstoffe sollten Baumwoll- oder Leinenspitzen verwendet werden.

Spitzen sind in der Regel nicht so strapazierfähig wie glatte Textilflächen. Bei der Wäschepflege darf man auch Baumwoll- und Leinenspitzen nicht der üblichen Mechanik aussetzen.

Beim Trocknen müssen Spitzen aus Garnen, vor allem die Handspitzen, gespannt werden. Dazu wird die Spitze auf eine weiche Unterlage gelegt und an den Rändern dem Muster entsprechend mit Stecknadeln fixiert. Leicht gestärkte Spitzen halten die Form besonders gut.

Aufgaben

1. Nennen Sie vier Herstellungsmöglichkeiten für Handarbeitsspitzen.
2. Welche Handarbeitsspitze kann nicht maschinell hergestellt werden?
3. Beschreiben Sie die wesentlichen Merkmale der Klöppelspitze.
4. Welche Klöppeltechniken werden nicht maschinell durchgeführt?
5. Tüllspitzen wurden früher handgearbeitet. Beschreiben Sie diese Technik. Wie werden Tüllspitzen heute hergestellt?
6. Wie müssen Strick-, Häkel- und Okkispitzen getrocknet werden?
7. Warum muss bei der gemeinsamen Verarbeitung von Spitze und Stoff die Materialkombination stimmen?

Kapitel 4
Textilveredlung

Stufen der Textilveredlung

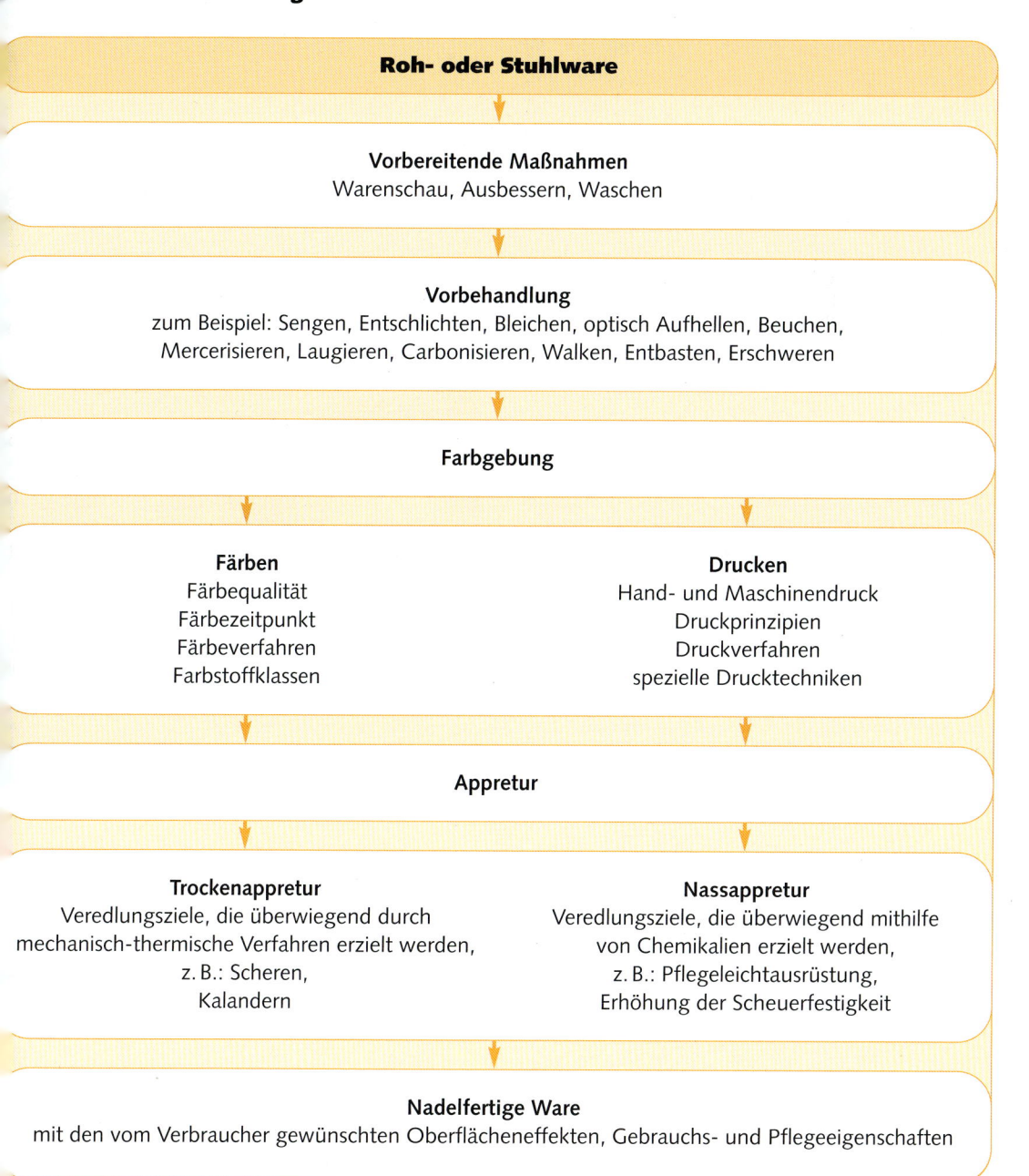

Roh- oder Stuhlware

↓

Vorbereitende Maßnahmen
Warenschau, Ausbessern, Waschen

↓

Vorbehandlung
zum Beispiel: Sengen, Entschlichten, Bleichen, optisch Aufhellen, Beuchen, Mercerisieren, Laugieren, Carbonisieren, Walken, Entbasten, Erschweren

↓

Farbgebung

↓

Färben	**Drucken**
Färbequalität	Hand- und Maschinendruck
Färbezeitpunkt	Druckprinzipien
Färbeverfahren	Druckverfahren
Farbstoffklassen	spezielle Drucktechniken

↓

Appretur

↓

Trockenappretur	**Nassappretur**
Veredlungsziele, die überwiegend durch mechanisch-thermische Verfahren erzielt werden, z. B.: Scheren, Kalandern	Veredlungsziele, die überwiegend mithilfe von Chemikalien erzielt werden, z. B.: Pflegeleichtausrüstung, Erhöhung der Scheuerfestigkeit

↓

Nadelfertige Ware
mit den vom Verbraucher gewünschten Oberflächeneffekten, Gebrauchs- und Pflegeeigenschaften

4 Textilveredlung

Textilien zu veredeln, das heißt schöner, farbiger oder gebrauchstüchtiger zu gestalten, ist ein alter Wunsch der Menschen. Heute kann man den gestiegenen Ansprüchen durch eine Vielzahl von Veredlungsverfahren (Ausrüstungen) gerecht werden. Unbehandelt kommt wohl kaum eine Textilie über den Ladentisch.

Unter der Bezeichnung **„Ausrüstung"** fasst man alle Arbeiten zusammen, die Fehler beseitigen, die Ware hinsichtlich Griff, Glanz, Warendichte und Oberflächenbeschaffenheit vervollkommnen oder z. B. die Knitterneigung, das Schrumpfvermögen, die Luftdurchlässigkeit oder Wasserempfindlichkeit herabsetzen. Dazu durchläuft die von der Maschine abgenommene Rohware (Gewebe, Maschenstoffe, Vlies, Filz) eine Reihe von Arbeitsgängen.

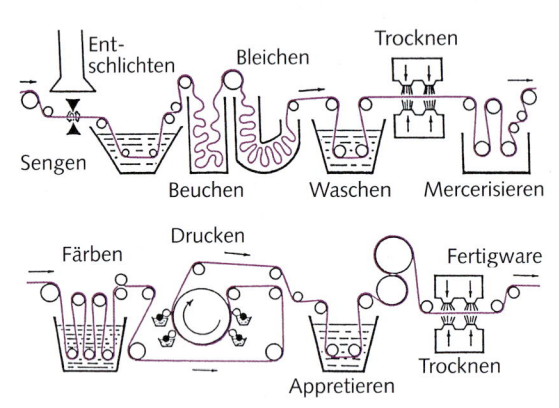

Warendurchlauf im Veredlungsbetrieb, Beispiel Baumwollgewebe

Die Ausrüstung richtet sich nach dem Rohstoff, nach dem Wert der Ware, dem Verwendungszweck und der Mode.

Veredelt wird – und dies muss kritisch betrachtet werden – mit einer großen Anzahl verschiedener Chemikalien (Textilhilfsmittelkataloge führen bis zu 8000 Handelsnamen), deren Menge und Vielfalt nicht mehr überschaubar sind. Hinzu kommt der hohe Energiebedarf (15–20 kWh), der hohe Verbrauch an Wasser (100 Liter/kg Textilie) und die starke Belastung des Abwassers (60 bis 70 g Klärschlamm entstehen pro kg veredelter Ware). Obwohl die deutschen Veredler strengste Umweltauflagen berücksichtigen müssen, sind Alternativen, die die Umwelt weniger belasten, zu favorisieren und weiter zu untersuchen. Auf problematische Ausrüstung sollte verzichtet werden. Einige Veredlungsverfahren führen zu Verschlechterungen der natürlichen Eigenschaften der Faserstoffe. So können Fasern durch die Bleiche geschädigt werden, Kunstharzausrüstungen verringern die Reiß- und Scheuerfestigkeit, oder oft lassen sich Textilien nach einer Ausrüstung nicht mehr so heiß waschen. In diesem Zusammenhang muss gefragt werden, ob diese Maßnahmen tatsächlich „veredeln"?

Vorbereitende Maßnahmen

Warenschau
Alle Rohwaren werden auf Herstellungsfehler, Fremdkörper oder Verunreinigungen auf einer Warenschaumaschine oder mithilfe von Laser-Lesegeräten durchgesehen. Die festgestellten Fehler werden gekennzeichnet, um sie dann auszubessern.

Schau-, Mess- und Rollmaschine für stabile Fertigware

Ausbessern
Knoten und Fadenverdickungen reißt die Nopperin mit einer handlichen Zange, die wie eine Pinzette aussieht, heraus. Fehlende Fäden werden bindungsgemäß von Hand gestopft.

Waschen
Das Waschen dient entweder als Vorbereitung auf folgende Veredlungsmaßnahmen oder als Nachbehandlung für bereits durchgeführte Veredlungsprozesse. Durch dieses mehrfache Waschen werden a

4 Textilveredlung

le auf dem textilen Material haftenden natürlichen bzw. durch vorangegangene Bearbeitungsprozesse verursachten Verunreinigungen oder Ausrüstungsmittel beseitigt und das Material entspannt.

Vorbehandlung

Sengen
Das Sengen ist eine Vorbehandlungsmaßnahme für Garne, Gewebe oder Maschenstoffe aus Baumwolle, Synthetics oder Wolle.
Eine glatte Oberfläche lässt sich nicht immer durch Scheren erreichen, weil die Fäserchen in den Vertiefungen von den Schermessern nicht gefasst werden. Man erreicht diese Tiefenwirkung durch das Sengen der Gewebe. Zu diesem Zweck lässt man die Gewebe mit großer Geschwindigkeit über hoch erhitzte Platten (Plattensengmaschinen) oder durch nicht leuchtende Gasflammen laufen (Gasiermaschine). Das Sengen mit Gas hat größere Tiefenwirkung als die Plattensengmaschine und wird heute bevorzugt. Im Allgemeinen wird das Sengen schon an der Rohware vorgenommen.

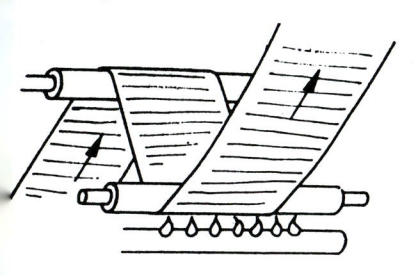

Prinzip des Sengens

Entschlichten
Um Baumwoll- oder Chemiefasergarne für den Webprozess gleit- und strapazierfähig zu machen, werden diese geschlichtet, d. h. mit einem Schutzfilm aus Stärke oder synthetischen Schlichten überzogen. Vor dem Bleichen und Färben müssen diese Schlichten aus dem Rohgewebe entfernt, also entschlichtet werden, da sie sonst zu einem ungleichmäßigen (unegalen) Farbausfall führen würden. Hierzu werden große Wassermengen benötigt und wird das Abwasser im hohen Maße belastet. Stärkeschlichten hinterlassen beim biologischen Abbau wesentlich mehr Klärschlamm als synthetische. Das Recycling von synthetischen Schlichten ist zwar technisch möglich, wird aber bisher zu selten durchgeführt.

Beuchen
Die Beuche ist eine alkalische Druckkochung von Baumwolle zur Beseitigung wachstumsbedingter und aus vorangegangenen Bearbeitungsprozessen stammender Begleitstoffe und Verunreinigungen. Die Aufnahme von Alkali durch die Cellulose bewirkt zugleich eine Quellung. Dadurch wird das Fasergefüge gelockert und z. B. das Farbstoffaufnahmevermögen erhöht.

Mercerisieren und Laugieren
Siehe Abschnitte Eigenschaften und faserspezifische Veredlung von Baumwolle, S. 11, 14.

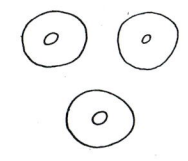

Querschnitt

davor: bohnenförmig   danach: nahezu rund

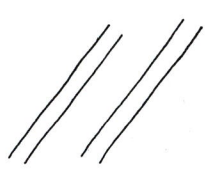

Längsansicht

davor: korkenzieherartig gewunden   danach: fast glatt

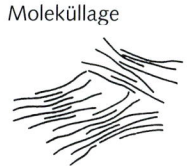

Moleküllage

davor: wirr und wenig geordnet   danach: annähernd parallel und entlang der Längsachse ausgerichtet

Auswirkungen des Mercerisierens auf die Baumwolle

Carbonisieren und Walken
Siehe Abschnitt faserspezifische Veredlung von Wolle, S. 37.

Entbasten und Erschweren
Siehe Abschnitt faserspezifische Veredlung von Seide, S. 44, 51.

Bleichen und optisch Aufhellen

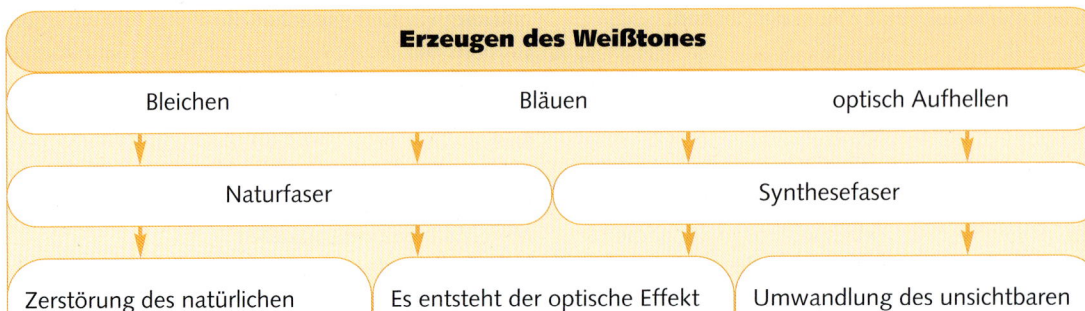

Erzeugen des Weißtones

- Bleichen
- Bläuen
- optisch Aufhellen

Naturfaser → Synthesefaser

Zerstörung des natürlichen Farbtons durch Oxidations- und Reduktionsmittel

Es entsteht der optische Effekt des „reineren Weiß"

Umwandlung des unsichtbaren UV-Lichts in sichtbares Licht

Oxidationsbleichmittel sind Sauerstoff abgebende Verbindungen auf der Basis der Hyperchlorid- und der Peroxidverbindungen. Diese sind auch in Vollwaschmitteln als Bleichmittel vorhanden. Bei Flachs führen sie zu erheblichem Gewichtsverlust, Wolle wird geschädigt.

Reduktionsbleichmittel sind faserschonender. Durch Sauerstoffentzug wird der Farbstoff in eine wasserlösliche Form überführt und ausgewaschen (Prinzip des „Wäsche-Entfärbers"). Als Reduktionsbleichmittel eignen sich Verbindungen der schwefeligen Säure, wie z. B. Natriumhydrogensulfit. Die durch Reduktion gebleichten Textilien (häufig Wolle) neigen durch Anlagerung des Luftsauerstoffes leicht zum Vergilben.

Bleichanlage.
Aus der Rohware müssen restliche Unreinheiten sowie das Schlichtemittel der Kettfäden unter Einwirkung chemischer Bleichmittel herausgewaschen werden. Danach wird das Nassgewebe auf Spannrahmen getrocknet.

UV-Licht lässt Textilien „weißer" erscheinen. Bei UV-freiem Kunstlicht wirkt der optische Aufheller nicht.

Optische Aufheller können bei Synthesefasern in die Spinnmasse gegeben werden oder anschließend aufgezogen (appliziert) werden. Sie können durch Licht- und Wascheinflüsse vergilbend wirken und die Fasern hart machen.
Ausgezeichnete Lichtechtheit durch optische Aufheller hat Polyester, mäßige haben Polyamid und Polyacryl und schlechte Lichtechtheit haben Wolle und Baumwolle.

Farbgebung

Färben

Beim Färben wird das textile Material in wässrigen Farbstofflösungen (Färbeflotte) mit verschiedenen Zusätzen wie Salzen, Alkalien, Säuren und Färbereihilfsmitteln (Carrier) behandelt. Der im Wasser gelöste oder dispergierte (fein verteilte) Farbstoff zieht auf die Faseroberfläche auf bzw. dringt in das Faserinnere ein. Um eine einwandfreie Färbung zu erzielen, müssen die Farbstoffmoleküle mit dem Faserstoff eine chemische oder physikalische Bindung eingehen. Die Tiefe und die Echtheit einer Färbung sind von verschiedenen Faktoren abhängig.

Färbequalität

Zum Färben wurden bis Ende des 19. Jahrhunderts (in manchen Entwicklungsländern auch heute noch) Säfte aus dem Pflanzen- und Tierreich verwendet, wie z. B. der Extrakt der Indigowurzel oder der Saft der Purpurschnecke. Diese Farben stehen nur in begrenzten Mengen zur Verfügung. Die Farbqualität der natürlichen Stoffe entspricht heute nicht mehr den gestiegenen Ansprüchen an dauerhafte Farbechtheit beim Ausrüsten, beim Tragen (z. B. Lichteinfluss, Schweiß oder Reibung) und beim Waschen (z. B. Belastung durch Waschmittel und hohe Waschtemperaturen).

Es gibt zwar keine absolute Farbechtheit, aber bei den vielen Färbemöglichkeiten lässt sich eine optimale Farbechtheit für den jeweiligen Bedarf auswählen. Dekorationsstoffe sollen z. B. besonders lichtecht sein, von farbiger Leibwäsche erwartet man gute Schweißechtheit und farbige Frottierhandtücher sollen in der Pflege beste Farbechtheit aufweisen.

Die heute technisch möglichen guten Einfärbungen werden begrenzt durch die hohen Kosten und den rasch wechselnden Modetrend. Je früher ein Material innerhalb des Produktionsweges gefärbt wird, umso haltbarer ist die Einfärbung. Das Produkt wird aber teurer, weil die Rohstoffe nach Farben getrennt gelagert werden müssen. Die Kosten des Färbens fallen schon zu Beginn der Produktion an. Eine rasche Reaktion auf ein verändertes Verbraucherverhalten ist nicht mehr so leicht möglich.

Besonders große Qualitätsunterschiede bei der Einfärbung sind bei Baumwolle zu beobachten. Hier fällt eine geringere Qualität besonders ins Gewicht, weil Baumwolle in großen Mengen verwendet wird und durch häufige und strapaziöse Pflege (hohe Waschtemperaturen, starke Mechanik und Waschmittel) besonders belastet ist.

Für unübertroffen wasch-, licht- und wetterechte Farben verwenden die chemischen Fabriken das Warenzeichen „Indanthren". Diese Bezeichnung wird nur für Farbstoffe benutzt, die sich durch hervorragende Echtheit ausweisen.

Färbemöglichkeiten innerhalb des Produktionsweges

Faserstofffärbung

Düsenfärbung
Bei dieser Färbemethode erhält das Material schon am Anfang des Herstellungsprozesses seine Farbgebung, d. h., die Spinnmasse wird eingefärbt.

Der Zusatz der Farbstoffe zur Spinnmasse synthetischer Faserstoffe ist in seinen Echtheitseigenschaften unübertroffen (Ultraechtfärbung).

Die Entfernung der Farbe ist im Gebrauch durch physikalische (z. B. Abscheuern) oder chemische Vorgänge (z. B. Waschen oder Reinigen) fast nicht möglich.

Nicht alle Farbtönungen und Fasern sind mit dieser Methode wirtschaftlich zu färben.

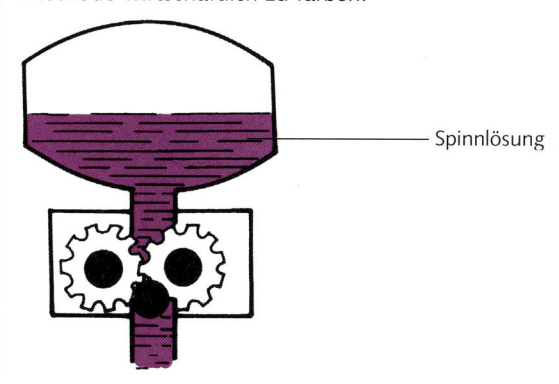

Spinnlösung

4 Farbgebung

Faser- oder Flockefärbung

Die (Spinn-)Fasern werden bei dieser Färbung vor dem Verspinnen gefärbt. Die Farbe kann ungehindert in jede einzelne Faser eindringen (faserkerntiefe Färbung). Das Verfahren ist teuer und wird nur bei besonderem Bedarf, wie z. B. bei Melangen, verwendet.

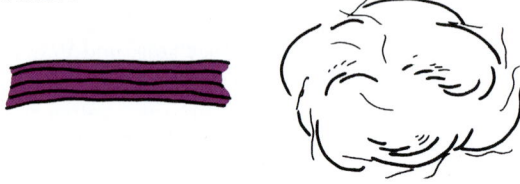

Faden-/Gewebefärbung

Garn-, Zwirn- oder Strangfärbung
Diese Färbung ist geeignet für die mehrfarbigen Zwirne und für die Buntweberei.

Stückfärbung
Einfarbige Stoffe, einfachste und weniger echte Einfärbungen werden am fertigen Stoff oder Stück vorgenommen.

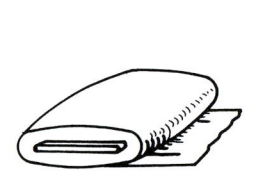

Bei dicht geschlagenen Stoffen oder sehr dicken Garnen wird das Eindringen der Farbe an den Kreuzungspunkten von Kette und Schuss verhindert oder beeinträchtigt.

Stückfärbung.
Bei der Färbung eines Stoffgewebes im ganzen Stück wird der auf einen Gewebebaum gewickelte Stoff herabgezogen, dabei durch das Farbbad geführt und auf einen leeren Gewebebaum wieder aufgerollt. Dieser Vorgang wiederholt sich, bis die gewünschte Farbtiefe erreicht ist.

Färbeverfahren

Man unterscheidet grundsätzlich drei Möglichkeiten, Textilien anzufärben:

Ausziehverfahren
Das Färben erfolgt in einer wässrigen Färbeflotte, die alle für das An- und Ausfärben (Farbstofffixierung) erforderlichen Farbstoffe und Chemikalien enthält. Der Farbstoff ist in der Färbeflotte fein verteilt und wandert in oder auf die Faser. Das Ausziehverfahren wird als diskontinuierliches Färbeverfahren bezeichnet und z. B. mit Jigger, Haspelkufe und Düsenfärbemaschine durchgeführt.

Klotz- oder Foulardverfahren
Hierbei erfolgt der Farbstoffauftrag in einem Behälter mit Walzen (Foulard). Über Quetschdruck de gummierten Walzen wird die konzentrierte Färbeflotte in die Warenbahn gepresst. Im anschließenden Fixier- und Entwicklungsprozess wird durch Dampf, Trockenhitze und Chemikalien der Farbstof

an die bzw. in der Faser gebunden. Es ist ein kontinuierliches Färbeverfahren.

Färben mit Schaum

Diese Möglichkeit, z. B. Teppichboden zu färben, hat in den letzten Jahren an Bedeutung gewonnen, weil man nahezu ohne Wasser auskommt und damit hilft, den Wasserverbrauch in der Textilveredlung zu reduzieren. Die Schaumherstellung erfolgt in einem Schaummixer, dem Druckluft und die fertige zu verschäumende Farbflotte vorgelegt werden. In einem geschlossenen System werden diese beiden Komponenten unter Druck zu einem gleichmäßigen feinporigen Schaum vermischt und z. B. durch die Rotationsdruckschablonentechnologie auf die Warenbahn aufgebracht, eingesaugt und im anschließenden Dämpfprozess wird die Farbe auf der Faser fixiert.

Färbemöglichkeiten von textilen Faserstoffen

Naturfasern

Pflanzliche Fasern (Baumwolle und Flachs)

Pflanzliche Fasern aus Cellulose sind reaktionsträge und verbinden sich deshalb nicht leicht und dauerhaft mit Farbstoffen. Die Behandlung mit direkt färbenden (substantiven) Farbstoffen ergibt eine preiswerte und wenig waschechte Einfärbung.
Bei der Verwendung der aufwendigen Entwicklungsfarbstoffe oder der sehr teuren Küpenfarbstoffe können besonders licht-, wasch- und kochechte dauerhafte Einfärbungen erreicht werden.

Tierische Fasern (Wolle und Seide)

Tierische Fasern aus Eiweißstoffen können mit basischen und sauren Farbstoffen reagieren. Der Faseraufbau der Wolle erschwert manchmal ein gleichmäßiges Anfärben.
Die basischen Farben erzeugen brillante Farbtöne von geringer Echtheit. Sie werden bei wertvollen Textilien nicht eingesetzt.
Die Säurefarbstoffe eignen sich gut zur Einfärbung von Wolle und Seide. Besonders leuchtende Farben entstehen durch Metallbestandteile in der Farbe, wie z. B. bei Chromentwicklungsfarben.

Chemiefasern

Cellulosische Chemiefasern (CV, CA)

Diese Fasern lassen sich wie die pflanzlichen Fasern einfärben. Die Einfärbung der Spinnmasse kann eine besonders dauerhafte Farbqualität erzielen.

Synthesefasern (PA, PES, PAN)

Synthesefasern können besonders dauerhaft „ultraecht" gefärbt werden. Sie verbinden sich mit einigen Farbstoffen so fest, dass die Farbechtheit dieser Produkte dahin führte, dass die Ansprüche der Verbraucher an die Farbechtheit der Naturfasern stieg.

Fasermischungen

Fasermischungen (Mischgespinste und Mischgewebe) zeigen unterschiedliches (differenziertes) Anfärbeverhalten, bedingt durch die beiden zusammengeführten Rohstoffe. Dadurch sind Bicolorfärbungen möglich, d. h., in einem Färbegang erhält ein Textil zwei verschiedene Farben oder Farbnuancen.
Bei einer Mischung aus Wolle mit Polyester bestehen beispielsweise folgende Möglichkeiten:
- Bei der Wahl eines Farbstoffes, der Wolle gut und PES nicht anfärbt, entsteht ein buntweißer Gesamteindruck.
- Ein anderer Farbstoff kann Wolle und PES mit unterschiedlicher Helligkeit einfärben (differentialdyed) .
- Eine dritte Variante ist möglich, wenn ein Farbstoff bei Wolle und PES zwei unterschiedliche Farben hervorruft (cross-dyed).

Bicolorfärbungen sind bei Synthesefasern auch bei der Verwendung eines Materials möglich, wenn ein Teil der Moleküle so verändert wird, dass sich die Färbeeigenschaften ändern.

Farbstoffklassen

Aufziehen der Farbe auf die Faser		
direkte Einfärbung	mehrere Komponenten reagieren im Färbgut	feste Farbbestandteile werden gelöst oder ungelöst fixiert
Direktfarbstoffe	Entwicklungsfarbstoffe oder Küpenfarbstoffe	Dispersionsfarbstoffe oder Pigmentfarbstoffe

Direkte Einfärbung

Substantivfarbstoffe oder einfache Direktfarbstoffe
Sie ziehen aus einer wässerigen Lösung direkt in die Faser hinein. Durch ihre einfache Handhabung und billigen Farbrohstoffe entsteht eine preiswerte, mäßig waschechte und gut lichtechte Einfärbung. Die einfachen Direktfarbstoffe eignen sich für alle rein cellulosischen Faserstoffe. Eine chemische Nachbehandlung kann die Wasch- und Lichtechtheit erhöhen.

Säurefarbstoffe
Säurefarbstoffe können in unterschiedlichen Säurekonzentrationen auf die Faser direkt aufziehen. Eiweißfasern und Polyamidfasern können in leuchtenden Farben gefärbt werden. Die Farbe kann nach dem Waschen durch Essig aufgefrischt werden.

Basische Farbstoffe
Basische Farbstoffe ergeben mit Eiweißfasern leuchtende, wenig lichtechte Einfärbungen. Acrylfasern sind dagegen mit basischen Farbstoffen in vielen Farben mit hoher Brillanz und sehr guter Farbechtheit einzufärben.

Reaktivfarbstoffe
In Gegenwart von Alkalien gehen die Reaktivfarbstoffe mit der Faser eine chemische Verbindung ein und sind deshalb besonders farbecht. Die hervorragenden Farbtöne werden seit 1957 für alle Cellulosefasern verwendet. Sie sind sehr gut ätzbar. Für Wolle ist die Farbe nur begrenzt geeignet. Die Farbe ist teuer.

Mehrkomponenten-Einfärbung

Entwicklungsfarbstoffe
Zwei verschiedene Komponenten der Entwicklungsfarbstoffe werden nacheinander auf das Färbgut gebracht. Dort entwickeln sie sich zum eigentlichen Farbstoff und haften sehr fest. Es entwickeln sich satte Farbtöne mit teilweise hoher Brillanz. Hohe Lichtechtheit und kochechte Einfärbungen sind bei allen cellulosischen Fasern möglich.

Chromentwicklungsfarbstoffe
Das Färbgut wird mit Metallsalzen (z. B. Kaliumdichromat) vorbehandelt. Der Farbstoff geht mit dem Metallsalz eine Verbindung ein, die besonders leuchtende, haltbare auch dunkle (durch andere Farbstoffe oft schwer zu erreichende) Farben entstehen lässt. Die Farbe ist für die Wollfärberei gut geeignet.
Da Metallsalze sehr umweltbelastend sein können, muss die Einfärbung sparsam vorgenommen werden.

4 Farbgebung

Küpenfarbstoffe

Küpenfarbstoffe sind in Wasser völlig unlöslich. Sie werden durch Reduktion (das heißt durch Sauerstoffentzug) in eine wasserlösliche Form überführt. Die neue Verbindung heißt Leukoverbindung (leuko = weiß). Die reduzierte Verbindung hat häufig eine völlig andere Farbe, sie kann auch weiß sein. Durch die Oxidation an der Luft bekommt der Farbstoff seine ursprüngliche wasserunlösliche Farbe zurück. Küpenfarbstoffe sind besonders licht-, wasch- und kochecht. Die teure Einfärbung ist für alle cellulosischen Fasern sehr gut geeignet.

Farbfixierung

Dispersionsfarbstoffe

Die festen Farbpartikelchen sind im Färbebad nicht gelöst, sondern fein verteilt, d. h. dispergiert. Sie dringen in die Faser ein und werden durch Hitze fixiert. Der Farbstoff wird vorwiegend im Stoffdruck verwendet.
Dispersionsfarbstoffe eignen sich gut für Cellulosefasern und für Synthesefasern wie Polyamid, Polyester und Polyacryl.
Interessante Färbemöglichkeiten ergeben sich bei Dispersionsfarben in der Bicolorfärberei z. B. bei Mischungen von Synthesefasern mit Baumwolle, da diese die Dispersionsfarbe nicht annimmt.

Pigmentfarbstoffe

Die Farbpigmente sind schwer löslich oder völlig unlöslich in Lösungsmitteln und Fasermaterialien. Bei Synthesefasern können sie der Spinnmasse zugesetzt werden. Sie werden nicht zum Färben, sondern nur für den Stoffdruck verwendet.
Die Haftung auf dem Stoff wird mit Bindemitteln (z. B. Kunstharzen) ermöglicht. Die Farbe dringt wenig in den Stoff ein und ist oft auf der Warenrückseite kaum zu sehen. Das Färbgut erhält einen harten Griff und ein geringeres Feuchtigkeitsaufnahmevermögen.
Die sehr kostengünstige Druckfarbe kann in brillanten Farben von hoher Lichtechtheit mit mäßigen Wascheigenschaften (z. B. Gefahr der Faltenscheuerungen) verarbeitet werden.

Drucken

Beim Drucken auf Stoff wird nur ein stellenweises Einfärben vorgenommen. Auch beim Bedrucken textiler Flächen muss der gelöste Farbstoff in die Faserzwischenräume eindringen, dort durch chemische/physikalische Vorgänge gebunden und abschließend durch geeignete Nachbehandlung (Trocknen, Erwärmen, Durchfeuchten) waschecht in den Faserzwischenräumen fixiert werden.

Hand- und Maschinendruck

Die alte Methode des Handdruckes wird heute nur noch im künstlerischen Bereich angewandt. Der Maschinendruck dagegen ist mit dem Einsatz von Druckwalzen sehr rationell herzustellen.
Der mustermäßige Auftrag der Farbe oder anderer Mustermöglichkeiten kann auf unterschiedlichste Weise geschehen. Einige typische Beispiele sollen hier erklärt werden.
Die Haltbarkeit der Farben ist bei jeder Drucktechnik gleich. Viel wichtiger sind die Wahl der Farben und ihre Brauchbarkeit für den jeweiligen Rohstoff, die Sorgfalt der Farbzubereitung und die Nachbehandlung.
Die wenigsten Stoffe sind beim Verlassen der Druckmaschinen fertig; die meisten Farben entwickeln sich zu ihrer vollen Schönheit erst unter der Einwirkung von Wasserdämpfen oder chemischen Mitteln, unter deren Einflüssen die Farben auch fixiert werden.

Direkter oder indirekter Druck

Sowohl beim Handdruck als auch beim Maschinendruck ist es möglich, das Muster direkt oder indirekt aufzubringen.
Beim Direktdruck wird die Farbe mit entsprechenden Druckformen direkt mustermäßig auf den Stoff aufgetragen. Für jede Farbe, die am Muster beteiligt ist, muss ein eigener Arbeitsgang erfolgen.
Beim indirektem Druck dagegen geschieht der Farbauftrag durch Einfärben vor oder nach dem drucktechnischen Musterauftrag. Die Farbe erscheint auch bei dickeren Stoffen auf beiden Warenseiten gleich intensiv.

4 Farbgebung

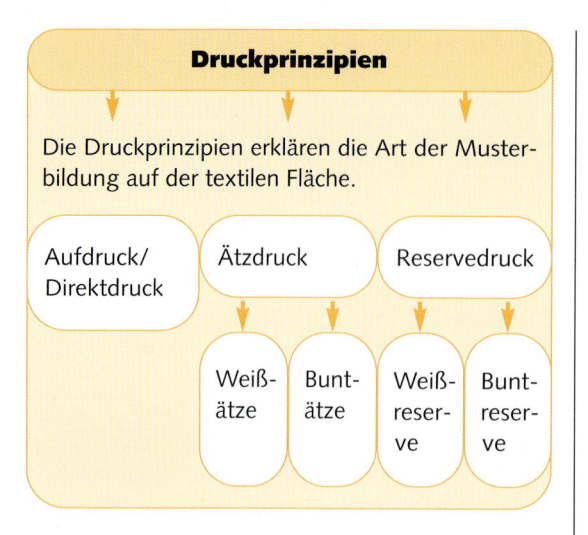

Druckprinzipien

Die Druckprinzipien erklären die Art der Musterbildung auf der textilen Fläche.

- Aufdruck/Direktdruck
- Ätzdruck
  - Weißätze
  - Buntätze
- Reservedruck
  - Weißreserve
  - Buntreserve

Auf- oder Direktdruck

Darunter versteht man ein örtliches, mustergemäßes Auftragen des Farbstoffes auf eine vorbehandelte weiße bzw. in hellen Farbtönen vorgefärbte textile Fläche. Die Druckfarbe erscheint auf der rechten Warenseite klar und deutlich, auf der linken dagegen ist sie kaum zu sehen.

Varianten des Direktdrucks: Bei Pfatsch- oder Schleifdruck wird das gesamte Gewebe mit einer Farbe bedruckt und kein Muster erzielt, wobei beim Schleifdruck nur mit ganz geringen Anpressdruck gearbeitet wird und so nur die erhöhten Gewebestellen angefärbt werden.
Doppelseitigen Direktdruck bezeichnet man als Sandwich-Druck oder Doppeldruck, bei dem beide Seiten des Stoffes mit gleichen oder verschiedenartigen Mustern bedruckt werden.

Ätzdruck

Hierbei wird zunächst eine textile Fläche vorgefärbt. Im Anschluss bedruckt man diese mustermäßig mit einer Ätzpaste. Diese zerstört an den entsprechenden Stellen den Farbstoff und bildet so das Muster.
Beim Ätzdruck sind häufig zwei Varianten möglich:
Weißätze zerstört die eingefärbte Farbe völlig und das ursprüngliche Weiß der textilen Fläche tritt wieder hervor.
Buntätze liegt vor, wenn man zum Ätzmittel eine andere Farbe mischt, sodass beim Wegätzen die zerstörten Musterstellen wieder angefärbt werden. Bei Ätzdrucken ist die vorgefärbte Farbe auf beiden Seiten gleich intensiv zu sehen. Bei scharfen Konturen der Muster besitzen die Farben eine hohe Brillanz und Gleichmäßigkeit.

Reservedruck

Beim Reservedruck wird der Stoff nach dem Musterauftrag eingefärbt.
Die Musterstellen werden mit einer deckenden Schutzschicht (z. B. aus Wachs) bedruckt und nehmen beim anschließenden Färben keine Farbe an, sie bleiben weiß (Weißreserve). Die Schutzschicht wird entfernt. In einem neuen Arbeitsgang können die farblosen Stellen gefärbt oder auch bedruckt werden.
Diese Methode wird bei Batikarbeiten verwendet. Durch die geschickte Wahl von zunächst hellen und dann dunkler werdenden Farben mit neuen deckenden Schutzschichten entstehen ansprechende Muster, die auf beiden Warenseiten sichtbar sind (Buntreserve).

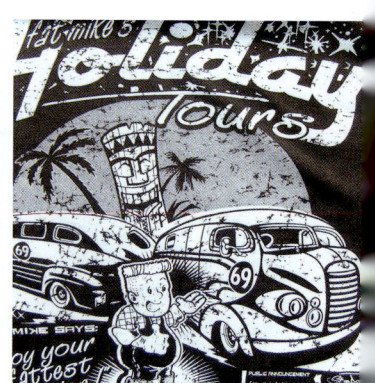

Ätzdruck

4 Farbgebung

Drucktechniken

Das Bedrucken von textilen Flächen kann mittels verschiedener Drucktechniken erfolgen. Sie unterscheiden sich durch die Art des Arbeitsmittels, das während des Druckvorgangs das Muster auf den Stoff überträgt.

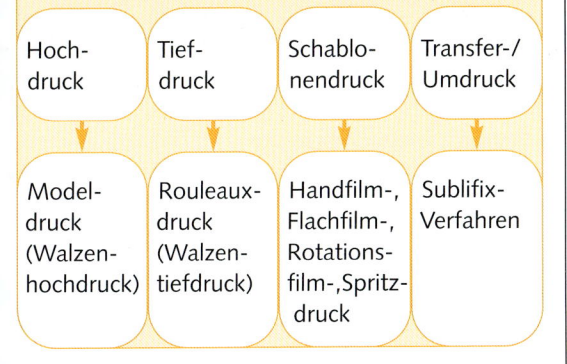

Hoch-druck	Tief-druck	Schablonendruck	Transfer-/Umdruck
Model-druck (Walzen-hochdruck)	Rouleaux-druck (Walzen-tiefdruck)	Handfilm-, Flachfilm-, Rotationsfilm-, Spritzdruck	Sublifix-Verfahren

Hochdruck

Der Hochdruck ist die älteste Form des Direktdruckes. Er wird von Kindern heute noch als „Kartoffeldruck" ausgeführt. Die erhöhten Stellen eines Musterstempels aus Holz, Gummi oder Metall werden mit der Farbpaste belegt und drücken diese Farbe auf das Färbgut. Nach dieser Methode arbeitet man noch beim Handdruck und im Kunstgewerbe, wobei stempelartige Model zum Einsatz kommen. Das Hochdruckverfahren kommt heute in der Industrie selten zum Einsatz, ist wirtschaftlich unrentabel. Walzendruckmaschinen werden noch für den Vigoureuxdruck zum Bedrucken von Vorgarnen und für den Reliefdruck im Teppichbereich eingesetzt.

Tiefdruck

Rouleauxdruck (Walzentiefdruck) wird auf Walzendruckmaschinen sehr rationell hergestellt.
Die kleinen regelmäßigen Muster des Tiefdrucks werden in Metallwalzen eingraviert oder eingeätzt. Für jede Farbe muss eine eigene Walze hergestellt werden.
Die Vertiefungen der gravierten Druckwalzen werden durch eine Farbauftragswalze mit Farbe aus dem Farbtrog gefüllt. Zwei Rakelmesser streichen überflüssige Farbe wieder ab.

Die Druckware wird von der Druckwalze mit großem Druck auf einen zentralen Druckzylinder gepresst.
Wegen des hohen Anpressdruckes ist das Verfahren für strukturierte Gewebe und Maschenwaren gut geeignet.

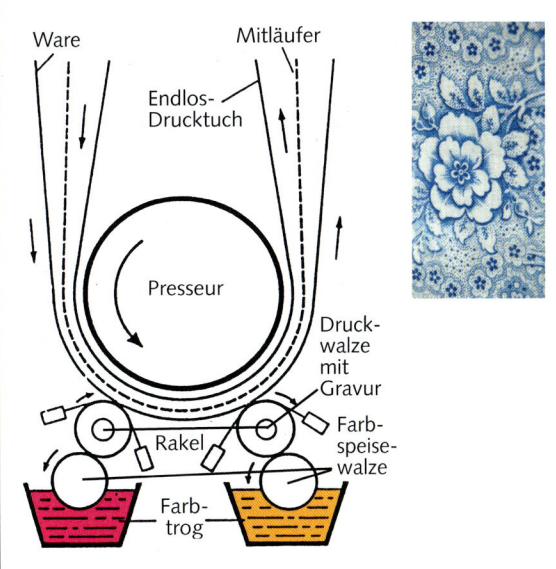

Rouleauxdruck, Schema und Fertigtextil

Der Vorteil des Rouleauxdruckes besteht in seiner hohen Produktionsgeschwindigkeit. Da die Gravur und die Aufbewahrung der Metallwalzen sehr aufwendig ist, werden die einfachen und zeitlosen Muster im Rouleauxdruck hergestellt, obwohl die Technik auch die Gravur großflächiger fein ausgearbeiteter Muster zuließe.

Schablonendruck

Der Schablonendruck (auch Film- oder Siebdruck genannt) gleicht die Nachteile der mühsamen Gravur der Musterwalzen des Tiefdruckes aus. Die Farbe wird durch Schablonen mit ausgespartem Muster, das für die Farbe durchlässig ist, aufgetragen. Als Druckschablone kann ein feines Sieb, die sogenannte „Gaze" aus Seide, Filamentgarnen, Bronze oder Nickel verwendet werden. Die abdeckenden Teile werden beidseitig mit einer wasserunlöslichen Lackschicht überzogen, so bleibt die Gaze nur noch im jeweiligen Musterbereich farbdurchlässig.

4 Farbgebung

Für jede zu druckende Farbe ist eine eigene Schablone notwendig. Sehr rationell lassen sie sich auf fotochemischem Wege herstellen. Die gesamte Gaze wird mit einer Gelatineschicht mit lichtempfindlichen Einlagerungen versehen. (Die Technik ist vergleichbar mit der Beschichtung eines Negativfilmes.) Die lichtempfindliche Schicht wird mit dem Muster entsprechend belichtet. Diese Stellen haben im anschließenden Bad ein anderes Lösungsverhalten (z. B. durch Lichtpolymerisation) als die unbelichteten Bereiche, sodass sich beim Lösen oder Ätzen in diesem Bad die gewünschten Schablonen ergeben.

Bei der **Lasergravur** werden Druckvorlagen mit dem Scanner abgetastet, die erhaltenen Farbdaten gespeichert und durch einen Laser direkt auf die Druckschablone übertragen. So lassen sich unter erheblicher Zeitersparnis Druckvorlagen direkt in die Praxis übertragen.

Schablonendruck wird im
– Flachdruckverfahren (diskontinuierlich) und
– Rotationsdruck (kontinuierlich) hergestellt.

Flachfilmdruckmaschine

Der Druckfarbstoff wird in Schablonenkästen gegeben und mit einem Ziehbrett, dem „Rakel", über die Schablonen verteilt und damit auf das Gewebe gedrückt. Beim Drucken wird entweder die Schablone über einen auf einem langen Tisch liegenden Stoff geführt oder das zu bedruckende Material wird unter der Schablone vorbeigezogen.

Flachfilmdruckmaschine.
Das Muster wird mit Schablonen (feine Siebe) und einer Streichvorrichtung (Rakel) auf den Stoff gebracht. Das vorgegebene Muster wird fotografisch auf die Schablonen übertragen, wobei jede Farbe dieses Musters eine gesonderte Schablone benötigt. (Siebdruckprinzip). Das Muster ist vollständig, wenn alle Schablonen (mit je einer Farbe) übereinandergedruckt sind.

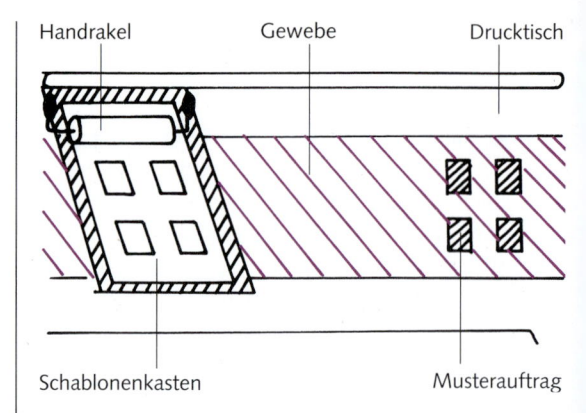

Rotationsfilmdruckmaschine

Rotationsfilmdruckmaschinen stellen die modernste Form des kontinuierlichen Schablonendruckes dar und gestatten hohe Durchlaufgeschwindigkeiten bis zu 4000 m/h und Musterumfänge bis zu 2 m. Die Warenbreiten bis 2,40 m können mit maximal 24 Farben bedruckt werden. Die walzenförmigen nahtlosen Schablonen können hintereinander an einem Drucktisch oder um einen zentralen Zylinder – ähnlich den klassischen Rouleauxdruckmaschinen – angeordnet sein. Die Druckfarbe wird in das Innere der Schablone geleitet und durch ein Rollrakel gleichmäßig auf den Stoff aufgetragen.

Der Film- bzw. Schablonendruck eignet sich für glatte, flusenfreie Stoffe, für große Muster mit feiner (oft naturalistischer) Musterführung.

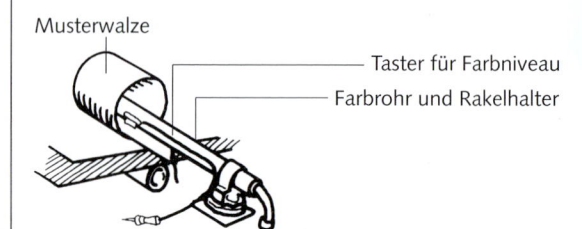

Schema der Farbzuführung

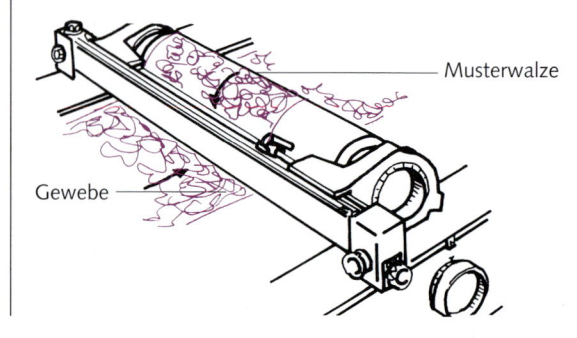

4 Farbgebung

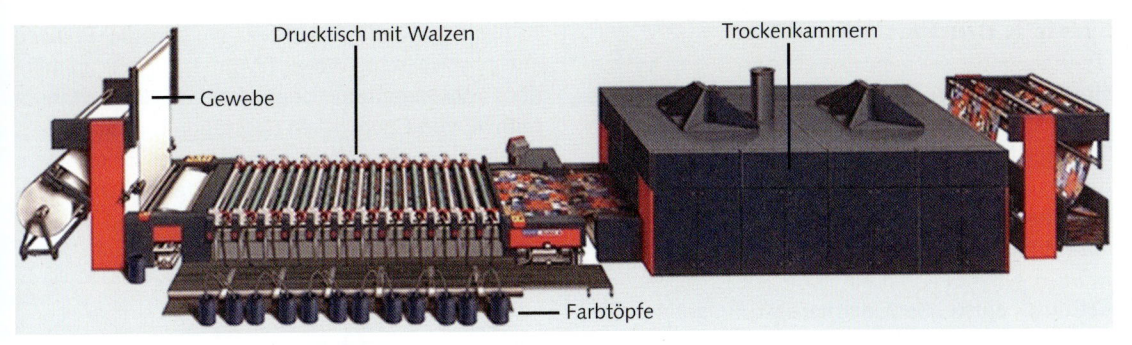

Gesamtanlage einer Rotationsfilmdruckmaschine

Labels: Gewebe, Drucktisch mit Walzen, Trockenkammern, Farbtöpfe

Rotationsfilmdruck

Rotationsfilmdruckmaschine.
Bei dieser Maschine, die wie die Flachfilmdruckmaschine im Sieb- bzw. Filmdruckverfahren arbeitet, wird die Farbe durch eine sich drehende Rundschablone auf den Stoff gestrichen bzw. gedruckt.

Spritzdruck

ist eine Art des Schablonendrucks mit handwerklichem Charakter. Die Musterung wird aus einem präparierten Schablonenpapier oder aus feinem Blech herausgeschnitten, die Schablone über den Stoff gelegt und die Farbe mit einer Spritzpistole aufgebracht.

Transfer- oder Umdruck

Beim Transfer- oder Umdruck erfolgt die Musterung des Stoffes über eine dazwischengeschaltete Stufe, das Transferpapier (indirekter Druck).
Das Muster wird zunächst unter Verwendung spezieller Farbpasten im Vierfarben-Kupfertiefdruck auf ein Papierband gedruckt. Die Papierlänge entspricht der zu bedruckenden Stofflänge. Das Gewebe durchläuft, mit der rechten Warenseite dem bedruckten Papier zugewandt, einen erwärmten Kalander, wobei das Muster des Papiers auf den Stoff übertragen wird. Das Papierband ist nur einmal zu verwenden.
Mit dieser Technik lassen sich nicht nur außerordentlich fein und plastisch durchzeichnete Muster drucken, sondern sie erspart auch komplizierte Maschinen für die Vor- und Nachbehandlung sowie den Einsatz vieler Farben.
Verwendet wird der Transfer- oder Umdruck für kleine Serien individueller Muster.

Sublifix-Verfahren

Dieses Verfahren macht es möglich, Thermodrucke auch im Einzelhandelsgeschäft durchzuführen. Die Vorlage, ein bestimmtes Motiv, wird auf einer speziellen Fotokopiermaschine in eine einfarbige Druckvorlage verwandelt, die zusammen mit der zu bedruckenden Fertigtextilie in einer Presse etwa 30 Sekunden lang Druck und Temperatur ausgesetzt wird. Auf diese Weise entstehen individuelle T-Shirt-Aufdrucke.

Spezielle Drucktechniken

Flockdruck ist ein Effektdruck, bei dem eine Ware vollflächig oder mustermäßig mit einer klebenden Substanz bedruckt wird, auf die dann im elektrostatischen Feld gemahlener Faserstaub oder Kurzfasern aufgestreut werden. Dadurch richten sich die Fasern auf (samtartig) und haften (vgl. S. 177).

Kettdruck entsteht vor der Fertigstellung eines Gewebes. Es werden die gespannten Kettfäden bedruckt (z. B. bei Chiné).
Das fertige Gewebe hat auf der Vorder- und Rückseite ein verschwommenes Muster, aber eine einfarbige Webekante, da der Schuss einfarbig ist (vgl. S. 115).

Kräuselkrepp ist eigentlich das Ergebnis einer Ausrüstung, das im Druckverfahren hergestellt wird. Es wird nicht mit Farbe, sondern mit Natronlauge in Mustern bedruckt. Durch die Natronlauge ziehen sich die bedruckten Stellen wellenförmig zusammen (vgl. S. 14).

Prägedruck kann ebenfalls zu den Veredlungsverfahren gezählt werden.
Thermoplastische oder kunstharzausgerüstete Textilflächen können durch heiße Prägewalzen eine dauerhafte plastische Oberflächenmusterung erhalten (vgl. S. 138).

Appretur

Man versteht darunter die Zurichtung eines Textilgutes für den gewünschten Verwendungszweck. Im Allgemeinen handelt es sich um eine Endbehandlung, die wesentlich dazu beiträgt, die bereits gebleichten, gefärbten oder bedruckten Textilien mit Oberflächeneffekten (Präge- oder Glanzeffekte) zu versehen, den Griff zu beeinflussen (Weichheit, Knirschgriff), ganz besondere Pflege- und Gebrauchseigenschaften zu verleihen, die sie von Natur aus normalerweise nicht besitzen bzw. von Natur aus gegebene Eigenschaften zu verstärken und zu verbessern.

Je nach gewünschtem Effekt werden die Textilien auf physikalische Weise (Wärme, Druck) mithilfe der Trockenappretur oder aber im Nassverfahren mithilfe von Chemikalien (Nassappretur) behandelt. Um zum gewünschten Veredlungsziel zu kommen, werden zum Teil kombinierte Verfahren angewendet.

Trockenappretur

Rauen

Aus der Oberfläche der lose gedrehten Fäden werden Faserenden durch feine, gewinkelte Metallhäkchen (Kratzenraumaschine) herausgezogen. Dasselbe kann auch durch die festen, gebogenen Häkchen der Kardendistel bewirkt werden. Die Disteln sind auf Walzen aufgesteckt, die Stahlhäkchen in einer Gummischicht befestigt, und diese wird über die Walzen gezogen. Beim Rauen drehen sich die Walzen schnell und kratzen den langsam vorbeigeführten Stoff auf. Die Distelköpfe der Kardenraumaschine rauen im Allgemeinen schonender als die Stahlhäkchen der Kratzenraumaschine. Da die Disteln aber sehr schnell verschleißen, werden sie kaum noch eingesetzt.
Durch das Aufrauen wird die Gewebeoberfläche aufgelockert und dadurch weicher. Sie kann die

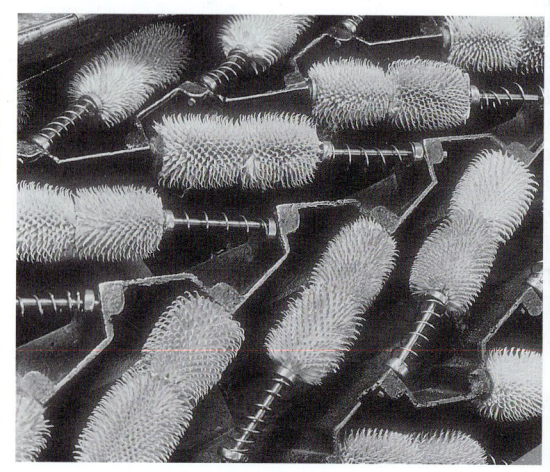

Raumaschine mit Naturkarden (geöffnet).
Die Häkchen der Distelköpfe lösen die Faserenden aus dem Fadenverband heraus.

Wärme besser halten. Die Haardecke bleibt wirr (Velours-Effekt) oder kann nach einer Seite im „Strich" gebürstet werden. Besonders geeignet zum Aufrauen sind Gewebe mit zusätzlichem weich gedrehten Fadensystem (verstärkte Gewebe) oder Maschenstoffe mit einer Futterlegung.

Das Rauen wird vor allem bei wollhaltigen, aber auch an baumwollenen Waren und solchen aus Chemie-Spinnfasern vorgenommen. Waren aus endlosen Chemiefäden sind dafür nicht geeignet, da durch den Rauprozess die Einzelfasern zerrissen würden und die Festigkeit des Gewebes oder der Maschenstoffe erheblich reduziert würde.

Schmirgeln, Schleifen, Sanden

sind Varianten des Rauens. Dabei werden die Stoffe an Walzen vorbeigeführt, die je nach Stoffqualität und gewünschtem Effekt mit unterschiedlichem Schmirgelpapier überzogen sind. Bei Einsatz von grobkörnigem Schmirgelpapier wird eine sehr kurze, aber auch sehr dichte, an Samt erinnernde Oberfläche erzielt. Durch Schmirgeln entstehen samtartige Oberflächen wie *Duvetine* oder *Affenhaut* oder aber *Velveton*, der als eine Art Wildlederimitation angesehen wird.

Wird feines Schmirgelpapier eingesetzt, spricht man vom Schleifen und verändert damit den Griff der Ware oder bewirkt eine künstliche Alterung des Warenbildes, sodass die Kleidung bereits getragen aussieht (z. B. Jeansstoffe).

Die feinste Schleifausrüstung ist das Sanden. Diese sanfteste aller Rauausrüstungen wird nur bei Feingeweben aus Viskose, Seide und Mikrofasern verwendet. Die Bezeichnung Pfirsichhaut beschreibt den Charakter der dadurch entstandenen Oberfläche treffend. Die feinste Sanding-Ausrüstung besteht in einem Waschvorgang mit feinstem, staubförmigem Sand in der Flotte, wodurch die Faser kaum geschädigt wird und deshalb bei Feingeweben angewendet wird.

Scheren

Das Scheren dient dazu, entweder abstehende Fasern von der Warenoberfläche völlig zu entfernen, durch eine mittlere Schur gleichmäßig hohen Faserflor zu erzielen (Velours) oder lediglich Faserspitzen abzuscheren. Das Scheren erfolgt auf Schermaschinen, bei denen die textile Fläche über einen Schertisch an einem Scherwerkzeug, bestehend aus Unter- und Obermesser, vorbeigeführt wird.

Dekatieren

Dekatieren ist eine Dampfbehandlung von Wollstoffen, wodurch entstandener Glanz und innere Spannungen beseitigt werden und die Ware in einer bestimmten Form fixiert wird. Maßhaltigkeit (kein Krumpfen), Knitterbeständigkeit und eine Verbesserung des Griffs sind die Folge. Dekatierte Stoffe sind nadelfertig.

Kalandern

Die breit gespannte Ware wird durch bis zu 12 beheizten Walzen hindurchgeführt, um sie zu glätten. Die glatten Walzen üben auf die Ware einen großen Druck aus. Die glatten Walzen wechseln ab mit elastischen Walzen, die mit Baumwolle bespannt sind.

Die Ware soll durch das Kalandern ein glattes, glänzendes, geschlossenes Aussehen erhalten.

Durch besondere Walzenzahl und veränderte Ge-

Kalander (Einlieferungsseite).
Walzen glätten die durchlaufende Ware.

4 Appretur

schwindigkeiten können auch Hochglanzausrüstungen, wie z. B. Chintz oder Prägemuster, wie beim Gaufrieren entstehen.

Chintzen

Chintz ist ein Gewebe mit Spiegelglanz. Die heute waschfeste Glanzausrüstung erhält man durch Kunstharzeinlagerungen. Das mit Kunstharzvorkondensat behandelte Gewebe wird auf Kalandern mit verschieden schnell laufenden Walzen, von denen eine beheizt ist, behandelt. Dadurch erreicht man den hohen Glanz. Neben Bekleidung wird Chintz als Dekostoff oder Steppdeckenbezug eingesetzt.

Gaufrieren

Mit dem Gaufrierkalander (sprich: gofrier) werden Musterungen (z. B. bei Krepp- und synthetischen Geweben) vorgeprägt. Eine harte Musterwalze als Prägewalze drückt die Struktur in eine weiche Gegenwalze ein.
Bei Synthesefasern entstehen durch erhitzte Musterwalzen waschbeständige Muster.
Bei Baumwoll- und Viskosegeweben ist eine Kunstharzausrüstung zusätzlich erforderlich, dabei wird das Vorkondensat vor dem Prägen aufgetragen und nach dem Prägen durch Erhitzen kondensiert.

Moirieren

Durch Moirieren (sprich: moarieren) werden auf einem Gewebe ganz bestimmte Lichtreflexe erzeugt. Die Moirémusterung wird auf dem Kalander hergestellt.
Bei „echtem Moiré" werden die Schussrippen eines doppelt gelegten, angefeuchteten Ripsgewebes breit gepresst. Es entsteht das typische Moirémuster, das der Holzmaserung bei Furnierhölzern ähnlich ist. Bei thermoplastischen Materialien ist das Muster wasch- und reinigungsbeständig.
Erkennbar ist echter Moiré am starken Mittelbug einer Stoffbahn, der die beiden Stoffbahnhälften in zwei symmetrische Musterhälften teilt. Echter Moiré hat keinen Rapport.
Bei unechtem Moiré wird durch eine gravierte Walze das Moirémuster eingepresst. Der Rapport kehrt im Abstand des Musterwalzenumfangs wieder.

Plissieren

Durch Einpressen von schmalen Falten unter Verwendung kartonartiger Formen, Erhitzungskammern, bei Bedarf auch Chemikalien werden Stoffe aus Wolle und Synthesefasern dauerhaft mit kleinen „Plisseefalten" versehen.

Plissee

Crash und Crinkle

Als Crash bezeichnet man vorgeknitterte Stoffe mit Seidenoptik, vor allem aus Polyamid. Crash ist überwiegend fein geknittert und die Knitter streben in alle Richtungen auseinander.
Diese Knitter können einmal durch unregelmäßiges Plissieren erzielt werden, d. h., man staucht einen thermofixierbaren Stoff in einer oder in beide Geweberichtungen. Andererseits können Stoffe durch eine thermische Prägung vorgeknittert werden. Durch anschließendes Thermofixieren erreicht man dann eine dauerhafte Fixierung der Knitter im Stoff. Als Crinkle werden kräftige Stoffe im Baumwollcharakter bezeichnet. Sie ermöglichen grobe Knittereffekte bevorzugt nur in Kettrichtung. Baumwoll-

Moiré

4 Appretur

und Viskosegewebe werden nach dem Färben zunächst in Längsrichtung in einer Art von Faltvorgang geknittert, dann in große Netze verpackt und in riesenhafte Schleudertrommeln eingelegt. Nach dem Schleudern ergibt sich der erwünschte Crinkle-Effekt, der danach in der Hochveredlung auf Kunstharzbasis fixiert wird.

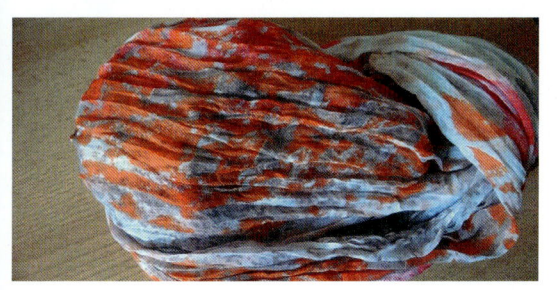

Crinkle

Krumpfen

Siehe rohstofftypische Veredlung von Baumwolle, Seite 15.

Nassappretur

Hochveredlung

Siehe faserspezifische Veredlung von Baumwolle, Seite 14 f.

Ausrüstung zur Erhöhung der Scheuerfestigkeit

Die Erhöhung der Scheuerfestigkeit, Berstfestigkeit und Waschbeständigkeit kann z. B. bei Wäsche- und Oberbekleidung durch Tränken mit einem Kieselsäurepräparat erreicht werden.
Diese Ausrüstung wird im Zusammenhang mit einer Pflegeleicht-Ausrüstung oder Hochveredlung angewandt, um den Verlust der natürlichen Scheuerfestigkeit wieder auszugleichen.
Die Eigenschaften des Textils werden nur unbedeutend verändert, die Scheuerfestigkeit wird verdreifacht. Die Ausrüstung ist wasch- und reinigungsbeständig und kann gut mit anderen Ausrüstungen kombiniert werden.

Fleckschutz-Ausrüstung („Soil release")

Bei der Ausrüstung mit Fluor-Chemikalien (fluoridized) entstehen stabile chemische Verbindungen, die sich weder mit Öl noch mit Wasser verbinden. In Deutschland ist diese Ausrüstung unter der Marke *„Scotchgard Faserschutz"* bekannt.
Die Oberfläche der Textilien wird durch diese Ausrüstung widerstandsfähig gegen die meisten Verschmutzungen wie z. B. wässerige Flecken (Tinte, Kaffee, Fruchtsäfte), ölige Flecken (Salat-, Maschinen-, Haar- und Hautöl, Marinaden, Soßen, Milch) oder Alkoholflecken (Kognak, Likör, Parfum). All diese Substanzen lassen sich mit einem saugfähigen Gewebe oder Zellstoff von den fleckgeschützten Textilien abtupfen.

mit Fleckschutzausrüstung — *ohne Fleckschutzausrüstung*

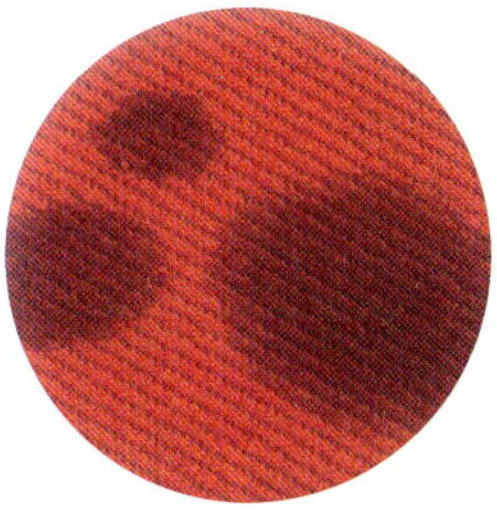

Die Wirkung ist bei Tomatenmark, Senf, Eiscreme, Kinderbrei, Butter, Mayonnaise oder Handcreme sehr gering.
Gegen Blutflecken, Jodtinktur, Säuren und Laugen ist der Fleckschutz wirkungslos.

Aufgrund der gestiegenen Konsumentenerwartungen wurden verschiedene Scotchgard Protector Ausrüstungen für den Bekleidungssektor und für Teppichböden und Teppiche entwickelt:

1   2   3   4   5

1. Scotchgard Protector Faserschutz/Wasserabweisung hält das Gewebe länger trocken. Durch die **hohe Wasserabweisung** perlen Tropfen ab.

2. Scotchgard Protector Waschleicht-Ausrüstung hilft, die meisten Flecken bei einer normalen Haushaltswäsche herauszuwaschen.
3. Scotchgard Protector Dual Action schützt die Kleidung durch die fleckabweisende- und waschleicht-Ausrüstung zweifach.
4. Scotchgard Protector mit Feuchtigkeitsmanagement-Ausrüstung hilft den Schweiß von der Körperoberfläche nach außen zu transportieren. Flecken lassen sich leichter auswaschen.
5. Teppichböden und Teppiche, die mit Scotchgard Protector veredelt wurden, sind **unempfindlich gegen Fleckenbildung und Anschmutzung und einfacher zu reinigen.** Teppiche sehen so behandelt länger gut aus.

Einige schmutzabweisende Ausrüstungen verhindern gezielt Anschmutzungsmöglichkeiten, wie z. B. die Waschvergrauung von Synthesematerialien (Soil-redeposition) oder die Abweisung von trockenem Schmutz (Soil-repellent).

Hydrophilierung

Durch die Erhöhung der Wasseraufnahmefähigkeit bei Synthesefasern soll die Schweißaufnahmefähigkeit (bei Unterwäsche, Strümpfen, Hemden und Blusen) verbessert werden.
Hydrophilierungsmittel begünstigen die schnellere Ausbreitung der Feuchtigkeit an der Faseroberfläche und damit eine raschere Verdunstung.

Antimykotische und antimikrobielle Ausrüstung

Diese Ausrüstungen sollen unangenehme Gerüche wie Schweißgeruch beseitigen bzw. das Wachstum von Mikroben aller Art hemmen und damit die hygienischen Eigenschaften der Textilien verbessern. Ziel der **antimikrobiellen Ausrüstung** ist es, das Wachstum und die Weiterentwicklung der Mikroorganismen auf den Textilien oder auf der menschlichen Haut zu hemmen (bakteriostatische Ausrüstung) oder die Organismen abzutöten (fungizide Ausrüstung). Letztere Ausrüstung wird nur bei Textilien angewendet, die mit dem Körper nicht direkt in Berührung kommen, d. h. für Markisen, Campingausrüstung oder Zelte. Diese Stoffe werden auf diese Weise schimmel-, verrottungs- und fäulnisfest.

In Fasern für Socken, Strümpfe, Futterstoffe, Turnschuhe oder Teppiche für Badezimmer werden Aminoplaste eingelagert, um sie für die Mikroben ungenießbar zu machen bei gleichzeitig desodorierender Wirkung. Das *Sanitized*-Verfahren ist das bedeutendste antimikrobielle Ausrüstungsverfahren.

Antimykotische Ausrüstungen bekämpfen den Pilzbefall auf der Haut und werden z. B. bei Strumpfwaren, Unterwäsche, Miederwaren, Badewäsche oder Berufsbekleidung eingesetzt. Eine bekannte Marke für diese Ausrüstung ist *Hygitex*.
Diese Ausrüstungen sind umstritten. Mediziner glauben, dass durch Sensibilisierung dieser Substanzen Allergien hervorgerufen werden können und die Gefahr der Resistenz der Bakterien und Pilze gegen diese Wirkstoffe besteht.

Antistatische Ausrüstung

Ziel der antistatischen Ausrüstung ist es, die elektrische Leitfähigkeit der Faseroberfläche zu erhöhen. Gewebe, Maschenstoffe oder Teppiche werden deshalb mit Chemikalien behandelt, die auf der Faser einen Film bilden und so die elektrische Aufladung verhindern. Dadurch wird nicht die Anschmutzbarkeit verringert, im Gegenteil – da die waschbaren Antistatika fast alle öl- oder fetthaltig sind, wird die Anfälligkeit gegen Anschmutzen sogar erhöht.

Antipilling-Ausrüstung

Pills sind unansehnliche knötchenartige Zusammenballungen von losen Faserenden, die abgerieben werden. Die Antipilling-Ausrüstung behandelt Stoffe mit filmbildenden Substanzen, die die Einzelfasern verkleben und damit das Abschaben der kleinen Faserknötchen verhindern. Alternativ dazu werden pillarme Fasertypen entwickelt oder die Pillbildung wird durch Schleifen, Scheren oder Sengen in feuchtem Zustand gesenkt.

4 Appretur

Schiebefest- und Antisnag-Ausrüstung

Gewebe aus glatten Fäden wie Seide, Viskose und synthetische Fasern neigen in losen Einstellungen zum „Schieben", d. h., die Kett- und Schussfäden rutschen gegenseitig aufeinander. Die Gewebe werden unansehnlich. Sie lassen sich schlecht nähen, ihr Gebrauchswert ist wesentlich vermindert.
Um die Gleitfestigkeit der Fäden herabzusetzen und damit die Ware „schiebefester" zu machen, werden die Gewebe mit Klebemitteln (Kunstharzen) behandelt oder mit solchen Mitteln getränkt, die die Oberfläche der Fäden rau machen.
Antisnag-Ausrüstungen betreffen nur Maschenwaren und besonders Feinstrumpfwaren, bei denen im Gebrauch Maschen herausgezogen und verzerrt werden können und unschöne Zieher entstehen. Durch filmbildende und klebende Substanzen versucht man, die Garne im Stoff besser zu verankern.

Imprägnierung (Hydrophobierung)

Beim Imprägnieren von Textilien unterscheidet man die wasserdruckbeständige Ausrüstung, die völlig wasserundurchlässig ist (z. B. für Regenmäntel, Zeltplanen und technische Textilien) von der wasserabstoßenden Ausrüstung, die luft- und wasserdampfdurchlässig ist, aber Wassertropfen abperlen lässt (z. B. für Wetterkleidung).
Die Imprägniermittel auf Paraffin- und Siliconbasis sind gegen Feuchtigkeitseinwirkung, Schnee und nassen Schmutz für Wolle, Baumwolle und Baumwolle/Synthese-Mischungen geeignet.
Die Hydrophobierung mit **BIONIC-FINISH® ECO** basiert z. B. auf einer fluorfreien Rezeptur. Hochverzweigte, hydrophobe Polymere mit verästelten Strukturen wie Baumkronen richten sich geordnet auf dem Textil aus und kristallisieren auf speziell abgestimmten Kammpolymeren. Diese Imprägnierung wirkt hocheffektiv und permanent.

Antiflammausrüstung

Viele Textilien sind je nach verwendetem Rohstoff mehr oder weniger leicht brennbar. Für bestimmte Artikel, wie Gardinen, Dekorationsstoffe oder Bestuhlungen, die in feuergefährdeten öffentlichen Verkehrsmitteln oder Gebäuden angebracht sind, ist die leichte Entzündbarkeit sehr nachteilig. Durch das Aufbringen flammhemmender Produkte in und um die Faser wird die leichte Entflammbarkeit weitestgehend aufgehoben.
„*Delicron*" beispielsweise – ein flammhemmend ausgerüsteter Baumwollsatin mit *Sanfor plus* – ist heute Standard als Vorhangstoff. Die Ausrüstungschemikalie entwickelt im Brandfall schnell ein Gas, das den Sauerstoff von der Flamme fern hält. Bei der Chemiefaserherstellung können Flammschutzmittel schon der Spinnmasse zugegeben werden.

Aufgaben

1. Nennen Sie die vorbereitenden Maßnahmen, die bei Rohwaren vor der Ausrüstung vorgenommen werden, und beurteilen Sie deren Notwendigkeit.
2. Beschreiben Sie das Moirieren von Acetatstoffen. Vergleichen Sie echten und unechten Moiré.
3. Erklären Sie die Flammfestausrüstung und nennen Sie drei Einsatzmöglichkeiten dieser Ausrüstung.
4. Bei der Rasenbleiche wirkt Sauerstoff als Bleichmittel. Welche Bleichmittel werden heute im Rahmen der Textilveredlung und in der Wäschepflege als Oxidationsmittel eingesetzt?
5. Vergleichen Sie die Haltbarkeit der Farbe bei Textilien mit Düsenfärbung, Strangfärbung und Stückfärbung.
6. Warum werden Baumwoll- und Wollstoffe mit unterschiedlichen Farben gefärbt?
7. Beschreiben Sie die Gestaltungsmöglichkeiten bei der Färbung von Mischgeweben.
8. Durch welche Prinzipien entstehen Druckmuster?
9. Wodurch unterscheidet sich der Flachfilm- vom Rotationsfilmdruck?
10. Mit welchen Problemen hat die Textilveredlung zu kämpfen?
11. Warum wird veredelt?

Kapitel 5
Textilien im Handel

Textile Fußbodenbeläge

Aufbau der textilen Fußbodenbeläge

Ein textiler Fußbodenbelag ist nach DIN 61151 ein flächenförmiges Gebilde, das dafür vorgesehen ist, auf Fußböden oder auf vorbereitete Unterböden gelegt zu werden.
Mit Ausnahme der Nadelfilz- und Nadelvlies-Fußbodenbeläge werden textile Fußbodenbeläge im Allgemeinen „Teppiche" genannt. Je nach Maß und/oder Verwendungszweck sind auch Benennungen wie Teppichboden, Brücke, Bettumrandung u. a. üblich.

Die Oberseite des textilen Fußbodenbelages ist die im Gebrauch beanspruchte Seite; sie ist damit die Nutzfläche.
Die Rückseite ist die der Oberseite entgegengesetzte Seite ohne die Rückenausrüstung.
Die Rückenausrüstung ist das auf die Rückseite aufgebrachte Material wie Appretur, Beschichtung, Kaschierung. Die Unterseite ist die der Oberseite entgegengesetzte Seite einschließlich der Rückenausrüstung.
Die Längsrichtung ist die Fertigungsrichtung des textilen Fußbodenbelages.

Herstellungsarten der textilen Bodenbeläge

Die genormte Einteilung der textilen Fußbodenbeläge nach der Herstellungstechnik:

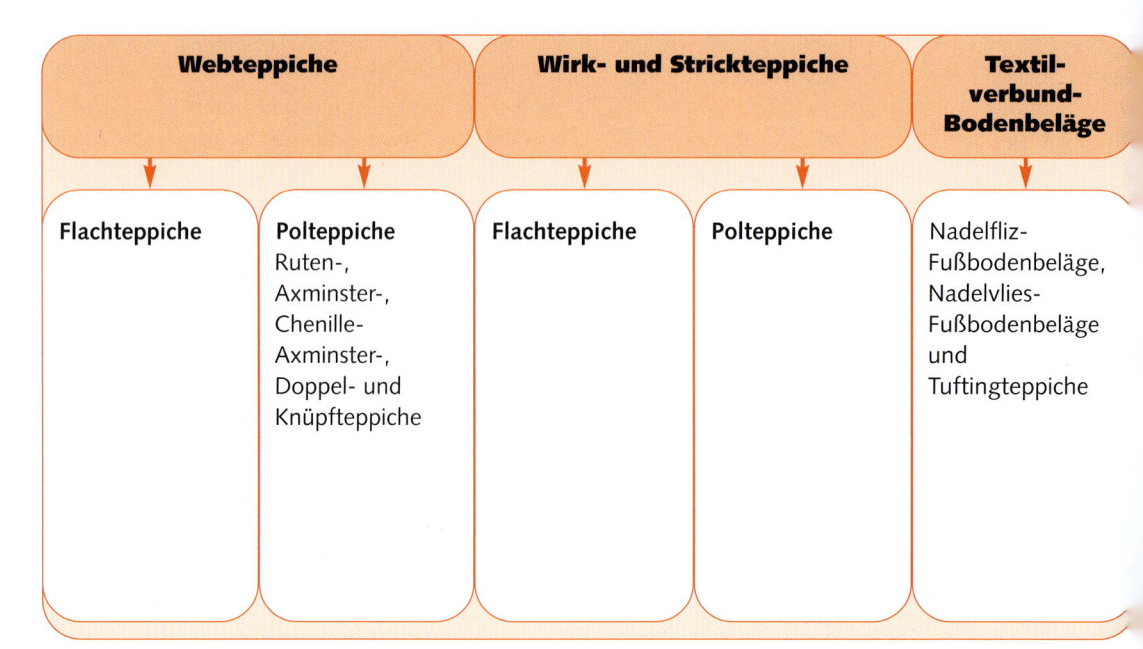

Webteppiche		Wirk- und Strickteppiche		Textil-verbund-Bodenbeläge
Flachteppiche	Polteppiche Ruten-, Axminster-, Chenille-Axminster-, Doppel- und Knüpfteppiche	Flachteppiche	Polteppiche	Nadelfliz-Fußbodenbeläge, Nadelvlies-Fußbodenbeläge und Tuftingteppiche

Webteppiche

Flachteppiche

Flachteppiche bestehen aus Kett- und Schussfäden ohne polbildendes Fadensystem.
Sie werden in der Regel in Leinwandbindung und meistens in Handarbeit hergestellt. Ihre Farben, Materialien und Muster sind jeweils typisch für die produzierenden Regionen.
Beispiele: Flickerlteppiche aus dem Voralpenland entstehen aus verwebten Stoffstreifen. Bildteppiche stammen z. B. aus Polen oder Mexiko und Kelimteppiche werden in den beigebraunen Naturfarben der Wolle im Vorderen Orient hergestellt.

Polteppiche

Polteppiche bestehen aus einem Grundgewebe und einem Pol. Grundgewebe und Pol sind in einem Arbeitsgang hergestellt.

Grundgewebe und Pol

Der Pol ist ein Fadensystem, das die Oberseite des gewebten Polteppichs bildet.
Beim Schlingenpol liegen die Polfäden schlingenförmig auf der Oberseite des Teppichs.

Schlingenpol.
Schnitt in Längsrichtung (hier gleich Kettrichtung)

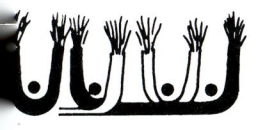

Schnittpol.
Schnitt in Längsrichtung (hier gleich Kettrichtung)

Der Schnittpol hat an der Oberseite des Teppichs aufgeschnittene Polfäden.
Die genormte Einteilung der Polteppiche nach der Art der Herstellung:
Rutenteppiche besitzen eine Polschicht, die mittels Ruten gebildet ist. Sind Zugruten verwendet worden, so sind gebräuchliche Bezeichnungen für diese Rutenteppiche: Bouclé, Brüssel. Sind Schnittruten verwendet worden, so sind gebräuchliche Bezeichnungen: Velours, Velvet, Tournay, Wilton.
Axminsterteppiche werden, je nachdem wie viel verschiedene Polkettfäden in einer Noppenlängsreihe zur Polbildung herangezogen, d. h. ausgehoben werden, als ein-, zwei-, drei- (usw.) choriger Teppich bezeichnet. Meist entspricht die Anzahl der Chore der Anzahl der an der Musterbildung beteiligten Garnfarben in der Noppenlängsreihe. Der Teil der Polkettfäden, der keine Noppe bildet, wird „totes Chor" genannt.
Chenille-Axminsterteppiche sind Axminsterteppiche mit vorgefertigten Chenillebändern als Polschussmaterial.

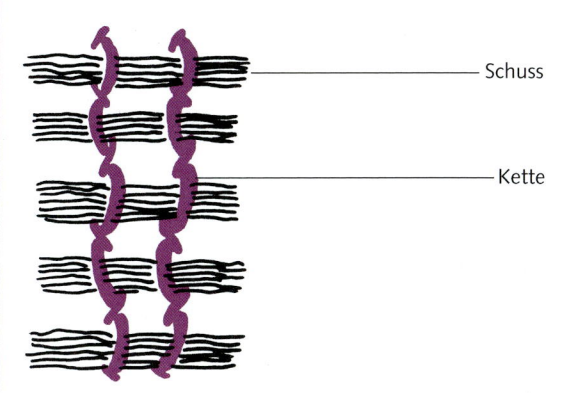

Chenille-Vorware

Chenillebänder sind gewebte, in Kettrichtung geschnittene Streifen mit beidseitig borstenartig ungebundenen Schussfäden. Diese Streifen werden durch eine Heißwasserbehandlung (Brennen) u-förmig und anschließend fixiert.

Chenilleband als Polschussmaterial.
Die Kettfäden bilden die Unterseite, die aufgerichteten Schussfadenenden die Oberseite des Bandes.

Knüpfteppiche haben zwischen den Schussfäden kurze Polfadenabschnitte um zwei oder mehr Kettfäden geschlungen (geknüpft). Teppiche mit dem Perserknoten führen auch die Bezeichnung „Senneh", mit dem türkischen Knoten „Ghiordes", auch „Smyrna".

Perserknoten über 2 Kettfäden, Schnitt in Querrichtung (hier gleich Schussrichtung).

Türkischer Knoten über 2 Kettfäden, Schnitt in Querrichtung (hier gleich Schussrichtung).

Wirkteppiche und Strickteppiche

Flachteppiche

Flachteppiche sind Gewirke oder Gestricke ohne polbildendes Fadensystem.
Heute werden Flachteppiche als Rundteppiche in Handarbeit aus Sisal hergestellt. Ihr Anteil an den textilen Fußbodenbelägen ist gering.

Polteppiche

Polteppiche bestehen aus einem Grundgewirk oder Grundgestrick und einem Pol. Sie sind in einem Arbeitsgang hergestellt.
Die meisten Pol-Wirkteppiche werden als Pol-Raschelware auf zwei hintereinander liegenden Nadelbetten hergestellt (siehe S. 163). Die Polhöhe kann durch die Wahl des Abstandes der beiden Nadelbetten voneinander in beliebiger Höhe gearbeitet werden.
Die Herstellung der Polwirkware als Doppelware führte zu einer wesentlichen Verbilligung und Verbreitung der textilen Fußbodenbeläge.

---

[1] adhäsiv (lat.) = anhaftend, anklebend

Textilverbundteppiche
(vgl. Textilverbundstoffe)

Nadelfilz-Fußbodenbeläge bestehen aus einem nur mechanisch durch Nadeln verfestigten Faservlies.
Nadelvlies-Fußbodenbeläge bestehen aus einem mechanisch durch Nadeln und zusätzlich adhäsiv[1] verfestigten Faservlies.

Man unterscheidet:
- Nadelvlies-Fußbodenbeläge mit nicht polartiger Oberseite,
- Nadelvlies-Fußbodenbeläge mit polartiger Oberseite (Pol-Vlies-Fußbodenbeläge).

Pol-Vlies-Fußbodenbeläge können eine schlingenartige, eine veloursartige oder eine schlingenveloursartige Oberseite aufweisen.
Einschichtige Nadelvlies-Fußbodenbeläge sind über die Dicke des Vlieses einheitlich nach Faserart, Farbe und Beschaffenheit.
Mehrschichtige Nadelvlies-Fußbodenbeläge bestehen aus mehreren in Faserart oder Farbe und/oder Beschaffenheit verschiedenen Schichten.

Tufting-Bodenbeläge entstehen aus einer textilen Grundfläche, in die mit Nadeln Polfäden eingearbeitet werden (vgl. S. 182 f.).

Produktion von Tufting-Bodenbelägen

5 Gardinen

Kennzeichnung der textilen Fußbodenbeläge

Bei der Auswahl des Bodenbelags sind die *Floor Covering Standard*-Symbole hilfreich. Diese geben an, für welche Einsatzbereiche ein Belag sich gut eignet und welche zusätzlichen Eigenschaften er hat. Es gelten europaweit einheitliche Symbole.
Unterschieden wird zwischen Wohnbereich (gelegentliche Nutzung) und gewerblichem Bereich (ständige Nutzung).

Andere Zusatzeignungen sind im oder im unmittelbaren Zusammenhang mit dem Teppichsiegel nicht erlaubt.

Das Verbandszeichen der „*Gemeinschaft umweltfreundlicher Teppichboden e. V.*" (GuT) bestätigt dem Verbraucher, dass der Teppichboden frei von gesundheitsgefährdenden Schadstoffen und weitmöglich umweltschonend produziert worden ist. Die Gebrauchs- und Umweltzeichen werden angezeigt.

| Antistatik | Fußbodenheizung | Feuchtraum | Stuhlrollengeeignet | Treppengeeignet | Schwer entflammbar | Schnittkantenfest | Lichtechtheit |

Strapazierfähigkeit im Privatbereich

| leicht/mäßig | mittel | stark | intensiv |

Strapazierfähigkeit im gewerblichen Bereich

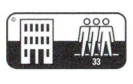

| leicht | normal | extrem |

Gardinen

Funktion der Gardinen

Gardinen dienen der Fensterdekoration und dem Schutz vor Sonnenlicht, sie verhindern, dass man tagsüber oder auch bei künstlichem Licht in den Raum hineinsehen kann.
Nach der Funktion unterscheidet man:

Übergardinen	Inbetweens	Stores
Dichte, lichtundurchlässige Ware. Sie sollen bei Dunkelheit den Blick in den Raum verhindern und eventuell den Rollladen verdecken.	Derb strukturierte Stores, die zum Teil die Funktion der Übergardinen übernehmen, wie z. B. Abdecken des Rollladenkastens.	Lichtdurchlässige Ware, die den Blick nach draußen freigibt, tagsüber aber den Einblick in den Raum verhindert.

5 Gardinen

Herstellung der Gardinen

Nach der Herstellung unterscheidet man
– Webgardinen und
– Wirkgardinen.
Die Herstellungsart hängt von der Funktion ab.

Übergardinen	Inbetweens	Stores
Sämtliche Flächentechniken der – Zweifadensysteme, – Mehrfadensysteme – Raschelwaren sind denkbar, sofern sie vollständigen Lichtschutz bieten.	Webgardinen Leinwandbindung: – Mull – Etamine – Voile Dreherbindung: – Halb- und – Volldreher Tüll: – Erbstüll – Florentiner Tüll Ausbrenner: – mit Ätzdruck	Wirkgardinen Raschelware: – mit Effektgarnen – als Schussgarne – Raschelspitzen Häkelware: – Wirktüll – Grobtüll

Webgardinen für Inbetweens und Stores

Etamine
Etamine ist gröber als Mull. Es gibt Garn-, Halbzwirn- und Vollzwirnqualitäten.

*Etamin-Musterung
(Grundgewebe in Dreherbindung)*

Voile
Beim Vollvoile bestehen Kette und Schuss aus überdrehten Zwirnen (Voiledrehung). Das Gewebe erhält dadurch einen körnigen Griff. Wenn die Ware doppelt liegt, entstehen durch die Lichtbrechung Moiréeffekte.
Beim Halbvoile besteht der Schuss nur aus Garn. In der Schussrichtung zeigt das Gewebe einen leichten Glanz, der Griff ist weicher als beim Vollvoile. Halbvoile ist billiger als Vollvoile. Voile läuft nach dem Waschen ein, besonders in der Breite. Deshalb darf Voile niemals quer verarbeitet werden.

Wirkstores

Tüll
Wirktüll ist ein Kettengewirk. Der Begriff „Tüll" war früher die Bezeichnung für Erzeugnisse der Bobinetmaschine, heute ist er die Sammelbezeichnung für offene, netz- und spitzenartige textile Flächengebilde.
Feintülle werden heute fast ausschließlich auf Kettenwirkautomaten mit zwei bis vier Legeschienen hergestellt.

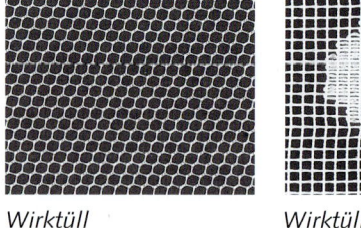

Wirktüll *Wirktüll mit Broché*

Grobtülle und **Jacquardtülle** (gemustert) werden auf Kettenwirkautomaten mit 12 bis 18 Legeschienen, den Raschelmaschinen, hergestellt.

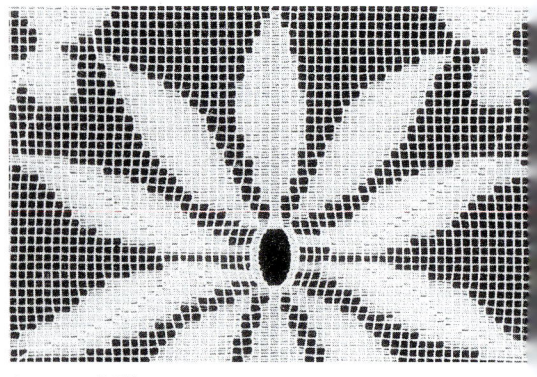

*Jacquardtüll.
Auf der Raschelmaschine hergestellt*

5 Zutaten

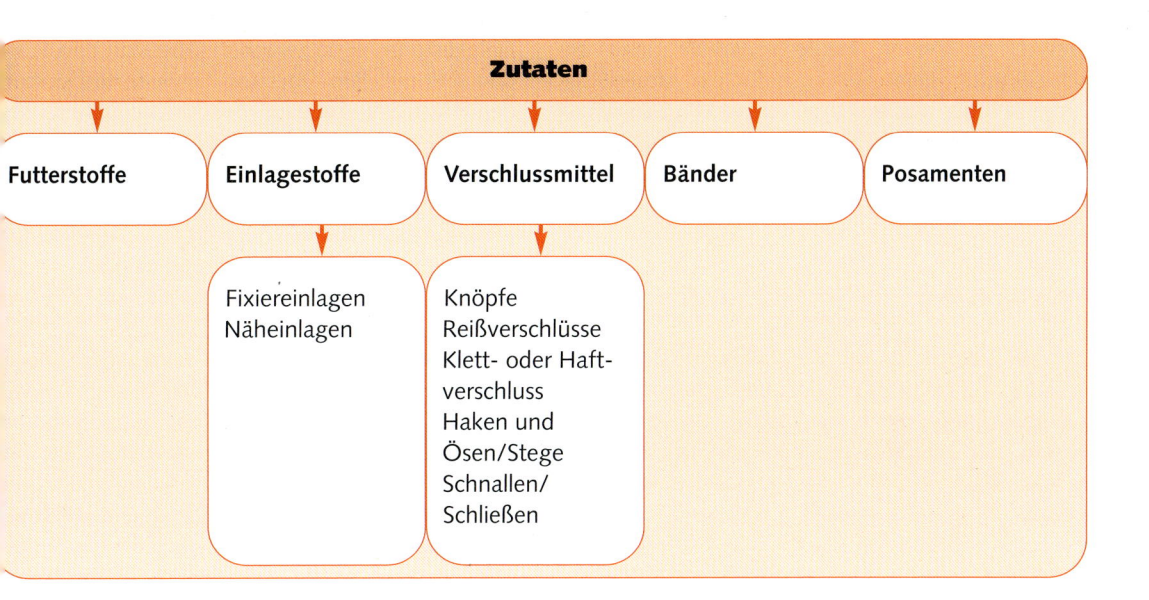

Zutaten

- Futterstoffe
- Einlagestoffe
  - Fixiereinlagen
  - Näheinlagen
- Verschlussmittel
  - Knöpfe
  - Reißverschlüsse
  - Klett- oder Haftverschluss
  - Haken und Ösen/Stege
  - Schnallen/Schließen
- Bänder
- Posamenten

Unter Zutaten werden alle Materialien außer dem Oberstoff zusammengefasst, die zur Herstellung eines Kleidungsstücks benötigt werden, z. B. Futter- und Einlagestoffe, Knöpfe, Reißverschlüsse, Bänder, Schnallen usw.

Futterstoffe

Mit Futterstoffen wird die Innenverarbeitung (Nahtzugaben, Einlage, Taschenbeutel) von Kleidungsstücken verdeckt und damit die Innenseite versäubert. Abgefütterte Kleidungsstücke lassen sich leichter an- und ausziehen, zeigen einen besseren Fall, weisen eine erhöhte Haltbarkeit und Formstabilität (Verhinderung des Ausbeulens) auf und erhöhen bei Bedarf das Wärmerückhaltevermögen. Bei Verarbeitung transparenter Stoffe verhindert eine Fütterung das Durchscheinen. Die Eigenschaften des Futterstoffes sind auf die des Oberstoffes abzustimmen. Hohe Anforderungen werden an die Haltbarkeit und Farbechtheit (Schweißechtheit) sowohl bei der Verarbeitung als auch beim Tragen (guter Feuchtetransport) oder Pflegen (Waschen, Reinigen, Bügeln) gestellt. Außerdem werden Taschenbeutel und Innentaschen aus Futterstoffen hergestellt oder Kleinteile mit Futter verstürzt. Je nach Einsatzgebiet unterscheidet man verschiedene Futterstoffe.

Leibfutter

Als Leibfutter wird das Innenfutter von Großstücken bezeichnet. Abgefüttert werden Sakkos, Jacken, Mäntel, Kleider, Röcke, Hosen, Westen(rücken). Diese Futterstoffe werden in Leinwand- (Taft), Köper- (Serge, Twill) oder Atlasbindung (Satin, Duchesse) gewebt. Das Leibfutter kann je nach Wunsch farblich abgestimmt oder im Kontrast zum Oberstoff gewählt werden. In Mode sind ebenso changierende-, klein gemusterte oder jacquardgemusterte, hoch- oder mattglänzende Futterstoffe. Zum Füttern von Damenhosen oder Röcken wird häufig auch elastische und formbeständige Kettenwirkware (Charmeuse) verarbeitet.

Ärmelfutter

Es soll sich durch hohe Gleitfähigkeit und gute Haltbarkeit auszeichnen, um der Scheuerbeanspruchung „im Ärmel" eines Kleidungsstücks gerecht werden zu können. Heute verwendet man die scheuerfesten Leibfutter auch für die Ärmelfütterung. Seltener wird das früher übliche in Längsrichtung gestreifte oder bedruckte weißgrundige Ärmelfutter in Leinwand- oder Atlasbindung eingesetzt.

Taschenfutter

Je nach Taschenart wird der Taschenbeutel unterschiedlich stark belastet. Entsprechend mehr oder weniger kräftig, fest und dauerhaft, aber auch weich und geschmeidig muss das Taschenfutter sein. Es darf nicht auftragen und sich nicht unter dem Oberstoff abzeichnen. In Leinwand- (Shirting, Pocketing), Köper- (Twill, Croisé) und Atlasbindung (Moleskin, Velveton) werden Taschenfutter hergestellt. Heute wird auch oft Kettenwirkware aus Polyamid eingesetzt.

Warmfutter

Dient der Futterstoff als zusätzliche Materialschicht insbesondere zur Erhöhung des Wärmerückhaltevermögens, dann spricht man auch von Warmfutter. Erzielt werden kann dieser Effekt durch Verarbeitung von gerauten Stoffen oder Fellimitat oder aber durch Einsatz von Steppfutter, d. h., an den Futterstoff ist linksseitig eine mehr oder weniger dicke Vliesfaserschicht angesteppt. In jüngster Zeit wird Fleece (Strick- oder Wirkware aus Mikrofasern mit hervorragender Klimafunktion, geringem Gewicht und sehr guten Pflegeeigenschaften) als Warmfutter häufig in sportlichen Mänteln und Jacken eingesetzt.

Futterstoffe

Einlagestoffe

Aufgaben und Eigenschaften

Einlagestoffe liegen zwischen Oberstoff und Futter und sind mit dem Oberstoff teilweise fest verbunden. Nach Fertigstellung des Kleidungsstücks sind sie nicht mehr sichtbar. Einlagen unterstützen die Formgebung z. B. an Kostüm-, Mantel-, Sakkovorderteilen und stabilisieren die Form z. B. an Kleinteilen wie Patten, Paspeln oder Kragen. Sie erleichtern außerdem die Weiterverarbeitung, da durch die Einlage ein bestimmter Teil (vordere Kante, Tascheneingriff) des Kleidungsstücks verzugsfrei gemacht werden kann. Zudem erhöhen voluminöse Einlagen das Wärmerückhaltevermögen bzw. finden füllende Einlagen zum Auspolstern Verwendung (insbesondere in der Maßschneiderei angewendet, um beispielsweise Wuchsabweichungen auszugleichen). Einlagestoffe müssen deshalb sprungelastisch, dressierfähig, formbeständig, maßstabil und einlauffest sein. Ebenso wird verlangt, dass sie luftdurchlässig, leicht, zum Teil auch luftig und elastisch sowie wasch- und reinigungsbeständig sind. Die Art des Klebemittelauftrags bei Fixiereinlagen (ganzflächig, punktförmig, einseitig, beidseitig) beeinflusst entscheidend die Eigenschaften und damit den Verwendungszweck der fixierten Fläche.

Entsprechend der Verarbeitung unterscheidet man grundsätzlich:
- **Fixiereinlagen**
  Die Fixiereinlage wird durch Aufbügeln klebend mit der Rückseite des Oberstoffes fest und dauerhaft verbunden. Die Bügelhitze lässt dabei die synthetische Klebemasse schmelzen. Durch den Bügeldruck werden Einlage und Oberstoff verbunden. Nach dem Erkalten ist die Klebemasse wieder fest und verbindet beide Flächen.
- **Näheinlagen**
  Näheinlagen sind Einlagen, die konventionell durch Unterschlagen eingearbeitet werden (maschinell oder von Hand). Dies kann bei einigen stark strukturierten oder genoppten Oberstoffen notwendig werden, bei denen es schwierig ist eine Einlage aufzubügeln oder aber es wird eine handwerkliche Verarbeitung in der Maßschneiderei durchgeführt. Das körpergerechte Unterschlagen der Näheinlagen von Hand, z. B. mit der

Pikierstich auf die linke Oberstoffseite, nimmt viel Zeit in Anspruch.
Zum Teil werden Einlagen weder geklebt noch genäht, sondern **frei** zwischen Oberstoff und Futterstoff **mitgefasst**.

Klassische Webeinlagen wie z. B. Rosshaareinlage, Bougram oder Schneiderleinen sind als Fixier- und auch als Näheinlagen erhältlich. Sie bestehen aus Baumwolle, Viskose, Leinen und zum Teil aus Tierhaaren (Rosshaar, Kamelhaar). Für moderne, leichte mono- oder bielastische Gewebe werden aber auch leichte multielastische Fixiereinlagen aus texturierten Polyesterfilamenten angeboten. Die ebenfalls für die Leichtverarbeitung in der DOB und HAKA eingesetzten kettengewirkten bzw. geraschelten, zum Teil elastischen Einlagen in Fransenlegung aus Polyamid, Polyester oder Viskose sind als Fixiereinlagen erhältlich. Watteline dagegen ist eine sehr lockere und weiche kettengewirkte Einlage in Trikotlegung, linksseitig aufgeraut für Wattierungen oder als Zwischenfutter einsetzbar. Vliese (Vlieseline) sind vielseitig verwendbare und in verschiedenen Ausführungen erhältliche Fixier- oder Näheinlagestoffe aus verfestigten Faservliesen (verklebt, verschweißt).

Verschlussmittel

Knöpfe

Die Einführung des Knopfes in seiner bis heute gebräuchlichsten Form, als Knöpfknopf, haben wir den Kreuzfahrern zu verdanken. Sie brachten die Gewänder aus dem Orient mit in die Heimat, an denen Knöpfe durch Lederschlaufen geknöpft waren. Erst mit der revolutionären Erfindung des Knopfloches im 14. Jahrhundert wurde der Ösenverschluss ersetzt und eine wahre Knopfmanie ausgelöst. Bis heute ist der Knopf nicht nur ein Verschluss-, sondern auch Schmuckmittel und er spielt als Gestaltungselement in der Mode eine wichtige Rolle. Die Größe, Form und das Material der Knöpfe beeinflussen die Gesamterscheinung des Kleidungsstücks.

Knöpfe sind vielen äußeren Einflüssen ausgesetzt, wie Druck, Scheuern, Hitze, Witterungseinflüssen oder Nässe. Deshalb müssen sie eine ausreichende Festigkeit und Widerstandsfähigkeit gegenüber mechanischen Einwirkungen besitzen. Zudem sollten sie bügel-, licht-, wasser- oder auch kochecht und chemikalienbeständig sein.
Sie müssen gut durch das Knopfloch, die Öse oder die Schlaufe gleiten. Und es ist wichtig, dass die Fadenlöcher und Ösen zum Annähen glatt und gleichmäßig sind, damit der Nähfaden beim Tragen oder Pflegen nicht durchgescheuert wird.

Knopfformen

Knöpfe werden in vielen Formen hergestellt. Am häufigsten sind die flachen, runden Knöpfe vertreten. Daneben gibt es ovale, quadratische, dreieckige, kugel- oder knebelförmige oder Knöpfe mit Rand. Besonders abwechslungsreich sind modische Kinderknöpfe (Flugzeuge, Bären, Blüten, Buchstaben).
Nach ihren Befestigungsmöglichkeiten am Kleidungsstück werden die Knöpfe eingeteilt in Zweiloch-, Vierloch-, Ösen- oder Butzenknöpfe.

Knopfarten

Knöpfe werden aus festen, dreh- und polierbaren oder form- und polierbaren Rohstoffen tierischer, pflanzlicher oder mineralischer Herkunft sowie aus synthetischen Materialien gefertigt.

Tierisches Material
- **Hornknöpfe** werden aus den Hörnern und Hufen von Rindern, Ziegen oder Schafen hergestellt. Durch Erwärmen wird das Horn weich gemacht und kann danach verformt werden. Büffelhornknöpfe sind die schönsten und teuersten Hornknöpfe, besonders wenn sie aus der massiven Hornspitze gefertigt sind.
- **Beinknöpfe** werden aus den Knochen von Pferden oder Rindern hergestellt. Das Bein wird erweicht, aufgeschnitten und zu Platten gepresst aus denen die Knöpfe gebohrt werden.
- **Hirschhornknöpfe** werden aus den abgeworfenen Geweihen von Hirsch, Reh oder Damwild gefertigt. Dazu werden sie scheibenweise abgesägt, so dass die natürlich genarbte Oberfläche als Knopfrand erhalten bleibt.

- **Lederknöpfe** bestehen vorwiegend aus Rinds- oder Schweinsleder. Sie werden aus feinen Lederriemchen geflochten oder aus Lederstreifen gepresst und mit einer Metall- oder Lederöse ausgestattet.

Pflanzliches Material
- **Steinnussknöpfe** werden aus den harten Samenkernen der in Südamerika bzw. Afrika heimischen Steinnusspalme gefertigt. Die kopfgroßen Früchte enthalten um die 100 Kerne bis zu Hühnereigröße, innen weißmarmoriert, außen eine dünne, braune Schale. In trockenem Zustand lässt sich die Nuss sägen, drehen, ausbohren, schleifen und polieren und in allen Farben anfärben. Steinnuss wird auch als Pflanzenelfenbein bezeichnet.
- **Holzknöpfe** werden aus Holzplatten (u. a. aus Kirsche, Nuss, Esche, Mahagoni, Olive, Ebenholz) gestanzt, anschließend gedrechselt, gebohrt und poliert, gefärbt oder lackiert. Die Schönheit des Holzes machen seine Maserung, Struktur und Naturfarbe aus. Holzknöpfe sind empfindlich gegen Hitze, Feuchtigkeit und chemische Einwirkungen.
- **Kokosnussschalen** werden geglättet und geschnitten. So entstehen dünne, haltbare, ungewöhnliche Knöpfe. Die Außenseite der Schale ist dunkel, die Unterseite dagegen hell.
- **Bambusknöpfe** werden aus dem Bambusstamm geschnitten.
- Auch **Bast** oder **Kork** werden zu Knöpfen verarbeitet.

Mineralisches Material
- **Perlmuttknöpfe** werden aus den Innenschichten der Kalkschale von Meeres- und Flussmuscheln gefertigt. Charakteristisch ist die glänzende, farbig schillernde Oberfläche. Sie können mit säurehaltigen Farbstoffen angefärbt werden.
- **Glas** entsteht, wenn Pottasche, Quarzsand, Soda und Farbstoffe bei 1400 bis 1600 °C zusammengeschmolzen werden. Knöpfe aus Glas sind relativ schwer und kommen durchsichtig, gefärbt, bemalt, glatt oder geschliffen vor, dürfen aber weder starken Temperaturschwankungen, noch Schlag oder starkem Druck ausgesetzt werden.
- Aus **Bleiglas** hergestellte, geschliffene Knöpfe, mit spiegelndem Untergrund in Metall gefasst, bezeichnet man als Strassknöpfe.
- **Metallknöpfe** werden aus verschiedenen rostfreien Metallen oder Legierungen (Messing, Neusilber, Aluminium, Stahl) gestanzt bzw. geprägt, in Stahlformen gespritzt oder in Gummiformen gefertigt. Sie werden lackiert, gefärbt oder galvanisiert. Sie haben an der Unterseite meist Ösen zum Annähen.

Synthetische Materialien
- Mit **Kasein**, das auch als Kunsthorn bezeichnet wird, imitiert man Farb- und Maserungseffekte natürlicher Materialien, wie z. B. Büffelhorn. Ausgangsprodukt ist Labkasein, das aus Magermilch gewonnen wird. Mithilfe von Chemikalien wird das getrocknete, gereinigte und gemahlene Kasein zur zähfesten Galalithmasse, die in Strang- oder Plattenform hart wird. Die vielfältigen Knopfformen entstehen durch Bohren, Drehen oder Prägen.
- Der Kunststoff **Polyester** ist das vielseitigste Material in der Knopfindustrie. Man kann mit Polyester fast alle natürlichen Materialien nachempfinden und die verschiedensten Effekte und Strukturen erzielen.
- Aus den thermoplastischen Kunststoffen **Polyamid** oder **Polystyrol** werden Spritzgussknöpfe in großer Farb- und Formenvielfalt für Damen- und Herrenoberbekleidung hergestellt. Diese Thermoplaste lassen sich in der Wärme erweichen. Die Masse wird in Stahlformen gespritzt. Nach dem Erkalten werden die Knöpfe aus den Negativformen herausgelöst.
- Aus nicht erweichbaren Duroplasten dagegen werden Pressknöpfe gefertigt. Die Pressmassen bestehen aus **Phenolharz, Harnstoffharz** oder **Melaminharz.** Diese Pressknöpfe werden vor allem an Sport- und Militärkleidung und Ausrüstungen eingesetzt, da diese starken Belastungen ausgesetzt sind.

Weitere Knopfarten
- **Posamentenknöpfe** sind Zierknöpfe aus feinen Geflechten (Kordeln, Schnüre, Litzen) aus Wolle, Baumwolle oder synthetischen Fasern, die über Holz- oder Metallformen gearbeitet werden.
- **Überzogene Knöpfe** entstehen, wenn Gewebe, Maschenstoff oder Leder über Holz- oder Metallformen gezogen werden.
- **Druckknöpfe** werden als Annäh- und Nähfreivarianten angeboten. Annähdruckknöpfe sind zweiteilig und bestehen aus Metall oder Kunststoff. Sie werden von Hand angenäht und eignen sich

für Verschlüsse, die wenig belastet werden. Nähfreie Druckknöpfe gibt es in verschiedenen Ausführungen und müssen mit speziellem Werkzeug eingenietet werden. Sie sind eine praktische Verschlussmöglichkeit für Sport- und Freizeitbekleidung.

- **Zwirn- oder Leinwandknöpfe** werden von der Wäscheindustrie eingesetzt. Dabei werden Metallringe strahlenförmig mit Baumwoll- oder Leinenzwirn übersponnen oder mit Leinen überzogen.

Reißverschlüsse

Der Reißverschluss machte als neue Verschlusslösung ab 1920 dem Knopfverschluss Konkurrenz. Heute ist er neben dem Knopf das wichtigste Mittel, um Kleidung zu verschließen. Häufig wird er nicht nur aus praktischen Gründen verarbeitet, sondern auch als Gestaltungsmittel vielfältig eingesetzt.

Reißverschlüsse bestehen aus zwei Bändern, an denen die Zähne befestigt sind, die sich schließen oder öffnen, wenn der Schieber mit dem Zupfer darüber gezogen wird. Metallklammern begrenzen Anfang und Ende des Verschlusses bei nicht teilbaren Reißverschlüssen. Teilbare dagegen sind nicht miteinander verbunden, sodass die zu verschließenden Teile völlig voneinander getrennt werden können. Teilbare Reißverschlüsse werden als Ein- (von oben nach unten zu öffnen) oder Zweiwege- (sowohl von oben als auch von unten zu öffnen) Ausführung angeboten. Grundsätzlich unterscheidet man drei Reißverschlussausführungen den Kunststoffspiral-, den Kunststoffspritzguss- und den Metallreißverschluss.

Klett- oder Haftverschluss

Zwei Bänder, ein weiches, mit kleinen Schlingen ausgestattetes Flauschband und ein hartes, mit kleinen Kunststoffwiderhaken besetztes Band, bilden den Klett- oder Haftverschluss. Werden diese beiden Bänder zusammengedrückt, so verhakt sich das eine in das andere und eine Verbindung kommt zustande, die Knöpfe oder Reißverschlüsse ersetzen kann. Klettverschluss ist in verschiedenen Farben, Breiten, Qualitäten, als Meterware oder in Stücke geschnitten erhältlich.

Haken und Ösen/Stege

Haken und Ösen/Stege können ebenfalls als Verschlussmittel eingesetzt werden. Sie sind von der rechten Seite aus nicht sichtbar und halten die Verschlusskanten zusammen, z. B. an Rock- oder Hosenbund. Es gibt sie in unterschiedlichen Größen und Stärken, in vernickelter oder lackierter Ausführung. Als Verschluss von Miederwaren oder Oberteilen wird auch Haken- und Ösenband (zweiteilig) eingearbeitet.

Schnallen und Schließen

Eine weitere Verschlussart ist der Schnallenverschluss, der Gürtel- oder Gummibänder oder Hosenträger zusammenhalten soll. Schnallen sind in vielfältigen Arten, Formen, Größen oder Farben im Handel erhältlich. Es gibt z. B. Durchzieh- und Einhakgürtelschnallen, Schnallen mit Dorn, Klapp- und Klemmschnallen, Schnallenringe oder Gürtelschließen. Sie bestehen aus Metall, Leder oder Kunststoff und haben neben der praktischen häufig auch dekorative Funktion.

Bänder

Alle Schmalgewebe bis 40 cm Breite bezeichnet man als Band. Webbänder haben beiderseitig feste Kanten. Werden Bänder aus einem breiten Gewebe geschnitten, spricht man vom Schnittband, dessen Kanten verklebt oder unverfestigt sein können. Bänder werden bei der Herstellung von Bekleidung verarbeitet, um beispielsweise Kanten zu verstärken (Eckenband) oder ein Verziehen der Nähte zu verhindern (Nahtband), um offene Schnittkanten einzufassen (Schrägband), um den unteren Hosensaum zu verstärken und ihn gegen Durchstoßen zu schützen (Hosenschonerband) oder um Bünde zu versteifen oder zu versäubern (Gurt- oder Miederband). Zudem werden Bänder im Haushalt als Aufhänger- oder Wäscheband benötigt. Bänder werden sowohl aus Natur- als auch aus Chemiefasern hergestellt. Dienen bestimmte Bänder zur Verzierung, dann werden sie oft auch den Posamenten zugeordnet.

Posamenten

Unter Posamenten werden allgemein alle diejenigen Artikel zusammengefasst, die zum Besatz oder zur Ausschmückung von Textilien verwendet werden. Sie entstehen durch Weben, Klöppeln, Häkeln, Stricken, Wirken, Drehen, Umspinnen oder Flechten maschinell oder von Hand.
Dekorative Bänder oder Borten stehen in einer Vielzahl von Breiten, Farben, Mustern, Materialien und Herstellungsarten zur Auswahl, z. B. Samt-, Moiré-, Rips-, Satin-, Taft-, Lancé-, Gobelin-, Paspel- oder Spitzenbänder.
Litzen (Bogen- oder Zackenlitze) und **Tressen** (Woll-, Hohl-, Lacktresse) sind Flachgeflechte. Litzen lassen sich faltenfrei in gebogenen Linien legen, Tressen sind sehr elastisch und eignen sich zum Einfassen von Kanten. **Soutache** ist ein ebenfalls formbares Spezialgeflecht, das aus zwei starken umsponnenen Fäden besteht, wodurch sich eine Vertiefung in der Mitte bildet. **Kordeln** sind aus Zwirnen gedreht oder geflochten.

Hängen unverwebte Fäden oder Kordeln an einer festen Kante, so werden diese als **Fransen** bezeichnet. **Pompons** (Bommel) sind dicke kugelförmige Fadenbüschel, **Quasten** (Troddel) sind längliche Fadenbündel, die aus einem Quastenkopf und Quastenschweif bestehen. Pompons und Quasten bilden oft den Abschluss an Kordeln oder Borten.

Leder

Leder als Rohstoff

Besondere Rohstoffmerkmale

Aus Leder arbeitet man Bekleidungsstücke, Schuhe, Taschen, Gürtel und Polstermöbelbezüge. Deutschland hat zur Zeit weltweit den höchsten Pro-Kopf-Verbrauch an Leder.
Der Verbraucher erwartet von einem Lederbekleidungsstück ein wenig Luxus, Individualität und besonders lange Haltbarkeit.
Häute und Felle, die nach unterschiedlichen, gemäß RAL 062 B vorgeschriebenen Gerb- und Zurichtungsmethoden bearbeitet sind, werden als Bekleidungsleder bezeichnet.
Leder ist ein gewachsenes Stück Tierhaut, ein Naturprodukt, aus dem in der Regel der „Bewuchs", Wolle, Haare oder Borsten, entfernt wird. Wollen hinterlassen sehr feine, Borsten sehr große Poren.
Auch die Lebensweise der Tiere hinterlässt kleine oder große Narben und Löcher, z. B. durch Insektenstiche, Dornenrisse oder durch Verletzungen. Selbst bei neugeborenen Tieren können Pigmentflecken auf der Haut vorhanden sein.
Da Leder ein Naturprodukt ist, zeigt jede Haut (bei großen Tieren), jedes Fell (Leder oder Pelz von mittelgroßen Tieren) und jeder Balg (Leder von kleinsten Tieren) eine individuelle Oberfläche.
Viele Lederteile sind Nebenprodukte beim Schlachten. Bevor sie für die Verarbeitung zu Bekleidungsstücken geeignet sind, müssen sie sorgfältig bearbeitet werden.

Litzen, Borten und verschiedene Posamentenformen

5 Leder

Aufbau des Leders

Der Aufbau des Leders ist bei allen Tierarten ähnlich:

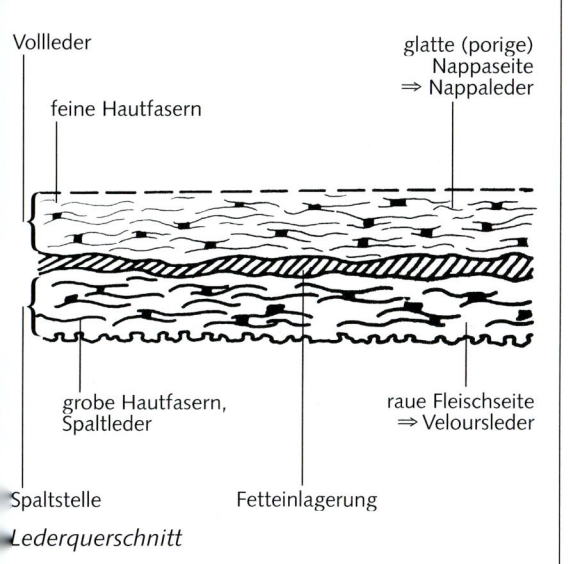

Lederquerschnitt

Leder besteht aus kleinsten Eiweißfasern, deren Zusammenhalt unter dem Mikroskop einem feinen Vlies gleicht. Während die Fasern in Fleischnähe grob und locker liegen, sind sie an der Außenseite so fein und so eng gelagert, dass die Oberseite glatt erscheint. Diese Seite heißt Nappaseite oder Nappaschicht. Aus ihr wird das haltbare und wertvolle Nappaleder hergestellt.
Die Fleischseite ist rau und wird zu Rau- oder Veloursleder verarbeitet.
Die Trennung der Tierhautschichten zur unterschiedlichen Weiterverarbeitung wird folgendermaßen erreicht:
Innerhalb der Faserstruktur sind große und kleine Fetteinlagerungen zu finden, die entfernt werden, weil beim Ranzigwerden üble Gerüche entstehen. Dort, wo sich durch die gelockerten Fasern Hohlräume gebildet haben, kann man das Leder spalten.
Dicke Häute, z. B. das 1 cm dicke Rindsleder, können mehrmals gespalten werden: dreimal für Bekleidungsleder oder auch sechsmal für andere Verwendungszwecke (Taschenfutter oder Möbelbezüge). Die Nappaschicht wird als Vollleder bezeichnet. Die übrigen Schichten tragen die Bezeichnungen Mittelspalt- und Fleischspaltleder, die auf beiden Seiten rau (Veloursleder) und weniger haltbar sind.

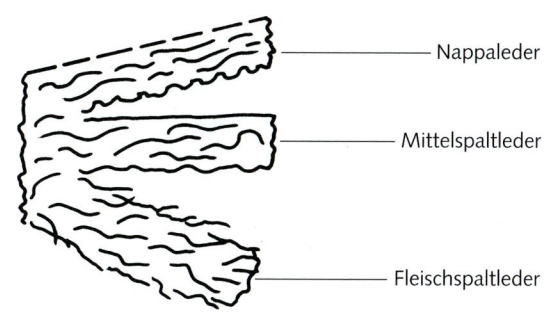

Lederqualitäten innerhalb der Hautschichten (Querschnitt)

Qualitätsgefälle gibt es bei Leder nicht nur von der oberen zur unteren Hautschicht, sondern auch innerhalb einer Tierhautfläche (s. a. S. 30):

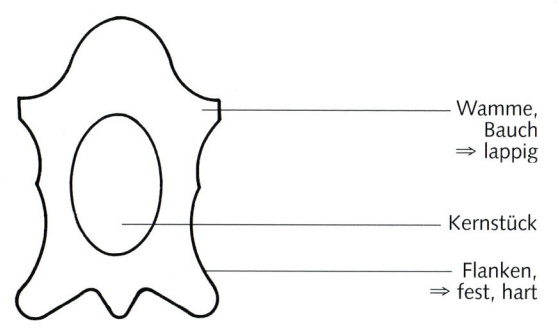

Lederqualitäten innerhalb der Hautfläche

Die beste Lederqualität findet man auf dem Rücken eines Tieres bzw. im Kern einer Lederhaut. Dieses „Kernstück" bleibt auch im Gebrauch formtreu und „kernig" im Griff. Es hat die besten Reißwerte. Stark strapazierte Teile eines Kleidungsstückes werden deshalb aus dem Kernstück gefertigt.
Weniger Qualität ergeben die fettreichen Hautpartien, z. B. Wamme oder Bauch. Sie werden lappig und reißen leicht ein.

Leder als Werkstoff

Verarbeitung des Leders

Gerben
Das Gerben beeinflusst wesentlich die Qualität und die Verwendungsmöglichkeiten des Leders: es wird unverderblich, geschmeidig und widerstandsfähig.

5 Leder

Nachdem die vielen natürlichen und chemischen Zusätze der Gerbvorgänge die Umwelt zu sehr belasten, hat die verantwortungsbewusste Beseitigung der Gerbzusätze zu einer wesentlichen Verteuerung des Leders geführt. Oft wird Leder bereits im Ausland gegerbt.

Beim Gerbvorgang gehen die Gerbstoffe aus Pflanzen oder Metallsalzen eine Verbindung mit den Eiweißmolekülen des Leders ein und bilden mit diesen ein festes Gerüst, das durch ausgiebiges Walken in drehbaren Fässern dann eine weiche und elastische Lederfläche ergibt.

Nach dem Gerben wird das Leder getrocknet.

Zurichten – die Oberflächenveredlung und Weiterverarbeitung

Als weiterer Arbeitsgang nach dem Gerben und Trocknen folgt das Zurichten des Leders. Während die Zurichtung bei Unterleder (Sohlen etc.) für die Lederbearbeitung weniger Bedeutung hat und sich auf maschinelles Walzen und Glätten beschränkt, gehört die Zurichtung der Lederfläche zu den wichtigsten Aufgaben der Oberflächenverarbeitung und -veredlung. Dabei werden Glanz, Farbqualität, Narbenprofil und die Verhinderung der Faltenbildung beim Knicken bewirkt.

Die Art der Zurichtung bestimmt die unterschiedliche Ausprägung und Oberflächengestaltung der Leder(sorten).

Die Zurichtung bei Leder kennt folgende Methoden:

- das Schleifen (bei Veloursleder, zur Narbenkorrektur),
- das Prägen (zur plastischen Oberflächengestaltung),
- das Färben,
- das Aufgießen bzw. Aufspritzen von filmbildenden Lösungen (als Wasser abweisende Schutzschicht, Lackschicht, Deckfarbschicht),
- das Aufkaschieren vorgefertigter Filme (Farbe, Gold, Silber, Schutz),
- das Appretieren (aus Pflanzenleim, Ölen, Weißpigmenten).

Die Bearbeitungen des gegerbten Leders führen zur großen Vielfalt der Bekleidungs- und Gebrauchslederarten:

Nappaleder mit schöner, gleichmäßiger Oberfläche kann mit transparenten Anilinfarben gefärbt werden. Es wirkt natürlich auch ohne Farb- oder Schutzschicht auf der Oberfläche. Diese Lederart ist sehr empfindlich und schwer zu reinigen.

Abgedecktes Nappa- oder Veloursleder wurde mit einer dicken Farb- und Kunstharzschicht überspritzt. Dieses Leder ist unempfindlich und kann leicht gereinigt werden, wobei sich aber die äußere Abdeckschicht abnützen kann.

Angeschliffenes Nappaleder (Nubuk, Laponia) entsteht durch das Anschleifen der glatten Nappaseite zu einem sehr feinen Velours. Dieser Schliff wird bei Häuten von wild lebenden Tieren (vor allem bei Hirschleder) manchmal auch schon vor dem Gerben vorgenommen.

Velours- oder Rauleder wird oft fälschlicherweise als Wildleder bezeichnet, denn die raue Seite ist fein geschliffen. Diese Lederart ist meistens empfindlich gegenüber feuchten Verschmutzungen und muss vor dem ersten Gebrauch sorgfältig imprägniert werden.

Wildleder muss aus Häuten von (normalerweise) wild lebenden Tieren stammen. Die Wildlederseite ist die Velours- oder Fleischseite, sofern die Nappaseite nicht angeschliffen wurde. Die Nappaseite wird bei diesen Häuten auch zu Nappaleder verarbeitet, z. B. Hirschnappaleder.

Reptilleder stammt von gezüchteten und einigen wild lebenden Reptilien, z. B. Schlangen, Eidechsen oder Krokodilen.

Da diese Reptilien in ihrem Bestand teilweise stark verringert sind, beziehen Ledereinkäufer bevorzugt ihre Leder aus Zuchtfarmen.

Reptilleder muss sorgfältig gegerbt und transparent gefärbt werden, damit die ausdrucksvollen, z. T. großflächigen und plastischen Zeichnungen voll zur Wirkung kommen. Es wird für elegante und schmückende Elemente verwendet und ist sehr teuer und empfindlich.

Waschleder entsteht bei einer sorgfältigen Tran- oder Chromgerbung von meist dünnen, häufig veloursartigen Häuten oder Fellen (z. B. Ziegenleder oder Hirschleder).

Pelzveloursleder behält den natürlichen Haarwuchs. Die gegenüberliegende Fleischseite wird fein angeschliffen. Das Haar oder Fell kann auf der Außen- oder Innenseite eines Bekleidungsstückes getragen werden.

5 Leder

Eigenschaften des Leders

Das Bekleidungsmaterial Leder hat hervorragende Eigenschaften:
- Leder ist atmungsaktiv und windundurchlässig, d. h., die Hautatmung wird nicht eingeschränkt. Leder hält dem Winddruck von außen stand und wird deshalb für Motorradkleidung benützt.
- Leder ist dehnfähig, d. h., es vollzieht alle Körperbewegungen nach und passt sich der Körperform an.
- Leder ist Wasser abweisend, d. h., gut gepflegtes derbes Leder ist ein Schlechtwetterschutz. Ledersäcke werden schon seit Jahrhunderten als Aufbewahrungsbehälter für Wasser und Wein verwendet.
- Leder ist wasserdampfdurchlässig, d. h., Transpirationsfeuchtigkeit durch Schwitzen kann nach außen geleitet werden.
- Leder ist im Verhältnis zur Dicke strapazierfähig und haltbar.
- Leder ist hautfreundlich, d. h., Teile, die unter großer Belastung lange auf der Haut getragen werden müssen, bestehen oft aus Leder (z. B. Fahrradhosen oder Prothesen).

Pflege des Leders

Die Pflege von Leder ist oft schwieriger als die von Textilien. Eine vorbeugende Imprägnierung mit Lederspray (inzwischen auch mit umweltfreundlicherem Treibgas) vor dem ersten Tragen und nach jeder Saison (mit ca. 250 ml für eine Jacke) bietet einen sehr guten Schutz.
Die Art der empfohlenen Pflegemaßnahme muss auf dem Lederartikel angegeben sein:
- Die Waschbarkeit von Leder muss unter Beifügung der Waschanleitung gekennzeichnet sein.
- Die chemische Reinigung darf nur bei chemisch reinigungsbeständigem Bekleidungsleder (mit Kennzeichnung) in einer Lederspezialreinigung vorgenommen werden, da es sonst hart und brüchig wird.

Kennzeichnung des Leders

Für Leder gibt es ein Verbandszeichen, das für Bekleidungsleder vom Verband der Deutschen Lederbekleidungsindustrie in München geführt wird. Im Textilkennzeichnungsgesetz (TKG) ist Leder nicht aufgeführt.

In der Bundesrepublik Deutschland gibt es Bezeichnungsvorschriften für Bekleidungsleder (vom Reichsausschuss für Lieferbedingungen unter der Nr. RAL 062 B).
Diese Vorschriften verlangen die Angabe der Herkunftstierart sowie besondere Bearbeitungsmerkmale (z. B. „geprägt" oder „beschichtet"), Fantasienamen und Imitationen dürfen zusätzlich zur Tier- und Lederart verwendet werden (z. B. Schlange auf Rindernappa geprägt).

Ersatzprodukte für Leder

Tier- und Umweltschützer befürchten, dass wegen des vermehrten Bedarfs an Leder und Pelzen, deren Rohhäute bzw. -felle nicht automatisch bei der Fleischgewinnung anfallen, viele noch nicht geschützte, wild lebende Tierarten in ihrem Bestand bedroht wären. Auf Tierfarmen wird häufig eine unnötige Tierquälerei bei der Haltung und Tötung der Tiere vermutet.
Um beide beschriebenen Probleme auszuschalten, bietet der Markt Ersatzprodukte für Leder oder exotische Leder- und Pelzarten an.
- Geschmirgelte Feinstfaservliese, beschichtete Gewebe und Maschenstoffe (siehe Kap. Vliese und mehrschichtige Textilien) können Leder ersetzen und haben als Gebrauchsmaterialien (z. B. für Autositze oder Stuhlbespannungen) den Vorteil, dass sie weniger empfindlich gegen Lichteinwirkung, Trockenheit, Wärme und Schmutz sind.
- Besonders gefährdete Tierarten können vor dem Aussterben geschützt werden, indem man ersatzweise glatte Lederarten bedruckt (z. B. reptilartige Narbenmuster auf glattes Rindernappaleder mit einer heißen Graviernadel).
- Ein weiterer Ersatz für Leder kann durch „Leder-Recycling" geschaffen werden:
Der Abfall aus der Lederverarbeitung wird fein zerfasert mit einem Bindemittel zu einem Vlies verarbeitet, auch Faserkunstleder genannt. Lederfasern werden auch textilen Fasern bei der Vliesherstellung beigemischt.

Kennzeichnung der Textilien

60 % Schurwolle 40 % Polyacryl	dralon® WOOLMARK BLEND	30 (Waschen) / (F) / (Trocknen)
↓	↓	↓
Textilkennzeichnung ist gesetzlich vorgeschrieben (TKG).	Warenzeichen und Gütezeichen sind freiwillig.	Pflegesymbole sind international festgelegt. Sie sind vom Verbraucher erwünscht.

Textilkennzeichnungsgesetz – TKG

Das Textilkennzeichnungsgesetz vom 25. August 1972 (zuletzt geändert durch die EU-Verordnung EU 1007/2011) verpflichtet Industrie und Handel, Textilerzeugnisse mit Angaben über die Rohstoffzusammensetzung zu versehen. Der Verbraucher soll beim Kauf von Textilien wissen, aus welchen textilen Rohstoffen ein Erzeugnis besteht. Die Rohstoffgehaltsangabe muss für den Endverbraucher deutlich erkennbar eingewebt oder an dem Textilgut angebracht sein. Auch muss sie leicht lesbar sein und ein einheitliches Schriftbild aufweisen. Das Gesetz schreibt vor, welche Bezeichnungen für die verschiedenen Faserarten zu verwenden sind und wie die Gewichtsanteile anzugeben sind. Grundsätzlich an jedem Stück – an Kleidern, Anzügen, Wäsche, an Fußbodenbelägen und Möbelbezugsstoffen – soll der Verbraucher eine eindeutige und klare Rohstoffgehaltsangabe vorfinden.

Das Nettotextilgewicht gibt das Gesamtgewicht eines Textilgutes an abzüglich der darin enthaltenen Gewichte von nichttextilen Teilen wie z. B. Etiketten, Abzeichen, Bordüren, Schmuckbesatz, Knöpfe, Schnallen, Appreturen, Färbe- und Druckhilfsmittel.

Die Verwendung der Begriffe Kunstseide, Zellwolle, Reyon und die meisten Markenzeichen der Chemiefasern dürfen nicht die Artnamen ersetzen. Kunstseide und Zellwolle sind generell als Bezeichnung verboten.

Besteht eine Textilfläche nur aus einem dieser Fasermaterialien, z. B. Baumwolle, heißt die Kennzeichnung 100 % Baumwolle oder reine Baumwolle.

Die Bezeichnung „Schurwolle" darf für ein Wollerzeugnis nur dann gegeben werden, wenn die Wolle niemals in einem Fertigerzeugnis enthalten war, keinen Spinn- oder Filzprozess durchgemacht hat, noch einer faserschädigenden Benützung ausgesetzt war. Der Nettogewichtsanteil an Schurwolle muss mindestens 25 % betragen.

Bezeichnungen der Textilfasern nach ihren Artnamen

Naturfaserstoffe		Chemiefaserstoffe	
Baumwolle Flachs oder Leinen Kapok Hanf Ramie Jute Manila Sisal Kokos	Wolle Haare[1] Seide	Viskose Modal Cupro Lyocell Acetat Triacetat	Polyamid/ Nylon Polyester Polyacryl Polychlorid Polypropylen Elastan Polyurethan Metall[2] Glasfaser

Die Gewichtsanteile der verwendeten textilen Rohstoffe sind in Vom-Hundert-Sätzen des Nettogewichts anzugeben, und zwar bei Textilerzeugnissen aus mehreren Fasern in absteigender Reihenfolge ihres Gewichtsanteils.

Erreicht keine Faserart 85 % des Gesamtgewichtes, werden zwei Faserarten mit dem höchsten Prozentgehalt mit ihren Gewichtsanteilen angegeben.

---

[1] mit oder ohne Angabe der Tiergattung
[2] mit oder ohne Zusatz „Faser" oder „Garn"

5 Kennzeichnung der Textilien

Beispiel: Das Nettotextilgewicht besteht aus 45 Teilen Baumwolle, 30 Teilen Polyester, 15 Teilen Viskose, 10 Teilen Seide.
Zwei Möglichkeiten der Kennzeichnung:

45 % Baumwolle	45 % Baumwolle
30 % Polyester	30 % Polyester
15 % Viskose	Viskose
10 % Seide	Seide

Erreicht eine Faser einen Anteil von mindestens 85 % des Gesamtgewichts, dann muss diese Faser mit ihrem Anteil genannt werden, die anderen Fasern können ungenannt bleiben.
Beispiel:

90 % Baumwolle	oder	90 % Baumwolle
		10 % Viskose
85 % Baumwolle	oder	90 % Baumwolle
Mindestgehalt		Viskose

Als „sonstige Fasern" dürfen textile Rohstoffe bezeichnet werden, deren jeweilige Gewichtsanteile unter zehn vom Hundert liegen; der Gesamtgewichtsanteil der als „sonstige Fasern" bezeichneten Rohstoffe ist anzugeben. Falls die Bezeichnung eines textilen Rohstoffes genannt wird, dessen Anteil unter zehn vom Hundert liegt, sind die Gewichtsanteile aller verwendeten textilen Rohstoffe in Von-Hundert-Sätzen anzugeben.

Beispiel: Das Nettotextilgewicht besteht aus 75 Teilen Baumwolle, 9 Teilen Polyester, 9 Teilen Polyamid und 7 Teilen Viskose.
Drei Möglichkeiten der Kennzeichnung:

75 % Baumwolle	75 % Baumwolle	75 % Baumwolle
25 % sonstige Fasern	Polyester Polyamid Viskose	9 % Polyester 9 % Polyamid 7 % Viskose

Bei Textilerzeugnissen, die aus mehreren Teilen unterschiedlichen Rohstoffgehalts zusammengesetzt sind, ist der Rohstoffgehalt der einzelnen Teile jeweils gesondert anzugeben.
Die im TKG vorgeschriebene Rohstoffangabe gibt keine Auskunft über die Stoffe, die durch die Ausrüstung an oder in den Textilien zu finden sind. Die Baumwolle kann pflegeleicht mit Kunstharzen ausgerüstet oder die Seide mit Chemikalien erschwert sein. Diese „Zusatzstoffe" sind nur an der freiwilligen Pflegekennzeichnung zu erkennen. Wenn z. B. 100 % weiße Baumwolle nur bei 30 °C im Schonwaschgang zu waschen ist, besteht der Verdacht, dass eine Kunstharzausrüstung vorliegt.
Textilerzeuger unterschreiten bei der Pflegekennzeichnung ihrer Waren häufig die möglichen Wasch- und Bügeltemperaturen, um Pflegefehler auszuschließen.

Qualitätshinweise

Gütezeichen/Gütesiegel
- grafische oder schriftliche Produktkennzeichnung, die eine besondere Güte von Produkten und Dienstleistungen bestätigt und für eine hohe Qualität, Neutralität und Vertrauenswürdigkeit steht,
- repräsentiert wird eine besondere Gebrauchsqualität oder Komfort,
- teilweise wird auch auf sicherheitsrelevante Eigenschaften hingewiesen,
- durch den Zusammenschluss von Herstellern und Anbietern einer bestimmten Produktart ergeben sich Gütegemeinschaften, um ein produktbezogenes Gütezertifikat zu schaffen.

Verbandzeichen
- Verbandszeichen, wie z. B. der „The Woolmark Company", können als Warenzeichen geschützt werden.

Waren- und Markenzeichen
- Individualzeichen einzelner Hersteller können sich auf die verwendeten Rohstoffe, die Ausrüstung, die Flächengestaltung oder eine Dienstleistung beziehen.
- Warenzeichen werden auf Antrag vom Harmonisierungsamt für den Binnenmarkt (HABM) nach einem Prüfverfahren für zehn Jahre geschützt.

5 Kennzeichnung der Textilien

- Wenn der Warenzeichenschutz abgelaufen ist, kann der Verbraucher nicht mehr sicher auf die Qualität des Produktes vertrauen.

Zeichen für schadstoffgeprüfte Textilien
- werden auf bestimmte Umweltgifte im Endprodukt geprüft,
- die umweltfreundlichen Produktionsbedingungen werden gegenüber dem Endverbraucher dokumentiert.

Handelsnamen
- Namen, die die Hersteller ihre Produkten gegeben haben, können als Namen und zusätzlich als Warenzeichen geschützt werden;
- dürfen bei Textilien nur als Ergänzung zu den Artnamen verwendet werden.

Nachhaltigkeitszeichen
Initiativen, die Orientierungshilfen bieten, gute und nachhaltige Produkte zu erkennen.
Initiativen sind z. B:
- **Der Blaue Engel** ist eine vom Staat initiierte und von einer unabhängigen Jury vergebene freiwillige Kennzeichnung für Produkte. Mit dem Blauen Engel sind unterschiedliche Produkte gekennzeichnet (z. B. Farben, Fußbodenbeläge). Die Vergabe erfolgt an Produkte und Dienstleistungen, die geringere Umweltauswirkungen als vergleichbare Produkte haben. Bei der Vergabe wird der gesamte Lebenszyklus des Produktes betrachtet.
- Das **EU-Ecolabel** ist ein entsprechend auf europäischer Ebene gefördertes Umweltzeichen und wird z.B. für Textilerzeugnisse vergeben.

- **Sustainaible Textile Production (STeP)**
Neues OEKO-TEX® Zertifizierungssystem für nachhaltige Textilproduktion.
Das Ziel des STEP-Zertifizierung ist die permanente Umsetzung von umweltfreundlichen Produktionsprozessen und sozialverträgliche Arbeitsbedingungen in den Produktionsstätten entlang der gesamten textilen Kette.
- **Fairtrade**
Produkte, die aus Fairtrade-zertifizierter Baumwolle produziert wurden.
Lebens- und Arbeitsbedingungen von Kleinbauernfamilien sollen verbessert werden.
Weitere Betriebe der Lieferkette müssen die Einhaltung der ILO-Kern-Arbeitsnormen nachweisen können.

OE-Standards
- **OEKO-TEX® Standard 100plus**
ist ein Produktlabel, das es Textil- und Bekleidungsherstellern ermöglicht, die humanökologische Optimierung ihrer Produkte sowie ihre umweltfreundlichen Produktionsbedingungen gegenüber dem Endverbraucher zu dokumentieren.
- **Naturtextil IVN zertifiziert BEST**
BEST weist derzeit die höchsten Ansprüche an textile Naturfasern auf. Es umfasst dabei die gesamte textile Kette, sowohl in ökologischer als auch in sozialverantwortlicher Hinsicht.
- **Global Organic Textile Standard (GOTS)**
ist als weltweit führender Standard für die Verarbeitung von Textilien aus biologisch erzeugten Naturfasern anerkannt.
Auf hohem Niveau definiert er umwelttechnische Anforderungen entlang der gesamten textilen Produktionskette und fordert gleichzeitig die Einhaltung von Sozialkriterien.
- **BLUESIGN® SYSTEM**
beachtet alle wesentlichen Umweltauswirkungen entlang der Wertschöpfungskette, sowohl von Natur- als auch von Chemiefasertextilien: Ressourcen- und Energieverbrauch, Arbeitsschutz, Luftemissionen in der Textilveredlung und Einsatz von fluorierten Treibhausgasen und ozonschädigenden Substanzen.

5 Kennzeichnung der Textilien

Internationale Pflegesymbole

Waschen

Normalwaschgang	95	Normalwaschgang	60
Normalwaschgang	40	Schonwaschgang	40
Normalwaschgang	30	Schonwaschgang	30
Handwäsche maximale Temperatur 40 °C		Nicht Waschen	
		Die Zahlen im Waschbottich zeigen die maximal zulässige Waschtemperatur in °C an. *	

Schonwaschgang 60
Spezialschonwaschgang 40
Spezialschonwaschgang 30

Bleichen

Chlor- oder Sauerstoffbleiche erlaubt		Nur Sauerstoffbleiche (keine Chlorbleiche) erlaubt	CL	Nicht Bleichen	

Trocknen

Trocknen im Tumbler möglich, normale Temperatur, 80 °C normaler Trocknungs-prozess		Trocknen im Tumbler möglich, niedrige Temperatur, 60 °C normaler Trocknungsprozess		Nicht im Wäschetrockner/ Tumbler trocknen	
Trocknen auf der Wäscheleine		Trocknen aus dem tropfnassen Zustand		Liegend trocknen	
Liegend trocknen aus dem tropf- nassen Zustand		Trocknen auf der Wäscheleine im Schatten		Trocknen aus dem tropfnassen Zustand im Schatten	
Liegend trocknen im Schatten		Liegend trocknen aus dem tropf- nassen Zustand im Schatten		Die Punkte kennzeichnen die Trocknungs- stufe des Tumblers. Die Striche kennzeich- nen Art und Ort des Trocknens.	

Bügeln

Bügeln mit einer Höchsttempera- tur der Bügeleisensohle von 200 °C		Bügeln mit einer Höchsttempera- tur der Bügeleisensohle von 150 °C		Die Punkte kennzeichnen die Temperatur- stufe des Bügeleisens.	
Bügeln mit einer Höchsttempera- tur der Bügeleisensohle von 110 °C *		Nicht Bügeln		* Vorsicht beim Dampfbügeln	

Professionelle Textilpflege

Professionelle Trockenreinigung, normaler Prozess	P	Professionelle Trockenreinigung, schonender Prozess	P	Professionelle Trockenreinigung, normaler Prozess	F
Professionelle Trockenreinigung, schonender Prozess	F	Nicht Trockenreinigen		Die Buchstaben im Kreis kennzeichnen die Löse-mittel (P, F) die in der Trockenreini- gung angewendet werden oder die Nass- reinigung (W).*	
Professionelle Nassreinigung, normaler Prozess	W	Professionelle Nassreinigung, schonender Prozess	W		
Professionelle Nassreinigung, be- sonders schonender Prozess	W	Nicht Nassreinigen		* Generell: Der Strich unter dem Symbol kennzeichnet eine mildere Behandlung (z. B. Schongang für Pflegeleichtartikel). Der doppelte Strich kennzeichnet Pflege- stufen mit besonders schonender Be- handlung.	

5 Kennzeichnung der Textilien

Aufgaben

1. Ein weißes T-Shirt aus 100 % Baumwolle mit einem Werbeaufdruck darf nur bei 30 °C gewaschen werden. Welche Folgen kann eine höhere Waschtemperatur haben?

2. Ein Pullover besteht aus einem Gemisch Polyacryl und einem Schurwollanteil von 20 %. Welche Aufschrift muss das Etikett tragen?

3. Ein Seidenstoff wurde mit Kunstharzen „20 % Überpari" erschwert. Warum darf dieser Stoff trotzdem mit 100 % Seide ausgezeichnet werden?

4. Erklären Sie den Unterschied zwischen Web- und Wirkteppichen.

5. Teppichböden sind in den vergangenen Jahren immer preiswerter geworden. Begründen Sie diesen „Preisverfall".

6. Erklären Sie den Unterschied zwischen Inbetweens und Stores in der Herstellung und im Gebrauch.

7. Welche Zutaten gehören nicht zum Nettogewicht eines textilen Rohstoffs?

8. Welche Knöpfe eignen sich für Textilien, die häufig gewaschen werden müssen?

9. Erklären Sie die unterschiedlichen Lederqualitäten.

10. Vergleichen Sie den Aufbau des Leders mit dem Aufbau von Vliesstoffen.

11. Textilhersteller geben bereitwillig Pflegekennzeichen in den Textilien an. Häufig unterschreiten sie die möglichen Wasch- und Bügeltemperaturen. Beurteilen Sie dieses Vorgehen.

12. Überprüfen Sie in einem Textilgeschäft die Kennzeichnung folgender Artikel:
    Kleiderstoff – Meterware,
    verpackte und lose Strümpfe,
    Strickwolle,
    Taschentücher
    und Kostüme.

13. Geben Sie eine kurze Waschanleitung für die folgenden Materialkombinationen an:
    – Reine Baumwolle (weiß),
    – 60 % Baumwolle/40 % Polyester (weiß),
    – 60 % Baumwolle/40 % Modal (weiß),
    – 100 % Leinen (bunt),
    – Halbleinen,
    – 50 % Wolle/50 % Polyacryl,
    – Reine Wolle,
    – Reine Seide,
    – 50 % Viskose/50 % Baumwolle (weiß),
    – 100 % Acetat als Futterstoff in einem waschbaren Textil,
    – 100 % Polyamid,
    – 100 % Polyester als Maschenware,
    – 70 % Polyacryl/30 % Wolle.

14. Stellen Sie für die folgenden Materialkombinationen noch weitere gültige Kennzeichnungsmöglichkeiten nach dem TKG zusammen:
    – 40 % Wolle, 30 % Polyester, 20 % Polyamid, 10 % Acetat;
    – 85 % Wolle, 15 % Seide;
    – 80 % Polyacryl, 9 % Wolle, 6 % Seide, 5 % Polyamid.

15. Ein Textilgut enthält ein Gütezeichen. Welche Garantie verbinden Sie mit der Vergabe eines Gütezeichens?

16. Welcher Unterschied besteht zwischen Warenzeichen und Gütezeichen?

Kapitel 6
Entsorgung und Recycling von Textilien

Rund 24 kg textile Rohstoffe verbraucht ein Bundesbürger jährlich. Davon sind etwa die Hälfte Bekleidungstextilien. Da Kleidung unserer schnelllebigen Mode unterliegt, wird sie regelmäßig ausrangiert. Greenpeace hat herausgefunden, dass jeder Deutsche durchschnittlich 60 Kleidungsstücke im Jahr kauft und nur etwa die Hälfte davon getragen wird. Die andere Hälfte wird im besten Fall recycelt, im schlechtesten Fall landet sie auf dem Müll.

In Europa werden jährlich 5,8 Millionen Tonnen Kleidung weggeworfen.[1] Der Fachverband für Textilrecycling beziffert das Sammelaufkommen an gebrauchter Kleidung in Deutschland auf über 750.000 Tonnen im Jahr. Diese Menge übersteigt den inländischen Bedarf. Hinzu kommen textile Produktionsabfälle (Faser- und Stoffreste der Textil- und Bekleidungsindustrie) und ausgesonderte Heimtextilien.

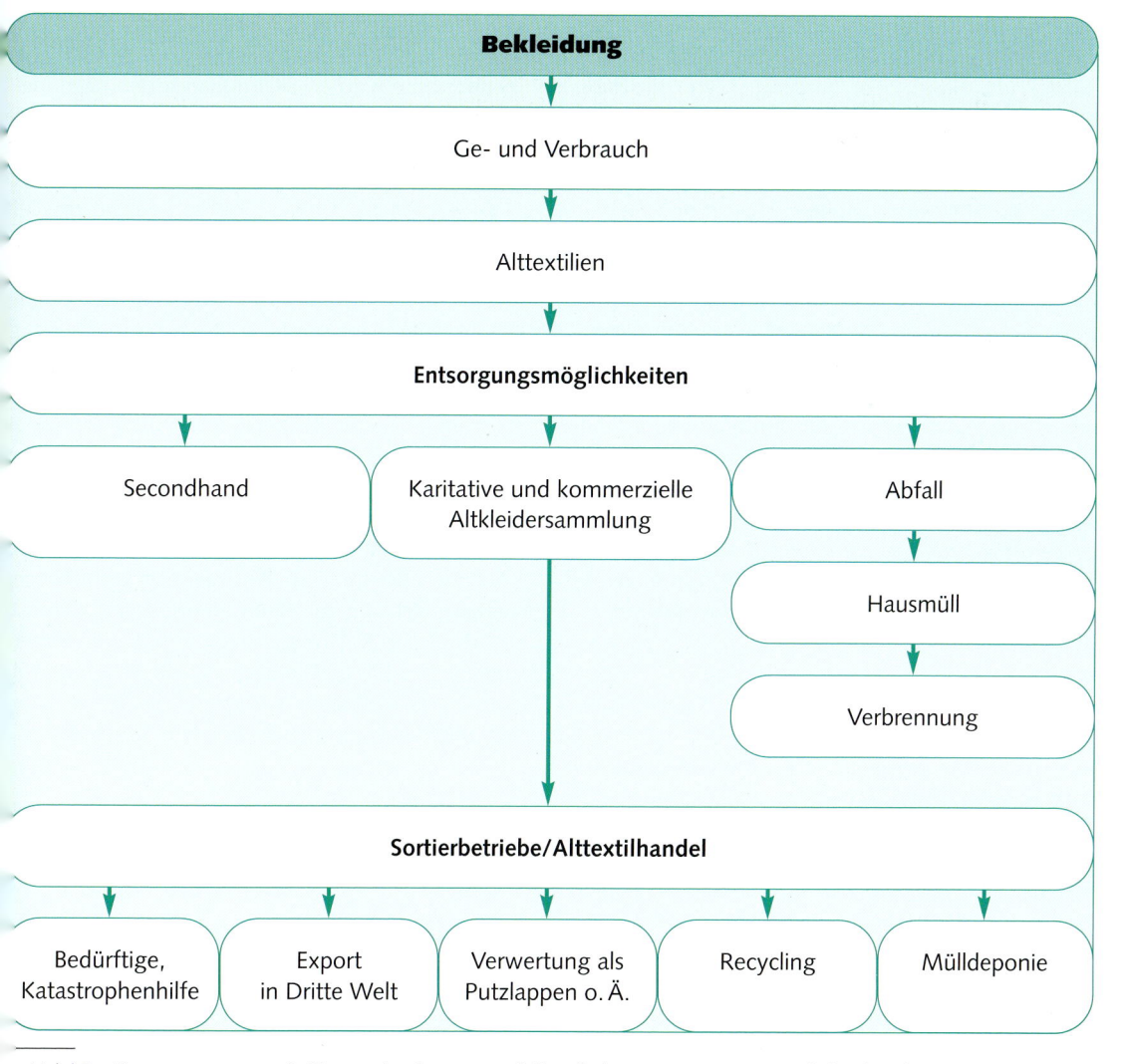

```
Bekleidung
    ↓
Ge- und Verbrauch
    ↓
Alttextilien
    ↓
Entsorgungsmöglichkeiten
    ↓               ↓                              ↓
Secondhand   Karitative und kommerzielle      Abfall
             Altkleidersammlung                  ↓
                    │                         Hausmüll
                    │                            ↓
                    │                        Verbrennung
                    ↓
             Sortierbetriebe/Alttextilhandel
    ↓           ↓              ↓              ↓           ↓
Bedürftige,  Export      Verwertung als   Recycling   Mülldeponie
Katastrophenhilfe in Dritte Welt  Putzlappen o. Ä.
```

Vgl. http://www.greenpeace.de/themen/endlager-umwelt/fast-fashion-versus-gruene-mode.html (gef. am 25.08.2014)

6 Recycling

Welche Wege können Alttextilien gehen?

Die meisten ausrangierten Kleidungsstücke sind noch nicht verschlissen, sie können meist noch getragen oder anderweitig verwendet werden. So wechseln viele Kleidungsstücke durch Weitergeben oder Verschenken ihren Besitzer und werden somit **wieder verwendet**. Auf diese Weise versorgt man kleine Geschwister, dankbare Freunde und Nachbarn. Ist dies nicht möglich, bleiben als Alternative der Weg zum Secondhandladen oder Internettauschbörsen. Eine **Weiterverwendung** der Alttextilie, z. B. eines alten Handtuchs als Putzlappen oder eines alten T-Shirts als Arbeitskleidung, wird oft praktiziert. Die **Wiederverwertung** – „aus Alt mach Neu" – von Kleidung ist mit handwerklichem Geschick, Zeit und Ideen für jedermann möglich, und durch „uncycling" oder „redesign" von Kleidung wurde in den letzten Jahren so manche Geschäfts- oder Projektidee geboren.

Am häufigsten aber geben die Deutschen Alttextilien in die Altkleidersammlung oder in den Altkleidercontainer. Diese werden nicht nur von gewerblichen Verwertern, sondern auch von karitativen Organisationen (Deutscher Caritasverband, Deutsches Rotes Kreuz) durchgeführt bzw. aufgestellt. Letztere brauchen diese Alttextilien, um ihre Kleiderkammern aufzufüllen und damit hilfsbedürftigen Menschen kostenlos Kleidung zur Verfügung zu stellen. Sie helfen damit aber auch bei Katastrophen im In- und Ausland, in Bürgerkriegsgebieten oder unterstützen Projekte in der Dritten Welt. Da die Kleiderberge oft zu groß sind, verkaufen diese Organisationen einen Teil des Sammelgutes an kommerzielle Verwerter. Der Erlös kommt beispielsweise Nothilfe- und Entwicklungshilfeprojekten in der Dritten Welt zugute.

Der Kampf um die Container wurde durch das reformierte Kreislaufwirtschaftsgesetz von 2012 verschärft. Seither genehmigt die Kommune den Betrieb von Altkleider-Containern und darf nun auch selbst Container aufstellen und mitverdienen. Sie versprechen, mit einem Teil der Einnahmen, im Gegenzug die Müllgebühren zu senken.[1] Dagegen werfen die privaten Firmen den Kommunen vor, vor allem das lukrative Kleider-Recycling selbst erledigen zu wollen und so die Existenz der Privatunternehmen zu gefährden.[2] Der Dachverband „Fair-Wertung" e.V. weist darauf hin, dass durch gewerbliche Firmen immer mehr Altkleidercontainer illegal aufgestellt werden. Sie täuschen karitative Sammlungen vor, werben mit phantasievollen Namen und karitativ anmutenden Symbolen und führen so die Verbraucher in die Irre. Von Wohltätigkeit ist hier aber keine Spur. Sämtliche Kleidung wird zu Geld gemacht.[3] Laut Branchendienst Euwid sind die Preise für ausrangierte Textilien seit 2010 um 80 % gestiegen. Für eine Tonne Altkleider zahlen heute Sortierbetriebe rund 450 Euro. So ist ein heißer Kampf um Alttextilien entbrannt und wir Spender müssen entscheiden und prüfen, wen wir unterstützen wollen.[4] Was passiert mit den national nicht benötigten Mengen aus Kleidersammlungen? Ca. 43 % der Spendenware wird an Secondhandläden nach Osteuropa und in Entwicklungsländer Asiens und Afrikas weiterverkauft. Der minderwertige Teil von ca. 16 % der Textilien wird zu Putzlappen verarbeitet. 21 % werden zur Gewinnung von Fasern recycelt und zu Dämmstoffen und Isoliermaterialien verarbeitet oder für die Papier- und Pappenherstellung genutzt, etwa 10 % werden verbrannt und weitere 10 % wandern auf den Müll.[5]

Das Thema Export der Alttextilien in die Länder der Dritten Welt polarisiert nach wie vor. Kritiker argumentieren, dass die Kleiderspenden oft viel weniger kosten als die einheimischen Waren. Damit bleiben die inländischen Hersteller auf ihren Textilien sitzen, die einheimische Produktion kommt zum Erliegen und Arbeitsplätze gehen verloren. Zudem verschwinden die traditionellen Kleidergewohnheiten, was zwangsläufig zu einem Identitätsverlust führt. Das Deutsche Rote Kreuz rechtfertigt die Kleiderspenden wie folgt: „Die Secondhand-Kleidung wird in afrikanischen Ländern aufgrund der guten Qualität und der günstigen Preise sehr geschätzt.

---

1 Vgl. http://www.faz.net/aktuell/wirtschaft/lukrativer-wettbewerb-schaetze-im-altkleider-container-12132607.html (gef. am 02.05.14)

2 Vgl. http://www.derwesten.de/politik/knallharter-kampf-um-altkleider-kommunen-verhaengen-sammelverbot-id9246226.html (gef. am 28.05.14)

3 Vgl. http://fairwertung.de/info/nepper/index.html (gef. am 13.04.14)

4 Vgl. http://www.freiepresse.de/NACHRICHTEN/DEUTSCHLAND/Das-Geschaeft-mit-den-alten-Kleidern-artikel8459674-1.php (gef. am 12.04.14)

5 Vgl. http://www.bvse.de/356/6043/Zahlen_zur_Sammlung_und_Verwendung_von_Altkleidern_in_Deutschland#forsa (gef. am 03.05.14)

6 Recycling

Pokot-Frauen in Kenia: Eine von ihnen ist Opfer einer Kleiderspende geworden und hat die traditionelle Bekleidung nebst Schmuck abgelegt.

Gleichzeitig sind in Afrika durch die Weiterverarbeitung von gebrauchten Kleidern auch neue Arbeitsplätze entstanden. Darüber hinaus sollte man beim Thema Altkleiderexporte auch den Umweltaspekt berücksichtigen. Es ist besser, den Kleidern ein zweites Leben zu geben, als sie auf den Müll zu werfen und unter Verbrauch wichtiger Rohstoffe ständig neue Kleider zu produzieren."[1] Ein weiteres Argument ist, dass deutsche Textilrecycling-Firmen mehreren Tausend Menschen Arbeit geben.

Recycling von Alttextilien

Probleme bereitet das Recycling von Alttextilien. Die vielen neuen Fasermischungen, Veredlungen (auch von Naturfaserstoffen) und unzähligen Zutaten bereiten bereits beim Sortieren größte Schwierigkeiten. Die traditionellen Aufbereitungsmöglichkeiten (bis zur Faser zerreißen und schreddern oder carbonisieren und neu verspinnen, Aufschmelzen von Chemiefasern, Zurückverwandeln von Polymeren in die Ausgangsstoffe durch chemische Zusätze) sind für Mischungen mit Synthetics nicht geeignet. Somit fehlt derzeit ein überzeugendes Wiederverwertungskonzept. Zusätzlich müssen Produkte aus Alttextilien mit neuen Produkten konkurrieren, die sie aus bestimmten Einsatzgebieten verdrängen. Fabrikneue Textilabfälle lassen sich dagegen relativ gut, aber mengenmäßig auch nur begrenzt wieder verwerten. Synthesereste können aufgeschmolzen werden und aus Maschenstoffen und Geweben, deren Rohstoffzusammensetzung bekannt ist, stellt man z. B. lose gedrehte, von Synthesefaden umwirnte Garne her, die sich für hochmodische Pullover oder Dekotextilien eignen. Zum Teil lassen sich Abfälle aus bekannten Rohstoffen auch zu technischen Textilien verarbeiten. So entstehen saugfähige Vliesstoffe, die als Agrartextilien eingesetzt werden, Geotextilien zum Autobahn-, Deichbau oder Deponiebau oder Dämmstoffe für die Bau- und Automobilindustrie.

Werden Alttextilien über den Hausmüll entsorgt, können sie nur noch im Rahmen der Müllkompostierung oder Müllverbrennung verwertet werden. Bei der Verbrennung kann der Energiegehalt ausgenutzt werden, wobei die Verbrennung mit modernsten Anlagen mit Rauchgasreinigung durchgeführt werden sollte. Die frei werdende Wärme eignet sich beispielsweise zur Warmwasserbereitung. Die Entsorgung von Alttextilien durch Kompostierung (natürliche Verrottung zu Humus) ist erst dann möglich, wenn es naturreine Kleidung ohne chemische Ausrüstungszusätze vom Oberstoff bis zu den Zutaten gibt. Werden die Alttextilien nicht verbrannt, so landen sie als Abfall auf Deponien.

Mitte der 1990iger Jahre gründeten eine Reihe von Outdoor-Hersteller das ECOLOG Recycling Netzwerk. Ziel war es dem gesamten Lebenszyklus eines Produktes gerecht zu werden und ein sortenreines Produkt nach seinem „Lebensende" zurückzunehmen. Nachdem es dann komplett zermahlen und geschreddert wurde, sollte aus dem wiedergewonnenen Granulat neue Fasern/Garne und daraus neue Produkte hergestellt werden. Der Plan vom idealen Kreislauf ging nicht auf. ECOLOG musste eingestellt werden, da zu wenige gebrauchte Produkte zurückgegeben worden sind. Praxistaugliche Lebenszykluskonzepte für unsere Alltagsbekleidung zu entwickeln bleibt weiter die Herausforderung der Zukunft.

Aufgaben

1. Wie oft und warum rangieren Sie Kleidung aus?
2. Welche Entsorgungsmöglichkeit nutzen Sie und warum?
3. Welche Probleme können Altkleidersammlungen mit sich bringen?
4. Beschreiben Sie eine Textilie, die man ohne Probleme entsorgen könnte.

Vgl. http://www.drk.de/aktuelles/fokusthemen/kleidersammlung.html?no_cache=1&sword_list%5B0%5D=kleiderspenden (gef. am 28.05.14)

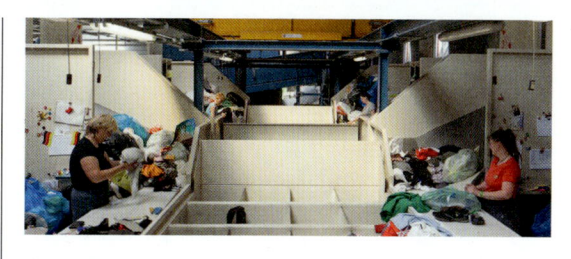

Stoffregister

Handelsbezeichnungen	Typische Kennzeichen	Verwendung
A		
Abseitenstoff, Reversible. Doppelgewebe mit webtechnisch verbundenen unterschiedlichen Warenseiten, beidseitig verwendbar (vgl. S. 140)	aufeinander abgestimmte unterschiedliche Warenseiten	Oberbekleidung, Mäntel, Kostüme
Aditex. Mikroporöse Membran aus Polyurethan. Hersteller: *Adidas* (vgl. S. 180)	strapazierfähige WWA-Faser	Freizeit-, Regen-, Jogging-, Golf- und Langlaufbekleidung
Affenhaut. Beidseitig gerautes Streichgarn in Leinwand- oder Köperbindung als Samtimitation (vgl. S. 146)	dünnes, beidseitig fein gerautes Gewebe	Mäntel, Jacken
Afghalaine (laine = Wolle und Afghanistan = Herkunftsland). Leinwandbindiges Gewebe mit körniger Oberfläche durch Verwendung von S- und Z-gedrehten Garnen im Wechsel	paarig gestreiftes Aussehen durch Verwendung von je zwei S- und Z-gedrehten Garnen im Wechsel	Damenoberbekleidung
Aida. Stickereigrundstoff mit deutlichen Lücken nach 4 Schuss- und 4 Kettfäden, Scheindreherbindung (vgl. S. 143)	regelmäßige Durchbrüche, häufig glänzende, feinfädige Stoffe	Handarbeitsstoff, Futterstoff
Airpush. Sehr dicht gewebte Polyester-/Baumwolle-Mischung mit einer Wasser abstoßenden Appretur (vgl. S. 180)	sehr atmungsaktiv, angenehmes Tragegefühl, sehr leicht, nicht so wasserdicht wie andere WWA-Produkte	Skibekleidung, Trekking- und Outdoorkleidung
Alkantara. Feinstfaservlies aus Polyester in Polystyrol eingearbeitet, mit Polyurethan verfestigt, anschließend geschmirgelt (vgl. S. 170)	veloursartige Oberfläche, leicht, wasch- und reinigungsbeständig, sehr haltbar	Oberbekleidung, Polsterbezüge
Ätzsamt, Ausbrenner. Samt aus zwei verschiedenen Rohstoffen (z. B. Viskose und Acetat), typisches Aussehen durch teilweises mustermäßiges Entfernen (Ausätzen) eines Rohstoffbestandteiles (vgl. S. 187)	Samtflor und Grundgewebe mustermäßig im Wechsel	Blusen, Kleider, Abendkleidung
Ätzspitze, Luftspitze. Stickerei auf einem nach der Fertigstellung durch Ätzen zerstörten Hilfsgrund (vgl. S. 187)	zusammenhängende Stickerei ohne sichtbares Grundgewebe	Kleider, Blusen, Stores, Gardinen
Ajour. Durchbrucharbeiten bei feinfädigen Web- oder Maschenstoffen durch entsprechende Bindungen oder Maschenveränderungen (vgl. S. 184)	Durchbruchmuster	Blusen, Kleider, Pullover, Stores

Stoffregister

Handelsbezeichnungen	Typische Kennzeichen	Verwendung
Alpaka. Leinwand- oder köperbindiger Futterstoff mit Beimischungen aus Alpakawolle in Kette und Schuss oder nur im Schuss (vgl. S. 41)	weich, glänzend, dünn	Futterstoff in Jacken, Mänteln
Atlas, Satin. Gewebe in Atlasbindung aus Baumwolle, Seide, Chemiefasern oder Wolle (vgl. S. 135)	wertvolleres Material auf der Schauseite sichtbar, Glanzeffekte möglich	Oberbekleidung, Bett- und Tischwäsche

B

Handelsbezeichnungen	Typische Kennzeichen	Verwendung
Barchent. Linksseitig oder beidseitig gerauter Baumwollköper mit Flanellcharakter mit fester Kette und weich gedrehtem Schuss	geraut, weich voluminös	Bettwäsche, Nachtwäsche
Bastseide. Gewebe aus nicht entbasteter Seide, auch Rohseide genannt (vgl. S. 46)	Fäden unterschiedlicher Dicke, ungleichmäßige Färbung, harter Griff	Oberbekleidung, Vorhänge, Kissenhüllen, Lampenschirme
Batist. Sehr feinfädiges, dichtes leinwandbindiges Baumwoll- oder Leinwandgewebe, Seidenbatist aus mercerisierter Baumwolle (vgl. S. 129)	sehr dünn, durchscheinend	Blusen, Unterwäsche, Taschentücher, Futter
Beiderwand. Grobfädige, beidseitig zu verarbeitende Gewebe; ursprünglich aus Leinenkette mit Schuss aus Wolle	grobfädig, bunt gewebt	Kleider, Dekorationen
Belseta. Mikrofasergewebe aus Zweikomponentengarn mit Nylonkern und Polyesterhülle; durch Schrumpfausrüstung 30 bis 40 % Schrumpf in Schussrichtung (vgl. S. 179)	hohe Wasserdichte, gute Atmungsaktivität, weicher Griff und natürlicher Fall	Aktivsportbekleidung, modische Oberbekleidung, seidenartige Stoffe, Wildlederimitate, Daunenjacken
Biber. Beidseitig gerautes leinwand- oder köperbindiges Baumwollgewebe, auch als Schussdouble hergestellt	kräftig, beidseitig geraut	Bettwäsche
Blue-Jeans-Stoff. Indigogefärbter, köperbindiger Baumwollstoff	Kette blau, Schuss ungebleichte Baumwolle	Hosen, Freizeitkleidung
Borkenkrepp. Baumrindenähnliches Kreppgewebe aus Chemiefaserkreppoder aus Baumwollkreppgarnen mit nachträglicher Kunstharzfixierung (vgl. S. 138)	Borkenstruktur, teilweise sehr querelastisch	Kleider, Blusen, Dekorationsstoffe
Bouclé. Strukturierte, krause Oberfläche durch Effektzwirne mit Schlingen oder Noppen (vgl. S. 114)	bucklige Oberfläche, dickere, wärmende Textilien	Kleider, Röcke, Mäntel, Anzüge, Pullover
Bougram, Bougran. Lose eingestelltes, steif appretiertes Gewebe aus Baumwolle oder Viskose in Leinwandbindung (vgl. S. 215)	steif, unelastisch, weniger dick als Steifleinen	Einlagen für Kragen, Manschetten, Westen, Bucheinbände

Stoffregister

Handelsbezeichnungen	Typische Kennzeichen	Verwendung
Bourette, Seidenfrottee. Leinwandbindiger Stoff aus Abfallseide (vgl. S. 45)	ungleichmäßig, rau, körniger Griff	Blusen, Oberhemden, Kleider, Dekorationen
Broché, Broschiergewebe. Eingewebte figürliche Musterung durch zusätzliches Fadensystem innerhalb des Musters (vgl. S. 140)	Fadenenden zu Beginn und Ende des Musters zu erkennen	Kleider, Stores
Brokat. Früher jacquardgemusterte, mit Metallfäden durchzogene Seidenstoffe, heute glanzreiche jacquardgemusterte Stoffe aus Seide oder Chemiefasern mit oder ohne Metallfäden (vgl. S. 113)	reich gemustert, glänzend, mit oder ohne Metallfäden	festliche Kleidung, Polsterbezüge, Gardinen
Buckskin (engl. = Bockfell). Gewalkte und leicht angeraute Köperstoffe aus Wolle oder Fasermischungen	häufig Fischgratköper, raue Oberfläche	Anzüge, Kostüme, Mäntel

C

Handelsbezeichnungen	Typische Kennzeichen	Verwendung
Cascade. Polymerer Polyurethan-Beschichtungsfilm ohne Mikroporen (vgl. S. 180)	sehr gute Wasserdampfdurchlässigkeit (Schweiß), sehr hohe Wasserdichte	Aktivsportbekleidung, Regen- und Freizeitbekleidung
Changeant. Schillernder Effekt durch Verwendung unterschiedlicher Farben in Kette und Schuss, Stoffe meistens aus Seide oder endlosen Chemiefasern	Farbwechsel bei unterschiedlichem Lichteinfall	festliche Kleidung, Dekorationsstoffe
Charmeuse. Kettenwirkware mit zwei Kettfadensystemen in Tuch- und Trikotlegung aus endlosen Chemiefasern (vgl. S. 163)	linke Warenseite mit waagerechter und rechte Seite mit senkrechter Struktur	Blusen, Sporthemden, Unterwäsche
Chenillegewebe. Beidseitig samtartiges Gewebe aus Chenillegarnen (Raupenzwirn) im Schuss (vgl. S. 115)	Muster auf beiden Warenseiten gleich mit verzogenen Konturen	Dekorationsstoffe, Babywäsche
Cheviot. Englische Schafrasse, Stoffe dieses Namens meist köper- oder panamabindig	sportlich gemustertes Kammgarn- oder Streichgarngewebe	Anzüge, Kleider, Mäntel
Chevron. Festes Wollgewebe in markanter Fischgratbindung	leichter Glanz, harter Griff	Anzüge, Kleider, Mäntel
Chiffon (franz. Spottname für Lumpen). Feinfädiges, sehr dünnes leinwandbindiges Gewebe aus Kreppgarnen in Kette und Schuss (vgl. S. 138)	sehr dünn, durchscheinend, stumpfe Oberfläche	Tücher, Schals, Blusen
Chiné. Kettdruckware aus Baumwolle, Naturseide oder Chemiefasern (vgl. S. 202)	verschwommene Musterung	Kleider, Tücher

Stoffregister

Handelsbezeichnungen	Typische Kennzeichen	Verwendung
Chintz. Rechtsseitig gewachstes und bedrucktes Gewebe aus Baumwolle in Leinwandbindung, Verwendung von waschbeständigem Kunstharz statt Wachs möglich (vgl. S. 204)	rechte Seite glatt, glänzend, abwischbar	Polstermöbelbezüge, Gardinen
Cloqué. Blasenartiges Doppelgewebe, entstanden durch Schrumpfen überdrehter Garne im zusätzlichen Fadensystem (vgl. S. 141)	musterartige Verbindung glatter und geschrumpfter Flächen	festliche Kleider, Dekorationsstoffe
Cord. Sammelbezeichnung für strapazierfähige Gewebe mit erhabenen unaufgeschnittenen (Reitcord) oder aufgeschnittenen Längsrippen (Cordsamt) (vgl. S. 145)	Rippen in Kettrichtung, bei Cordsamt samtartige Oberfläche	Oberbekleidung, Arbeitskleidung, Polstermöbelbezüge
Covercoat (engl. to cover = bedecken, coat = Rock, Jacke). Gabardineähnlicher Wollstoff mit weniger ausgeprägten Diagonalen, häufig mit Moulinékette und einfarbigem Schuss	meliert, schwache Diagonalrippen	Mäntel
Crêpe craquelé (franz. craquelé = rissig). Krepp aus Baumwolle oder Chemiefasern mit runzeligem Aussehen, Musterung durch Gaufrage oder Spezialbindung	Krepp mit unregelmäßiger runzeliger Oberfläche	Kleider, Blusen
Crêpe de Chine (Chinakrepp). Leinwandbindiges Gewebe mit Kreppgarnen im Schuss, durch paarweisen Wechsel von S- und Z-Draht typisches Aussehen (vgl. S. 138)	moosige Oberfläche	Tücher, Schals, Krawatten, Blusen, festliche Kleidung, Nachtwäsche
Crêpe faille. Fein gripptes Seidengewebe aus Grègekette und grob gewellter Seide im Schuss	querripsartige Oberfläche mit kreppartigem Aussehen	Kleider, leichte Kostüme
Crêpe Georgette. Leinwandbindiges Kreppgewebe aus Kreppgarnen in Kette und Schuss oder Gewebe in Kreppbindung, hergestellt aus Seide, Chemiefasergarnen oder Wolle (vgl. S. 138)	Kette und Schuss 2 S- und 2 Z-Draht im Wechsel	Kleider, Blusen
Crêpe lavable. Seiden- oder Chemiefaserstoff mit Kreppgarnen in der Kette (vgl. S. 138)	feinfädig, weich, dicht, Kette 2 S- und 2 Z-Draht im Wechsel	Kleider, Blusen
Crêpe Marocain. Ripsartiges Gewebe aus groben und scharf überdrehten Kreppgarnen im Schuss (vgl. S. 138)	stark gekräuselt, ripsartig, Schuss 2 S- und 2 Z-Draht im Wechsel	Kleider, Futter
Crêpe Romain. Lose eingestelltes panamabindiges Gewebe aus scharf gedrehten Kett- und Schussfäden in Naturseide	würfelartige Oberfläche, Kette und Schuss 2 S- und 2 Z-Draht im Wechsel	Kleider, Blusen

Stoffregister

Handelsbezeichnungen	Typische Kennzeichen	Verwendung
Crêpe Satin. Atlasbindiges Gewebe mit glattem Kettgarn und Schuss aus Kreppgarn in Seide oder endlosen Chemiefasern (vgl. S. 138)	Warenoberseite hochglänzend und glatt, Unterseite stumpf und matt	Abendkleidung, Kleider, Blusen, Hosen
Cretonne. Gröberes leinwandbindiges Gewebe in Baumwolle oder Leinen (vgl. S. 129)	gleichmäßige Oberfläche	Wäsche, Schürzen, Vorhänge
Croisé. Köperbindiges Gewebe, meistens aus Baumwolle oder Viskose, geraut oder kalandert (vgl. S. 213)	Gleichgratköper, feine gleichmäßige Oberfläche	Futter für Westenrücken, Hosenbund

D

Handelsbezeichnungen	Typische Kennzeichen	Verwendung
Damassé. Ausdrucksstarkes groß gemustertes Jacquardgewebe aus Chemiefaserendlosgarnen (vgl. S. 135)	Kett- und Schussflottungen im Wechsel	Futterstoff in Mänteln und Jacken, Dekorationsstoffe
Damast. Feinfädige, gemusterte, atlasbindige Jacquardgewebe in Baumwolle, Reinleinen oder Halbleinen (vgl. S. 135)	Kett- und Schussatlas wechseln mustermäßig	Tisch- und Bettwäsche, Dekorationsstoffe
Daunenbatist. Daunendichtes, leinwandbindiges Gewebe aus Baumwolle, andere Bezeichnungen: Daunenperkal, Daunencambrik, Einschütte	feinfädig, dicht gewebt, leinwandbindig	Bezugstoff für Daunendecken oder Kopfkissen
Deutschleder. Schwerer, einseitig gerauter Baumwollstoff, auch unter dem Namen Moleskin (Maulwurfsfell) bekannt	dicht, fest, auf einer Warenseite (meist Unterseite) geraut	Hosen
Diagonal. Köperbindige Stoffe mit stark ausgeprägtem Köpergrat	ausgeprägtes diagonales Muster	Kleider, Mäntel, Futterstoffe
Doubleface. Zwei webtechnisch miteinander verbundene Stoffe (vgl. S. 141)	unterschiedliche, aufeinander abgestimmte Warenseiten	Wendemäntel, Jacken, Kostüme, Reisedecken
Doupionseide. Seidengewebe aus ungleichmäßigen Fäden, aus Doppelkokons oder fehlerhaften Kokons gewonnen	ungleichmäßige Oberfläche, fester Griff, leuchtende Farben	Oberbekleidung, Dekorationsstoffe
Dowlas (sprich: Daulas). Kräftiges, dichtes Gewebe aus Baumwolle, ursprünglich aus Leinen oder Halbleinen	fest, glänzend	Bettwäsche, Berufskleidung
Drell, Drillich, Drill, Zwillich, Zwill. Sehr fester, kräftiger dicht gewebter Stoff aus Leinen, Halbleinen, Baumwolle oder Viskose	steif, dicht, fest gedrehte Zwirne in der Kette	Matratzenbezug, Arbeitsanzüge, Taschenfutter
Duchesse (franz. = Herzogin). Hochwertiger, stark glänzender Satin aus Naturseide oder endlosen Chemiefasern (Atlasbindung) (vgl. S. 112)	dicht, hochglänzend	Futter für schwere Mäntel und Pelzwaren, festliche Kleidung, Miederwaren

Stoffregister

Handelsbezeichnungen	Typische Kennzeichen	Verwendung
Dunova®. Ein eingetragenes Warenzeichen und steht für Garne und Fertigartikel, hergestellt aus einer speziellen DACRON-Faser mit Baumwolle	*Dunova*-Garne sorgen dafür, dass Feuchtigkeit vom Körper in kürzester Zeit nach außen transportiert wird	Sport- und Freizeitbekleidung
Duvetine. Köper- oder atlasbindiger Stoff mit aufgerauter Oberfläche, meistens aus Baumwolle)	samtähnliche Oberfläche, Wildlederersatz	Kindermäntel, Kragenbesatz, Futter für Ledertaschen

E

Handelsbezeichnungen	Typische Kennzeichen	Verwendung
Elastic. Durch Verwendung texturierter Garne oder hochelastischer Elastanfasern entweder monoelastische (in Längs- oder in Querrichtung elastische) oder bielastische Textilflächen	in Längs- und/oder Querrichtung elastische Flächen	Miederwaren, Unterwäsche, Strümpfe, Strumpfhosen, Hosen, Anzüge
Enlevé. Ausbrennereffekt, entstanden durch mustermäßigen Aufdruck einer Ätzpaste auf ein Gewebe aus mindestens drei verschiedenen Faserstoffen, Entfernung mindestens einer Faserstoffkomponente	Ausbrennermuster, durchscheinende Muster	Gardinen, Dekostoffe
Epinglé. Nicht oder nur teilweise aufgeschnittene Florgewebe mit Florkette und ausgeprägten Rippen (vgl. S. 146)	niedrige und hohe Schlingen, mustermäßig aufgeschnittener Flor	Möbelbezugsstoff
Etamine. Weit gestellte Ware in Leinwand- und Scheindreherbindung aus Baumwolle, Viskose, Seide oder Polyester (vgl. S. 143)	durchscheinend, verschiebefest	Gardinen, Stores, Handarbeiten, Blusen

F

Handelsbezeichnungen	Typische Kennzeichen	Verwendung
Faconné. Allgemeinbezeichnung für klein gemusterte Gewebe	kleine Muster	Kleider, Blusen, Krawatten
Faux uni. Mehrfarbiges Kleinstmuster mit einfarbiger Wirkung	wirkt einfarbig	Wollstoffe, Wäschestoffe
Fil à Fil, Pfeffer und Salz. Kleinstmögliches Karo, 1 heller Faden und 1 dunkler Faden im Wechsel in Kette und Schuss (vgl. S. 137)	wirkt einfarbig	Woll- und Baumwollstoffe, Blusen- und Oberhemden
Filetspitze. Spitze aus netzartigem Spitzengrund mit eingearbeitetem Muster. Imitation der Filetspitze durch Häkelarbeiten (vgl. S. 186)	schachbrettartiges Grundmuster	Tischwäsche, Einsätze in Blusen, Scheibengardinen
Finette. Einseitig gerauter, leichter Baumwollstoff in Leinwand- oder Köperbindung	linksseitig geraut, feiner als Flanell	Nachtwäsche, Bettwäsche

Stoffregister

Handelsbezeichnungen	Typische Kennzeichen	Verwendung
Fischgrat. Wollhaltiges oder wollartiges Köpergewebe mit abgesetztem wechselnden Grat (vgl. S. 134)	wechselnder Köpergrat	Mäntel, Anzüge
Flamenga, Flamengo. Leinwandbindiger, quer gerippter Krepp aus endlosen Chemiefasern	Kette glänzend, Schuss: Kreppgarne 2 S- und 2 Z-Draht im Wechsel	Kleider
Flammé. Leinwandbindiger Stoff mit Flammengarn im Schuss (vgl. S. 114)	grober Leineneffekt	Dekorationsstoffe
Flamisol. Leinwandbindiger, quer gerippter Krepp mit matter Kette, Schuss häufig in Wolle	matte Oberfläche	Kleider
Flanell. Kurzfloriges köper- oder leinwandbindiges gerautes Gewebe aus Wolle oder Baumwolle	ein- oder beidseitig raue Oberfläche	Sportkleidung, Sporthemden, Kleider, Röcke, Mäntel
Flausch. Starkfädiges gewalktes und gerautes Streichgarngewebe in Köperbindung, häufig ein Doppelgewebe	dick, weich, flauschig, wolliger Gesamteindruck, verschiedene Warenseiten möglich	Mäntel, Reisedecken
Fleece. Mikrofasermaschenstoff auf beiden Warenseiten geraut (vgl. S. 170)	voluminös, wärmend, elastisch, sehr haltbar	Sport- und Freizeitbekleidung
Fleurs. Blumenmuster, auch „Mille Fleurs" (tausend Blumen)	kleinblumiges Muster	Sommerkleider, Blusen, Trachtenstoffe
Foulard. Sehr feine, glänzende Seidengewebe in Köper- oder Atlasbindung	dünn, feinfädig, glänzend	Kleider, Blusen, Tücher, Futterstoffe
Foulé (franz. = gewalkt). Gewalktes köperbindiges Streich- oder Kammgarngewebe mit feiner Haardecke	dichter Faserflor auf der Warenoberseite	Anzüge, Mäntel
Fresco. Leinwandbindiges Kammgarngewebe mit scharf gedrehten Zwirnen in Kette und Schuss	raue Oberfläche, körniger Griff, gut luftdurchlässig	Anzüge, Kostüme
Frisé. Leinwandbindige Ware aus Schlingenzwirn (Effektzwirn) in Kette und Schuss (vgl. S. 114)	raue, gekräuselte Oberfläche	Kleider
Frotté. Leinwandbindige Stoffe aus Frottézwirn (Effektzwirn) aus Baumwolle, Viskose oder Bourretteseide (vgl. S. 114)	raue, leicht gekräuselte Oberfläche	Kleider, Dekorationen
Frottierware. Schlingenware durch ein zusätzliches Schlingen bildendes Kettfadensystem, meistens aus Baumwolle (vgl. S. 144)	weich, saugfähig, Schlingen ein- oder beidseitig	Badetücher, Handtücher, Bademäntel

Stoffregister

Handelsbezeichnungen	Typische Kennzeichen	Verwendung
G		
Gabardine. Fester, haltbarer Stoff in Steilköperbindung aus Wolle, Baumwolle oder Chemiefasern (vgl. S. 134)	Kahl appretiert, feinfädig, meist imprägniert	Mäntel, Anzüge, Kostüme
Gaufré. Gewebe mit geprägten oder gepressten Mustern (vgl. S. 204)	Muster häufig im Borkeneffekt	Kleiderstoffe, Dekorationsstoffe
Genuacord, Manchester. Schwerer baumwollener Rippencord (vgl. S. 145)	dick, stückgefärbt, Rippensamt	Polstermöbelbezüge, Herrenhosen
Genuasamt. Gemusterter Kettsamt, Effekt mit Zug- und Schnittruten (vgl. S. 145)	Flor und Schlingen auf der Warenoberseite	Polstermöbelbezüge
Georgette. Kreppgewebe aus Seide, Wolle, Viskose oder Baumwolle, Verwendung des Namens für Garnkrepp- und Bindungskreppstoffe (vgl. S. 138)	krause, poröse Oberfläche, wenig knitteranfällig	Oberbekleidung: Blusen, Röcke, Kleider, Kostüme, Mäntel
Gerstenkorn. Baumwoll- oder Leinenstoffe mit typischer aus der Leinwandbindung abgeleiteter Bindung (vgl. S. 132)	Kettfadenflottierungen auf einer und Schussfadenflottierungen auf der anderen Warenseite	Handtücher, Handtuchrollen
Givré. Klein rapportierende Prägemuster auf gerippten Geweben aus Acetat	„Raureifeffekt" einseitig sichtbar	Kleider, Blusen, Dekorationsstoffe
Glasbatist. Feines, durchsichtiges leinwandbindiges Baumwollgewebe mit hartem, steifem Griff durch Opalisieren (Mercerisieren) (vgl. S. 14)	feinfädig, durchsichtig, glasartig, steif	Blusen
Glencheck. Gewebe aus Streich- oder Kammgarn in Köperbindung (bevorzugt) oder Leinwandbindung; auffallendes Überkaro über einem Karo in hellen und dunklen Tönen (vgl. S. 137)	Längs- und Querstreifen ergeben an den Kreuzungspunkten Pepita- oder Hahnentrittmuster	Anzüge, Kostüme, Mäntel, Röcke
GORE-TEX®. Membran aus Polytetrafluorethylen (PTFE) mit einer oder zwei Stoffschichten verarbeitet (vgl. S. 180)	Wind und Wasser abweisend, atmungsaktiv – hitzebeständig bis 260 °C, chemikalienbeständig	Sportbekleidung, Regenbekleidung, Schuhe, Rucksäcke, Biwaksäcke
Grubentuch. Kräftiges köper- oder atlasbindiges Gewebe aus Baumwolle in Blau, Grau oder Weiß, hell/dunkel gewürfelt oder gestreift	dunkel, strapazierfähig, unempfindlich	Handtücher für starke Beanspruchung
H		
Hahnentritt. Leinwandbindiges Gewebe aus Wolle oder Wollgemisch mit hahnentrittähnlichem Muster (vgl. S. 136)	Karo mit ausgezogenen Ecken	Kleider, Mäntel, Kostüme

Stoffregister

Handelsbezeichnungen	Typische Kennzeichen	Verwendung
Halbleinen. Gewebe mit mindestens 40 % Leinenanteil, Kette aus Baumwolle, Schuss aus Flachs- oder Flachswerggarnen (vgl. S. 24)	unregelmäßige Garne im Schuss	Tisch- und Bettwäsche, Geschirrtücher
Haman. Leichter Baumwollkattun mit gleichmäßigem, klarem Warenbild	gleichmäßige Kett- und Schussfäden, leicht auszuzählen	Handarbeitsstoffe, Futterstoffe
Hammerschlag. Kreppgewebe aus Chemiefasern unter Verwendung stark überdrehter Kreppgarne und normalfädiger Garne im Wechsel	Gewebeoberfläche wie gehämmertes Blech	Kleider
Haustuch. Meist appretierte gröbere leinwandbindige Baumwollware	kräftig, dicht	Bettlaken
Helsapor. Porenmembran auf synthetischem Trägermaterial mit mikroporöser Polyurethanbeschichtung (vgl. S. 180)	Wind und Wasser abweisend, atmungsaktiv, weicher textiler Griff	Skibekleidung, Regenbekleidung, Handschuhe
Hemdentuch. Alter Sammelname für leinwandbindige glatte, gebleichte Baumwollgewebe mit stumpfer Ausrüstung	gleichmäßige Oberfläche	Kittel, Schürzen, Kissen
Homespun (engl. = hausgesponnen). Schweres, grobes Woll- oder Mischgewebe in Leinwandbindung mit Noppen- oder Knotenzwirn	unregelmäßige Warenoberfläche	Kleider, Anzüge, Mäntel
Honanseide (nach der chinesischen Provinz Honan). Gewebe aus Tussahseide (Wildseide) in Kette und Schuss (vgl. S. 45)	unregelmäßiges Warenbild, Kette und Schuss etwa gleich stark	festliche Kleidung, Dekorationsstoffe

I

Handelsbezeichnungen	Typische Kennzeichen	Verwendung
Interlock. Feinmaschige, doppelfädige und doppelflächige Maschenstoffe mit leicht versetzten Maschenreihen (vgl. S. 154)	kleine, rechte Maschen auf beiden Warenseiten	Unterwäsche, Nachtwäsche

J

Handelsbezeichnungen	Typische Kennzeichen	Verwendung
Jacquardgewebe. Gewebe, auf der Jacquardmaschine gewebt wie Damast, Brokat, Matelassé (vgl. S. 124)	Muster mit großen Rapporten und Muster mit Bildmotiven	Dekorationsstoffe, Tischwäsche, Bettwäsche
Jacquardtüll. Reich gemusterter Wirktüll, auf der Raschelmaschine hergestellt (vgl. S. 212)	durchscheinend, reich gemustert	Gardinen
Jägerleinen, Jagdleinen, Schiffleinen. Haltbares leinwandbindiges Gewebe aus Leinen oder Baumwolle	grün meliert	Jagdkleidung

Stoffregister

Handelsbezeichnungen	Typische Kennzeichen	Verwendung
Japon, Japanseide. Sehr feines, leinwandbindiges Gewebe aus Haspelseide in Kette und Schuss	gleichmäßig, fein, durchscheinend, geschmeidig	Blusen, Kleider, Lampenschirme, Seidenmalereistoff
Jersey. Maschenstoff als Single Jersey (einflächige R/L-Ware) oder Double Jersey (doppelflächige R/R-Ware) (vgl. S. 152 f.)	feinmaschig	Wäsche, Damenoberbekleidung

K

Handelsbezeichnungen	Typische Kennzeichen	Verwendung
Kadett. Kräftiger, blau/weiß gestreifter Baumwollatlas	fünfbindiger Kettatlas	Blusen, Kittel, Berufs- und Arbeitskleidung
Kamelhaareinlage. Kamelhaare im Schuss und oft auch in der Kette als Wollwattierung auf einem Grundmaterial aus Baumwolle (vgl. S. 215)	elastisches Gewebe, leicht, weich, formstabil	Einlage für Kostüme und Jacken
Kammgarn. Gewebe aus gekämmten, in Kette und Schuss gezwirnten Garnen aus Wolle oder Fasermischungen (vgl. S. 100)	glatte Garne, klares Bindungsbild	Anzüge, Kostüme, „Cool Wool"
Kaschmir. Hochwertige Stoffe aus feinster Wolle, in der Regel Kaschmir-Ziegenwolle (vgl. S. 41)	feine, leichte, gut wärmende Stoffe	Kleider, Tücher, Schals
Kattun (engl. cotton = Baumwolle). Leichte bis mittlere leinwandbindige Baumwollstoffe, roh, gebleicht, gefärbt oder bedruckt	gleichmäßige Oberfläche, matt	Schürzen, Kleider
Knautschlack. Grundgewebe mit einer Beschichtung aus Polyurethan und Lack (vgl. S. 176)	glänzende Oberseite, Gewebe als Unterseite	Mäntel, Jacken, Taschen
Köper. Allgemeinbezeichnung für köperbindige Gewebe mit sichtbaren Diagonalstreifen, Sammelbezeichnung für köperbindige Futterstoffe wie Croisé, Twill, Serge (vgl. S. 133)	mehr oder weniger klare Diagonalstreifen, meist weiche Stoffe	Arbeitskleidung, Anzüge, Futterstoffe, Jeansstoffe
Kräuselkrepp. Ausrüstungskrepp mit blasiger Oberfläche durch Laugenauftrag (vgl. S. 138, 202)	blasige Oberfläche, geringe Knitterneigung, bügelfrei	Oberbekleidung, Bettwäsche
Krepp. Bezeichnung für Gewebe mit körniger Oberfläche durch überdrehte Garne (Garncrêpe), Kreppbindung (Bindungskrepp), Laugendruck (Kräuselkrepp) oder Prägen (Gaufrage) (vgl. S. 138)	raue Oberfläche, geringe Knitterneigung	Blusen, Kleider, Wäsche
Kunit. Einseitig vermaschter Polfaden-Vliesstoff (vgl. S. 175)	einseitiger dichter Faserflor, sehr voluminös	Plüschstoffe, Futterstoff, Autoinnenverkleidung

Stoffregister

Handelsbezeichnungen	Typische Kennzeichen	Verwendung
L		
Lambswool. Wolle der ersten Schur der 6 Monate alten Lämmer (vgl. S. 30)	weich, wärmend, wenig strapazierfähig	Strickwaren: Jacken, Pullover
Lamé (franz. lame = Metallplatte). Metallisch wirkende Oberfläche eines in Kette und Schuss mit Metallfäden durchsetzten Gewebes in weit flottender Atlasbindung	fast nur Metallfäden an der Oberfläche sichtbar	Kleider, Dekorationsstoffe
Lancé. Muster durch zusätzliches Musterfadensystem in Kett- und/ oder Schussrichtung (vgl. S. 140)	Webmuster, oft bortenähnlich	Taschentücher, Tischwäsche, Sommerkleider
Lastex. Gewebe mit Viskosefilamenten umsponnenen endlosen Gummifäden	elastisch, glänzend	Badebekleidung, Miederwaren
Leinen. Gewebe aus 100 % Flachs- oder Werggarnen in Kette und Schuss (vgl. S. 24)	glänzend, Verdickungen in Kett- und Schussrichtung	Oberbekleidung, Tischwäsche, Geschirrtücher
Linette. Sehr feiner Baumwollstoff mit doppelseitiger Glanzappretur	beidseitiger Glanz	Taschentücher, Bettwäsche
Linon. Mittelschwerer leinwandbindiger gebleichter Baumwollstoff mit linksseitiger Appretur	strapazierfähig	Haus- und Tischwäsche
Loden. Stark gewalktes und gerautes Streichgarn aus Wolle oder wollhaltigem Fasergemisch in Leinwand- oder Köperbindung in den Farben Grün, Grau oder Braun meliert, häufig imprägniert	kein Bindungsbild erkennbar, rau, strapazierfähig, winddicht, Wasser abweisend	Sportkleidung, Trachtenkleidung, Freizeitkleidung
M		
Madras (indische Stadt). Gardinenstoff in jacquardgemustertem Drehergewebe aus Baumwolle oder Chemiefasern	auffällige große figürliche Muster, Lancé découpé auf der linken Seite	Gardinen
Madras-Karo. Unregelmäßiges buntes Karomuster auf buntem Grund in Leinwandbindung	vielfarbiges Karo auf glatten Stoffen	Hemden, Blusen, Sommerstoffe
Makobatist (veraltete Bezeichnung). Batist aus besonders feiner hochwertiger ägyptischer Baumwolle	fein, durchscheinend, helle Baumwolle	Taschentücher, Blusen
Manchester – siehe Genuacord		
Malimo. Fadenlagennähwirkstoff mit übernähten Fäden oder Effektfäden (vgl. S. 172)	reißfest, formfest, gut geeignet für Beschichtungen	Oberbekleidung, Dekorationsstoffe, Heimtextilien

Stoffregister

Handelsbezeichnungen	Typische Kennzeichen	Verwendung
Malipol. Polfadennähwirkstoff mit eingearbeiteten Polhenkeln (vgl. S. 175)	gleichmäßige Polschlingen auf einer oder beiden Warenseiten	Decken, Strand- und Freizeitbekleidung, Badezimmersets
Malivlies. Vliesnähgewirk aus Faservlies mit Maschen aus umgeformten Vliesfasern, aus wieder aufbereiteten Fasern herzustellen (vgl. S. 174)	Maschen auf einer Vliesseite, weich, voluminös, weniger reißfest, wärmend	Wandverkleidung, Dekofilze, Isolationsstoffe, Hygiene- und Medizinstoffe
Maliwatt. Fadenvliesnähgewirk aus einem mit Fäden und Maschenstichen verfestigten Vlies, aus Recyclingmaterial herstellbar (vgl. S. 174)	Faden in Maschenstichen auf beiden Warenseiten erkennbar, weich, voluminös, wärmend	Decken, Haushaltstücher, textiler Teppichrücken, Futterstoffe, Laminierungsstoffe, Isolationsstoffe
Marengo. Schwarzes gewalktes Streichgarn in Leinwand- oder Köperbindung mit einer Beimischung von ungefärbten Wollhaaren	dichter, fester Flor mit kontrastierenden hellen Fasern	Anzüge, Mäntel, Kostüme
Marocain. Grober ripsartiger Crêpe de Chine mit Kreppgarnen im Schuss und glatten, glänzenden Filamenten in der Kette (vgl. S. 138)	ripsartig mit leichtem Glanz	Futter für DOB: Jacken
Matelassé (franz. = gepolstert). Jacquardgemusterte Doppelgewebe mit dickem Füllschuss zwischen Ober- und Untergewebe (vgl. S. 142)	ausgeprägte Reliefwirkung, häufig glänzender Oberstoff	festliche Kleider, Polstermöbelbezüge, Morgenröcke
Matratzendrell. Schweres köperbindiges Gewebe aus Baumwolle oder Leinen	dicht, fest, strapazierfähig, häufig ungebleicht	Matratzenbezüge
Milanese. Zweifädige R-L-Kettfadenware mit Diagonalstreifen	zwischen den Maschen schräg laufender Faden	Damenunterwäsche, Blusen
Mohairserge. Mischgewebe aus Baumwollkette und Mohairschuss, dadurch regelmäßige Musterwiederholung	elastisch, wärmend	Futter für Sakkos
Moiré (franz. = gewässert, geädert). Pressglanzeffekt bei Rips aus Naturseide oder Chemiefasern durch Pressen von zwei übereinander liegenden Stofflagen, Imitat des „echten Moiré" durch Prägen mit gravierten Walzen (vgl. S. 204)	durch ungleich gepresste Rippen unterschiedliche Lichtreflexe (Maserungs- oder Welleneffekt), keine Musterwiederholung bei echtem Moiré	festliche Kleidung, Dekorationsstoffe, Futterstoffe
Mokett, Moquette. Bunt gemusterter Plüsch, als Kett- oder Doppelware mehrfarbig bedruckt oder als Jacquardgewebe	langer Flor, buntes Muster	Polstermöbelbezüge
Moleskin (engl. = Maulwurfsfell), Englischleder. Starkes, atlasbindiges Baumwollgewebe, auf der Warenoberseite aufgeraut	verstärkter Schussatlas, stückgefärbt	Anzüge, Hosen, Futter für Hosentaschen

Stoffregister

Handelsbezeichnungen	Typische Kennzeichen	Verwendung
Molton. Beidseitig gerautes köperbindiges Baumwollgewebe in leichter oder schwerer Qualität	weich, flauschig, Bindungsbild nicht erkennbar	Unterlagen, Kindertücher
Moltopren. schaumstoffbeschichteter Maschenstoff	Maschenstoffe mit Kunstharzschaum	Mäntel, Sportkleidung
Mull. Leinwandbindige, weit gestellte Ware aus Baumwollgarnen mit mäßiger Drehung (Mulegarne)	leicht, feinfädig, Verschiebeschäden möglich	Gardinen, Verbandsmaterial
Musselin, auch Mousseline. Feines, wenig dichtes leinwandbindiges Gewebe aus Wolle oder Baumwolle	leicht, dünn, glatt oder gemustert	Kleider, Blusen
Multiknit. Vliesstoff mit Maschenbildung der Vliesfasern auf beiden Warenseiten, weitere Textilflächen sind anbindbar (vgl. S. 175)	beide Oberflächenseiten zeigen eng stehende Maschen, verbunden durch senkrecht dazwischenstehende Fasern	Einlagen, Unterpolsterung, Isolationsmaterial, Textilfüllmaterial, Filterstoffe

N

Handelsbezeichnungen	Typische Kennzeichen	Verwendung
Nadelfilz. Faserverbundstoff aus beliebigen Fasern, mechanisch verfestigt durch Einstechen spezieller Nadeln, zusätzliche Verfestigung durch Bindemittel, durch Erhitzen und Anschmelzen der Fasern möglich (vgl. S. 169)	unregelmäßige, wirre Oberfläche, bei Vliesverfestigung durch Bindemittel harter Griff	Teppichboden
Nadelspitzen. Nähspitzen, nur mit Nadel und Faden hergestellt (vgl. S. 185)	Stege und Muster aus feinen Baumwoll- oder Leinengarnen	Tischdecken, Einsätze in Blusen
Nadelstreifen. Kammgarngewebe mit ein oder zwei ungefärbten oder kontrastierenden Kettfäden (vgl. S. 136)	feine helle Längsstreifen auf dunklem Stoff	Anzüge, Kostüme
Nessel. Sammelbezeichnung für Gewebe aus ungebleichten Baumwollstoffen zur Weiterverarbeitung zu Kattun, Cretonne, Renforcé u. a.	ungebleicht, kleine Unregelmäßigkeiten, abstehende Fäserchen	Einkaufsbeutel, Stoffe zur Weiterverarbeitung
Nickistoff. Maschenstoff mit zusätzlichen aufgeschnittenen, geschorenen Polschlingen (Schneide- oder Scherplüsch) (vgl. S. 161)	samtartige Warenoberseite auf Maschenstoff, elastisch, wärmend	Freizeit- und Sportbekleidung, Schlafanzüge, Hausanzüge
novalin flor®. Leinwandbindiger Futterstoff aus Polyamid texturé	kein Einlaufen, kein „Kleben", bügelfrei	DOB: Futterstoffe

O

Handelsbezeichnungen	Typische Kennzeichen	Verwendung
Opal. Feines, batistähnliches Baumwollgewebe in loser Leinwandbindung, durch Natronlauge leicht geschrumpft	milchig weißes Aussehen	Blusen

Stoffregister

Handelsbezeichnungen	Typische Kennzeichen	Verwendung
Organdy. Feines, durch Natronlauge transparentes, steifes Gewebe in Leinwandbindung	glasbatistartig, permanent gesteift	Kleider, Blusen
Organza. Transparentes, steifes Gewebe aus hart gedrehten Naturseiden- oder Chemiefasergarnen	batistartig, leicht versteift	Blusen
Ottomane. Querrips aus Wolle, Naturseide oder Chemiefasern	Querrippen	Kleider, Dekorationsstoffe, Möbelbezugsstoffe

P

Handelsbezeichnungen	Typische Kennzeichen	Verwendung
Panama. Baumwoll- oder Chemiefaserstoff in Panamabindung (vgl. S. 132)	würfelartiges Muster	Sporthemden, Sommerkleidung
Panné. Samt mit stark glänzendem langem, flach liegendem Flor (vgl. S. 161)	flach, auch mustermäßig glänzend	Oberbekleidung, Dekorations- und Polsterstoffe
Pepita. Sammelbezeichnung für Woll- und Baumwollstoffe oder Mischungen im typischen Pepitamuster (vgl. S. 136)	meist köperbindig, klein kariert mit typisch ausgezogenen Ecken	Anzüge, Kostüme, Röcke, Mäntel
Perkal. Feinfädiges Baumwollgewebe in Leinwandbindung	glatt, dicht	Bezug für Wolldecken, Einschütte für Daunen
Pfeffer und Salz. Kammgarn mit schwarz/weißer oder grau/weißer Kleinmusterung (vgl. S. 137)	schmutzunempfindlich, melierter Gesamteindruck	Anzüge
Pikee (franz. piquer= steppen). Doppelgewebe mit Füllschuss zwischen dem Untergewebe mit einer Muster bildenden straff gespannten Steppkette, die reliefartig in das Obergewebe einbindet, und dem glatten leinwandbindigen Obergewebe (vgl. S. 142)	dicker, reliefartig gemusterter, strapazierfähiger Baumwollstoff	Kleider, Blusen, Kinderwäsche
Plissee. Kleine, regelmäßige Falten, entweder durch Hitzeeinwirkung bei synthetischen Chemiefasern hergestellt oder durch Weben oder Wirken gewonnen (vgl. S. 204)	waschfeste kleine Falten	Röcke, Kleider
Plüsch. Allgemeinbezeichnung für hochflorige Samte (vgl. S. 146)	Flor über 3 mm	Mäntel, Möbelbezüge, Plüschtiere
Pocketing. Leinwandbindiges Gewebe aus Baumwolle oder Viskose (vgl. S. 214)	sehr steif	Hosentaschenfutter
Pongè. Leinwandbindiges feines glattes Seidengewebe	leicht, glatt, dünn, weich	Tücher, Blusen, Futter
Popeline. Leinwandbindiges Baumwoll- oder Chemiefasergewebe mit leicht ripsartigem Charakter durch Verwendung eines dickeren Schussfadens	fein gerippt, leicht glänzend, dicker Schussfaden	Kleider, Blusen, Mäntel, Jacken

Stoffregister

Handelsbezeichnungen	Typische Kennzeichen	Verwendung
R		
Raschelware. Spezielle auf einer Raschelmaschine hergestellte Kettfadenwirkwaren wie Tüll, Netze, Maschinenspitzen (vgl. S. 158)	durchbrochene Textilflächen, verarbeitete Effektgarne	Gardinen, DOB, Lebensmittelverpackung
Ratiné. Stark gewalkter, gerauter wollhaltiger Kräuselflausch	rechte Warenseite zu Knötchen und kleinen Locken geformt	Mäntel
Renforcé. Leinwandbindiger, feinfädiger Baumwollstoff, gebleicht, leicht appretiert	matte Oberfläche	Wäschestoff
Rippensamt, Cordsamt, Manchester, Genuacord. Sammelbezeichnung für gerippten Samt (vgl. S. 145)	Schusssamt mit aufgeschnittenen, geschorenen und gebürsteten Samtrippen	Kleider (Waschsamt), Anzüge, Hosen, Polstermöbelbezugsstoffe
Rips. Allgemeinbezeichnung für Gewebe mit Längs- oder Querrippen, die durch eine Abwandlung der Leinwandbindung oder dickere Schuss- oder Kettfäden entstehen (vgl. S. 132)	ausgeprägte Längs- oder Querrippen	Kleider, Blusen, Dekorationsstoffe
Rosshaareinlage. Steifes leinwandbindiges Gewebe aus Baumwoll- oder Viskosekette mit einem Schuss aus Rosshaar (vgl. S. 215)	steifes, jedoch elastisches und formbeständiges Gewebe	Einlagen für Mäntel, Anzüge und Jacken
S		
Samt. Leinwand- oder köperbindiges Gewebe mit Flordecke (vgl. S. 145)	Fadenflor 1 bis 3 mm	Kleider, Besatz, Dekorationsstoffe
Satin. Meistens fünfbindiger Atlas aus Viskose-Filamentgarnen	glänzend, glatt, strukturlos	Futter für schwere Mäntel und Pelzwaren
Schneiderleinen, Steifleinen. Leinwandbindiges ungebleichtes und geleimtes Gewebe aus Flachs in Kette und Schuss	steif, unelastisch	Einlagen für Damen- und Herrenschneiderei
Schottenstoff. Köperbindiger wollhaltiger Stoff mit typischem mehrfarbigen Karomuster nach schottischem Vorbild, auch für andere Flächentechniken und Bindungen verwendbar (vgl. S. 137)	mehrfarbiges Karo mit Pepitamuster bei der Verkreuzung von Überkaros	Damen- und Herrenoberbekleidung, Heimtextilien, Decken
Seersucker. Waschfester Kreppeffekt durch unterschiedliche Kettfadenspannungen oder durch schrumpfende Garne, Blasenstruktur in Kettrichtung ist auch durch Nachbehandlung mit Natronlauge hervorzurufen (vgl. S. 138)	regelmäßige Blasen in Kettrichtung, knitterarm, bügelfrei	Bettwäsche, Oberhemden, Blusen

Stoffregister

Handelsbezeichnungen	Typische Kennzeichen	Verwendung
Serge. Futterstoff in Köperbindung aus Baumwolle oder Viskose (vgl. S. 213)	sichtbarer Schräggrat	Futter für Anzüge und Mäntel
Shantung. Grobe, ungleichmäßige leinwandbindige Seide des Tussahspinners mit häufig unterschiedlichen Farben in Kette und Schuss (vgl. S. 45)	ungleichmäßige Oberfläche mit changierenden Farben	festliche Kleider, Blusen, Dekorationsstoffe
Shetland (benannt nach den schottischen Shetland-Inseln). Weiches, leichtes köperbindiges wollhaltiges Streichgarn, meist meliert	mittel- bis grobfädig, raue Oberfläche, schwer erkennbares Bindungsbild	Anzüge, Mäntel, Kostüme
Shirting (engl. shirt = Hemd). Gelbliche, kräftige leinwandbindige Ware (vgl. S. 214)	steif, glänzend	Taschenfutter, Buchbinderarbeiten
Stichelhaar. Stoffe mit eingearbeiteten weißen Grobgarnen aus Natur- oder Chemiefasern	kontrastierende helle Haare ragen aus dem Gewebe	Kleider, Polstermöbelbezugsstoff
Streichgarn. Stoffe aus Wolle oder anderen kurzen Fasern, im Streichgarnspinnverfahren hergestellt (vgl. S. 99)	rau, voluminös, wärmend, Bindungsbild nicht erkennbar	Anzüge, Mäntel, Kostüme, Kleider
Sweatshirt-Stoff. Maschenstoff mit zusätzlicher angerauter Futterlegung vgl. S. 161)	Maschenoberseite, angeraute Warenunterseite	Sweatshirts, Jogginganzüge, Winterunterwäsche
Sympatex. Porenlose Klimamembran aus hydrophilem („wasserfreundlichem") Polyester (vgl. S. 180)	vielseitige Verarbeitung als Laminat möglich	Regenbekleidung, Wanderbekleidung, Wanderschuhe, Skischuhe

T

Handelsbezeichnungen	Typische Kennzeichen	Verwendung
Tactel. Mikrofaser aus 100 % dicht verwebten, sehr feinen Polyamidfasern, spezielle Oberflächenbehandlungen ermöglichen Crash- und Seersuckereffekte (vgl. S. 79)	WWA-Faser mit natürlichem Griff, sehr leicht	modische Sportbekleidung, Tourenkleidung, Badekleidung, Strickwaren
Taft. Dichtes, meist steifes leinwandbindiges Gewebe aus Naturseide oder Chemiefaserfilamenten mit feinen Kett- und etwas dickeren Schussfäden (vgl. S. 213)	sehr feine Rippen, glänzend	festliche Kleider, Futterstoffe, Schirmstoffe
Thintech. Poröses Trägermaterial mit glatter, geschlossener Polyurethanaußenseite, als Laminat verarbeitet	hohe Wasser- und Winddichte, waschbar, sehr haltbar	Wassersportkleidung, Wetterjacken, Alpinsportkleidung
Tirtey. Festes, meist köperbindiges Gewebe mit Baumwollkette und Streichgarnschuss	haltbar	Hosen, Anzüge
Toile. Batist aus Seide oder Chemiefaserfilamenten	leicht, geschmeidig, durchscheinend	Tücher, Blusen, Kleider

Stoffregister

Handelsbezeichnungen	Typische Kennzeichen	Verwendung
Trikoline. Besonders feinfädiger mercerisierter Baumwollpopeline	dünn, glänzend	Blusen, Oberhemden
Trikot. Allgemeine Bezeichnung für einfädige Kulierware aus Baumwolle oder Chemiefasern (vgl. S. 155)	dünne Maschenware mit quer laufendem Faden	Unterwäsche, T-Shirts
Tropikal. Leichtes leinwandbindiges Kammgarngewebe mit zweifarbigem Zwirn (Mouliné) in Kette und Schuss	meliertes Aussehen, dichter als Fresko	Anzüge, Kostüme
Tuch. Leinwandbindiges Streichgarngewebe mit filzartiger Oberfläche durch Walken und Rauen	raue Oberfläche, Bindungsbild nicht erkennbar	Kleider, Anzüge, Mäntel, Uniformen
Tweed (sprich: twi:d). Grobfädiges Streichgarngewebe mit kleinen Farbeffekten (vgl. S. 114 f.)	kleine, farbige Knötchen	Kleider, Anzüge, Röcke, Kostüme, Mäntel
Twill (engl. = Köper). Feine köperbindige Ware mit seidigem oder wolligem Charakter	gleichseitiger Köper, Oberseite leicht appretiert	Kleider, Blusen, Futterstoff

U

Handelsbezeichnungen	Typische Kennzeichen	Verwendung
Ulsterstoffe. Mantelstoff aus dicken einfarbigen oder melierten Streichgarnen, Oberfläche geraut oder gewalkt	kräftiger, grobfädiger Stoff mit rauer Oberfläche	Mäntel

V

Handelsbezeichnungen	Typische Kennzeichen	Verwendung
Velveton. Kräftiges atlasbindiges, aufgerautes Baumwollgewebe mit samtartiger Oberfläche (vgl. S. 146)	raulederähnliche Oberfläche, strapazierfähig	Westen, Hosen, Futter für Ledertaschen
Viledon®. Haftvlies aus Propylen zur Verbindung zweier Stoffe durch Hitze und Feuchtigkeit	Haftvlies ohne Trägerpapier	Damenschneiderei: Säume, Einlagen
Vistram. Baumwollgewebe mit Polyurethan-Film	reinigungsbeständig, abwaschbar, luftdurchlässig	Kinderkleidung, Lederersatz
Vlieseline®. Faservlies aus Spinnfasern mit und ohne Haftmassenbeschichtung als Fixiereinlage (vgl. S. 215)	Faservlies, elastisch, steif	Damenschneiderei: Einlagen
Voile (franz. = Schleier). Leichtes, schleierartiges Gewebe aus glatten, hoch gedrehten Garnen in loser Leinwandbindung (vgl. S. 212)	durchscheinend, sehr leicht, wenig knitteranfällig	Kleider, Blusen, Dekorationsstoffe
Voltex. Faserverbundstoff im Nähwirkverfahren, unversponnenes Fasermaterial in einer vorhandenen Textilfläche eingearbeitet (vgl. S. 172)	hochflorige Warenoberseite	Pelzimitationen, Plüsch-Kinderspielzeug

Stoffregister

Handelsbezeichnungen	Typische Kennzeichen	Verwendung
W		
Wachstuch. Baumwollgrundgewebe mit Kunstharzlackbeschichtung und angerauter Unterseite	Oberseite abwaschbar, Unterseite rutschfest	Tischdecken
Waschsamt. Waschbarer, besonders kurzfloriger, weicher Rippensamt (vgl. S. 146)	dünn, leicht	Kleider, Babykleidung
Watteline. Kettenwirkstoff in Trikotlegung aus Baumwolle oder Wolle linksseitig aufgeraut (vgl. S. 215)	leicht, locker, weitmaschig, weit	Zwischenfutter, Wattierungen
Webspitzen. Maschinell hergestellte Spitzenimitate auf Raschel- oder Wirkmaschinen (vgl. S. 184)	Imitate der handgearbeiteten Spitzen	Damenunterwäsche, Bett- und Tischwäsche
Whipcord (engl. = Peitschenschnur). Dicht eingestellter, kahl appretierter Steilköper (vgl. S. 135)	steile Grate, strapazierfähig	Reithosen, Anzüge
Wollvelours. Beidseitig gerautes Streichgarn in Köper- oder Leinwandbindung	raue Oberfläche, weich, wärmend, weniger haltbar	Mäntel, Kostüme, Anzüge
Z		
Zanella. Atlasbindiges Gewebe mit unterschiedlicher Kett- und Schussdichte	glänzend	Futterstoff, Westenrücken
Zefir, Zephir. Feinfädiges leinwandbindiges, buntgewebtes Gewebe aus mercerisierter Baumwolle	weich, angenehmer Griff, Buntgewebe	Oberhemden, Blusen, Sommerkleider
Zibeline. Mittelschweres Tuch mit längerem glänzenden Rauflor und eingearbeiteten Grannenhaaren oder Acetatfasern	Rauflor und Stichelhaar, Flor oft in Strichrichtung gelegt	Kleider, Mäntel, Kostüme

Verwendete Normblätter und weitere Informationen

DIN 60 000	Textilien, Grundbegriffe		DIN 61 211	Auf Nähwirkanlagen hergestellte textile Flächengebilde
E DIN 60 000 A1	Textilien, Grundbegriffe, Vliesstoff		DIN 61 703	Arbeitsgänge in der Textilveredlungsindustrie für lose Spinnstoffe
DIN 60 001 T1	Textile Fasern, Naturfasern		DIN 61 704	Arbeitsgänge in der Textilveredlungsindustrie für Gewebe, Gewirke und Gestricke
E DIN 60 001 T1	Naturfasern und ihre Kurzzeichen		DIN 62 050 T1	Gewirke und Gestricke, Einfadengewirke und -gestricke
DIN 60 001 T2	Textile Fasern und Herstellungsformen			
DIN 60 001 T3	Textile Faserstoffe, Chemiefasern		E DIN 62 050-1	Maschenstoffe, Gestricke und Kuliergewirke
DIN 60 001 T4	Textile Faserstoffe, Kurzzeichen			
DIN 60 004	Wolle		DIN 62 050 T2	Gewirke und Gestricke, Kettengewirke
DIN 60 011	Flachsfaser		E DIN 62 050-2	Maschenstoffe, Kettengewirke
DIN 60 012	Arbeitsgänge in der Flachsspinnerei		DIN 62 055	Polstoffe, Begriffe
DIN 60 021	Erzeugnisse der Spinnerei, Vorbereitung und Vorspinnerei		DIN 62 100	Flach- und Kulierwirkmaschinen
DIN 60 305	Arbeitsgänge im Baumwoll-Spinnverfahren		DIN 62 110 T1	Flach-Kettenwirkmaschinen, Begriffe
DIN 60 410	Kammgarne		DIN 62 110 T1	Flach-Kettenwirkmaschinen, Einrichtungen für Fadenablauf, Gewirkabzug und Gewirkaufnahme
DIN 60 411	Streichgarne			
DIN 60 412	Arbeitsgänge in der Streichgarnspinnerei			
DIN 60 414	Halbkammgarne		DIN 64 080	Karde für die Baumwollspinnerei
DIN 60 415	Arbeitsgänge in der Wollwäscherei und Wollkämmerei		DIN 64 082	Strecke für das Baumwollspinnverfahren
			DIN 60 083	Flyer für das Baumwollspinnverfahren
DIN 60 416	Arbeitsgänge in der Kammgarnspinnerei		DIN 64 090	Strecke für das Kammgarn- und Halbkammgarnspinnverfahren
DIN 60 550	Webgarne aus Seide			
DIN 60 900 T1	Garne		DIN 64 118	Walzenkrempeln
DIN 60 900 T2	Garne, Beschreibung im Tex-System		DIN 64 863	Textilmaschinen und Zubehör, Harnische für Jacquard-Webmaschinen, Begriffe
DIN 60 900 T4	Garne, Beschreibung im Nm-System			
DIN 60 900 T5	Garne/Texturierte Filamentgarne		DIN ISO 5247	Textilmaschinen und Zubehör, Webmaschinen, Einteilung und Begriffe
DIN 60 900 T6	Spinnfasergarne			
DIN 60 905 T1	Tex-System, Grundlagen		DIN ISO 5247 T2	Textilmaschinen und Zubehör, Webmaschinen, Zubehör, Begriffe
DIN 60 916	Arbeitsgänge in der Zwirnerei			
DIN 61 040	Textilmaschinen, Arbeitsvorgänge an Webmaschinen		DIN ISO 5247 T3	Textilmaschinen und Zubehör, Webmaschinen, T3 Bauteile, Begriffe
DIN 61 100 T1	Gewebe, kennzeichnende Merkmale			
DIN 61 101 T1	Gewebebindungen, Allgemeine Begriffe, Grundbindungen			
DIN 61 205	Filze, Filztuche, Technologische Einteilung			

Weitere Informationen sowie eine Auswahl nützlicher Adressen:
www.allergie-elternmagazin.de/textilallergie (gef. am 04.06.14) Deutsche Haut- und Allergiehilfe
www.alles-zur-allergologie.de (gef. am 03.06.14)
www.BTE.de Bundesverband des dt. Textileinzelhandels e. V.
www.bvse.de (gef. am 28.04.14)
www.bvse.de/356/6043/Zahlen_zur_Sammlung_und_Verwendung_von_Altkleidern_in_Deutschland#forsa (gef. am 03.05.14)
www.das-ist-untragbar.de/de/home.html (gef. am 01.06.14)
www.derwesten.de/politik/knallharter-kampf-um-altkleider-kommunen-verhaengen-sammelverbot-id9246226.html (gef. am 28.05.14)
www.drk.de (gef. am 28.05.14)   Deutsches Rotes Kreuzes
www.fashion-base.de Portal für Fashion, Mode, Bekleidung und Textilien
www.fairwertung.de (gef. am 15.05.14) Dachverband FairWertung e.V.
www.fairwertung.de/info/nepper/index.html (gef. am 13.04.14)
www.faz.net/aktuell/wirtschaft/lukrativer-wettbewerb-schaetzeim-altkleider-container-12132607.html (gef. am 02.05.14)
www.freiepresse.de/NACHRICHTEN/DEUTSCHLAND/Das-Geschaeft-mit-den-alten-Kleidern(gef. am 12.04.14)
www.gesamtmasche.de Verband der dt. Maschen-Industrie
www.gesamtverband-leinen.de Gesamtverband Leinen
www.gesamttextil.de Dachverband der dt. Textilindustrie
www.greenpeace.de (gef. am 12.05.14)
www.greenpeace.de/themen/endlager-umwelt/fast-fashion-versus-gruene-mode(gef. am 07.05.14)
www.heimtex.de Verband der deutschen Heimtextilien-Ind. e. V.

www.hohenstein.de (gef. am 15.05.14) Institut für Textilinnovation
www.ivc-ev.de Industrievereinigung Chemiefaser e. V.
www.iwkoeln.de (gef. am 17.04.14) Institut der deutschen Wirtschaft Köln
www.iwkoeln.de/de/infodienste/gewerkschaftsspiegel/beitrag/arbeitsbedingungen-in-textilfabriken-suedostasiens-alle-stehen-in-der-pflicht (gef. am 17.04.14)
www.nachhaltigkeit.info (gef. am 23.05.14) Lexikon zur Nachhaltigkeit
www.nachhaltigkeit.info/artikel/nachhaltigkeit_in_der_modebranche_ (gef. am 23.05.14)
www.nachhaltigkeit.info/artikel/produktion (gef. am 23.05.14)
www.oeko-fair.de (gef. am 17.04.14) Die Verbraucherinitiative e. V)
www.oeko-tex.com (gef. am 17.04.14) Internetauftritt der Internationale Gemeinschaft für Forschung und Prüfung auf dem Gebiet der Textilökologie
www.raumausstatter.de Raumausstatterinformationen
www.seide.info Informationsseite zum Faserstoff Seide
www.textiles.de Informationsserver mit textiler Link-Sammlung
www.textil-mode.de (gef. am 28.04.14) Gesamtverband der deutschen Textil- und Modeindustrie e. V.
www.textil-recycling.de Fachverband Textilrecycling
www.tvi-verband.de Gesamtverband der deutschen Textil.veredlungsindustrie
www.umweltbundesamt.de (gef. am 18.04.14) Bundesumweltamt: www.reach-info.de/ (gef. am 18.04.14)
www.woolmark.com Internetauftritt der Woolmark Company

Weiterführende und verwendete Fachliteratur

Fachliteratur

Arbeitgeberkreis Gesamttextil: Ausbildungsmittel-Unterrichtshilfen: Technische Textilien, Eschborn 2005
Autorenkollektiv: Fachwissen Bekleidung, Verlag Europa Lehrmittel, Haan-Gruiten 2013
Autorenkollektiv: Handbuch der Textilwaren Band 1 und 2, VEB Fachbuchverlag Leipzig
Autorenkollektiv: Mode und Umwelt, Arbeit und Leben DGB/VHS NW e. V., Bielefeld 1995
Autorenkollektiv: Veredlung von Textilien, VEB Fachbuchverlag Leipzig 1990
Autorenkollektiv: Werkstoffe für textile Kleidung, Fachbuchverlag, Leipzig
Becktepe, Strütt-Bringmann (Hrsg.): Der Stoff aus dem die Kleider sind, Verbraucherinitiative e. V., Breite Str. 51, Bonn, 1992
Binger, Doris: Das Echo vom Kleiderberg: Mode + Ökologie – Wege einer sinnvollen Verbindung, Deutscher Fachverlag, Frankfurt 1995
Birk, Fritz: Textilwarenverkaufskunde, Bildungsverlag EINS, Troisdorf 2007
Birk, Fritz: Webereimaschinenkunde, Merkur Verlag, Rinteln 1979
Brodde, Kirsten: Saubere Sachen, Ludwig-Verlag, München 2012
Brunk/Trommer: Rotorspinnverfahren, VEB-Verlag, Leipzig 1982
Denninger, Fabia und Giese, Elke: Textil- und Modelexikon, Deutscher Fachverlag, Frankfurt 2006
Fontaine, A.: Technologie für Bekleidungsberufe, Bildungsverlag EINS, Troisdorf 2011
Gerlich, Hans-J.: Werkstoffkunde für Schneider, Fachbuchverlag, Leipzig
Haudek, Heinz Werner und Viti, Erna: Textilfasern, Verlag Johann L. Bondi & Sohn, Wien o. J.
Hofer, Alfons: Stoffe I und II, Deutscher Fachverlag, Frankfurt 2000/2004
Kienbaum, Martin: Bindungstechnik der Gewebe Band 1 und 2, Fachverlag Schiele und Schön, Berlin 1999/1990
Kießling, A. und Matthes, M.: Textil-Fachwörterbuch, Fachverlag Schiele und Schön, Berlin 1992
Kleinhaust, E. und Mavely, J.: Denkendorfer Fasertafel, Institut für Textil- und Verfahrenstechnik, Denkendorf
Knecht, Petra: Funktionstextilien, Deutscher Fachverlag, Frankfurt 2003
Knecht, Petra: Technische Textilien, Deutscher Fachverlag, Frankfurt 2006
Koslowski, Hans J.: Chemiefaserlexikon, Deutscher Fachverlag, Frankfurt 2008
Lange, Thomas und Quednau, Wolfgang: Kommentar zum Textilkennzeichnungsgesetz, Deutscher Fachverlag, Frankfurt 2009
Loy, Walter: Die Chemiefasern – ihr Leistungsprofil in Bekleidungs- und Heimtextilien, Fachverlag Schiele und Schön, Berlin 1997
Loy, Walter: Taschenbuch für die Textilindustrie, Fachverlag Schiele & Schön GmbH, Berlin
Mecheels, Jürgen: Körper – Klima – Kleidung, Fachverlag Schiele & Schön
Meyer zur Capellen, Thomas: Jeans-Kompass, Books on Demand, 2013
Meyer zur Capellen, Thomas: Lexikon der Gewebe, Deutscher Fachverlag, Frankfurt 2006
Ried, Meike: Bekleidung I und II (Lehrbrief 4 und 5), Forum Bekleidung e. V., Berlin
Rosenkranz, B. und Castello, E.: Textilien im Umwelt-Test, Rowohlt Taschenbuch Verlag, Reinbek
Rosenkranz, B. und Schmidt, E.: In Hülle und Fülle. Kleidung: Ökologie, Ökonomie und Gesundheit, Stiftung Verbraucherinstitut, Berlin 1999
Schenek, Anton: Naturfaser-Lexikon, Deutscher Fachverlag, Frankfurt 2001
Schierbaum, Wilfried: Bekleidungslexikon, Fachverlag Schiele und Schön, Berlin
Schmidt Eva: Fachvortrag: Nachhaltigkeit und Globalisierung am Beispiel Textilien, erstellt im Auftrag der Verbraucherzentrale Bundesverband e.V., 2010, S.5, 33
Stiftung OEKO-TEX® GmbH: Textilien und Nachhaltigkeit: Zahlen und Fakten – Journalisten-Kompendium S.5, 10; 2012
Strobusch, F. und Terpinc, B.; Zum Beispiel Altkleider, Lamuv Verlag, Göttingen
Weber, C. und Parusel, D.: Zum Beispiel Baumwolle, Lamuv Verlag, Göttingen
Wulfhorst, Burkhard: Faserstofftabelle Celluloseregeneratfasern, Institut für Textiltechnik, Technische Hochschule Aachen

Fachzeitschriften

Albrecht, Wilhelm: Non wovens – Stand der Entwicklung 1975/4
Kirchberger, Hermann: Eigenschaften und Verwendung von Nähwirktextilien, 1986/8
Lüder, Gerking: Spinnvliese – Herstellungsverfahren und Besonderheiten, 1974
Melliand Textilberichte: Verlag Melliand KG, Heidelberg
Salz, P.: Wasserdampfdurchlässigkeit von Regenschutzkleidung, 1987
Schmidt, Eva: Gebrauchseigenschaften von Textilien und ihre Bedeutung für die Verbrauchererziehung, 1985/4
Schwertfeger, A., u. a.: TU Dresden, Elastische Kettengewirke auch ohne Elastan
Textilarbeit und Unterricht, Verlag Burgbücherei Schneider, Baltmannsweiler
Umbach, K.-H.: Hautphysiologie und Kleidung 2/1992
v. Westholz: Skibekleidung, 1985/4

Diverses Informationsmaterial

Bayer Faser GmbH
Bremer Baumwollbörse
Coats GmbH
Europäische Teppichgemeinschaft e. V.
Gesamtverband Textil und Mode
Lenzing AG
Lenzing Lyocell GesmbH & Co KG
MALIMO Friedrich Mauersberger
Spinnerei Lampertsmühle AG
Sulzer Rüti AG
The Woolmark Company
Trevira GmbH
W. L. Gore & Associates GmbH

Sachwortverzeichnis

A
Abbindung 139, 141
Abfallseide 232
abgedecktes Nappa- und Veloursleder 220
abgeleitete Leinwandbindung 132
abgepasste Ware 164
Abhaspeln 43
Abkochen der Seide 44
Ablage der Spinnfasern und Filamente 168
Abperleffekt 34
Abreißflamme 114
Abseitenstoff 230
Abstandshalter XIII
Abwickeln 43
Abzug der Chemiefasern 56
Acetat 1, 52, 54, 58 f., **63**, 65, 67, 69, 70, 72 f., 195, 222
Acrylfasern 74, 91
additive Verfahren 37
adhäsiv 170
Adidas 230
ADITEX 181, 230
Affenhaut 146, 203, 230
Afghalaine 101, 230
Agrartextilien 229
Aida 230
Airpush 230
Ajour 230
Ajour-Stoffe 184
Alceru 63
Alkantara 170, 230
Allergien VIII
allgemeiner Aufbau von Chemiefasern 57
Allwetterkleidung 179
Alpakawolle 1, 28, 41, 79, 231
Alpakka 40
Altkleidersammlung 227 f.
Altlasbindung 120
Alttexthandel 227
Alttextilien 227 ff., VII
Aluminium 52, 93
amorphe Bereiche der Kettenmoleküle 3
Anbau und Gewinnung von Baumwolle 7
– von Leinen 17
Anbindung 139, 141
Andreher 122
Anfärbbarkeit 76
angeschliffenes Nappaleder 220
Angora 1, 28
Angora(kanin)wolle 41
Angorakaninchen 28
Angoraziege 28
Anilinfarben 220
anorganische Fasern 1, 52, 93
Antifilzausrüstung 37

Antiflammausrüstung 207
antimikrobielle Ausrüstung 206
antimykotische Ausrüstung 206
Antipillingausrüstung 89, 206
Antisnagausrüstung 89, 207
Antistatikeffekt 50
antistatische Ausrüstung 89, 206
Appretieren 220
Appretur 202
Aquaseta 50
Aramidfasern 73
Arbeitslöhne im Textilbereich X
Arbeitszeiten im Textilbereich X
Ärmelfutter 214
aromatische Polyamidfasern 73
Artnamen 222, 224
Association for International Cotton Emblem 224
Asto 84
Atlasbindung 128 ff., 135, 213 f.
Atlaslegung 155
atmungsaktiv 179, 221
Ätzdruck 198
Ätzsamt 230
Ätzspitzen 184, 187, 230
Aufbau der Baumwollfaser 9
– der Glattzwirne 108
– der Wollfaser 31
– des Flachsstängels 19
– des Rohseidenfadens 45
– und Gewinnung von Cellulose 58
– von Faserstoffen 2
Aufdraht-Zwirn 112
Aufdruck 198
Aufgaben und Eigenschaften von Einlagestoffen 214
Aufhängerband 217
Aufkaschieren vorgefertigter Filme 89
Ausbessern 189 f.
Ausbrenner 212, 230, 235
Ausbrenner-Gewebe 187
Ausrüstung 190
Ausrüstung zur Erhöhung der Scheuerfestigkeit 205
Ausrüstungskrepp 120, 138, 239
Ausziehverfahren 194
Auszwirnen 109

Automatisierung 127, IX
Avivieren 60

B
Babycord 145
bakteriostatische Ausrüstung 206
Bambusknöpfe 216
Bänder 213, 217 f.
Barchent 231
Barmer Bogen 188
Barock Spitzen 188
Barré 136
basische Farben 195
basische Farbstoffe 196
Bastfaserbündel 19
Bastfasern 7, 17
Bastknöpfe 216
Bastseide 231
Batik 198
Batist 129, 231
Bäumen 122
Baumwolle 1, **7**, 195, 204, 215, 222
Baumwollfasermodell 10
Baumwollspinnerei 98
Baumwollstopfgarn 110
Beflocken 177
Beiderwand 231
Beinknöpfe 215
Bekleidungsherstellung VII
Bekleidungsphysiologie XI
Belastung des Abwassers 190
Belseta 231
Berstfestigkeit 205
Beschichten 167
Beschichtungen auf Geweben 180
Beuchen 189, 191
Biber 231
Biberwolle 41
Bicolorfärberei 197
Bicolorfärbungen 195
Biegekräuselverfahren 87
bielastich 235
Bikomponentenfasern 76 ff.
Bikomponentenverfahren 89
bilaterale Struktur 79
Bildteppiche 209
Bindung 121, 128
Bindungen bei Nähwirkstoffen 173
Bindungselement Masche 150
Bindungskräfte im Faserstoff 3
Bindungskrepp 120, 138
Bindungskurzzeichen 130
Bindungspatrone 128

Bindungspunkte 129
Bindungsrapport 128
Bindungsstellen der Maschen 150
Blasenkrepp 78
Blasverfahren 87
Blattfasern 7, 26
Bläuen 192
Bleichen 60, 189, 192
blinde Legung 162
Blue-Jeans-Stoff 231
Bobinet 143
Bogenlitze 218
Bohrspitze 187
Bommel 218
Bondieren 178
Borkencrêpe 138
Borkenkrepp 231
Borsten aus PP 91
Borten 218
Bouclé 31, 114, 161, 209
Bouclé-Zwirne 114
Bougram 16, 215, 231
Bougram 231
Bourrette 232
Bourretteseide 43, 45
Brechen 18
Breitcord 145
Breitgrat 120
Breitgratköper 133
Breitrippware 153
Brennen 37
Brennprobe 6
Broché 139 f., 232
Brochierschützen 140
Brokat 120, 232, 238
Broschiergewebe 232
Brüssel 209
Brüsseler Spitze 188
Brustbaum 144
Buckskin 232
Bügeln 225
Bündchenware 153
Buntätze 198
Buntdamast 120
Buntreserve 198
Buntweberei 120, 136
Bürsten 89
Butzenknöpfe 215

C
C/C-Typ 77
C/C-Typen (Kern/Mantel) 76
Cablé-Zwirne 110, 115
Caprolactam 73
Carbonisieren 29, 31, 35, **37**, 40, 189, 191
Cascade 232
Celluloseacetat 63
Cellulose-Faser 58
Cellulosemolekülketten 2
Cellulosetriacetat 63
Cellulosics 2, 58

cellulosische Chemiefasern 53
Changeant 232
Charmeuse 163, 166, 213,
Chemiebändchen 113, 114
Chemiefaser, Modell 57
Chemiefaserfilamente 4
Chemiefaserformen 56
Chemiefasergrundtypen 53
Chemiefasern 1
– aus synthetischen Polymeren 73
– der dritten Generation 53
– der vierten Generation 53, 80
– der zweiten Generation 53
Chemiefaserspinnfasern 4
Chemiefaserstoffe 52
Chemikalienbeständigkeit 6
chemische Bindung 167
chemische Probe 6
chemische Röste 21
chemische und physikalische Modifikationen 53
chemische Verfestigung 170
Chemischreinigung 225
chemisch-thermisches Verfahren 89
Chenille 115
Chenille-Axminsterteppiche 208 f.
Chenillegewebe 232
Chenillemuster 115
Cheviot 100, 232
Cheviotwolle 30, 33
Chiffon 138, 232
Chinakrepp 233
Chiné 202, 232
Chintz 204, 233
Chloren 225
Chlorofaser 76
choriger Teppich 209
Chromentwicklungsfarben 195
Chromentwicklungsfarbstoffe 196
Cloqué 78, 139, 141, 233
CMD 61
Computereinsatz 127
Cool-Wool-Logo 39
Copolymerisate 76, 77
Cord 139, 141 f., 233
Cordbindung 142
Cordsamt 139, **142**, 145, 233, 244
Corespun 110
Cortex 32, 45
Côtelé 142

Sachwortverzeichnis

Cottonisieren 20
Covercoat 101, 203
Crash 204
Crasheffekte 245
Crashen 89
Crêpe chinette 138
Crêpe craquelé 233
Crêpe de Chine 129, 138, 233
Crêpe faille 233
Crêpe Georgette 233
Crêpe lavable 138, 233
Crêpe Marocain 233
Crêpe Romain 138, 233
Crêpe Satin 129, 234
Cretonne 129, 234, 242
Crinkle 204
Crinkled-Garn 88
Croisé 214, 234, 239
Crossbred 29
Crossbredwolle 30, 33
cross-dyed 195
Cupro 1, 52, 54, 58 f., 62, 65 f., 68, 70, 222
Cuprofilamente 72
Cuticula der Baumwollfaser 9 f.
– der Leinenfaser 19
– der Wollfaser 31

D

Dachshaar 41
Dacron 79, 83
Damassé 129, 234
Damast 120, 129, 135 f., 234, 238
Danakon 84
Danufil Mikro 80
Daumenperkal 234
Daunenbatist 234
Daunencambrik 234
Daunensatin 129
Dehnung 5, 82
Dekatieren 39, 203
Delaminieren 170, 178 f.
Delicron 207
Deponierung VIII
Derivat 52
Desi 10
Deutsches Institut für Gütesicherung und Kennzeichnung e. V. 223
Deutschleder 234
Diagonal 234
Differential-dyed 195
Dimensionsstabilität 50
Dinner-Star 206
Diolen 83
Diolen-Mikro 80
Direktdruck 197 ff.
Direktfarbstoffe 196
Direktfärbung 195
Direktlöseverfahren 63
Dispersionsfarbstoffe 196 f.
Dolan 83
Doppeldrahtspindel 108
Doppeldraht-Zwirnmaschine 107
Doppeldruck 198

doppelfädige Flächen 166
doppelflächige Maschenstoffe 91, XIV
Doppelgewebe 120, 139, **140**, 230, 233, 236, 241, 243
Doppeljersey 165
Doppeln 98
Doppelsamt 145 f.
doppelseitiger Direktdruck 198
Doppelteppiche 208
Doppelware 210
Doppelzungennadel 153
Dorlastan 75, 83
Dorlastan-Seele 80
Double Jersey 239
Doubleface 141, 234
Doubleface-Stoffe 141
Doupion 67
Doupionseide 234
Dowlas 234
DP-Grad 3
Dracon Coolmax 77
Drähte aus PP 91
Dralon 83, 224
Dralon-Mikro 80
Drehen 218
Dreherbindung 212
Drehergewebe 139, 143, 240
dreidimensionale Stoffe 78
Dreizylinder-Ringspinnmaschine 105
Drell 129, 234
Drill 234
Drillich 234
Dritte Welt X
Dromedar 41
Drucken 189, 197
Druckknöpfe 216
Druckkochung 191
Druckprinzipien 189, 198
Drucktechniken 199, 202
Druckverfahren 189
Dublieren 98
Duchesse 129, 135, 213, 234
Düngemittel VII
Düngung 8
Dunova 79, 224, 235
durchbrochene Flächen 119
durchbrochene Gewebe 120, 139, 143
durchbrochene textile Flächen 184
durchbrochene textile Spitzen 184
Durchbrucharbeiten 187
Durchschnittspolymerisationsgrad 3
Düsen 123
Düsenfärbemaschine 194
Düsenfärbung 193
Düsenwebmaschinen 126
Duvetine 146, 203, 235

E

Easy-wash 206
Echt-Filet-Bindungen 162
Eckenband 217
Eco-Label 224
Effektgarn 96
Effektspinnerei 112
Effektzwirne 106
Effektzwirnerei 112
Egreniermaschinen 8
Eichenlaubspinner 45
Eigenschaften 4
– der Baumwollfaser 10
– der Cellulosics 64
– der Flachsfaser 20
– der Seide 46
– der Wollfaser 32
– des Leders 221
– textiler Faserstoffe 4
– von Mischtextilien 95
ein- oder mehrstufig 106
Einfachgarn 96
Einfadenware 149
Eingratköper 133
Einlagestoffe 213 f.
Einphasenwebmaschine 123, 124
Einsatzgebiete
– von Baumwolle 16
– der Cellulosics 71
– von Leinen 25
– von Seide 51
– von Synthetics 90
– von Wolle 42
Einschütte 234
einstufige Zwirne 108
Einzelfibrille 4
Einzelmolekül 2
Eisen 52
Eiskrepp 138
Eiweiß der Wollfaser 31
Eiweißmolekülkette 2
EL 75
Elastan 1, 52, **75**, 83, 86, 91, 222
Elastic 235
Elastizität 5, 82, 148, 171
elektrostatische Aufladung 6, 82
elektrostatisches Verhalten 76
Elementarfaser 19
Elementarfibrille 4, 10, 31, 45, 57
Eloxal 93
Endlosfaser 4, 52
Endocuticula 32
englische Baumwollnummer 118
Enlevé 235
Entbasten 43 f., 189, 191
entbastete Seide 46
Entflammbarkeit 76
Entkörnungsmaschinen 8
Entlaubungsmittel VII
Entschlichten 189, 191
Entsorgung von Textilien 181, 227, VIII

Entsorgungsökologie X
Entwicklungsfarbstoffe 195 f.
Entwicklungsländer VIII
Entwicklungsweg der Chemiefaser 53
Enzymbehandlung 38
Epicuticula 31
Epidermis 19
Epinglé 146, 235
Erbstüll 212
Erhöhung der Scheuerfestigkeit 189
Ersatzprodukte für Leder 221
Erschweren 43 f., 189, 191
Etamine 129, 212, 235
EU-Umweltzeichen 224
Excenter 123
Exocuticula 31
Extruder 55

F

Fachen 107
Faconné 235
Fadenflottungen 140
Fadenkreuzung 129
Fadenlagennähwirkstoff 167, 174, 241
Fadenlauf 152
Fadenlaufdarstellung 152
Fadenschare 174
Fadenverbund 167
fadenverstärkter Vliesstoff 170
Fadenvliesnähgewirk 241
Fädigkeit 131
Fällbad 55, 60
Fallmaschen 149
Falschdrallverfahren 87
Fang 162
Farbe der Faserstoffe 5
Farbechtheit 193, 213
Färbemöglichkeiten 195
Färben 189, 193, 220
Färben mit Schaum 195
Färbeprobe 6
Färbequalität 189, 193
Färbeverfahren 189, 194
Färbezeitpunkt 189
Farbfixierung 197
Farbstoffe 55
Farbstoffklassen 189
Faserband 97
Faserfeinheit 4
Faserflor 97
Fasergewinnung 59
faserkerntiefe Färbung 194
Faserlänge 4, 10, 20, 66, 81
Faserlänge und Klassierung
– der Baumwolle 10 f.
– der Leinenfaser 20
Faserlängsachse 4
Fasermischungen 94, VIII

Fasermodell 4
Fasermodifikation 77
Faserproduktion VII
Faserprüfung 6, 14, 23, 37, 50, 69, 86
Faserquerschnitte von Profilfasern 81
Faserschicht 4
faserspezifische Veredlung 14, 24, 37, 50
Faserstofffärbung 193
Faserverbund 167
Faserverbundstoff 242, 246
Faservlies 167, 215, 246
Faux uni 235
Feincord 145
Feingarn 97
Feinheitskennzeichnung 117
Feinspinnen 99
Feinstfaser 77, 79
Feinstfaservlies 169, 170, 230
Feinwolle 33
Fellimitation 146, 163
Feuchtigkeitsaufnahme 5, 82, 171
Fiberfill 78
Fibroin 44
Fibrille 4
Fibrillennetz 9
Fibrillenstrang 4, 10, 45, 57
fibrillierte Garne 114
Fibrillierung 71
Fibroinfäden 45
Fibroinfaser 45
Figurengewebe 142
Figurenkette 139
Figurenschuss 139
Fil à Fil 137, 235
Filamentbündel 56, 78
Filamente 4, 43, 52, 81, 91, 96
Filamentgarne 56, 60, 66
Filamentmischgarn 77 f.
Filamentstrang 56
Filet-Bindung 162
Filetspitzen 184 ff., 235
Filmdruck 198 ff.
Filzbarkeit 33
Filze 167 f.
Filzfrei-Ausrüstungsverfahren 37
Finette 235
Fischgrat 120, 129, 136, 232, 236
Fischgratköper 232
Fischotterwolle 41
Fixiereinlagen 213 ff.
Fixieren 56
Fixierung 82
Flachdruckverfahren 200
Flächendarstellung 152
Flächenfixierung 39
Flächenkonstruktion 5
Flächenverbund 167
Flachfilmdruck 199, 200
Flachgeflechte 147 f., 218

251

Sachwortverzeichnis

Flachs 1, 7, **17**, 195, 222, 238
Flachsbast 21
Flachsfaser-Modell 20
Flachstrickmaschine 159
Flachstuhlware 149
Flachswerg 18, 238
Flachteppiche 208 ff.
Flamenga 236
Flamengo 236
Flamisol 236
Flammé 236
Flammengarn 114
Flammenhemmungs-Ausrüstung 38
Flammenzwirn 114
Flamm-Schmelzverfahren 177
Flanell 100, 236
Flausch 100, 236
Flechten 218
Fleckschutz-Ausrüstung 205
Fleece 90 f., 170, 214, 236
Fleischspaltleder 219
Fleurs 236
Flickerlteppiche 209
Flockdruck 202
Flocke 97
Flockefärbung 194
Flockfasern 90
Flockprint 146, 177
Flocksamt 146
Flockseide 44
Florentiner Tüll 212
Florgewebe 145
Florschuss 145
Florschussflottungen 145
Florteiler 97, 103
Flottung 151 f., 164
Flugasche 23, 69
Flügelspinnmaschine 104
Flyer 97 f., 104
Formaldehyd 15
formaldehydhaltiger Vernetzer 15
Formbarkeit 82
Formbeständigkeit 5, 148
Formfaktor (FF) 166
Formfestigkeit
– der Maschenstoffe 165 f.
– der Filze 171
Formgebung
– der Einlagestoffe 114
– der halbregulären Ware 165
– der regulären Ware 165
Formschlussbindung 169
Formstabilität 213
fotochemische Herstellung 199
Fotokopiermaschine 201
Foulard 236
Foulardverfahren 194
Foulé 236

Franse 155, 159, 218
Fransenbindung 173
Fresko 101, 129, 236
Frisé 146, 236
Frisé-Zwirne 115
Frotté 236
Frottéhenkel XIV
Frotté-Zwirne 115
Frottier 161
Frottiergewebe 139, 144
Frottierstoff 175, 183
Frottiervelours 139, 144
Frottierware 236
Frottierwebmaschine 144
Fruchtfaser 7, 26
Fruchtkapsel 7, 26
Fruchtwandhaare 7
Füllfaser 77, 78
Füllschuss 142
fully fashioned 165
fungizide Ausrüstung 206
Funktion der Gardinen 211
funktionelle Sportkleidung 179
funktionelles System 181
Funktionen von Kleidung IX
Fußbodenbeläge 208
Futter 161
Futterlegung 203
Futterstoffe 213

G

Gabardine 101, 129, 134 f., 237
Gardinen 211
Garment-washed 50
Garncrêpe 138
Garne 96
Garnfärbung 194
Garnkrepp 120
Garnmischungen 94
Garnmodifikationen 78
Garnstruktur XII
Gasiermaschine 191
Gaufrage 138, 233
Gaufré 237
Gaufrieren 204
Gaufrierkalander 204
Gebrauchs- und Trageeigenschaften der Baumwolle 11
– der Cellulosics 67
– von Leinen 21
– von Seide 47
– von Synthetics 81 ff.
– von Wolle 34
gebrochene Köper 134
gefachte Zwirne 110
gefachtes Garn 96
Geflechte 119, 147
geformte (reguläre) Ware 149
gemeinsame Eigenschaften der Synthetics 81
Genuacord 237, 244

Genuasamt 237
Georgette 101, 138, 237
Geotextilien 92
Gerben 219 f.
Gerberwolle 29 f.
Gerstenkorn 237
Gerstenkornbindung 132
Gesamtzwirn 109
geschaffene Cellulosefasern 58 ff.
geschlossene Masche 154
geschnittene Ware 149, 165
Gestrick 149, 150
Gesundheitsbeeinträchtigungen durch Textilien X
gewaschene Seide 50
Gewebe 119, 182
Gewebe mit zusätzlichen Fadensystemen 120, 139 ff.
Gewebearten 128
Gewebefärbung 194
Gewebekante 127
Gewebelängsschnitt 128
Gewebequerschnitt 128
geweberverstärkter Vliesstoff 170
gewebte Garne 115
Gewichtsanteile 223
Gewichtsnummerierung 117
Gewinnung der Wolle 29
Ghiordes 210
Givré 237
Giza 10
Glanz 21, 66, 82
Glanz der Faserstoffe 5
Glanzeffekt-Bändchen 114
Glanzeffekte 202
Glanzgarne 113
Glas 1, 52, 93
Glasbatist 237
Glasfaser 222
Glasknöpfe 216
Glattzwirne 106, 108
Glattzwirnerei 107
Gleichgratköper 133
gleichseitige Köper 133
gleichseitiger Mehrgratköper 133
Glencheck 137, 237
Gobelinbänder 218
Gold 52, 93
Golfers 40
GORE-TEX 179, 181, 229, 237
Grannenhaare 247
Granulat 54
Grate 129
Grège 233
Greifer 123, 125
Greiferklemmen 126
Greiferwebmaschinen 126

Grisuten 83
Grobtüll 212
Grobwollen 33
Großkamelhaar 41
Großrundstrickmaschine 164
Grubentuch 237
Grundbausteine der Faserstoffe 2
Grundbindungen 120, 128, 152
Grundbindungen der Einfaden-Querfadenware 152
Guanako 41
Guanakowolle 41
Gurtband 217
Gütezeichen 223 f.

H

Haare 28, 41, 218, 222
Haargarn 41
Haftverschluss 213, 217
Haftvlies 246
Hahnentritt 120, 129, 136, 237
Häkeln 218
Häkelspitzen 184 ff.
Haken 213, 217
Halbcrêpe 138
Halbdreher 143, 212
Halbdreherbindung 143
Halbfang 162
Halbkammgarnherstellung 101
Halbleinen 238
halbreguläre Ware 165
Halswolle 30
Haman 238
Hammerschlag 238
Handarbeitsspitzen 185, 188
Handdruck 189, 197
Handelsnamen 224
Handfilmdruck 199
Handwebstuhl 121
Hanf 1, 7, 26, 222
Harnisch 124
Harnstoffharz 216
hart gedrehte Zwirne 110
harte Segmente 75
Hartfasern 7
Hartsegment 75
Hasenwolle 41
Haspelkufe 194
Haspelstrecke 43 f., 239
Hauptvalenzen 3
Haustuch 238
Hausziegenhaare 28, 41
Hautwolle 29, 30
HB-Garn 79
Heat-Seat-Kleidung 165
Hechelflachs 20
Hecheln 18
Hechelwerg 20
Heftgarne 109
HE-Garne 87
Heimtextilien 1, 42
heißsiegelfähige Fixiereinlagen 90
Helsapor 238

Hemdentuch 238
Henkel 151 f., 164
Herstellung der Gardinen 212
– von Filzen und Vliesstoffen 168
– von Mehrkomponentenfasern 76
– von Multipolymerisaten 76
Herstellungsabläufe
– der Baumwollspinnerei 98
– der Streichgarnspinnerei 99
– der Kammgarnspinnerei 100
Herstellungsarten der textilen Bodenbeläge 208
High-Tech-Fasern 73
hinterlegt 161
Hirschhornknöpfe 215
Hochbauschgarn 79, 115
Hochdruck 199 f.
hochfeste Fasern 77, 79
hochfeste Viskosefaser 62
Hochflor 162
hochgekräuselte Viskosefaser 60
Hochglanzausrüstungen 204
hochnassfeste Viskosefaser 61
Hochnassmodulfaser 61
Hochveredlung 15, 71, 205
Hohlfaser 62, 77 f.
Hohlgewebe 141
Hohlschussgewebe 141
Hohlstrukturtype 79
Holzknöpfe 216
Holzschicht 19
Homespun 238
Honanseide 45, 129, 238
Hooke, Robert 53
Hornknöpfe 215
Hosenschonerband 217
Hubgetriebe 123
Humanökologie X
HWM-Fasern 61
hydrophile Fasern 5
Hydrophilierung 89, 206
hydrophobe Fasern 5
Hydrophobierung 207
hydrophobol 207
Hygienebekleidung 92
hygienische Eigenschaften 206
Hygitex 206
Hygroskopizität 5

I

Imitatsamt 145 f.
Imprägnierung 207, 221
Inbetweens 211 f.
Indanthren 193

Sachwortverzeichnis

Indigowurzel 193
indirekter Druck 197, 201
Indisch Leinen 138
Individualzeichen 224
Innenmembran 32
Interlock 154, 166, 238
internationale Leinensiegel 24
internationale Pflegesymbole 225

J

Jacquardeinrichtung 126
Jacquardgewebe 135, 234, 238
Jacquardmaschine 123 f.
Jacquardmuster 142, 145
Jacquardstoff 164
Jacquardtüll 212, 238
Jägerleinen 238
Jährlingswolle 29 f.
Japanseide 239
Japon 239
Jaspé 113
Jaspé-Mouliné 113
Jeansstoff 129, 203
Jersey 239
Jigger 194
Jute 1, 7, 26, 222

K

Kabel 56
Kadett 239
Kalander 189, 203
Kalkwolle 30
Kambium 19
Kamel 28
Kamelhaar 1, 28, 41
Kamelhaareinlage 239
Kämmen 98, 100
Kammgarn 97, 239
Kammgarnspinnerei 100
Kämmlinge 99
Kämm-Maschine 103
Kammzüge 98
Kantenkräuselverfahren 87 f.
Kapok 1, 7, 26, 222
Karde 97, 101 f.
Kardenbänder 98
Kardendistel 202
Kardenraumaschine 202
Kardenvlies 168
Kardieren 98
Karo 120
Karomuster 136 f.
Kartoffeldruck 199
Kaschieren 178
Kaschmir 1, 28, 239
Kaschmirhaar 28, 41
Kaseinknöpfe 216
Kattun 239, 242
Kelimteppiche 209
Kennzeichnung der textilen Fußbodenbeläge 211
– der Textilien 222
– des Leders 221
Keratin 31

Kern/Mantel 78
Kerngarn 110
Kern-Mantelfaser 60
Kern-Mantelgarn 110
Kern-Mantel-Zwirne 187
Kettatlas 135
Kettdouble 139
Kettdruck 202
Kettdruckware 232
Kette 122
Kettengewirk 149 f.
Kettenmolekül Polyacrylnitril 74
Kettenmoleküle 2, 74
Kettenmolekülmodell 58
Kettenmolekül-Modell Polyester 73
Kettenwirken 156, 158
Kettenwirkprozess 158
Kettenwirkwaren 91, 163, 165 f., 213 f.
Kettfadensystem 151
Kettfadenware 149 f.
Kettgarne 109 f.
Ketthebungen 131
Kettköper 133
Kettsamt 145 f.
Kettsenkungen 131
Kettwirkautomat 158
Klassierung der Baumwolle 11
klassizistische Spitzen 188
Klebemittelauftrag bei Fixiereinlagen 214
Kleiderkammer 228
Kleiderspenden 228
Kleinkamelhaar 41
Klettverschluss 213, 217
Klimafaser 79
Klimafunktion 214
Klimamembran 245
klimatische Bedingungen des Baumwollanbaus 8
Klöppelbrief 185
Klöppelfäden 147
Klöppeln 184 f., 218
Klotzverfahren 194
Knautschlack 176, 239
Knicke 143
Knicklade 144
Knirschgriff 202
Knitterarmausrüstung 14
Knitterbeständigkeit 203
Knitterneigung/Ausrüstung 190
Knitterneigung der Baumwolle 11
– der Leinenfaser 21
Knitterverhalten 5
Knöpfe 213, 215 ff.
Knopflochseide 109
Knotenzwirne 114
Knüpfteppiche 208, 210
Koagulationsfaser 62
Koagulationsprozess 57
kohäsiv 170

Kohlenstoff 1, 52, 93
Kohlenstofffasern 93
Kokon 43 f.
Kokonfaden 44
Kokos 1, 7, 26, 222
Kokosnussschalen 216
Kombinationsgarn 79, 91
kombinierte Verfahren der Antifilzausrüstung 37
konsolidierte Relaxation 166
Konstruktion der textilen Fläche XII
Konsumverhalten IX
kontrollierbare Fibrillierung 67
kontrolliertes kompressives Krumpfen 15
Konverterspinnerei 101
Köper 239
Köperbindung 120, 128 ff., 133, 213 f.
Kordeln 147 f., 218
Korkknöpfe 216
Körperklima XIII
Krabben 37
Kratzenraumaschine 202
Kräuselflausch 244
Kräuselkrepp 138, 202, 239
Kräuselung 66
– der Faserstoffe 4
– der Synthetics 81, 87 f.
– der Viskose 66
– der Wolle 33
Kreidestreifen 136
Krempel 97, 101, 103
Krempeln 99 f.
Krempelvlies 168
Krepp 138, 239
Kreppbindung 138
Kreppeffekte 138
Kreppgarne 110
Kreppgewebe 120
Kreuzköper 120, 134
Kreuzspulerei 122
Kreuzvlies 169
Kreuzzucht 29
Kristallation 56
kristalline Bereiche der Kettenmoleküle 3
Krumpfechtheit 15
Krumpfen 37, 205
Kulieren 156 f.
Kuliergewirk 91, 149 f.
Kuliermaschinen 149
Kunit 91, 172, 174 f., 239
Kunstharzausrüstung 11, 190
Kunstharze 14
Kunstharzeinlagerungen 204
Kunsthornknöpfe 216
Kunstseide 53, 222
Kunststoff 217
Kunststoffmembranen 90
Kunststoffspiralreißverschluss 217

Kunststoffspritzgussreißverschluss 217
Küpenfarbstoffe 195 ff.
Kupfer 93
Kupfer-Ammoniak-Verfahren 62
Kurvenscheibe 123
Kurzspinnverfahren 101
Kurzzeichen 130

L

Lamawolle 41
Lambswool 240
Lamé 240
Laminat 177, 245
Laminate mit Membranen 180
Laminierung 177 f.
Lammwolle 29 f.
Lancé 139 f., 240
Lancé découpé 140
Lancébänder 218
Längenänderung des Faserstoffes 5
längenbegrenzte Fasern 4
Längennummerierung 117
Längsrips 132
Längsvlies 169
Laponia 220
Lasergravur 200
Laser-Lesegeräte 190
Lastex 240
Laufmaschen 159, 165
laufmaschenfest 149
Laugenkreppe 138
Laugieren 14, 189, 191
Leacril 83
Leacril mikro 80
Leder 217 ff., 221
Lederimitat 176
Lederimitationen 77
Lederknöpfe 216
Lederqualitäten 219
Lederquerschnitt 219
Leder-Recycling 221
Legeschienen 124, 158
Legungen der Kettfadenware 154 f.
Leibfutter 213
Leinen 1, **17**, 215, 222, 240
Leinenzwirn 110
Leinwandbindung 120, 128 ff., 213, 214
Leinwandknöpfe 217
Lenzing Lyocell 63, 71
Lenzing Viskose 62
Leukoverbindung 197
Lichtechtheit 196 f.
Lichtschutzmittel 55
Lichtstabilität 76
Lindener Samt 145
Linette 240
Links/Links LL 153
Linon 240
Linters 8, 10, 58, 63
Lissieren 97, 100
Litzen 123, 147 f., 218
Lochnadeln 158
Lochstickerei 187

Loden 100, 240
Lodenstoffe 41
Loop-Zwirne 114
Lorotex 206
Löslichkeitsprobe 6
Lösungsmittel 54, 64
Luftaustausch XII
Luftdurchlässigkeit 5, 190
Luftdüsen 125
Luftspitze 187, 230
Luftzirkulation XII
Lumen 10, 19
Lunten 104
Luntenflor 162
Lurex MM – Aufbauschema 93
Lurexgarne 113
Lutrosil 84
Lycra 75, 83
Lyocell 1, 52, 54, 58 f., **63**, 65, 67 f., 70, 222
Lyocellspinnfaser 72

M

M/F-Typen (MatrixFibrillen) 77
MAC 74
Madeiraspitzen 184
Madras 240
Madras-Karo 240
Mako 10
Makobatist 240
Makramee 185 f.
Makramee-Knüpfspitzen 184
Makrofibrille 4, 10, 20, 31, 45, 57
Makromolekül 2
Malimo 172, 174, 240
Malipol 172, 174 f., 241
Malivlies 1/2, 1/4, 241
Maliwatt 172, 174, 241
Manchester 145, 237, 244
Manila 7, 222
Manilafaser 1, 26
Marengo 100, 241
Markenzeichen 224
Markkanal 32
Markschicht 19, 31, 32
Marocain 241
Maschenbild 152
Maschenbildung 156
Maschenreihe 150
Maschenseite 150
Maschenstäbchen 150
Maschenstoffe 114, 119, **148**, 156, 182
Maschinen zur Herstellung von Garnen 101
Maschinendruck 189, 197
Maschinenobergarn 110
Maschinenspitzen 188
Maßschneiderei 214
Matelassé 139, 141 f., 238, 241
Matratzendrell 241
Matrix 77
Matrix/Fibrille 77 f.

Sachwortverzeichnis

Mattierung 89
Mattierungsmittel 55, 60, 79, 82
Maulbeerseide 1, 28
Maulbeerseidenspinner 28, 43
mechanische Spinnverfahren 97
mechanische Verfestigung 167, 169
mechanisches Verfahren 87
mechanisch-thermisches Verfahren 87
Medulla 32
Mehrgratköper 133, 134
Mehrkomponenten-Einfärbung 196
Mehrphasensystem 126
Mehrphasenwebmaschine 123 f.
mehrschichtige Textilien 167, 176
mehrstufige Zwirne 109
Melaminharz 216
Melangefärbungen 79
Melange-Garne 113
Membran 76, 179, 230, 237, XIII
Membranfolien 90
Memory Card 127
Mercerisieren 11, 14, 189, 191
Merinos 29
Merinowolle 30, 33
Meryl 83
Meryl-Mikrofibre 80
Metallbeschichtung 178
Metallfäden 93
Metallfasern 1, 52, **93**, 222
Metallfolien 174
metallglänzende Folienbänder 93
Metallisieren 178
Metallknöpfe 216
Metallreißverschluss 217
Metallsalze 196
Meterware von Maschenstoffen 149
metrische Nummer 118
Microfaser-Klimastoffe 179
Miederband 217
Mikro PAC 80
Mikrofasergewebe 231
Mikrofasergewirk 170
Mikrofasern 53, 67, 77, **80**, 81, 180, 203, 214, 236, XIII
Mikrofaserwirkwaren 90
Mikrofibrille 4, 10, 20, 31, 45, 57
Mikroklima XI, XIII
Mikro-Modal 80
Mikromodalfaser 66
mikroporöse Beschichtung 180
mikroporöse Polyurethanbeschichtung 238

mikroskopische Faserprüfungen 6
Milanese 241
Mille Fleurs 236
Mill-washed 50
mineralisches Material 216
Mischgespinst 94
Mischgewebe 94
Mischgewirke 94
MITIN 35
Mittelspaltleder 219
Mittelwollen 33
Modacryl 54
Modacrylfasern 74, 91
Modal 1, 52, 58, **61**, 65 f., 68, 70 f., 222
Model 199
Modeldruck 199
Modifikationen
– der Acrylfaser 79
– der Cellulosics 71
– Elastanfasern 79
– der Polyamidfaser 78
– der Polyesterfaser 77
– der Synthetics 76
Möglichkeiten der Vorgarnbildung 102
Mohair 1, 28, 41, 79
Mohairserge 241
Moiré 204, 241
Moirébänder 218
Mokett 241
Molekülketten-Modell 75
Moleskin 214, 234, 241
Molton 242
Moltopren 242
monoelastisch 235
monofil 52
Monofilament 55
Monofile aus PP 91
Monokulturen 8, VII
Monomer 2
Moquette 161, 241
Mouliné 113, 233
Mousseline 101, 242
Mulegarne 242
Mull 212, 242
multielastische Fixiereinlagen 215
multifil 52
Multifilamente 55, 60
Multiknit 172, 174 ff., 242
Multikomponentenverfahren 87
multilobal 77
Multilobé 79
Multitextilien 167, 176
Mungo 40
Musselin 242
Muster durch Kombination verschiedener Maschentechniken 164
– durch Umhängen von Maschen 164
– durch Verwendung farbiger Garne 164
Mutterwolle 29 f.

N

Nadelbarre 149, 159
Nadelfaservlies 91
nadelfertige Ware 189
Nadelfilz 167, 169 f., 242
Nadelfilz-Fußbodenbeläge 208, 210
Nadelspitzen 184 f., 242
Nadelstreifen 101, 136, 242
Nadelvlies 90
Nadelvlies-Fußbodenbeläge 208, 210
Näheinlagen 213 ff.
Nähseide 109
Nähspitze 242
Nahtband 217
Nähwirkmaschine 173
Nähwirkstoffe 169, 172
Nähwirktechnik 172
Nähzwirn 109
Nappaleder 219 f.
Nassappretur 189, 202, 205
Nassreißfestigkeit
– der Baumwolle 12
– der Cellulosics 67, 69
– der Leinenfaser 71
Nassspinnverfahren 54 f., **59**, 74, 81
Nassspinnvlies 168
Nassstreckspinnverfahren 59, **62**
Nassvlies 168
Naturfasern 1, 7
natürliche Polymere 1, 2, 52
NeB 118
Nebenvalenzen 3
Nessel 242
Nettogewichtsanteil 222
Nettotextilgewicht 223
New Cell 63
Nicki 161, 242
Niedriglohnländer der Textilindustrie IX
Nitscheln 102 f.
Nm 118
Noppengarn 114
Noppenzwirn 114
normal gedrehter Zwirn 109
Normaltype (Viskosefaser) 60
Norwegermuster 164
Noval 83
novalin flor 242
Novolen 84
Nubuk 220
Nummernteile der Bindungskurzzeichen 130
Nylon 73, 222

O

OE-Garn 97
OE-Rotorspinnverfahren 106, 121
offene Masche 154
Offen-end 97
offener Pol 161

Okkispitzen 184, 186
Öko-Label X
Ökologie 181, IX
ökologisches Marketing VII
Ökonomie IX
Ökosystem 224
Öko-Tex Standard 224
oleophobol 205
One-Piece-Kleidung 171
Opal 242
Opalisieren 237
optisch Aufhellen 60, 189, 192
Ordnungszustände der Kettenmoleküle 3
– im Faserstoff 3
Organdy 243
Organza 243
Orientierungsgrad 3
– der Kettenmoleküle 3
Orthocortex 31 f.
Ösen 213, 217
Ösenknöpfe 215
Ottomane 243
Outdoor-Teppiche 182
Overfeed 161
Oxidation der Küpenfarbstoffe 197
Oxidationsmittel 192
oxidative Verfahren der Antifilzausrüstung 37

P

PA 73
PA 6 74
PA-Filamente 91
PAN 74, 91
Panama 120, 136, 243
Panamabindung 132
Panné 161, 243
Paracortex 31 f.
Pari-Erschwerung 50
Paspelbänder 218
Patent 162
Patronenpapier 128
Peachfinish 50
Pelzimitationen 91
Pelzimitatwebwaren 91
Pelzveloursleder 220
Pepita 120, 136, 237, 243
Peptidkette 31
Perkal 243
Perleffekt 110
Perlfang 162
Perlit 207
Perlmuttknöpfe 216
Perlon 73, 83
Perl-Zwirn 112, 115
Permalose 206
Permanentfixierung 38
Perserknoten 210
Persistol 207
PES 73
PES-Hohlfasern 90
Pfatschdruck 198

Pfeffer und Salz 137, 235, 243
Pferdehaar 28
Pfirsichhaut 203
Pflanzenbehandlungsmittel 8
Pflanzendaune 27
Pflanzenhaare 7
pflanzliche Fasern 1, 7
pflanzliches Material 216
Pflege des Leders 221
Pflegeeigenschaften 13, 23, 36, 49, 70, 84
Pflegekennzeichnung 223
Pflegeleichtausrüstung 15, 50, 189, 205
Pflegesymbole 222, 225
Phenolharz 216
Photosynthese 54
Pigmentfarbstoffe 196 f.
Pikee 139, 141, 214, 243
Pillingbildung 76, 82, 206
Pills 82
Pima 10
Platine 157
Plattensengmaschinen 191
plattiert 161
Plissee 243
Plissieren 204
Plüsch 146, 161, 243
Plüscheffekte 182
Plüschware 91, 163, 183
Pocketing 214, 243
Polfadengewebe 139, 144
Polfadennähwirkstoff 167, 174 f., 241
Polfalten-Vliesstoff 174 f.
Polgestricke 161
Polgewebe 120
Polgewirke 161
Polhöhe bei Cordsamt 145
Polkette 144
Polnoppen 182
Pol-Raschelware 163, 210
Polteppiche 208, 210
Pol-Vlies-Fußbodenbeläge 210
Polwirkware 210
Polyacril 52, 54, 83, 86, 197, 222
Polyacrylnitril 1, 53, **74**, 195
Polyaddition 2, 54
Polyamid 1, 52, 55, **73**, 83, 86, 90, 93, 113, 180, 195, 197, 204, 214 ff., 222
Polyamid 6 53, 54
Polyamid 6.6 54, 74
Polyamidkette 74
Polychlorid **76**, 84, 86, 222

Sachwortverzeichnis

Polyester 1, 52, 54f., **73**, 75, 83, 86, 90, 93, 113, 180f., 195, 197, 215f., 222
Polyether 75
Polyethylen 54f., 75
Polyethylenterephthalat 73
Polykondensation 2, 54, 73
Polymer 2
Polymerisation 2, 53f., 76
Polymerisationsgrad 3
Polynosic-Faser 61, 71
Polypropylen 1, 52, 54f., 73, **75**, 84, 86, 91, 93, 113, 222
Polystrol 216
Polytetrafluorethylen 52, **76**, 181
Polyurethan 53, **75**, 170, 181, 222, 230
Polyurethan-Beschichtung 176
Polyvinyl-Beschichtung 177
Polyvinylchlorid 1, 52ff., **76**, 92
Pompons 218
Pongé 79, 243
Popeline 129, 132, 243
Porenmembran 238
Posamenten 213, 217f.
Posamentenknöpfe 216
PP 75, 91
Prägedruck 202
Prägekrepp 138
Prägemuster 237
Prägen 220
Pratowolle 40
Presse beim Kulieren 157
Pressknöpfe 216
Pressmassen 216
Primärwand der Baumwollfaser 9
– der Flachsfaser 20
Produktionsökologie X
Produktionsrückstände VII
Profilfasern 77, 79, 81 f.
Profilgebung 78
Profilspinndüsen 81
Programmiergeräte 127
Projektile 123, 125
Projektilwebmaschinen 125
P-Silicon 207
PTFE 76
Purpurschnecke 193
PVC 76, 92

Q

Qualitätsgarantien für Schurwolle 39
Qualitätshinweise 223
Quasten 218
Querfadenware 149, 150f., 156, 165
Querkräfte 56
Quernetzverfahren 14
Querrips 132
Querschnitt und Längsansicht der Baumwolle 10
– der Cellulosics 64
– der Flachsfaser 20
– der Seidenfaser 45
– der Synthetics 57
– der Wollfaser 31
Quervernetzung 11, 14
Quervlies 169

R

RAL 223
Ramie 1, 7, 26, 222
Raschelmaschinen 115, 149, 158
Raschelspitzen 184, 188, 212
Raschelware 91, 149, **159**, 165f., 212, 244
Ratiné 244
Rationalisierung 127
Rauen 37, 89, 202
Rauleder 219f.
Raupenzwirn 115, 232
Reaktionstypen 2
Reaktivfarbstoffe 196
Rechts/Links RL 152
Rechts/Rechts RR 153
Rechts/Rechts/Gekreuzt RRG 154
Recycelfähigkeit XI
recyceltes Material 172
recyceltes PES 229
Recycling von Textilien 191, **227**, VIII
Reduktionsbleichmittel 192
Reduktionsmittel 192
Regenerat 52
Regeneratfaser 71
reguläre Ware 164f.
Reibschlussbindung 169
Reichsausschuss für Lieferbedingungen 223
Reichstag 75
Reißfestigkeit 5
– der Baumwolle 12
– der Cellulosics 67f.
– der Flachsfaser 21
– der Seidenfaser 47
– der Sythetics 82
– der Wolle 35
Reißprobe 6
Reißverschlüsse 213, 217
Reißwolle 29, 40, 99, VIII
Reitcord 233
Reliefdruck 199
Renaissance-Spitzen 188
Renforcé 242, 244
Rentiere 41
Reptilleder 220
Reservedruck 198
Reversible 230
Reyon 222
Rhotex 83
Rhovyl 84
Richelieuspitzen 184, 187
Riffeln 17
Rindenschicht 19
Rinderhaar 28, 41
Ringel-Rückseite 164
Ringgarn 99
Ringspinngarn 97
Ringspinnmaschine 97, 104
Ringzwirnmaschine 107
Rinnennadeln 158
Rippencord 237
Rippenköper 134
Rippsamt 145, 244
Rippenware 153, 159
Rips 101, 120, 129, **132**, 204, 244
Ripsbänder 218
RL – Futter 161
RL – hinterlegt plattiert 161
RL – Luntenflor 162
RL – Plüsch 161
Rohseide 46, 231
Rohseiden-(Kokon-)Faden 45
Rohstoffgehalt 222 f.
Rohstoffzusammensetzung 222
Rohwolle 30
Rokoko-Spitzen 188
Rosorius-Verfahren 50
Rosshaar 28, 41
Rosshaareinlage 215, 244
Rösten der Flachsfaser 17
Rotationsdruck 200
Rotationsfilmdruck 199
Rotationsfilmdruckmaschine 200 f.
Rotorgarn 97
Rotorspinnverfahren 78, 97, 105
Rouleauxdruck 199
Rückenwolle 30
rücksprungfähige Dehnfähigkeit 75
Rundgeflechte 147, 148
Rundstrickmaschine 159
Rundstuhlware 149
Rundverarbeitung 148
Rutensamt 145 f.
Rutenteppiche 208

S

S/S-Typen (Seite an Seite) 76 f., 79, 89
Sablé 138
Samenhaare 7
Samt 139, 144, **145**, 161, 230, 244
Samtbänder 218
Samtbindung 163
Samtimitation 230
Samtlegung 155
Sanden 80, 203
Sandkrepp 138
Sand-washed 50
Sandwich-Druck 198
SANFOR 15
SANFOR-Plus 15, 207
Sanitized 206
Satin 129, 155, 213, 231, 244
Satinbänder 218
Satinbindung 173
Sauberfasern 53
Saugfähigkeit 5
Säurefarbstoffe 195 f.
Schablonendruck 199 ff.
Schädlingsanfälligkeit 6
Schädlingsbekämpfungsmittel VII
schadstoffgeprüfte Textilien 224
Schafkamel 41
Schäfte 121
Schaftmaschine 123
Schaftmusterung 145
Schappeseide 43, 45, 109
Schären 122
Schärgatter 122
Schärriet 122
Schärtrommel 122
Schaumfärbung 195
Schaumstoff-Beschichtung 177
Schaumstoff-Laminate 177
Scheindreherbindung 143, 230, 235
Scheren 89, 189, 191, **203**, 206
Scherplüsch 242
Scheuerfestigkeit 5
– Ausrüstung 205
– der Baumwolle 12
– der Cellulosics 67
– des Leinens 21
– der Seide 47
– der Synthetics 82
– der Wolle 35
Schiebefest-Ausrüstung 207
Schiffchenspitze 185, 186
Schlammröste 26
Schlauchware 159, 165
Schleifdruck 198
Schleifen 203, 206, 220
Schlichten 122
Schließen (Zutaten) 213, 217
Schlingenplüsch 161
Schlingenpol 182 f., 209
Schlingenpol-Schnittpol 182
Schlingenzwirne 114
Schmälzen 97, 99
Schmelzklebefasern 90
Schmelzspinnverfahren 54, **55**, 73 f., 81
Schmirgeln 80, 89, 146, 203
Schmirgelsamt 146
Schmutzwolle 30
Schnallen (Zutaten) 213, 217
Schneideplüsch 242
Schneiderleinen 215, 244
Schneidespitze 187
Schnittband (Zutaten) 217
Schnittpol 182 f., 209
Schnittrute 146
Schnitzel zur Chemiefasergewinnung 54
Schottenkaro 120, 129, 137, 244
Schrägband 217
Schrumpffähigkeit 76
Schrumpfvermögen 190
Schrumpfwerte 15
Schulterwolle 30
Schuppenschicht 31, 33
Schur der Schafwolle 29
Schurwolle 28 ff., 222
Schussatlas 135
Schussdouble 139, 231
Schussfaden bei Maschenstoffen 151
Schussgarne 109
Schussköper 133
Schuss-Legungen 159
Schusssamt 145, 163
Schussspulerei 122
schützenlose Webmaschine 123, **125**
Schützenwebmaschine 123, **125**
Schweißwolle 30
schwer entflammbare Viskosefaser 62
Schwingen 18
Schwingflachs 18, 20
Schwingwerg 18, 20
Schwitzwolle 30
Schwödewolle 30
Schwurhandzeichen 24
Scotchgard 205
Scotchgard waschleicht 206
S-Draht 106, 109
Sea Island 10
Secondhand 227
Secondhandshopware 228
Seehundhaar 41
Seele bei Rundgeflechten 147
Seelgarn 110
Seersucker 78, 138, 244
Seide 28, **43**, 195, 203, 207, 222
Seidenbast 44
Seidenbatist 231
Seidenentbastung 50
Seidenerschwerung 50
Seidenfrotté 232
Seidenoptik 204
Seidenschrei 50
Seidenspinner 43
Seitenwolle 30
Sekundärwand der Baumwollfaser 10
– der Flachsfaser 20
Sengen 189, 191, 206
Senneh 210
Serge 129, 213, 239, 245

Sachwortverzeichnis

Serizin 44
Serizinaufbau 45
SET-Garne 87 f.
Setila Mikro 80
S-Grat 129, 133
Shantung 245
Shantungseide 45
Shetland 100, 245
Shirting 214, 245
Shoddy 40
Siebdruck 198 ff.
Silber 52, 93
Single Jersey **152**, 164, 177 f., 239
Sisal 7, 222
Sisalhanf 1, 26
Smyrna 210
Soil release 205
Soil-redeposition 206
Soil-repellent 206
sonstige Fasern 223
Sortenreinheit 229
Soutache 218
soziale Aspekte der Bekleidungsherstellung IX
Space-dyed 113
Spachtelspitzen 184, 187
Spaltleder 219
Spannungskreppe 138
Sparkling-Effekt 79
Spezialfasern für Teppiche 79
Spezialgarn 110
Spezialgewebe 120, 136, 139
Spezialschrumpffasern 79
spezielle Drucktechniken 189
spezielle Gebrauchs- und Trageeigenschaften einzelner Synthetics 83
spezielle Querschnittsform 78
Spiegelglanz 204
Spindelzellen 32
Spindelzellschicht 31 f.
Spinndüse 55
Spinnen 98
Spinnereieffektgarne 114
Spinnfasergarn 43
Spinnfasern 52, 56, 66, 81, 91, 96
Spinnflüssigkeit 54
spinngefärbte Viskosefaser 62
Spinngeschwindigkeit 61
Spinnkabel 81
Spinnkanne 98
Spinnmasse 54 f.
Spinnmattierung 66
Spinnpumpe 55
Spinnschacht 55
Spinntexturieren 89
Spinnverfahren 54
Spinnvlies 167, 170
Spinnvliesstoffe 76

Spitzen 114
Spitzenbänder 218
Spitzennadeln 149, 156 ff.
Spitzenstickereien 187
Spitzköper 134
Spleißgarne 114
Sportkleidung 207
Spritzdruck 199, 201
Spritzgussknöpfe 216
Spulenformen 110
Stabilisatoren für Elastanfasern 79
Stängelfaser 7, 26
Stapelfaser 52
Stapellänge 4
Statussymbol IX
Stauchkräuselverfahren 87, 88
Staudinger, Hermann 53
Stege (Zutaten) 213, 217
Stehfaden 151
Steifleinen 244
Steilgrat 134
Steilköper 237, 247
Steinnussknöpfe 216
Stellungsgabardine 134
Steppfutter 214
Steppkette 142
Steppstoff 179, 214
Sterblingswolle 30
Sternzwirn 110
Stichelhaar 41, 245
Stickereien 114
Stockflecken 12, 22
Stoffdruck 197
Stopfgarne 109
Stores 211 f.
Strangfärbung 194
Streckenband 97, 104
Streckwerk 97 f., 102 ff.
Streichbaum 144
Streichgarn 97, 99, 245
Streichgarnspinnerei 99
Streichwollen 99
Streifen 120
Stretchgarne 88
Strich 204
Stricken 156, 218
Strickfixierverfahren 87 f.
Strickmaschine 149, 156, 159
Strickspitzen 184 ff.
Stricksysteme 154
Strickteppiche 208, 210
Stückfärbung 194
Sublifix-Verfahren 199, 201
Substantivfarbstoffe 195 f.
Supermikrofasern 80 f.
Sweatshirt-Maschenstoffe 161, 245
Sympatex 90, 181, 229, 245
Synthetics 52, **73**, 82, 90, 195, 228
synthetische Chemiefasern 52 f.
– Materialien (Zutaten) 216

T
Tactel 79, 83, 245
Tactel-Mikro 80
Taft 129, 213, 245
Taftbänder 218
Taschenfutter 214
Tauröste 21
Td 118
technische Textilien 1, 19, 73, 91 f., 171 f., 207, 229
Teflon 76
Teflonfüßchen 146
teilgeformte Ware 149
teilgemusterte Gewebe 120, 139 f.
Teilschuss-Legungen 159
Temperaturausgleich XII
Tencel 63
Teppiche 208
Teppichsiegel 210
Teppichwolle 30
Tergal 83
Tertiärwand der Baumwolle 10
– der Flachsfaser 20
Tex-System 117
Textilabfälle 229
Textilchemikalien VII
textile Fußbodenbeläge 208
textile Kette VII
Textilerzeugung VII
Textilglasfasern 93
Textilhilfsmittelkataloge 190
Textilkennzeichnungsgesetz – TKG 222
Textilverbrauch IX
Textilverbund-Bodenbeläge 208
Textilverbundstoffe 119, 167
Textilverbundteppiche 210
Textilveredlung 189, VII
Texturieren 5, 56, 66, 73, 81, 86
Texturierverfahren 86
Texylon-Ausrüstung 205
thermische Bindung 167
– Verfestigung 170
– Verformbarkeit 171
Thermodruck 201
Thermofixieren 56, 69, 83, 205
Thermoplastizität 69, 82
Thintech 245
Thybet 40
Tiefdruck 199 f.
Tierhaare 41, 215
tierische Fasern 1, 28
Tirtey 245
Titer Denier 118
Titermischungen 77
Titerschwankungen 67
TKG 222
Toile 245
Tournay 209
Trampeltierhaar 41

Transferdruck 199, 201
Transparentieren 14
Trennzwirnverfahren 87 f.
Tressen 218
Trevira 83, 224
Trevira-Finesse 80
Trevira-Micronesse 80
Triacetat 1, 52, 54, 58, **63**, 65, 69 f., 72, 93, 113, 222
Trikoline 246
Trikot 139, 141 f., 155, 246
Trikotlegung 163
trilobal 77 ff.
Trockenappretur 189, 202
Trocken-Nassspinnverfahren 59, **63**
Trockenreißfestigkeit der Baumwolle 12
– der Cellulosics 67, 69
– der Leinenfaser 21
Trockenspinnverfahren 54 f., 59, 64, 74 f., 81
Trockenvlies 168, 169
trocknergeeignet 166
Troddel 218
Tropical 101, 246
T-Type 66
Tuch 41, 129, 155, 246
Tuchbindung 173
Tuchlegung 163
Tufting 91, 182
Tuftingteppiche 208
Tüll 212
Tüllgewebe 143
Tüllspitzen 184, 187
tumblerfeste Maschenstoffe 166
Tumblertrocknung (Pflegekennzeichen) 225
türkischer Knoten 210
Tussahseide 1, 28, 238
Tussahspinner 28, 45
Tweed 114, 246
Twill 129, 213 f., 239, 246
Twist 110

U
überdrehte Zwirne 110
Übergardigen 211, 212
Überkaro 237
übernähen 167, 168
Überpari-Erschwerung 50
überzogene Knöpfe 216
Ulsterstoffe 246
Ultraechtfärbung 193
Umdruck 199
Umspinnen 218
Umspinnungsgarn 91
Umspinnungszwirne 80
Umspulen 122
Umweltbelastung 62, 196
Umwindungsgarn 80, 91
Umwirbelungsgarn 91
unechter Rips 132

ungleichseitige Köper 133
ungleichseitiger Mehrgratköper 133
Unkrautvernichtungsmittel 8
Unterpari-Erschwerung 50
Upland 10
UV-Licht 192

V
V-Bindung 146
Velours 146, 161, 209
Velours-Effekt 203
Veloursleder 219 f.
Velourswaren 163
Velvet 209
Velveton 146, 203, 214, 246
Ventilation XII
Veränderung des Faserquerschnitts 77
Verbandszeichen (Textilkennzeichnung) 224
Verbandszeichen der „Gemeinschaft umweltfreundlicher Teppichboden e. V." 211
Verbrennung der Alttextilien 227, VIII
Verdunstungskälte 34
Veredlung von Synthetics 86
Veredlungsverf. 190
Verfestigung der Filze und Vliese 169
Verhalten der Textilien gegenüber Laugen 6
– gegenüber Säuren 6
verkleben 167 f.
Verklebungsinseln 171
vernadeln 167, f.
Versatzfarbe der Gewebekurzzeichen 131
Verschleißverhalten bei Leinen 22
– der Baumwolle 12
Verschlüsselungen der Bindungskurzzeichen 130
Verschlussmittel (Zutaten) 213, 215
verschweißen 167 f.
Verschweißungsinseln 171
versetzte Köper 134
verstärkte Gewebe 120, **139**, 203
verstärkte Vliesstoffe 167
Verstrecken 56
Verstrecken von Molekülketten 4
Verstreckung 3, 56, 60, 82
Verziehen 98
Vestolen 84
Vichykaro 137
Vierkanalfaser 77
Vierlochknöpfe 215
Vigoureux 113

handwerk-technik.de

Sachwortverzeichnis

Vigoureuxdruck 199
Vikunja 1, 28
Vikunjawolle 41
Viledon 246
Vinylchlorid 76
Viskose 1, 52, 54, 58, **59**, 64 ff., 70 f., 195, 203 f., 207, 215, 222
Viskosefasertype 60
Vistram 246
Vlies 30, 182, 215
Vlieseline 215, 246
Vliesnadelfilztuch 167, 170
Vliesnähgewirk 241
Vliesnähwirkstoff 167, 174
Vliesstoffe 90 ff., 167, **168**, 170
Vliesverbundsstoffe 170
Vlieswirkstoffe 174
Voile 129, 212, 246
Voilegarne 110
Volant 188
Volkmann-Doppeldrahtzwirnmaschine 108
Vollcrêpe 138
Volldreher 143, 212
Vollleder 219
Voltex 246
vorbereitende Maßnahmen (Textilveredlung) 189
Vorgarn 97, 104
Vorgarnbildung 102
Vororientierung 56
Vorspinnen 98
Vorspinnmaschine 104
Vorzwirn 109
Vorzwirnen 109
V-Type 66

W

Wachstuch 247
Walken 33, **37**, 167, 169, 189, 191, 220
Walkfilz 169, 170
Walkfrottier 144
Walzendruckmaschine 199
Walzenhochdruck 198
Walzentiefdruck 198
Warenbaum 121
Warenschau 189 f.
Warenwechseltechnik 139 ff.
Warenzeichen 224
Wärmeisolator XII
wärmeisolierend 179
Wärmeleitfähigkeit 5
Wärmerückhaltevermögen 4, 5
– der Baumwolle 12
– der Cellulosics 68
– der Futterstoffe 213 f.
– der Leinenfaser 22
– der Seide 48
– der Synthetics 82
– der Wolle 35
Warmhaltevermögen der Filze und Vliesstoffe 171
waschbeständiger Knirschgriff 50
Waschbeständigkeit (Ausrüstung) 205
Waschcord 145
Wäscheband (Zutaten) 217
Waschen
– Ausrüstung 189 f.
– Pflegekennz. 225
Waschleder 220
Waschsamt 247
Wash-Quick 206
Wasser abweisend 179

Wasserdampfdurchlässigkeit der Allwetterbekleidung 179
Wasserdüsen 125
Wasserempfindlichkeit (Ausrüstung) 190
Wasserröste 21
Wassertropfenechtheit 50
Watte 168
Watteline 215, 247
Wattierungen 215
W-Bindung 146
Webautomaten 121
Webbänder 217
Weben 218
Webfach 121, 126
Webgardinen 212
Webkante 126
Weblitze 124
Webrotor 124
Websamt 145
Webschützen 121
Webspitzen 184, 247
Webstrickbindungen 162
Websysteme 121, 127
Webteppiche 208 f.
Webtüll 139, 143
Webvorgang 121
Webware 114
Wegwerfartikel 171
weich gedrehte Zwirne 109
weiche Segmenten 75
Weichfasern 7
Weichsegment 75
Weißätze 198
Weißreserve 198
Weiterverwendung der Alttextilien 228
Weiterverwertung VIII
Weltgesundheitsorganisation (WHO) 8

Wendeplattierung 160
Wendestoff 141
Wetterkleidung 207
Wetterschutzsysteme 90
Wevenit 162
Whipcord 135, 247
Widderwolle 29 f.
Wiederverwertung VIII
Wiederverwertung von Alttextilien 228
Wildkamel 41
Wildleder 170, 220
Wildlederimitat 177, 203
Wildseide 238
Wilton 209
Wind abweisende Allwettertextilien 179
Wirken 156 f., 218
Wirkgardinen 212
Wirkmaschinen 149
Wirkspitzen 184, 188
Wirkteppiche 208, 210
Wirktüll 212, 238
Wirrvlies 169
Wirtschaftlichkeit der Bekleidungsherstellung IX
Wolle 1, 28, **29** ff., 195, 218, 222
Woolmark-Logo 39
Wollvelours 247
Woolmark 39
Woolmark Blend 39
Woolmark Company 39, 224
W-Type 66
WWA-Faser 230
WWA-Kleidung 179

Y

Yakwolle 41

Z

Zackenlitze 218
Zahnradverfahren 87, 89
Zanella 247
Zefir 247
Z-Draht 106, 109
Zellstoff 54, 58
Zellstoffgewinnung 58
Zellwolle 222
Zephir 40, 247
Zettelwalze 122
Z-Grat 129, 133
Zibeline 247
Ziegenhaar 28
Zucht und Gewinnung von Seide 43
– von Wolle 29
Zudraht-Zwirn 112
Zungennadeln 149, 153, 156, 158
Zurichten des Leders 220
zusätzl. Bindekette 139
– Schusskette 139
Zusatzstoffe 223
Zutaten 213
Zweikomponentengarn 231
Zweilochknöpfe 215
Zweischichtenstoffe 82
Zweiwegereißversch. 217
Zwiebelschalenprinzip XIV
Zwill 234
Zwillich 234
Zwirne m. Dreheffekt 110
Zwirnen 106
Zwirnfärbung 194
Zwirnfeinheit 117
Zwirnfrottier 144
Zwirnknöpfe 217
Zwischenfutter 215
Zwischenmembran 32

Bildquellenverzeichnis

3M Deutschland GmbH, Neuss: S. 205/2,5–9
Amann Handel GmbH, Dietenheim: S. 110/2; 111/1–9
Antiquitäten Braunkötter, Oberhausen: S. 199/1
Bayer Faser GmbH, Dormagen: S. 75/1; 80/1–3
bluesign technologies ag, St. Gallen, Schweiz: S. 224/12
Bremer Baumwollbörse, Bremen: S. 7/1; 9/3; 166/3; 192; 194/9; 200/1; 201/3; 223/4
Bundesverband des Deutschen Textileinzelhandels e.V., Köln: S. XIV/1–5
Club Masters of Linen, European Confederation of Flax and Hemp, LINEN DREAM LAB PARIS-MILANO: S. 24/2
Colourbox, Odense N, Dänemark: S. XI
Corbis GmbH, Düsseldorf: S. 42/2 (Tui De Roy/Minden Pictures); 43/3 (Huang Zongzhi/Xinhua Press); 127/4 (Adam Reynolds)
Deutscher Fachverlag GmbH, Frankfurt am Main (aus: „Chemiefaserlexikon"): S. 78/1–6
Deutsches Museum, München: S. 122/1–5; 123/1,2; 164/3
DIDYMOS Erika Hoffmann GmbH, Ludwigsburg: S. 142/4
Dornier, Lindauer Dornier Gesellschaft mbH, Lindau: S. 121/3
Dupont de Nemours International S. A., Genf, Schweiz: S. 75/5
Eduard Küsters Maschinenfabrik GmbH & Co. KG, Krefeld: S. 203
F1online digitale Bildagentur GmbH, Frankfurt am Main: S. 185/3
Fachbuchverlag Leipzig (aus: „Grundlagen textiler Herstellungsverfahren"): S. 103/2,3; 104/2; 105/1; 106/1; 107/1,2; 108/1; 173/8; 191/1–7
Fotolia Deutschland, Berlin, © www.fotolia.de: S. 9/1 (vkara); 106/3 (DOC RABE Media) ; 214 (Uwe Rieder); 218/5 (srki66)
FREIE FORM Werbeproduktion, Burghoff & Pohlmeier GbR, Bielefeld: S. 198/1–3
Galas, Elisabeth, Bad Breisig: S. 30/5; 121/1,2
Gesamtverband der deutschen Textil- und Modeindustrie e.V., Berlin: S. VIII, IX
Gesamtverband der Textilindustrie in der Bundesrepublik Deutschland Gesamttextil e.V., Eschborn: S. 190/3; 201/2; 204/2; 205/3,4
Gesamtverband Leinen e.V., Bielefeld: S. 24/3,4
Getty Images Deutschland, München: S. 20/4 (Photo Researchers RM)
GINETEX GERMANY c/o GermanFashion, Modeverband Deutschland e.V., Köln: S. 13/1–5; 23/1–4; 36/1–7; 49/1–6; 70/1–19; 84/1–7; 85/1–19; 222/3–6; 225/1–38
Global Standard gemeinnützige GmbH, Stuttgart: S. 224/11
Gore & Associates GmbH, W.L., Feldkirchen-Westerham: S. 179/1–3; 180/4; 181/1,3
Grob Horgen AG, Horgen, Schweiz: S. 127/1–3
GUT Gemeinschaft umweltfreundlicher Teppichboden e.V., Aachen: S. 211/1–15
Haglöfs Deutschland GmbH, Kempten: S. 223/3
Hahl Group GmbH, Munderkingen: S. 56/5
Industrievereinigung Chemiefaser e.V., Frankfurt am Main (aus: „BTE Die Funktionen der Bekleidung" Hofer, Dr. Alphons, Luxembourg, s. Verlagsgruppe Deutscher Fachverlag, Frankfurt): S. 2/3; 54/1,2; 56/4
Institut der Deutschen Baumwollindustrie, Frankfurt am Main: S. 11/1–4; 65/9–12; 77/1–3; 102/3–5; 103/1,4
Institut für Textilchemie- und Chemiefasern (ITCF) der Deutschen Institute für Textil- und Faserforschung, Denkendorf: S. 55/1
Internationaler Verband der Naturtextilwirtschaft e.V., Berlin: S. 224/10
iStockphoto, Berlin: S. 20/3 (NNehring); 30/4 (Ngataringa); 32/3 (NNehring); 46/2 (NNehring)
KARL MAYER Textilmaschinenfabrik GmbH, Obertshausen: S. 173/5; 174/1,2,4; 175/1–6; 176/1–5

Kinderbuchverlag, Luzern, Schweiz (aus: „Cheng Kexiong/Xü Bang, Schau mal Seide"): S. 44/1–3
Lenzing Aktiengesellschaft, Lenzing, Österreich: S. 58/2–7; 61/1–6; 224/2
LWL-Industriemuseum, Westfälisches Landesmuseum für Industriekultur, Dortmund: S. 121/4
Maschinenfabrik Rieter AG, Winterthur, Schweiz: S. 104/1
medico international, Frankfurt am Main (www.das-ist-untragbar.de): S. X
öbv Verlagsgesellschaft mbH & Co., Wien, Österreich (aus: „Viti/Haudek – Textile Fasern und Flächen Band 2"): S. 4/2; 10; 19/2,4; 20/1; 31; 32/1,2, 45/2; 46/1,3; 57/1,2; 64/1–3
Rudolf GmbH, Geretsried: S. 207
Sächsisches Textil Forschungs Institut e.V., Chemnitz: S. 40/1,2
Sanfor Service, Henfenfeld: S. 15/1,2
SANITIZED AG, Burgdorf, Schweiz: S. 206
Shutterstock Images LLC, New York, USA: S. 7/4 (natu); 12 (val lawless); 16 (Africa Studio); 18/1 (Caroline Vancoillie); 22 (Spectral-Design); 26/1 (africa924), 2 (POORMAN), 3 (KPG_Payless), 4 (Little Moon), 5 (Antonio V. Oquias), 6 (Arun Roisri), 7 (Madlen); 30/1 (David Lade); 42/1 (v.schlichting), 3 (ponsulak); 43/2 (ermess); 46/4 (101imges); 99/2 (Cebas); 101/1 (Olga Makina); 106/2 (Africa Studio); 115/5 (Mats); 137/1 (Neirfy), 3 (abeadev); 142/2 (chinahbyg); 204/1 (Daniela Pelazza); 218/2 (Olena Zaskochenko), 4 (Real Deal Photo), 6 (Real Deal Photo)
Stiftung OEKO-TEX® GmbH, Frankfurt am Main: S. 224/3,8
Stoll GmbH & Co., Reutlingen: S. 159/6
Stork Brabant B.V., Boxmeer, Niederlande: 201/1
Süd-Nord Lamuv Verlag, Siegburg (aus: „Altkleider"): S. 229/1
Sulzer Textil AG, Rüti, Zürich, Schweiz: S. 124/1–4; 125/1–3; 126/1–4; 144/2,3
TEXAID Deutschland GmbH, Darmstadt: S. 229/2
The Woolmark Company Pty Ltd, Sydney, Australien: S. 39/1–3; 222/2; 223/2
TransFair e.V. (Fairtrade Deutschland), Köln: S. 224/9
Trevira GmbH, Bobingen: S. 170/3; 180/1,2; 224/4,5
TRIGEMA ist eine eingetragene Marke der TRIGEMA Inh. W. Grupp e.K., Burladingen: S. 224/1
Trützschler GmbH & Co. KG, Mönchengladbach: S. 102/1,2
TÜV Rheinland LGA Products GmbH, Köln-Poll: S. 223/1
Umweltbundesamt, Ökodesign, Umweltkennzeichnung, Umweltfreundliche Beschaffung, Dessau: S. 224/6,7
VEB Fachbuchverlag, Leipzig (aus: „Werkstoffkunde für Schneider"): S. 137/2,4,6
Verband der Deutschen Lederindustrie e.V., Frankfurt am Main: S. 221
Verlag Handwerk und Technik GmbH, Hamburg (Kohrs): S. 7/5; 9/2; 51; 112/4,5; 153/5,10; 162/4; 164/4; 205/1; 215; 217; 218/1,3
Verlag Handwerk und Technik GmbH, Hamburg: 24/1 (Ewers, Ute); 82 (Ewers, Ute); 137/5
Verlagsgruppe Deutscher Fachverlag, Frankfurt am Main (aus: „Chemical Fibers International"): S. 65/1–8
Völker, Tobias, Mainbernbeim: S. 185/1,2,4; 186/1,5–8; 187/1–7; 188/1–4
Volkmann GmbH & Co., Krefeld: S. 108/2
Vorwerk & Co. Teppichwerke GmbH & Co. KG, Hameln: S. 210/1,2
Wero-medical Werner Michallik GmbH & Co. KG, Taunusstein: S. 178
www.wikipedia.org: S. 17/1 (Lokilech), CC-BY-SA-2.5 (http: S.eativecommons.org/licenses/by-sa/3.0/deed.en)
Zinser Textilmaschinen GmbH, Ebersbach: S. 104/3; 105/2

Grafiken und Maschenzeichnungen: Susanne Kleiber, Hamburg

ISBN 978-3-582-05112-7

Das Werk und seine Teile sind urheberrechtlich geschützt. Jede Nutzung in anderen als den gesetzlich oder durch bundesweite Vereinbarungen zugelassenen Fällen bedarf der vorherigen schriftlichen Einwilligung des Verlages.
Die Verweise auf Internetadressen und -dateien beziehen sich auf deren Zustand und Inhalt zum Zeitpunkt der Drucklegung des Werks. Der Verlag übernimmt keinerlei Gewähr und Haftung für deren Aktualität oder Inhalt noch für den Inhalt von mit ihnen verlinkten weiteren Internetseiten.

Verlag Dr. Felix Büchner – Handwerk und Technik GmbH,
Lademannbogen 135, 22339 Hamburg, Postfach 63 05 00, 22331 Hamburg – 2014
E-Mail: info@handwerk-technik.de – Internet: www.handwerk-technik.de

Gestaltung: comSet Helmut Ploß, 21031 Hamburg
Satz: tiff.any GmbH, 10999 Berlin; Umschlagfoto: Harro Wolter, Hamburg
Druck: Media-Print Informationstechnologie GmbH, 33100 Paderborn